Garry Friesen mit J. Robin Maxson

Hilfe - ich muss mich entscheiden

Führung - eine biblische Alternative zur traditionellen Sicht

Die Deutsche Bibliothek - CIP-Einheitsaufnahme

Garry Friesen mit J. Robin Maxson
Hilfe - ich muss mich entscheiden / Führung - eine biblische Alternative zur traditionellen Sicht

Satz und Druck: Seidel & Seidel, Satz- und Digitaldruckzentrum

Orginally published in English unter the title: **Decison Making & The Will of God**

Übersetzung: David E. Poysti (Teil 1 - 3), Jan-Carsten Schnurr (Teil 4)

ISBN 3-935707-09-6
Bestell-Nr. 4495.09

Inhalt

Einleitung

Lohnt es sich wirklich?

Dieses Buch bedarf einer Einleitung. Zumindest ist es dem Leser eine Erklärung schuldig, denn die Klage Salomos, „des Büchermachens ist kein Ende“ (Pred.12,12), trifft sicher besonders auf die unzähligen Veröffentlichungen zum Thema „Wie erkenne ich den Willen Gottes?“ zu. Lässt sich ein weiteres Buch überhaupt rechtfertigen? Ist die Frage nicht schon eingehend erörtert worden?

Dass Sie sich mit einem Buch beschäftigen, das für sich beansprucht, eine „biblische Alternative“ zur traditionellen Lehre vom Willen Gottes zu sein, zeigt andererseits, , dass der Bedarf noch nicht gedeckt ist. Ich gehe sogar davon aus, dass die Mehrzahl meiner Leser mit der Frage nach dem Willen Gottes vertraut ist. Und dennoch bereitet sie den meisten Christen Mühe. Sie machen immer wieder die Erfahrung, dass sich klare Erkenntnis über den Willen Gottes auch dann nicht einstellt, wenn die vorgeschriebenen Schritte gewissenhaft befolgt werden. Ich bin vielen Christen begegnet, die frustriert waren, weil Gott Ihnen aus unerfindlichen Gründen seinen Willen - seinen Plan für ihr Leben - vorzuenthalten schien. Sollten Christen wie Versuchskaninchen dazu verurteilt sein, im Labyrinth des Lebens jeder in einer Sackgasse endenden Spur nachzugehen, während der, der den Weg kennt, stillschweigend zuschaut?

Keineswegs, denn Gott *führt* sein Volk *tatsächlich*. An dieser Tatsache ist nicht zu rütteln. Bleibt nur die „Frage“: *Wie* führt Gott?

Mit dieser „Frage“ habe ich mich vor 15 Jahren eingehend auseinandergesetzt. Damals stand ich vor der „Frage“: An welchem College soll ich studieren? Ein ganzes Jahr hatte ich Zeit, meine Wahl zu treffen und hatte diese schließlich auf zwei Schulen einschränken können. Nun bemühte ich mich gewissenhaft um einen Einblick in den Willen Gottes. Ich informierte mich über beide Colleges, versuchte alle wesentlichen Faktoren zu berücksichtigen, holte mir den Rat reifer Christen ein, vertiefte mich in Bücher über den Willen Gottes und betete mit Fleiß und großem Ernst. Beide Schulen boten ausgezeichnete Möglichkeiten zum Bibelstudium, die äußeren Umstände ließen sich weder zugunsten der einen noch der anderen Schule deuten. Einen besonderen Vorzug der einen vor der anderen Schule konnte ich anhand der mir vorliegenden Informationen nicht ausmachen und die Seelsorger schließlich, um deren Rat ich mich bemüht hatte, empfahlen beide Colleges. Mein Herz war ebenfalls unentschlossen: die Gefühle schwankten, bald mehr zur einen, bald mehr zur anderen Ausbildungsstätte.

Stichtag war der erste September. Bis dahin sollte die Entscheidung gefallen sein. Doch eine eindeutige Führung blieb aus. Meine Gebete wurden immer dringlicher: „Herr, du weißt, dass ich mich nach deinem Willen orientieren möchte. Ich will an die Schule, die du ausgesucht hast. Nun muss ich es aber bald wissen, Herr, denn die Zeit drängt und der Termin rückt immer näher."

Aber der erhoffte Fingerzeig Gottes blieb aus. In meiner ausweglosen Not legte ich schließlich ein „Vlies" aus - und traf meine Entscheidung. Die Wahl erwies sich im Nachhinein als trefflich, und jene vier Jahre am College haben meine geistliche Entwicklung entscheidend geprägt.

Trotzdem wurde ich ein ungutes Gefühl nicht los. Die lange Ungewissheit hatte mich verwirrt. Ich wollte wissen, wieso es mir so schwergefallen war, Gottes Willen zu erkennen, wo ich doch in meinem Suchen so aufrichtig gewesen bin. Wo blieb bloß die innere Gewissheit? Auf Erfahrung wollte ich meinen Glauben nicht gründen. Andererseits sollte sich doch die Erfahrung mit der Lehre decken und diese bestätigen. Ich nahm mir vor, den Ursachen für meine Schwierigkeiten mit dem Willen Gottes nachzuspüren.

Dabei wurde mir klar, dass mein Misserfolg bei der Suche nach dem Willen Gottes drei mögliche Ursachen hatte:

1. Vielleicht kann Gott seinen Willen nicht offenbaren. In dem Fall liegt die Ursache bei ihm.
2. Vielleicht verbaut Sünde und Unaufrichtigkeit meinerseits den Zugang. Dann liegt die Schuld natürliche bei mir.
3. Oder habe ich mir ein falsches Bild vom Willen Gottes zurechgelegt?

Die erste Möglichkeit schied aus: Gott ist vollkommen und was seine Mittel angeht unbegrenzt. Wahrscheinlicher war schon die zweite Möglichkeit. Als ich mich aber vor Gott prüfte, hatte ich das Empfinden, so offen und aufrichtig wie nur irgend möglich gewesen zu sein.

War es möglich, dass ich mich in meinem Verständnis von biblischer Führung an irgendeiner Stelle irrte? Da waren einige Dinge, die mich an der dritten Möglichkeit reizten. Das eigene Verständnis sollte anhand der Heiligen Schrift gründlich hinterfragt werden, denn das Wort Gottes ist in jedem Fall unsere letzte Instanz. Als Gläubige kennen wir nur einen Maßstab: die Bibel.

Die Aussicht, den biblischen Befund erneut zu diesem Thema zu befragen, reizte mich außerdem, weil ich mir davon positive Ergebnisse versprechen durfte. Paulus schreibt ja: „Alle Schrift , von Gott eingegeben, ist *nütze* zur Lehre, zur Aufdeckung der Schuld, zur Besserung, zur Erziehung in der Gerechtigkeit, dass ein Mensch Gottes sei vollkommen zu allem guten Werk geschickt" (2.Tim.3,16f.). Ich durfte demnach davon ausgehen, dass jede weitere Untersuchung entweder eine gewinnbringende Übung sein würde, oder zu einer notwendigen Korrektur führen musste. Entweder bestätigte sich das, was ich bisher gelernt hatte, oder es würden Lücken in meinem Verständnis aufgedeckt werden. In jedem Fall hätte ich mich der erneuernden Kraft des Wortes Gottes ausgesetzt.

Also ging ich der dritten Möglichkeit nach und stellte fest, dass meine Vorstellung vom Willen Gottes sehr wohl der Korrektur bedurfte. Aber es brauchte Zeit. Nach acht Jahren, gegen Ende meines Theologiestudiums, begannen sich die einzelnen Teilchen zu einem Bild zusammenzufügen. Fünf weitere Jahre intensiver Forschung ergaben einen Fundus, der schließlich zu einer Doktorarbeit systematisch aufgearbeitet werden konnte.

Vor allem drei Dinge gaben dann den Anlass, meine Erkenntnisse nun auch in diesem Buch niederzuschreiben:

Tatbestand eins: Mit meiner Frustration bei Entscheidungen stand ich nicht alleine da. Viele Christen - so stellte ich fest - geraten regelrecht in Angstzustände, wenn Sie vor eine Entscheidung gestellt werden. Etliche Christen gestanden mir ihre Abneigung - mitunter sogar ihre Furcht - vor wichtigen Entscheidungsprozessen.

Tatbestand zwei: Das vorhandene Interesse am Thema „Führung" ist nach wie vor groß. Pastoren und Seelsorger bestätigen: die Frage nach dem Willen Gottes zählt zu den meistgestellten. Christen suchen Führung zum Thema Führung.
Tatbestand drei: Während der letzten Jahrzehnte sind die Aussagen zu diesem Thema - sieht man von einigen wenigen Abweichungen ab - ziemlich gleich geblieben. Wenn das Stichwort „Gottes Wille" fällt, haben die meisten eine Vorstellung von dem, was gemeint ist.

Ich möchte Christen mit diesem Buch zu einem biblischen Verständnis vom Willen Gottes in Bezug auf Entscheidungen verhelfen. Die Unterschiede zu den bisherigen Entwürfen liegen in den Ergebnissen. Deshalb soll hier von einer „Alternative" die Rede sein. Meine Arbeit mit der Bibel hat mich nämlich überzeugt, dass die „traditionelle Anschauung" an entscheidenden Stellen Mängel aufweist. Dementsprechend habe ich mir zwei Ziele gesetzt: Ich möchte einerseits auf Fehler in der traditionellen Auffassung aufmerksam machen und möchte andererseits einen biblischen Entwurf der Führung entfalten.

Das Buch gliedert sich in vier Teile. Im ersten Teil wird das *traditionelle Modell* dargestellt. Im zweiten Teil wird dieser Ansatz *kritisch untersucht* und - wo notwendig - widerlegt. Der dritte Teil führt zu einem neuen biblischen Ansatz. In Teil vier werden diese Prinzipien auf die wichtigen Entscheidungen im Leben angewandt, die die Meisten treffen müssen.

Wenn von einem „biblischen Ansatz" die Rede ist, soll damit nicht gesagt werden, der traditionelle Ansatz sei unbiblisch oder antibiblisch. Die mir bekannten Bücher bemühen sich durchweg um eine ehrliche biblische Begründung ihrer Position. Auch möchte ich nicht behaupten, alle anderen Meinungen seien schlechterdings falsch. Immerhin habe ich aus der Lektüre wertvolle Einsichten und Anregungen erhalten.

Trotzdem bin ich überzeugt, dass das im Folgenden entwickelte Modell von Führung eine getreuere Wiedergabe des biblischen Befundes darstellt. Meine Verantwortung besteht darin, die Ergebnisse möglichst verständlich darzustellen, während Ihre Verantwortung sein wird, die Ergebnisse anhand der Bibel kritisch zu prüfen. Wir wollen es den Beröern gleich tun, die „das Wort ganz willig aufnahmen und täglich in den Schriften forschten, ob sich's so verhielte" (Apg.17,11).

Erster Teil

Ihr habt gehört, dass gesagt ist ...

Die traditionelle Auffassung

Kapitel 1

Über Heirat und Mission

Eine kleine Geschichte, wie sie passiert sein könnte

„Ja, Frau Hansen, was ist?“ Die Stimme von Pastor Becker klang leicht gereizt.„Ich wollte Sie nicht stören“, entschuldigte sich die Sekretärin, „aber Daniel Schmidt ist gerade gekommen und möchte Sie sprechen.“

Ein Lächeln wischte den Ärger von Pastor Beckers Gesicht. „Bitten Sie ihn doch herein.“Als Daniel das Studierzimmer betrat, stand Pastor Becker auf und reichte ihm die Hand. „Grüß dich, Daniel, freut mich, dich wiederzusehen.“

„Es ist schön, wieder daheim zu sein“, sagte Daniel und drückte Pastor Becker die Hand. „Ich habe mich schon lange auf die Semesterferien gefreut.“

„Bitte nimm Platz.“ Pastor Becker deutete auf den Sessel vor seinem Schreibtisch, der sich unter einem Berg von Büchern, Zeitschriften und Heften bog. „Du wirkst etwas abgespannt, aber der Bart steht dir gut.“

Daniel lachte und strich sich verlegen über den Bart. „Ich habe mich schon daran gewöhnt. Aber meine Eltern wissen noch nicht so recht, was sie von ihm halten sollen.“

Der Pastor lachte. „Mach dir deswegen keine Sorgen. Sie werden sich schon daran gewöhnen.“

„Sie haben wohl recht“, sagte Daniel und setzte sich. Pastor Becker nahm wieder hinter seinem Schreibtisch Platz und lehnte sich bequem zurück. „Wie fühlt man sich so kurz vor dem Examen?“

„Im Großen und Ganzen freue ich mich“, antwortete Daniel.

„Im Großen und Ganzen?“

„Nun, Herr Becker, deshalb bin ich hier. In den nächsten Monaten stehen einige schwerwiegende Entscheidungen an und da möchte ich ihren Rat einholen."

Pastor Becker rückte seinen Stuhl zurecht. „Bevor wir fortfahren, möchte ich dir versichern, dass mein Rat absolut gratis ist", stellte er mit gespielten Ernst fest.

Daniel lachte und fuhr dann fort: „Ich werde es mir merken." Er zögerte einen Augenblick. „Ich weiß nicht, wie ich anfangen soll. Es ist alles ganz schön kompliziert geworden."

„Kompliziert sagst du?" Pastor Becker runzelte die Stirn. „Wie heißt sie denn?"

Daniel stutzte einen Augenblick. „Woher wussten Sie das?" Dann lachte er. „Sie heißt Sara. Sara Müller. Und sie ist ein sagenhaftes Mädchen."

„Das kann ich mir denken. Du wärst sonst bestimmt nicht auf sie aufmerksam geworden", stellte der Pastor fest. „Steht sie auf Bart?" Daniel errötete leicht. „Gegen Bärte hat sie nichts, jedenfalls nichts gegen diesen."

„Ich möchte wetten, dass ich dich überreden kann, mir ein Foto von dieser jungen Dame zu zeigen."

„Ich dachte schon, Sie würden gar nicht danach fragen", sagte Daniel und griff in seine Tasche. Aus seinem Portemonnaie zog er ein Foto hervor und reichte es dem Pastor. „Es ist zwar etwas abgenutzt, aber ich glaube, man kann noch etwas erkennen."

Pastor Becker studierte das Foto und nickte anerkennend. „Sara Müller ist eine äußerst attraktive junge Dame, Daniel. Jetzt verstehe ich gut, wieso sie dir aufgefallen ist."

„Sie ist ein sagenhaftes Mädchen, Herr Becker."

„Du wiederholst dich", antwortete Pastor Becker und reichte Daniel das Bild. „Erzähl mir etwas Objektives über sie - falls dir das möglich ist."

„Nun, sie schließt in diesem Frühjahr eine einjährige Bibelschulausbildung ab. Davor hat sie an der Uni afrikanische Geschichte studiert und im Nebenfach Anthropologie. Ich habe sie auf dem Jugendtag kennengelernt. Es fiel mir gar nicht einmal schwer, sie anzusprechen. Einige Wochen später habe ich sie besucht, und seither vertieft sich unsere Beziehung."

„Sie scheint ein intelligentes Mädchen zu sein", stellt Pastor Becker anerkennend fest. „Wo wohnt sie denn?"

Daniel zögerte. „Ich weiß nicht, wie ich diese Frage beantworten soll. Sehen Sie, Ihre Eltern sind Missionare in Kenia. Sara ist dort aufgewachsen. Wenn sie auf Heimaturlaub in Deutschland sind, wohnen sie in der Nähe von Kassel. Natürlich ist Sara jetzt selbstständig. Sie ist dort zuhause, wo sie gerade studiert."

„Damit wäre das Studium der afrikanischen Geschichte erklärt", überlegt Pastor Becker. „Mir scheint, sie bereitet sich auf den Missionsdienst in Kenia vor."

„Sie ist noch nicht ganz sicher, ob sie speziell nach Kenia zurückkehren möchte", erklärte Daniel, „aber sie ist ziemlich sicher, dass der Herr sie nach Afrika berufen hat. Natürlich ist ihr Kenia vertraut. Sie bereitet sich eben so vor, dass sie überall hingehen kann, wenn sie einen konkreten Ruf erfährt."

„Mir scheint, Sara macht mit der Nachfolge ernst."

„Das stimmt, Herr Becker. Und gerade das ist es ja, was ich so sehr an ihr schätze." Daniel hielt inne und sah auf den Fußboden. Im Studierzimmer war es ruhig geworden.

„Liebst du sie, Daniel?"

Daniel sah auf und blickte Pastor Becker in die Augen. „Ja. Sehr sogar."

„Und willst du sie heiraten?"

„Ja!"

„Weiß sie von deiner Absicht?"

„Auch darüber haben wir uns schon unterhalten."

„Und was hält sie davon?"

„Sie möchte mich auch heiraten."

„Und wo liegt das Problem?"

Daniel blickte auf den Fußboden und seufzte. „Da sind mehrere Probleme, Herr Becker, und die gehen nicht weg. Je mehr ich über sie nachdenke, desto größer scheinen sie mir, und desto verwirrter werde ich."

„Nenn sie mir doch - der Reihe nach", schlug Pastor Becker vor. „Manchmal wird der Wald überschaubarer, wenn man sich einzelne Bäume vornimmt."

„Meinetwegen", erwiderte Daniel. Er dachte kurz nach. „Zum einen weiß ich nicht, ob es Gottes Wille ist, dass wir heiraten. Als wir uns kennenlernten, habe ich mir keine Gedanken darüber gemacht, ob Sara das Mädchen sei, das Gott für mich bestimmt hatte. Ich weiß, dass Gott einen Plan für mein Leben hat und dass dieser Plan auch die Frau einschließt, die ich einmal heiraten soll. Dass dies auch für Sara und ihren zukünftigen Mann gilt, weiß ich. Wir wissen einfach nicht sicher, ob wir füreinander bestimmt sind, jedenfalls was Gottes Plan für unser Leben anbelangt."

„Wärest du auch bereit, Sara *nicht* zu heiraten, falls die Heirat nicht dem Willen Gottes entspräche?" wollte Pastor Becker wissen.

„Über diese Frage habe ich mir schon oft den Kopf zerbrochen. Und ich glaube, dass ich ehrlich sagen kann, dass ich bereit wäre, falls dies sein Wille wäre. Wir haben beide erkannt, dass es ein großer Fehler wäre, auf eigene Faust gegen den Willen Gottes zu heiraten. Schließlich wollen wir doch Gottes Bestes für unser Leben."

Daniel hielt inne und fuhr dann fort: „Wir haben sogar unsere Beziehung auf Eis gelegt, bis wir eine deutliche Antwort vom Herrn erhalten."

„Das hat euch bestimmt schwer zu schaffen gemacht."

Daniel nickte.

Pastor Becker fuhr fort: „Ich habe sehr viel Achtung vor euch beiden. Immerhin braucht es sehr viel Kraft, so zu handeln. Eure Entscheidung zeugt von großer Reife und Aufrichtigkeit. Gott wird es euch bestimmt vergelten."

Daniel atmete tief durch und räusperte sich. „Sara und ich haben eine großartige Beziehung aufgebaut, und wir brauchen uns für nichts zu schämen. Es spricht auch einiges dafür, dass wir gute Ehepartner abgeben würden. Wir scheinen einander in Vielem zu ergänzen, besonders was unsere Charaktere und Begabungen betrifft. Der einzige entscheidende Faktor scheint diese Sache mit Afrika zu sein."

„Du willst also nicht nach Afrika?" erkundigte sich Pastor Becker.

„Dazu wäre ich schon bereit", erwiderte Daniel. Nur hat Sara ein ganz starkes Gefühl, dass sie dort dem Herrn dienen soll und ich habe noch keinen klaren Ruf vernommen. Bis ich Sara kennenlernte, war mir der Gedanke an Afrika nie gekommen."

„Was hast du nach dem Examen vor?"

Daniel zuckte mit den Achseln. „Bis jetzt bin ich noch in keine bestimmte Richtung geführt worden. Ich trage mich mit dem Gedanken, auf eine Predigerseminar zugehen, ich habe mich sogar schon angemeldet, aber auch das erwies sich als frustrierend."

„Wieso?" wollte Pastor Becker wissen. „Du würdest dich auf dem Seminar bewähren. Es freut mich, dass du dich mit diesem Gedanken trägst."

„Die Idee gefällt mir eigentlich recht gut", sagte Daniel. „Nur sollte ich auf dem Anmeldebogen meine ‚Berufung zum Dienst am Evangelium" schildern. Und da musste ich dann schreiben, dass ich nicht so recht weiß, was Gott von mir will. Trotzdem meine ich, dass ich mich intensiver mit seinem Wort befassen sollte."

„Ich verstehe", sagte Pastor Becker.

„Nur ist es so", fuhr Daniel fort, „dass ich Sara solange nicht heiraten kann, bis wir uns zum selben Dienst berufen wissen. Zumindest sollten sich unsere Berufungen miteinander vereinbaren lassen. Und dann ist da noch etwas: Seitdem Sara und ich über Ehe nachdenken, ist sie sich nicht mehr sicher, ob sie wirklich nach Afrika soll. Was wäre, wenn sie nun doch nicht ginge und stattdessen mich heiratete? Diese Frage lässt mich nicht zur Ruhe kommen."

„Vielleicht möchte der Herr, dass Sara so lange nach Afrika geht, bis du dein Studium am Seminar abgeschlossen hast", schlug Pastor Becker vor.

„Das wäre natürlich eine Möglichkeit", gab Daniel zu. „Und zu diesem Schritt sind wir auch beide bereit, auch wenn es sehr hart wäre. Was ich wohl eigentlich von Ihnen wissen wollte, ist dies: Wie kann ich mit Sicherheit wissen, was der Herr von uns beiden will? Wir müssen bald entscheiden, und deshalb sollten wir auch bald wissen, was Gottes Wille für uns ist."

„Das ist sehr interessant", Pastor Becker blickte gedankenverloren in den Raum.

„Das habe ich mir beinahe gedacht", lachte Daniel. „Und wie steht es mit dem kostenlosen Rat, den sie mir erteilen wollten?"

„Den bekommst du schon", erwiderte der Pastor. „Aber nicht sofort."

Daniel schaute verdutzt drein. „Nicht jetzt?"

Jetzt musste Pastor Becker lachen. Mit einer ausladenden Geste zeigte er auf den Bücherberg auf seinem Schreibtisch. „Siehst du das Chaos?"

Daniel nickte.

„Zufällig findet in den nächsten Tagen eine Freizeit statt. Ich wurde gebeten, ein Seminar über das Thema ‚Wie erkenne ich den Willen Gottes für mein Leben?' anzubieten. Seit einigen Wochen bereite ich mich auf diesen Vortrag vor. Als du vorhin kamst, war ich gerade dabei."

Daniels Blick verriet Erstaunen. „Sind die Bücher alle über den Willen Gottes?"

„Nun, ich sammle schon seit einigen Jahren Bücher und Artikel zu dem Thema. Sie erscheinen aber schneller, als ich sie lesen kann. Bücher zu diesem Thema sind nach wie vor sehr gefragt. Das war schon immer so."

Daniel nickte. „Ich stehe also mit meinem Fragen nach dem Willen Gottes nicht alleine auf weiter Flur."

„Genau", antwortete Pastor Becker. „Kaum eine Frage, die öfter gestellt wird als diese - vor allem von jungen Menschen. Deshalb habe ich mir mit der Vorbereitung des Seminars so viel Mühe gegeben."

Pastor Becker stand auf. „Ich mache dir einen Vorschlag, Daniel. Am Samstag kommst du zum Seminar und hörst dir einmal den ganzen Vortrag an. Frau Hansen kann dir die Einzelheiten geben. Und dann können wir uns nächste Woche noch einmal zusammensetzen und uns überlegen, wie sich die Prinzipien, die ich entfalten werde, auf deine Situation anwenden lassen."

„Der Vorschlag ist ausgezeichnet", stimmte Daniel zu und erhob sich aus dem Sessel. Sie gaben sich die Hand. „Samstagfrüh finden sie mich in der ersten Reihe", versprach Daniel und wandte sich zur Tür. Dann blieb er stehen und fügte hinzu: „So Gott will!"

Kapitel 2

Wie man ins Schwarze trifft

Pastor Becker saß hinter der Kanzel und blickte in die Menge der Jugendlichen, die zu dem Seminar erschienen waren. Der Raum war bis auf den letzten Platz besetzt. Es waren aber nicht nur Jugendliche erschienen: auch eine ganze Reihe Erwachsene waren gekommen, unter denen Pastor Becker sogar einige Kollegen aus den Nachbargemeinden wiedererkannte. Nach einer kurzen Begrüßung begann Pastor Becker seinen Vortrag.

„Gottes Wunsch, uns seinen Willen zu offenbaren, ist größer als unser Wunsch, diesen zu erkennen. Seine Möglichkeiten und Mittel sind unbegrenzt. Aufgrund dieser Tatsache kann ich Ihnen versichern, dass Sie Gottes Willen für Ihr Leben ganz gewiss erkennen können." Die Einleitung sollte einen positiven Akzent setzen und die Zuhörer ermutigen.

„Das gibt uns Grund zur Freude, nicht wahr?" fuhr er fort. „Wir haben im Leben nämlich hunderte, sogar tausende von Entscheidungen zu treffen - wichtige und weniger wichtige. Der Nicht-Christ ist dagegen ganz auf sich gestellt. Ihm bleibt in vergleichbarer Situation lediglich die Frage nach der optimalen Befriedigung seiner Bedürfnisse, die Frage nach dem, was ihm das höchste Glück bereiten wird. Dagegen formuliert der Christ, der um den besonderen Plan des weisen und liebenden himmlischen Vaters für sein Leben weiß, seine Fragen ganz anders: ‚Was entspricht in dieser Situation dem Willen Gottes?' Das Wissen, im Einklang mit dem vollkommenen Willen Gottes gehandelt zu haben, gibt uns Frieden. Ob es um die Wahl eines Berufes oder eines Lebenspartners geht: der Schlüssel zum geistlichen Erfolg ist nicht unsere eigene mangelhafte Einsicht, sondern die Erkenntnis und

Befolgung des Willen Gottes. In Sprüche 3,5-6 lesen wir: „Vertraue auf den Herrn mit deinem ganzen Herzen und stütze dich nicht auf deinen Verstand! Auf all deinen Wegen erkenne nur ihn, dann ebnet er selbst deine Pfade!' Oder, wie es in der Luther-Bibel heißt, ‚Er wird dich recht *führen.*'"

Die Zuhörer waren sehr aufmerksam dabei, einige schrieben sogar eifrig mit. Mit Freude stellte Pastor Becker fest, dass Daniel Schmidt gekommen war.

„Die Frage nach dem Willen Gottes ist kaum ein rein akademisches Thema. Es gibt heute viele Männer und Frauen, die keine glückliche Ehe führen, weil sie nicht den Ehepartner geheiratet haben, den Gott für sie bestimmt hatte. Studenten sind entmutigt, weil sie sich für den falschen Studiengang entschlossen haben. Andere wiederum sind mit ihrer beruflichen Laufbahn unzufrieden, weil sie versäumt haben, nach der göttliche Berufung zu fragen. Der Mangel an Missionaren und hauptberuflichen Mitarbeitern in der Gemeinde zeigt deutlich, dass viele Menschen den Ruf Gottes entweder überhört oder gar willentlich missachtet haben. Und wer den Ruf Gottes versäumt, der verpasst auch die Freude eines Lebens nach dem Willen Gottes, die sich mit keinem anderen Glück vergleichen lässt.

Vielleicht nehmen Sie an diesem Seminar teil weil Sie, vor eine bestimmte Entscheidung gestellt, nach dem Willen Gottes fragen. Vielleicht geht es Ihnen wie dem Piloten, der sich mit folgenden Worten an die Fluggäste wandte: ‚Ich habe eine gute Nachricht und eine schlechte. Zuerst die schlechte: Die Steuerungsinstrumente funktioniert nicht und wir haben die Orientierung verloren. Und jetzt die gute Nachricht: Wir kommen gut voran!'

Die Schwierigkeiten mit dem Willen Gottes liegen nicht bei Gott, sondern bei uns - wenn wir uns nicht an Gottes Instrumenten orientieren.

Vier Fragen sollen uns weiterhelfen. Ich habe sie auf einer Folie festgehalten:"

Abbildung 1

Fragen zum Willen Gottes

1. Definition:	Was heißt ‚Gottes Wille'?
2. Beweisführung:	Hat Gott einen Plan für *mein* Leben?
3. Vorgehen:	Wie erkenne ich den Willen Gottes?
4. Gewissheit:	Wie kann ich in einer konkreten Situation Gewissheit über den Willen Gottes bekommen?

Der Wille Gottes: eine Definition

„Und nun zu unserer ersten Frage: Was bedeutet der Begriff ‚Gottes Wille'? Wohl die wenigsten von uns sind sich bewusst, dass sie den Begriff ‚Gottes Wille' in drei verschiedenen Bedeutungszusammenhängen benutzen. Ein Freund von Ihnen trauert um einen bei einem Unfall ums Leben gekommenen Verwandten. In einem Gespräch sagen Sie: ‚Von der Bibel her wissen wir, dass alles, was geschieht, zum *Willen Gottes* gehört. Und wenngleich wir gerne die Warum-Frage stellen, wissen wir doch, dass ein weiser, liebender Vater unser Geschick in der Hand hält. Aus diesem Wissen schöpfen wir Trost.'

Bei anderer Gelegenheit unterhalten Sie sich mit einem gläubigen Freund, der in Begriff ist, ein ungläubiges Mädchen zu heiraten. Sie warnen Ihn: ‚Wenn du sie heiratest, verstößt du gegen den *Willen Gottes*.' Und schließlich sprechen Sie mit einer Bekannten, die vor der Berufswahl steht: ‚Hast du dir schon Gedanken gemacht, welcher Beruf dem *Willen Gottes* für dich entspricht?' Bei jedem der drei Gespräche wurde der Begriff ‚Gottes Wille' in einem anderen Sinn gebraucht. Diese drei Aspekte möchte ich folgendermaßen benennen: Da ist zunächst Gottes *souveräner Wille*, dann sein *ethischer Wille* und schließlich Gottes *individueller Wille*.

Gottes *souveränen* Willen möchte ich einmal so definieren: Es ist der vorherbestimmte Plan oder Ratschluss Gottes, der alles umfasst, was im Universum geschieht.

Wenn wir von dem souveränen Gott sprechen, meinen wir den allmächtigen Herrscher des Universums. In der vor aller Zeit liegenden Ewigkeit hat Gott einen perfekten Plan für die gesamte Geschichte entworfen. Er hat die Welt kraft seines Willens erschaffen. Er bestimmt die Geschichte der Völker und die Heilsgeschichte entspringt seinem ewigen Ratschluss. Nichts kann seinem souveränen Willen widerstehen und sein ewiger Ratschluss kommt unweigerlich zum Ziel.

Und dennoch ist Gott, obwohl er alle Dinge bestimmt, nicht der Urheber der Sünde. Auch verletzt er nicht den Willen des Menschen: er lässt ihm seine Entscheidungsfreiheit. Deshalb hat sich jeder von uns für die eigenen Entscheidungen zu verantworten. Begreifen werden wir diese große Geheimnis nie. Und weil meine Ausführungen notwendigerweise knapp sind, möchte ich ermutigen, die angeführten Bibelstellen in Ruhe einmal nachzulesen. (vergl. Abb.2)

Abb. 2

Der Wille Gottes: drei Aspekte

souverän	ethisch	individuell
Gottes ewiger, geheimer Ratschluss, der den Verlauf der Geschichte bestimmt.	Die in der Bibel geoffenbarten Gebote Gottes, die den Menschen glauben und leben lehren.	Gottes idealer, alle Einzelheiten umfassender Plan, der auf jeden Menschen individuell zugeschnitten ist.
Daniel 4,35 Sprüche 21,1 Offenbarung 4,11 Epheser 1,11 Sprüche 16,33 Römer 9,19 Apostelgeschichte 2,23 Apostelgeschichte 4,27-28 Römer 11,33-36	Römer 2,18 1. Thessalonicher 5,18 1. Thessalonicher 4,3 2. Korinther 6,14 ... und alle weiteren Gebote der Bibel ...	Kolosser 1,9 Kolosser 4,12 Römer 12,2 Epheser 5,17 Epheser 6,6 Sprüche 3,5-6 Psalm 32,8 Sprüche 16,9 1. Mose 24

Als nächstes soll uns Gottes *ethischer* Wille beschäftigen. Hier geht es um die Gebote Gottes, wie sie uns die Bibel offenbart und die das sittliche Verhalten des Menschen betreffen.

Der ethische Wille Gottes ist zu 100 Prozent in der Bibel enthalten. So kann der Apostel Paulus im zweiten Kapitel des Römerbriefes feststellen: Auch die ungläubigen Juden kennen den Willen Gottes, denn sie haben die Heilige Schrift, die Ihnen sagt, was recht und unrecht ist. Die Bibel gibt uns eine Anleitung zum Leben, die allerdings nicht jede Entscheidung, die wir zu treffen haben, bestimmt. Beispielsweise ist es einem Christen durch den ethischen Willen Gottes untersagt einen Nicht-Christen zu heiraten. Aber aus der Heiligen Schrift geht nicht hervor, wen (wenn überhaupt) der Christ heiraten soll. Gottes ethischer Wille wird deshalb manchmal auch als sein ‚allgemeiner Wille' bezeichnet.

Entscheidend ist, das unsere Entscheidungen stets mit dem Wort Gottes in Einklang sind. Wenn Sie bei der Lohnsteuererklärung ein wenig schummeln, um dadurch mehr Geld zur Unterstützung von missionarischen Projekten frei zu haben, brauchen Sie gar nicht erst nach dem Willen Gottes zu fragen. Er hat ihn bereits in seinem Wort bekanntgegeben. Gott wird Sie nie etwas tun heißen, was seinem in der Bibel enthaltenen ethischen Willen widerspricht.

Und dennoch sehen Sie sich immer wieder vor konkrete Entscheidungen gestellt, zu denen Gottes ethischer Wille schweigt. Irgendwann stehen Sie vor der Frage nach dem Beruf, nach der Gemeindezugehörigkeit, nach einem möglichen Ehepartner. Und dann sind da noch die unzähligen, tagtäglichen Entscheidungen. Diese Entscheidungen fallen nicht unter den ethischen Willen Gottes, sondern unter seinen individuellen Willen.

Gottes *individueller* Wille ist jener detaillierte Lebensplan, den er für jeden einzelnen Christen individuell zugeschnitten hat. Dieser Lebensplan umfasst jede Entscheidung, die wir treffen und bildet die Grundlage für die Führung Gottes im Alltag. Der in uns wohnende Heilige Geist führt den Gläubigen, indem er ihm nach und nach Gottes Lebensplan offenbart. Dabei bedient sich der Heilige Geist, wie wir im weiteren noch sehen werden, verschiedener Mittel. Kommt es dann zu einer Entscheidung, so gibt der Heilige Geist dem Gläubigen eine besondere Bestätigung.

Die individuelle Seite des göttlichen Willens darf auch als das „Zentrum des Willens Gottes“ bezeichnet werden. Man kann sich das anhand einer Zielscheibe so vorstellen: Mit dem äußeren Ring ist der ethische Wille Gottes umrissen, mit dem schwarzen Punkt dagegen das Zentrum seines Willens angezeigt. Wichtig ist, das wir in den vom ethischen Willen gesteckten Grenzen leben. Für unsere Entscheidungen im Alltag ist jedoch der schwarze Punkt in der Mitte entscheidend, denn er zeigt mir Gottes Plan, den er individuell auf mein Leben abgestimmt hat.

Abb. 3

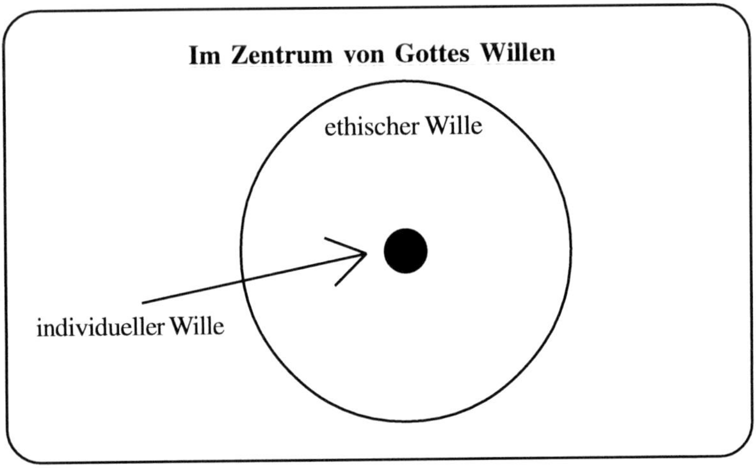

Dazu ein konkretes Beispiel: die Heirat. Wir haben bereits festgestellt, dass es für einen Christen falsch ist, einen Ungläubigen zu heiraten. Solch eine Entscheidung fiele außerhalb des äußeren Kreises unserer Scheibe, da Gottes Wort sagt: ‚Ziehet nicht am fremden Joch mit Ungläubigen’ (2.Kor.6,14). Heiratet nun ein gläubiger junger Mann ein gläubige junge Frau, welche allerdings nicht die von Gott vorgesehene ist, dann befindet er sich mit seiner Wahl zwar noch in dem weiteren Bereich von Gottes ethischem Willen, hat aber nicht ‚ins Schwarze getroffen’. Gott erlaubt zwar die Heirat, doch hat sich der Betreffende für die ‚zweite Wahl’ ausgesprochen und verpasst damit Gottes ‚erste Wahl’. Besonders glücklich werden die beiden nicht sein, denn sie sind am Zentrum von Gottes Willen vorbeigegangen.

Wer heiratet, sollte sich unbedingt aus dem weiten Feld der Gläubigen für den richtigen Partner entscheiden. Gottes Wahl sollte auch unsere sein.

Die Wahl des richtigen Ehepartners ist eine besonders ernste Angelegenheit, denn sie kann nicht mehr rückgängig gemacht werden. Ehescheidung ist für einen Christen keine Alternative. Der Gläubige, der sich für die falsche Partnerin (und umgekehrt) entschieden hat, muss sich zeitlebens mit dem Zweitbesten zufrieden geben. Häuser, Autos, den Beruf, den Studienplatz und sogar die Gemeinde können gewechselt werden, falls der Wille Gottes einmal verpasst wurde. Doch die Wahl des Ehepartners kann nicht mehr ungeschehen gemacht werden.

Die meisten Fragen, wenn es um Führung geht, betreffen den individuellen Willen Gottes. Deshalb ist es wichtig, diesen von den beiden anderen Aspekten zu unterscheiden. Anhand der beiden nachstehenden Tabellen lassen sich die verschiedenen Aspekte miteinander vergleichen.

Abb. 4

Erster Vergleich: Gottes individueller und Gottes souveräner Wille

Gottes individueller Wille	Gottes souveräner Wille
1. Ein detaillierter Plan für alle Entscheidungen im Leben eines Christen.	1. Ein detaillierter Plan für alle Ereignisse im Universum.
2. Der Christ kann ihn erkennen.	2. Der geheime Ratschluss Gottes bleibt verborgen.
3. Vom Christen wird er erwartet, dass er sich darum bemüht, diesen zu erkennen.	3. Vom Christen wird nicht erwartet, dass er sich bemüht, diesen zu erkennen.
4. Mangelnde Erkenntnis und Ungehorsam können dazu führen, dass ein Christ ihn versäumt.	4. Er kann nicht versäumt werden, weil er unaufhaltsam zu seinem Ziel führt.
5. Er umfasst nur das Gute und Ideale.	5. Er umfasst sowohl das Gute als auch das Böse.
6. Er muss vor einer Entscheidung jeweils erkannt werden.	6. Er kann nur im Nachhinein erkannt werden.
7. Er stimmt mit den Aussagen der Bibel überein, stellt immer die bestmögliche Entscheidung dar und trägt somit zur Verherrlichung Gottes bei.	7. Er ist mittelbar ideal: d.h. obwohl er sowohl das Gute als auch das Böse umfasst, wird er schlussendlich doch zur Ehre Gottes dienen.

Abb.5

Zweiter Vergleich: Gottes individueller Wille und Gottes ethischer Wille

Gottes individueller Wille	Gottes ethischer Wille
1. Ein detaillierter Plan für alle Entscheidungen im Leben eines Christen.	1. Allgemeine Gebote und Lebensrichtlinien.
2. Der Christ soll ihn erkennen und danach handeln.	2. Der Christ soll ihn erkennen und danach handeln.
3. Mangelnde Erkenntnis und Ungehorsam können dazu führen, dass ein Christ ihn versäumt.	3. Mangelnde Erkenntnis und Ungehorsam können dazu führen, dass ein Christ ihn versäumt.
4. Er wird jeweils neu offenbart und kann nicht direkt aus der Heiligen Schrift herausgeleitet werden.	4. Er wurde den Verfassern der Bibel offenbart und ist in seiner Gesamtheit in der Bibel enthalten.
5. Der Heilige Geist offenbart ihn durch verschiedene Mittel.	5. Er wurde vom Heiligen Geist auf übernatürliche Art und Weise offenbart.
6. Seine Anweisungen sind konkret auf den Einzelnen abgestimmt (‚Heirate Petra nächsten Monat in Krefeld!')	6. Seine Anweisungen sind allgemeiner Art (‚Heirate nur einen Christen.')

Die Unterschiede zwischen dem individuellen und dem souveränen Willen Gottes werden meist klar erkannt, hingegen fällt die Unterscheidung zwischen dem ethischen und dem individuellen Willen Gottes nicht so leicht. M.E. kann dies zu Verwirrungen führen. Trotz gewisser Ähnlichkeiten bleiben wesentliche Unterschiede, wie unsere Übersicht deutlich macht (vgl. Abb. 5).

Die Begründung des individuellen Willen Gottes

Wir kommen nun zu unserer zweiten Frage: *Woher wissen wir, dass Gott einen individuellen Plan für jeden Gläubigen hat?* (vgl. Abb.1)

Bis jetzt sind wir einfach davon ausgegangen, dass Gott für jeden einzelnen einen individuellen Willen oder Plan entworfen hat. Eine Begründung für diese Annahme wird manchem Hörer bestimmt überflüssig erscheinen, und viele Bücher zu unserem Thema setzen stillschweigend voraus, dass der Leser die Gründe dafür bereits kennt. Trotzdem wollen wir auf diese etwas näher eingehen.

Der individuelle Wille Gottes kann auf vierfache Weise begründet werden: mit der Vernunft, aus der Erfahrung, vom biblischen Beispiel und von der biblischen Lehre her.

Abb. 6

Die Begründung des individuellen Willen Gottes

Vernunft	**Erfahrung**
Biblische Vorbilder	**Biblische Lehre**

Die Vorstellung von einem individuellen Willen Gottes ist durchaus vernünftig und gründet im Wesen Gottes. Gott ist ein Gott der Ordnung und des Planens (1.Kor.14,40). Er kennt die Zukunft und die Folgen jeder Entscheidung, die wir treffen können (Mt.11,21-22). Wir dürfen deshalb annehmen, dass Gott für jedes seiner Kinder einen idealen Lebensplan entworfen hat. Wenn Gott den Lauf der Planeten bestimmt und jede unscheinbare Schneeflocke entwirft, dann wird er auch für jeden einzelnen von uns einen Plan haben. Jesus sagt, dass wir vor Gott einen höheren Wert haben als alle anderen Geschöpfe (Mt.6,26). Die biblischen Bilder für die Beziehung zwischen Gott und dem Gläubigen sprechen für die Annahme eines individuellen Willens. Gott ist unser König, Hirte und Vater. Welcher große König hätte keine Pläne für sein Volk? Welcher weise Hirte hätte keine genauen Vorstellungen von den Bedürfnissen seiner Herde? Und welcher liebende Vater hätte keine Pläne für seine Kinder? Und da sollte Gott nicht für jeden seiner teuren Kinder einen individuellen zugeschnittenen Plan haben? Dies anzunehmen, wäre m.E. unvernünftig.

Der individuelle Wille Gottes ist auch eine Erfahrungstatsache. Die Kirchengeschichte kennt Männer wie Martin Luther, John Wesley, David Livingstone und Friedrich von Bodelschwingh. Das Leben dieser Männer Gottes ist ein starkes Argument dafür, dass Gott für jeden Christen einen besonderen Auftrag hat. Sie kannten Gottes individuellen Willen für ihr Leben und haben sich nach diesem ausgerichtet. Der Reichtum ihrer Erfahrungen zeigt deutlich, dass Gott auch für unser Leben einen Plan hat.

Bestimmt können Sie ähnliches bezeugen. Sicher hatten Sie schon einmal in einer bestimmten Situation das Empfinden, dass Gott Sie zu einer bestimmten Aufgabe beauftragt. In ihrem Herzen vernahmen Sie Gottes Stimme so deutlich, als hätte er zu Ihnen gesprochen. Sie hatten so lange keinen Frieden, bis Sie bereit waren, entsprechend zu handeln. Und nachdem Sie folgsam waren, erfüllte der Friede des Herrn ihr Herz. Diese Erfahrungen machen fast alle Gläubigen, insbesondere die, die in enger Gemeinschaft mit ihrem Herrn leben. Andere mögen von Zufall, von psychologischer Einwirkung reden, doch bezeugen Christen aller Zeiten die besondere persönliche Zuwendung des Heiligen Geistes als innewohnenden Führer. Auch die Erfahrung lehrt: Gott hat für jeden Christen einen individuellen Plan.

So beeindruckend die Argumente der Vernunft und der Erfahrung sind, viel wichtiger sind dagegen die Beweise, die wir aus der Bibel selbst gewinnen. Neben Beispielen individueller Führung finden wir in der heiligen Schrift eine klare Lehre über den Willen Gottes.

Wir kommen nun zu den Beispielen der Bibel. Das markanteste Vorbild ist natürlich Jesus Christus selbst. Er kannte Gottes Willen und hat diesen bis ins letzte Detail ausgeführt (Hebr.10,7-9; Joh.4,34; 6,38; Lk.22,42). Christus kam nicht aus eigener Initiative in die Welt, sondern wurde von seinem Vater gesandt (Joh.8,42). Jesus wies stets darauf hin, dass seine Lehre von Gott war (Joh.7,17; 8,26), und die Werke, die er tat, waren ihm vom Vater aufgetragen worden (Joh.5,36). Wenn nun der Sohn Gottes soviel Wert darauf legte, Gottes besonderen Willen für sein Leben auszuführen, dürfen wir ihm in diesem nicht nachstehen. Auch der Apostel Paulus ist uns ein Vorbild. Immer wieder weist er seine Leser auf die Tatsache hin, dass Gott ihn zum Apostel berufen hat (1.Kor.1,1). Seine apostolische Berufung war ‚nicht von Menschen, auch nicht durch einen Menschen, sondern durch Jesus Christus und Gott, den Vater' (Gal.1,1). Gott hat ihm nicht nur seinen Beruf gezeigt, sondern auch ganz konkret geführt. Er wurde auf seine erste Missionsreise ausgesandt (Apg.13,1-2). Im weiteren wurden ihm auch spezielle Aufgaben zugewiesen, wie etwa durch den Ruf nach Mazedonien (Apg.16,6-7).

Philippus wurde ausdrücklich auf eine bestimmte Straße geführt, um einen gewissen Menschen anzusprechen (Apg.8,26-29). Wenn wir uns heute so von Gott führen ließen, würde unser Dienst auch größere Ergebnisse zeigen. Ein andermal führte der Herr Annanias zu Paulus (Apg.9,10-11) und Petrus zu Kornelius (Apg.10,20). Auf dem Jerusalemer Konzil gab der Heilige Geist konkrete Weisung, wie Sie sich in einer lehrmäßigen Frage zu entscheiden hatten (Apg.15,28).

Im Alten Testament verfolgt Gott einen besonderen Plan in Josefs Leben. Von seinen Brüdern gehasst und verraten, setzte ihn Gott zum Herrscher über Ägypten. So konnte er seine Familie vor der Hungersnot retten (1.Mo.50,20).

Dies sind keine Einzelfälle, denn Gottes Vorhaben wird auch in den Leben von Mose, Josua, David, Elia, Josia, Ruth, Jesaja, Jeremia, Hesekiel, Daniel, Johannes dem Täufer und Maria, der Mutter von Jesus deutlich. Sie alle fragten Gott: ‚Was soll ich tun?', ähnlich wie Paulus (Apg.22,10). Wer nicht so fragt, wird die Freude versäumen, die uns aus einem Leben nach Gottes Plan und Führung kommt. Gott hat keine Lieblinge, die er besonders bevorzugt. Er hat genauso einen speziellen Plan für jeden von uns, wie für die Männer und Frauen der Heiligen Schrift.

Neben den Beispielen, die ich eben angeführt habe, *lehrt* die Bibel ausdrücklich, dass Gott einen individuellen Plan für jeden Gläubigen hat. An vielen Stellen werden die Gläubigen aufgefordert, Gottes Plan zu erkennen und zu befolgen. In Kolosser 1,9-10 steht folgendes Gebet: ‚Wir lassen nicht ab, für euch zu beten und zu bitten, dass ihr erfüllt werdet mit *Erkenntnis seines Willens* in aller geistlichen Weisheit und Einsicht, auf dass ihr des Herrn würdig wandelt zu allem Gefallen.' Gott gefallen heißt demnach, seinen individuellen Plan erkennen und befolgen.

In Römer 12,1-2 ermahnt Paulus die Gläubigen, sich Gott als lebendige Opfer zu weihen und sich nicht dieser Welt gleichzustellen,

auf dass sie prüfen mögen, was der *Wille Gottes* ist. Wie wir bereits aus Sprüche 3,5-6 sahen, verheißt uns Gott, dass er uns seinen speziellen Willen kundtun wird, wenn wir ihm nur vertrauen, statt uns auf unseren eigenen Verstand zu verlassen. Gott verheißt uns seine Führung, er wird uns seine Wege im Leben weisen und diese Verheißung hat bis heute Gültigkeit behalten.
Eine ähnliche Verheißung finden wir in Jesaja 30,21. Dort ist vom Heiligen Geist die Rede, der in uns wirkt und uns führt, wenn wir Gefahr laufen, vom rechten Weg abzuweichen. Dort heißt es: ‚Deine Ohren werden hinter dir das Wort hören: Dies ist der Weg: den geht! Sonst weder zur Rechten noch zur Linken!' Vor jeder Entscheidung gibt uns Gott konkrete Weisung, die uns auf dem Weg hält, die seinem individuellen Willen für unser Leben entspricht.

In Psalm 32,8 steht: ‚Ich will dich unterweisen und dir den Weg zeigen, den du gehen sollst; ich will dich mit meinen Augen leiten.' Diese Verheißung entspricht den anderen Verheißungen richtungsweisender Führung auf unserem Lebensweg.

Wir wissen, dass das Leben eines Gläubigen gute Werke hervorbringen wird. In Epheser 2,10 geht Paulus jedoch noch einen Schritt weiter und behauptet, Gott habe *bestimmte* gute Werke für jeden vorgesehen. Diese guten Werke ergeben sich aus seinem individuellen Plan.

Die Geschichte in 1. Mose 24 zeigt, dass Gott für jeden Menschen einen individuellen Plan hat, und dass er diesen dem gehorsamen Gläubigen offenbaren wird. Abraham trug seinem Diener auf, für Isaak eine Frau zu finden. Der Diener bat Gott um Führung und wurde im Verlauf der Geschichte geradewegs zu der Frau geführt, die Gott für Isaak bestimmt hatte (1.Mo.24,14). In diesem Fall bediente sich Gott eines Zeichens, um seinen individuellen Willen zu bestätigen.

Es wundert nicht, dass die Gläubigen aller Zeiten fest an den individuellen Willen Gottes glaubten. Die Belege aus der Vernunft, der Erfahrung und der Heiligen Schrift reden eine deutliche Sprache.

Dass wir als Gläubige im Leben nicht straucheln müssen, dass wir uns nicht selbst einen Weg bahnen brauchen, erfüllt uns mit Freude. Wir haben festgestellt, dass Gott einen idealen Lebensplan für jeden einzelnen hat. Dass Gott uns führt, gehört zu den wichtigsten Erkenntnissen im Leben."

Kapitel 3

Die Wegweiser

Gottes individuellen Willen entdecken

„Nun kommen wir zur dritten Frage: *Wie erkenne ich den individuellen Willen Gottes?* (Vgl. Abb. 1)

Man hat den Willen Gottes verschiedentlich mit einer Straßenkarte für das Leben verglichen. Um aus einer Straßenkarte Nutzen zu ziehen, muss ich sie lesen können. Dazu fällt mir ein Erlebnis aus meiner Studienzeit ein. Mit einigen Kommilitonen auf Reisen versuchte ich einmal vergeblich, das Haus zu finden, wo wir übernachten wollten. Schließlich machte uns jemand darauf aufmerksam, dass unsere selbstgefertigte Landkarte auf dem Kopf stand. Wo wir hätten links abbiegen sollen, waren wir rechts abgebogen und hatten uns so gründlich verfahren. Ähnlich geht es manchen Christen: sie haben die falsche Vorstellung von der Straßenkarte Gottes für ihr Leben. Einige dieser Missverständnisse (vgl. Abb. 7) treten so häufig auf, dass wir sie uns einmal vornehmen wollen.

Missverständnis Nummer eins habe ich *Programmvorschau* genannt. Es gibt Fernsehzeitschriften, die bis zu zwei Wochen im Voraus das Programm abdrucken. Man weiß also genau, wann welche Sendung in welchem Programm ausgestrahlt wird. Gott offenbart seien Willen aber nicht als Programmvorschau, aus der die Zukunft auf einen Blick ablesbar wird. Gottes Wille gleicht eher einer altertümlichen Schriftrolle, die Stück um Stück aufgerollt wird. Gott hat seinerzeit das Volk Israel in der Wolkensäule auch nur um jeweils einen Abschnitt weitergeführt. Ähnlich führt Gott auch heute. Auf eine Programmvorschau werden wir vergeblich warten.

Missverständnis Nummer zwei: Gott, der Himmlische *Spielverderber*. Aus Angst vor den möglichen Konsequenzen suchen einige Christen den Willen Gottes nur halbherzig. Unbewusst halten sie Gott für einen kosmischen Sadisten, dem nichts größere Freude bereitet, als Missionare in entlegene afrikanische Dschungelgebiete zu schicken, wo die Hitze unerträglich, die Sprachen unverständlich, die Speisen unverdaulich und die Schlangen unfreundlich sind.

Mit dieser Karikatur tun wir Gott jedoch Unrecht. Er ist nämlich ein liebender himmlischer Vater, dem sehr wohl an der Freude seiner Kinder gelegen ist. Die größte Freude, Geborgenheit und Erfüllung findet man stets im Mittelpunkt des Willens Gottes.

Missverständnis Nummer drei: der *geborene Missionar*. In manchen Köpfen geistert die Vorstellung, Missionare gehörten zu einer übermenschlichen Gattung. Man spricht von ‚der Berufung zum Missionar' oder vom ‚Ruf in den Dienst', als wären damit die Berufungen Gottes erschöpft.

Gewiss, Gott beruft Missionare und Pastoren. Aber beruft er auch Drucker, Krankenschwestern, Schlosser, Schreiner und Hausfrauen zu ihrem jeweiligen Lebenswerk? Der Beruf stellt nur einen Ausschnitt aus dem Gesamtentwurf Gottes dar. Aber ein so wichtiger Aspekt ihres Lebens würde doch wohl kaum vom Meisterarchitekten Ihres Lebens übersehen. Gottes Berufungen gelten zwar ausschließlich gläubigen Menschen, aber nicht ausschließlich künftigen Missionaren oder Vollzeitlern.

Missverständnis Nummer vier betrifft die Vorraussetzung *weißes Haar*. Reife ist bei der Suche nach dem Willen Gottes bestimmt von Vorteil, doch kann jeder junge Christ den Willen Gottes erkennen. Nicht des weißen Haares bedarf es, sondern eines offenen, willigen Herzens, um den Willen Gottes zu erkennen. Gott hat den jungen Josef, den jungen Daniel und den jungen Jesus geführt - noch ehe sie ein einziges graues Haar hatten.

Blitz und Donner heißt Missverständnis Nummer fünf. Saul von Tarsus hat auf der Straße von Damaskus tatsächlich einen Lichtblitz und eine Stimme vom Himmel vernommen. Doch zählen derlei Erscheinungen weder zum Alltäglichen, noch sind sie notwendig. Der Heilige Geist wohnt im Herzen, und gewöhnlich bedient sich Gott einer leisen, sanften Stimme, wenn er spricht. Feuer, Blitz und Erdbeben sind die Ausnahme (vgl. 1.Kö.19,12).

Wenn der Blitz einschlägt, werden wir es schon merken. Doch besagt das Ausbleiben eines Blitzes auf keinen Fall, dass wir den Willen Gottes versäumt haben.

Und schließlich möchte ich auf ein letztes Missverständnis eingehen, das ich die *Kanzlerfrage* nenne. Es gibt Christen, die die Fragen nach dem Willen Gottes nur mit Lebensfragen von besonderer Tragweite verbinden. Gott weiß jedoch, dass unseren größten Entscheidungen kleinere Ereignisse und Entscheidungen vorausgehen. Die Verabredung, der sie heute vielleicht keine besondere Bedeutung beimessen, mag der erste Schritt zu einer Beziehung mit Ihrem künftigen Ehepartner sein. Deshalb kümmert sich Gott auch um das Unscheinbare in Ihrem Leben, und deshalb ist auch sein individueller Wille für Ihr Leben so detailliert. Gottes Lebensführung reicht bis in die kleinsten Einzelheiten und betrifft daher nicht nur die Frage, ob Sie einmal Bundeskanzler werden.

Abb. 7

Häufige Missverständnisse

Programmvorschau
Himmlischer Spielverderber
Geborener Missionar
Weißes Haar
Blitz und Donner
Kanzlerfrage

Nachdem wir einige mögliche Missverständnisse ausgeräumt haben, wenden wir uns nunmehr der Frage zu, wie wir den Willen Gottes erkennen können. Wir haben bereits festgestellt, dass sich der Wille Gottes mit einer Straßenkarte vergleichen lässt, die uns zeigt, welchen Weg wir einschlagen sollen. Gott zeigt uns jedoch nicht schon die ganze Reise im Voraus. Deshalb wollen wir lieben von Wegweisern sprechen, die uns den Weg zeigen.

Hinweistafeln im Verkehr helfen uns auf verschiedene Weise. Ein großes Schild über der Autobahn kündigt schon Kilometer im Voraus an:

‚Frankfurter Kreuz 5 km'. Ein kleineres Schild steht dagegen vielleicht nur wenige Meter vor der Abzweigung: ‚Stadtmitte rechts einordnen'. Gottes Hinweistafeln reichen aus, um uns Klarheit über seinen Plan zu verschaffen. Sieben solcher Hinweistafeln stellt er uns zur Verfügung, die uns sicher ans Ziel geleiten.

Abb. 8

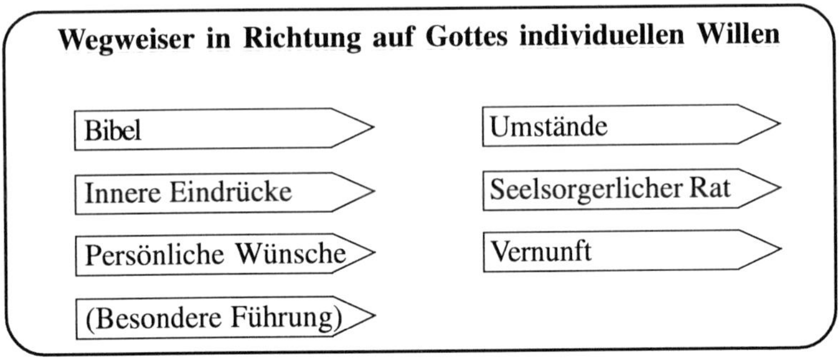

Der erste Wegweiser ist das *Wort Gottes*. Vorhin haben wir uns deutlich gemacht, dass die Bibel nicht über Gottes individuellen Willen, sondern nur über seinen moralisch-ethischen Willen Aufschluss gibt. Weil sich aber der individuelle Wille Gottes (der ‚Punkt' in der Mitte) stets nur innerhalb seines ethischen Willens befindet (im Kreis) erweist sich die Bibel als unbedingt notwendiger Wegweiser. Der individuelle Wille ist immer in der allgemeinen, von der Bibel gewiesenen Richtung zu suchen. Sie ist wie das Schild: ‚Bitte rechts einordnen'. Alles, was zur Linken liegt, widerspricht den Geboten der Bibel, und Gottes Wille wird nie dort zu suchen sein.

Um nochmals auf die Partnerwahl zu kommen: Ein Christ darf sich nach Gottes Wort bei seiner Wahl nie unter Ungläubigen umsehen. Weitere Hinweisschilder werden noch zu beachten sein, um den betreffenden Menschen zu finden, den Gott auserwählt hat. Aber an dieser Stelle spielt die Bibel eine absolut wesentliche Rolle. Wenn du diese Hinweistafeln übersiehst, wirst du auch die weiteren Wegweiser versäumen.

Die Bibel enthält Führung, die für unzählige Entscheidungen von Belang ist. Wer mit der Nachfolge ernst macht, wird sich eingehend mit dem Wort Gottes befassen, um sich mit seinen Richtlinien vertraut zu machen, die sich auf spezielle Entscheidungen beziehen. Wir wollen dabei nicht vergessen, dass das Alte Testament hunderte Berichte von Menschen enthält, die vor Gott Entscheidungen getroffen haben. Die Apostelgeschichte im Neuen Testament zeigt, wie die Urgemeinde und ihre Leiter von Gott geführt worden sind. Ihre Bibel enthält Gottes Führung. Entsprechend sollten Sie sie studieren.

Vor einer missbräuchlichen Verwendung der Heiligen Schrift möchte ich in diesem Zusammenhang warnen. Die Bibel ist stets gemäß der Absicht ihrer Verfasser zu verstehen. Sie will, mit anderen Worten, sowohl historisch als auch grammatikalisch richtig im Sinne der Absicht des Verfassers ausgelegt werden. Wer die ursprüngliche Bedeutung eines Textes zugunsten seiner Entscheidung sinnverfälscht, missbraucht die Heilige Schrift und wird nicht richtig geführt werden.

Dazu ein kleines Beispiel. Wir wollen annehmen, ich lese, wie Gott einem Propheten den Auftrag gibt, nach Jerusalem zu gehen. Heißt das, dass ich mich für eine Israelreise anzumelden haben? Oder nehmen wir an, dass ich am Vorabend der Bundestagswahl lese, dass David, der kleinste unter seinen Brüdern, auserwählt wurde. Heißt das nun, dass ich für den kleinsten Kandidaten stimmen soll? Nein, denn das war ja nicht die Absicht des Verfassers. Die Worte sollen also nicht sinnentstellt aus ihrem Zusammenhang herausgelöst missbraucht werden.

Es gibt aber Christen, die mir hier widersprechen würden. Sie bezeugen aus Erfahrung, dass Gott mithin in bestimmten Situationen spezielle Weisung durch die Bibel gibt. Ein gesegneter China-Missionar unserer Tage erzählt, wie Gott ein an Mose gerichtetes Wort benutzte, um seine eigene Berufung nach China zu bestätigen. Er hatte sich Sorgen um das Sprachstudium gemacht. Doch dann habe ihm Gott das Wort gegeben: ‚So geht nun hin: Ich will mit deinem Munde sein und dich lehren, was du sagen sollst.' Er hat den Vers persönlich auf sich bezogen und schrieb mit großen Buchstaben über 2. Mose 4,12: CHINA. Dennoch rate ich von dieser Methode ab. Selbst jene, die mir nicht zustimmen, bestätigen, dass es sich hier auf jeden Fall um Ausnahmen handelt.

Der zweite Wegweiser sind die *Umstände*. Zufälle gibt es nicht. Gott ist der Herr über alle Dinge, einschließlich der Umstände im Umfeld Ihrer Entscheidungen. Sie lesen die Bibel, weil Gott ihr Verfasser ist.

Ebenso sollten Sie die Umstände lesen, denn Gott bestimmt auch sie. Indem er die Umstände lenkt, kann Gott Ihnen seinen individuellen Willen kundtun.

Indem Gott Türen öffnet oder schließt, kann er Ihnen seinen Willen offenbaren. Bewerben Sie sich um einen Studienplatz in Medizin und erhalten aufgrund des Numerus clausus eine Absage, dann dürfen Sie wahrscheinlich davon ausgehen, dass Gott diese Tür verschlossen und zu ihren Plänen ein Nein gegeben hat. Aber vielleicht hält Gott hinter einer anderen Tür etwas Besseres bereit. Manchmal führt Gott, indem er unerwartet Türen öffnet. Oft sagt Gott auf diese Weise: ‚Dies ist mein Wille für dich.' Durch das Offenwerden einer Tür wurde Paulus zum Verbleiben in Ephesus veranlasst (1.Kor.16,8-9). Er bat Gott regelmäßig, weitere Türen für ihn zu öffnen (Kol.1,3).

Manchmal führt Gott ganz unerwartet in präziser Zeitfolge unwahrscheinliche Umstände zusammen, um so seinen Willen zu offenbaren. Der Skeptiker würde von bloßem Zufall reden, doch der Gläubige hat hier einen tieferen Einblick. Der Gläubige darf außerdem die Gewissheit haben, dass der Heilige Geist ihn nicht nur in ein rechtes Verständnis der Heiligen Schriften führt, sondern ihn darüber hinaus auch die Zusammenhänge göttlicher Fügungen erkennen lässt. Der Heilige Geist ist nämlich der Führer des Christen (Joh.16,13; Röm.8,14). Bei diesem Wegweiser ist allerdings auch Vorsicht geboten. Erfahrene Christen wissen, dass eine Tür manchmal nur verschlossen *aussieht*, dass Gott aber die Umstände gebraucht, um den Glauben des Betreffenden zu prüfen und zu stärken. Vielleicht sagt Gott: ‚Warte und ich werde dir die Tür später auftun.' Und schließlich sollte man auch nicht impulsiv jede nicht verriegelte Tür einrennen. Eine Tür mag zwar offen stehen, doch vielleicht weisen die anderen Wegweiser in eine andere Richtung.

Eine in diesem Zusammenhang sehr häufig gestellte Frage lautet: Darf man ein ‚Vlies' auslegen? Der Fragende bittet Gott, durch ein ganz bestimmtes, vorher ausgemachtes Zeichen zu reden. So betet vielleicht jemand: ‚Herr, wenn wir umziehen sollen, dann lass doch bitte jemand uns mit einem Wohnungsangebot in der kommenden Woche ansprechen, ohne dass wir in der Zeitung inserieren.' Ein entsprechendes Angebot in der folgenden Woche dürfte dann als Ja-Zeichen ausgelegt werden. Das Ausbleiben einer Nachfrage als Nein.

Die Wendung ‚ein Vlies auslegen' ist der Gideon-Geschichte in Richter 6,36-40 entnommen. Gideon bat Gott um klare Auskunft, ob er gegen die Midianiter ins Feld ziehen sollte und legte zu diesem Zweck etwas abgeschorene Wolle auf seine Tenne. War dann am Morgen die Wolle vom Tau nass, die Tenne dagegen trocken, so wusste Gideon, dass Gott mit ja geantwortet hatte. Gott gab dem Bitten Gideons nach: das Vlies war nass und Gideon besiegte die Midianiter.

Darf man auch noch heute so vorgehen? Die Meinungen gehen hier auseinander. Dagegen spricht, dass diese Methode in einem anderen Zeitalter verwendet wurde, in dem der Heilige Geist nicht allen Gläubigen innewohnte. Man kann ferner darauf hinweisen, dass Gideons Bitte nicht aus Glauben, sondern aus Zweifel und Angst geschah (Ri.6,15-18; 36-37). Und schließlich könnte diese Methode leicht missbraucht werden.

Ich glaube dennoch, dass die Anwendung dieser Methode von der Heiligen Schrift her vertretbar ist. Der innewohnende Heilige Geist führt heute tatsächlich mehr als damals. Damit ist aber nicht ausgeschlossen, dass Gott die Umstände beherrscht und uns seinen Willen durch diese kundtun kann. Wenn Gott einem Zweifler wie Gideon entgegenkam, wie viel mehr wird er auf die Bitte aus Glauben eingehen. Über einen solchen Fall lesen wir in 1.Mose 24.

Abraham sandte seinen Diener nach Haran, um eine Frau für seinen Sohn Isaak zu suchen. Der Diener gehorchte Abraham und vertraute auf Gottes Führung. Er bat Gott um ein Zeichen, das ihn auf die rechte Braut für Isaak aufmerksam machen sollte (1.Mo.24,14). Er hatte kaum ausgebetet, da erschien auch schon Rebekka und erfüllte die Bedingungen des ‚Ja-Zeichens', indem Sie nicht nur für den Diener, sondern auch für dessen Karawane Wasser schöpfte (1.Mo.24,15-24).

Christen aller Zeiten bezeugen, dass Gott auch heute noch die aufrichtige Bitte seiner Kinder um Führung hört.

Um einem Missbrauch dieser Methode vorzubeugen, möchte ich Ihnen vier Richtlinien an die Hand geben, die aus den biblischen Beispielen deutlich werden. (1) Gehe sparsam mit dem ‚Vlies' um: Es ist nicht der erste, sondern der letzte Schritt in einem Entscheidungsprozess. (2) Die Übereinkunft mit Gott über das erwählte Zeichen sollte in aufrichtigem Gebet geschehen. (3) Suche dir ein Zeichen, das deutlich, unmissverständlich und eher ungewöhnlich ist. (4) Dieses Vorgehen sollte schwerwiegenden Entscheidungen vorbehalten bleiben. Der dritte Wegweiser ist das *inwendige Zeugnis des Heiligen Geistes.* Seit Pfingsten wohnt der Heilige Geist in jedem, der sich Jesus Christus anvertraut. Zu den vielen Aufgaben, die der Heilige Geist im Leben des Gläubigen erfüllt, gehört auch die, den Christen zu führen (Joh.16,13; Röm.8,14; Gal.5,18).

Wie der Heilige Geist im Herzen des Gläubigen redet, ist schwer zu beschreiben. Dieses inwendige Geführtwerden gleicht dem Frieden Gottes, der zwar erfahren wird, jedoch unsere Möglichkeiten, ihn in Worte zu fassen, bei weitem übersteigt (Phil.4,7).

Gott ist eine Person, und deshalb ist sein Reden mit uns persönlich. So wie es unmöglich ist, die Erfahrung der Wiedergeburt einem Ungläubigen zu beweisen, so ist es auch unmöglich, das inwendige Geführtwerden unter Beweis zu stellen.

Bestimmte Worte und Wendungen sind verschiedentlich gebraucht worden, um diese Leitung zu beschreiben. Man nennt sie die ‚Stimme des Geistes', weil es der Heilige Geist ist, der zu uns spricht. Sie heißt auch ‚innere Stimme', denn sie kommt aus unserem Herzen und tritt nicht von außen an uns heran. Man hat sie auch als die ‚stille, sanfte Stimme' bezeichnet im Gegensatz zu den deutlich vernehmbaren Geräuschen wie Wind, Erdstöße und Feuer, die Elija wahrgenommen hat (1.Kö.19,12).

Der Begriff ‚innerer Eindruck' unterscheidet diese Art Führung von der unmittelbaren, übernatürlichen Offenbarung, wie sie der Prophet Hesekiel (Hes.1,1-3) oder der Apostel Paulus (2.Kor.12,1-4) erfuhren. Die Bezeichnung ‚innerer Trieb' bezeugt seine Dringlichkeit. So auch die Wendung ‚der Heilige Geist hat mir eine Last aufs Herz gelegt'. Weil der Heilige Geist den individuellen Willen Gottes bezeugt, sprechen manche von dem ‚inwendigen Zeugnis' (Röm.8,16).

Eine sehr häufige Bezeichnung für Geistesleitung ist der Ausdruck ‚Friede Gottes'. Dieser Friede wird uns immer dann zuteil, wenn wir gehorsam sind und uns im Zentrum des Willen Gottes befinden. Wenn wir dagegen eine falsche Richtung einschlagen, werden wir unruhig und innerlich von Angst gepackt, der Friede wird uns genommen.
In Kolosser 3,15 heißt es: ‚Der Friede Gottes regiere in euren Herzen.' Das Verb *regieren* bedeutet ‚als Schiedsrichter fungieren'. In der Zeit

des Neuen Testaments wachte ein Beamter über die griechischen Spiele. Er musste urteilen und Entscheidungen fällen. Wir sollen also vor Entscheidungen den Frieden Gottes als Schiedsrichter zu Rate ziehen. Indem er seinen inwendigen Frieden spendet, sagt Gott: ‚Ja, dies ist mein besonderer Wille für dich.'

Anhand dieser Beschreibung können wir nun eine Definition des inwendigen Zeugnisses des Heiligen Geistes formulieren. *Es ist jener Dienst des Geistes, mittels dessen er den Gläubigen durch persönliche Eindrücke und durch inneren Frieden im Herzen führt und ihm den individuellen Willen Gottes offenbart.*

Als vierten Wegweiser nenne ich den *Rat erfahrener Christen.* Ein Seelsorger, der sich in der Bibel auskennt, kann Ihnen sagen, was das Wort Gottes über die Entscheidungen, die Sie zu treffen haben, sagt. Außerdem kann er auf eigene Erfahrungen zurückgreifen und Ihnen sagen, wie Gott seinen individuellen Willen zeigt (Spr.24,6).

So hilfreich der Rat eines Seelsorgers auch sein mag, so sehr sind ihm doch bestimmte Grenzen gesetzt. So kann es vorkommen, dass verschiedene Seelsorger einander widersprechende Ratschläge erteilen. Kein Mensch, auch kein Christ, kann für sich Unfehlbarkeit beanspruchen. Wir sollten stets im Auge behalten, dass der Heilige Geist unser eigentlicher Seelsorger ist, sich aber auch gelegentlich menschlicher Seelsorger bedient.

Als fünften Wegweiser sind die *persönlichen Wünsche* zu nennen. Bei der Auswertung der eigenen Wünsche gilt es zwei Extreme zu vermeiden. Das erste Extrem nenne ich den ‚Beflecktes-Kleid-Faktor'. Unsere Gerechtigkeit ist vor Gott wie ein beflecktes Kleid, sagt die Bibel. Sie sagt auch, dass unser Herz ‚arglistig und verderbt' ist. Man darf ihm nicht trauen. Aus solchen Aussagen folgern einige, dass alle unsere Wünsche - auch die nach der Bekehrung - wahrscheinlich egoistisch sind. Wer so denkt, wird jedem starken Wunsch misstrauisch bis ablehnen gegenüberstehen: Was ich will, kann doch *unmöglich* Gottes Wille sein! Dabei vergisst man jedoch, dass Gott uns mit der Wiedergeburt ein neues Herz geschenkt hat und damit auch unsere Gedanken und Wünsche reinigt. So lange wir in diesem Leben sind, werden unsere natürlichen Wünsche zwar oftmals im Widerstreit zum Willen Gottes stehen, doch je mehr wir im Glauben wachsen, desto mehr werden sich unsere eigenen Wünsche den Wünschen Gottes angleichen. Deshalb sollten wir nicht alles von vornherein ablehnen, was unseren Wünschen entspringt.

Das zweite Extrem, vor dem ich warnen möchte, habe ich die ‚Eineiige-Zwillinge-Theorie' genannt. Sie ist das exakte Gegenstück zu dem ‚Befleckten-Kleid-Faktor'. Diese Theorie beruft sich auf Psalm 37,4 und Philipper 2,13 und besagt im wesentlichen: Wenn mein Leben ganz dem Herrn ausgeliefert ist, werden sich meine Wünsche stets mit den Wünschen des Herrn decken. Diese Auffassung ist besonders verlockend, ist es doch meist einfacher, sich über die eigenen Wünsche Klarheit zu verschaffen als über den Willen Gottes. Doch das Haar in der Suppe ist die Tatsache, dass die ‚Zwillinge' nicht immer ‚eineiig' sind. Selbst Jesus musste beten: ‚... nicht wie ich will, sondern wie du willst!' Paulus beschreibt in Römer 7 seinen inneren Kampf und lehrt, dass Christen immer im Kampf des Fleisches wider den Geist verwickelt sein werden (Gal.5). Leider werden wir in diesem Leben nie den Zustand sündloser Vollkommenheit erlangen, was natürlich auch für unseren Wünsche und Bedürfnisse gilt.

Der richtige Ansatz liegt in der Mitte zwischen den beiden Extremen. Gott ist kein ‚himmlischer Spielverderber'. Gottes individueller Wille für unser Leben meint es gut mit uns: er schenkt Friede und Freude. Befinden wir uns im Mittelpunkt seines Willens, so dürfen wir davon ausgehen, dass sich unsere wirklichen Wünsche mit seinen decken. Wir dürfen daher auch unsere Wünsche befragen, denn sie können uns zeigen, was Gott von uns will. Als Christ sollten Sie Ihre Wünsche weder als ‚beflecktes Kleid' noch als ‚eineiige Zwillinge' betrachten, sondern vielmehr als ein wertvoller Wegweiser zum Willen Gottes.

Ein sechster Wegweiser ist der *gesunde Menschenverstand*. Es handelt sich um ein klar erkennbares Straßenschild, das aber - vor allem von unreifen Christen - gerne übersehen wird. Aus unerfindlichen Gründen meinen viele, Gottes Wille müsse stets etwas Ungewöhnliches, Unerwartetes sein, womöglich mit exotischem Beigeschmack. Doch lehrt ein Blick in die Schöpfung, dass Gott ein Gott der Ordnung ist. Er hat den Menschen mit Verstand ausgerüstet, und er ist enttäuscht, wenn dieser keinen Gebrauch davon macht. Das Buch der Sprüche lobt wiederholt die Weisheit und verachtet die Dummheit. Die ersten Diakone waren Männer voll Weisheit (Apg.6,3) und von den Ältesten wird erwartet, dass sie nüchtern (1.Tim.3,2) und besonnen sind (Tit.1,8).

Dennoch wollen wir nicht übersehen, dass unser Verstand die Dinge nicht immer so einschätzt. Unsere Gedanken sind nicht immer Gottes Gedanken, vor allem dann nicht, wenn wir uns ganz auf unsere Vernunft verlassen. Dem Willen Gottes darf nie von unserem Verstand und unserer Vernunft Grenzen gesetzt werden. Der gesunde Menschenverstand hätte Noah vielleicht verboten, in einem Land, in dem zuvor nie ein Tropfen Regen gefallen war, eine Arche zu bauen. Menschlicher Verstand hätte auch Abrahm nie geheißen, seinen Sohn zu opfern. Der gesunde Menschenverstand hätte auch nie einen Philippus zu einem einsamen Ausländer in die Wüste geschickt, wo doch eine richtige Erweckung in der Stadt im Gange war. Und die Strategie für die Einnahme Jerichos war auch kein Produkt der Vernunft.

Einmal legte der Geist mir aufs Herz, von meinem gewohnten Arbeitsplan abzuweichen und ohne ersichtlichen Grund ins Krankenhaus zu gehen. Als ich dort ankam, hatte ich Gelegenheit mit einem Sterbenden zu reden, der die Krankenschwester um ein Gespräch mit einem Geistlichen gebeten hatte. Etlichen von Ihnen könnten vielleicht ähnliche Erfahrungen bezeugten.

Ich meine aber, dass man nur dann gegen die Vernunft handeln sollte, wenn andere Wegweiser eine deutliche Sprache sprechen. In den meisten Fällen wird die Vernunft den Weg in Richtung auf den Willen Gottes weisen. Vergessen Sie aber darüber nicht, dass wir einen äußerst ungewöhnlichen Gott haben.

Als siebten Wegweiser ist die *besondere übernatürliche Führung* zu nennen. Sie geschieht durch hörbare Stimmen, Engel, Visionen, Träume, durch ein prophetisches Wort oder Wunder. Doch die meisten Christen erhalten in ihrem ganzen Leben keine einzige übernatürliche Botschaft. Dies trifft auch für die große Mehrheit der Gläubigen in der Heiligen Schrift zu. Die Apostelgeschichte erwähnt nur eine kleine Anzahl solcher Erfahrungen (Apg.8,26; 9,3-6; 10,3.10; 13,2; 16,9f.). Die Bibel und die Erfahrung lehren, dass übernatürliche Führung nicht zur Regel gehört.

Es steht uns gewiss nicht zu, Gottes Handeln Grenzen zu setzten. Und deswegen wollen wir die Möglichkeit eines übernatürlichen Eingreifens Gottes *nicht ausschließen*. Sie brauchen aber nicht um ein Wunder zu bitten oder gar erst dann zu handeln, wenn Sie eins erleben. Gottes übernatürliches Reden geschah - in der Bibel - meist ganz unerwartet. Die Initiative lag dann stets bei ihm und das Wunder war selten das Ergebnis lang anhaltender Gebete. Wir folgern also, dass übernatürliche Führungen weder alltäglich sind, noch sind sie für die Erkenntnis des Willens Gottes unverzichtbar. Sollte Ihnen trotzdem einmal ein Engel etwas ins Ohr flüstern, dann hören Sie gut zu!“

Kapitel 4

Der Schiedsrichter hat das Wort

Pastor Becker nahm einen Schluck Wasser und fuhr dann in seinem Referat fort.

„Auf die uralte Frage, ‚Woran erkenne ich, dass ich verliebt bin' ist seit jeher immer dieselbe Antwort gegeben worden: ‚Wärst du verliebt, würdest du nicht fragen.' Dieser kleine Spruch kommt mir immer dann in den Sinn, wenn ich gefragt werde, wie man völlige Gewissheit über den Willen Gottes erlangt.

Gewissheit über Gottes individuellen Willen

Die vierte und letzte Frage lautet: Wie kann ich hundertprozentige Gewissheit über Gottes individuellen Willen in einer bestimmten Entscheidung erlangen? Solche Gewissheit stellt sich im wesentlichen auf vierfache Weise ein.

Erstens: Hundertprozentige Gewissheit ist dann gegeben, wenn *alle Wegweiser übereinstimmen.* Aus einem ganz einfachen Grund hat uns Gott mehr als einen Wegweiser an die Hand gegeben: Er weiß, dass ein einziges Hinweisschild unzulänglich und irreführend sein kann. Mehrere jedoch, die alle in eine Richtung zeigen, können präzise Auskunft geben, insbesondere dann, wenn die drei Hauptwegweiser, die Bibel, der Heilige Geist und die Umstände übereinstimmen.

Eine vertraute Geschichte soll das veranschaulichen.

In einer stürmischen Nacht kämpfte ein Schiff gegen die raue See dem Hafen entgegen. Dem unerfahrenen Passagier muss dieses Unterfangen höchst aussichtslos erscheinen. Die kleinste Unachtsamkeit konnte verheerende Folgen haben. Doch der Kapitän schien ruhig und entspannt. Ein nervöser Fahrgast wollte sich selbst beruhigen und fragte den Kapitän: ‚Woher wissen Sie, wann Sie das Schiff in den Hafen einzusteuern haben?' Der Kapitän zeigte auf einige scheinbar zufällig angeordnete Lichter am dunklen Ufer. ‚Sehen Sie jene drei besonders helle Lichter am Ufer?" Der Passagier schaute einen Augenblick in Richtung Land und nickte. ‚Ich habe gelernt', fuhr der Kapitän fort, ‚mein Schiff solange parallel zum Ufer zu steuern, bis jene drei Lichter zusammenfallen. Wenn alle drei Lichter übereinstimmen, weiß ich, dass der Augenblick gekommen ist, den Hafen anzusteuern.'

Ähnlich verhält es sich mit dem Willen Gottes. Wenn die drei Lichter, Wort Gottes, die Umstände und das inwendige Zeugnis des Heiligen Geistes, zusammentreffen, dürfen Sie Ihren Weg zuversichtlich fortsetzen. Die anderen Wegweiser mögen die Richtung bestätigen, doch diese drei sind wesentlich. Wenn eines dieser Zeichen aus der Reihe fällt, sollten Sie davon ausgehen, dass etwas nicht stimmt. Spüren Sie beispielsweise ein Drängen des Heiligen Geistes, das mit günstigen Begleitumständen zusammenfällt, doch Ihr Vorgehen würde dem Wort Gottes widersprechen, dann dürfen Sie sicher sein, dies ist nicht der Wille Gottes. Wer diese Regel beherzigt, erspart sich viel Leid und bringt Gewissheit in seine Entscheidungen. Es macht richtig Freude zu beobachten, wie Gottes Wort, die äußeren Umstände und das inwendige Zeugnis allmählich zusammenrücken, bis Sie deckungsgleich werden. Ist jedoch Übereinstimmung erzielt, so haben Sie den Weg ins Zentrum vom individuellen Willen Gottes gefunden.

Zweitens: Die Befolgung von Gottes Willen führt zu *Ergebnissen.* Sie schenkt Frieden und Segen. Stimmen die Ergebnisse einer Entscheidung, so können Sie darin eine Bestätigung finden. Vielleicht waren Sie ohnehin schon von der Richtigkeit einer Entscheidung überzeugt. Wenn Sie aber erst einmal am Ziel angelangt sind, dann kann sich die Gewissheit erhärten. Wenn Sie die Ortstafel FRANKFURT lesen, wissen Sie, dass Sie die Hinweisschilder bisher richtig befolgt haben und nun am Ziel Ihrer Reise angekommen sind. Aber der Glaube kann auf die Probe gestellt werden. Anfängliche Schwierigkeiten und Mühen sollten Sie weder entmutigen noch vom eingeschlagenen Weg abbringen. Hindernisse sagen nichts über die Richtigkeit einer Richtung aus.

In seiner Gnade schenkt uns Gott manchmal eine zweite Chance. Manchmal eilen wir Gott voraus und verpassen vor lauter Eifer seinen

Willen. Die Ergebnisse können uns plötzlich wachrütteln, zur Besinnung bringen und zeigen, dass wir uns geirrt haben. Ähnlich kann es einem Fahrer gehen, der das Umleitungsschild übersieht und plötzlich vor einer Baustelle steht, um die kein Weg herum führt. Hier ist Gottes Gnade am Werk, denn sie erlaubt uns nochmals, falsche Entscheidungen wieder rückgängig zu machen.

Gottes Gnade erweist sich mitunter auch durch eine versperrte Tür, die in eine Katastrophe geführt hätte. Statt unserem Ärger Luft zu machen, sollten wir lieber danken. Nicht immer verschließt Gott Türen und manchmal erlaubt er uns, ins Unheil zu laufen, damit wir lernen, achtsamer zu werden.

Drittens: Durch das Gebet erfahren wir völlige Gewissheit über den individuellen Willen Gottes. Darf ich fragen, wieviel Zeit Sie vergangene Woche im Gebet zugebracht haben? Würden Sie sich schämen, laut zu antworten?

Wenn jemand zu mir kommt und behauptet, Mühe zu haben mit dem Willen Gottes, dann frage ich meist nach dem Gebet. Die Antworten, die ich dann zu hören bekommen, haben mich überzeugt, dass 90 Prozent derer, die Gottes Willen nicht erkennen können, zu wenig beten. Wer Gott nicht bittet, wird auch nicht empfangen (Jak.4,2). Wenn Sie wieder einmal versuchen, sich ein weiteres Buch über den Willen Gottes zu kaufen, bleiben Sie lieber zu Hause und verbringen Sie die Zeit auf den Knien.

Das Gebet ist wie eine saubere Windschutzscheibe, wenn Sie nach dem Willen Gottes Ausschau halten. Klar und unverzerrt erkennen Sie die Straße und die Wegweiser. Das Gebet ist wie ein Stoß frischer Luft aus einem offenen Fenster, der den schläfrigen ‚Fahrer' wieder weckt und munter macht.

Erfahrene Christen bezeugen, dass das inwendige Zeugnis des Heiligen Geistes in der Stille vor Gott am deutlichsten zu vernehmen ist. Im Gebet wird die leise Stimme nicht von der Betriebsamkeit und Unruhe des Lebens verdrängt.

Viele Christen geben zu - wenn Sie ehrlich sind - dass es gar nicht so leicht ist, den Einstieg ins Gebet zu finden. Und wenn Sie diesen suchen, bedarf es nur der kleinsten Ursache, um Sie wieder davon abzulenken. Das Gebet mag wohl ein mühsames Geschäft sein, doch viel mühsamer ist ein Leben, das aus versäumten Gebet am individuellen

Willen Gottes vorbeisteuert. Liegt die Antwort auf Ihr Bitte nicht sofort vor, so warten Sie geduldig vor Gott, bis sie kommt. Vielleicht zögert Gott bloß, um Ihre Aufmerksamkeit für sich zu gewinnen. Wenn Sie aber geduldig beten, dann werden Sie Antwort erhalten, und die Antwort erreicht Sie immer rechtzeitig.

Als *vierten* Zugang zur vollen Gewissheit über den Willen Gottes nenne ich die *persönliche Gemeinschaft mit Gott*. Frustrierend ist, wenn das Schild, das man lesen möchte, gerade außerhalb der Sichtweite liegt, oder wenn man die Worte eines Redenden nicht mehr hört, weil er zu weit weg ist. Das Problem ist die Entfernung.

Das gilt auch in menschlichen Beziehungen. Wenn sich Ehepartner voneinander entfernt haben, dann genießen Sie nicht mehr die eheliche Gemeinschaft miteinander. Das Gespräch verstummt. Andererseits ist es eine Freude Ehepaare zu beobachten, deren Liebe und Gemeinschaft über Jahre gewachsen ist. Sie unterhalten sich auf einer ganz anderen Ebene als Pärchen, die lediglich die Wohnung miteinander teilen. Ein Partner weiß manchmal wie der andere denkt und fühlt, ohne ihn fragen zu müssen. Ein leichter Händedruck, ein flüchtiger Blick genügt, um sich dem anderen mitzuteilen.

Und diese Ebene der Gemeinschaft wünscht sich der Herr mit uns. Diese Gemeinschaft soll so innig sein, dass schon ein flüchtiger ‚Blick seines Auges' uns seinen Willen mitteilen kann. In Psalm 32,8 spricht Gott: ‚Ich will dich unterweisen und dir den Weg zeigen, den du gehen sollst; ich will dich mit meinen Augen leiten.' Diese Führung setzt Gemeinschaft voraus, die so innig ist, dass sie weder ‚Zaum noch Zügel' bedarf, wie für Rosse und Maultiere (Ps.32,9). Diese Art der Führung ergibt sich aus der Nähe zum Herrn. Pflegen wir eine intime Gemeinschaft mit ihm, dann wird uns der leiseste Wink des Heiligen Geistes bewusst und zur Führung genügen.

Die Gemeinschaft und Nähe zum Herrn ist durch nichts zu ersetzen, weder durch Formeln noch durch Bücher über den Willen Gottes, nicht durch Bibelschulen und auch nicht durch regelmäßigen Gottesdienstbesuch. Je enger Ihre Verbindung zu ihm, desto größer die Gewissheit über seinen Willen. Wenn Sie Gottes Weisung nicht mehr vernehmen, dann rücken Sie doch näher an ihn heran, und Sie dürfen sicher sein, dass er sich auch Ihnen nähern wird (Jak.4,8)."

Abb. 9

Gewissheit über Gottes individuellen Willen

Übereinstimmende Zeichen	Gebet
Ergebnisse	Gemeinschaft mit dem Herrn

Pastor Becker war zum Schluss seines Referats gekommen. Da noch Zeit war, durften die Zuhörer Fragen stellen.

Als erster meldete sich ein Junge aus der dritten Reihe. „Pastor Becker, ich habe einmal ein Buch gelesen, in dem aber nur von zwei Arten des Willens Gottes die Rede war. Wie erklären Sie sich diesen Unterschied?"

„Man darf nicht vergessen", hob Pastor Becker an, „dass sich die Verfasser, die sich zu diesem Thema äußern, alle im wesentlichen mit demselben Material befassen. Die Unterschiede beschränken sich vornehmlich auf Fragen des Stils, der Anordnung, der Illustrationen. Meinungsverschiedenheiten betreffen meist nur unwesentliche Fragen. Ich glaube fest, dass alle mit meiner Darstellung übereinstimmen würden, auch wenn Sie eine andere Gliederung vorzögen.

Die, die nur zwei Kategorien entfalten, kommen entweder gar nicht auf den individuellen Willen zu sprechen, oder aber sie fassen den moralischen und den individuellen Willen Gottes zusammen. Dies überrascht keineswegs, da beide bestimmte Elemente gemeinsam haben. Ich schreibe sie zur Übersicht auf."

Abb.10

Ähnlichkeiten zwischen dem individuellen und dem ethischen Willen Gottes

- Im Entscheidungsfall müssen beide erkannt werden.
- Beide können versäumt werden.
- Beide entsprechen unmittelbar dem Wunsch Gottes.
- Beide schließen sündige Elemente aus.

„Keins der genannten Eigenschaften trifft auf Gottes souveränen Willen zu, doch gelten alle sowohl für seinen ethischen als auch für seinen individuellen Willen. Deshalb erscheint es manchmal zweckdienlich, sie unter einer Überschrift zusammenzufassen, etwa ‚Was Gott von uns will'. Wählt man diesen Ansatz, so darf man nicht versäumen, trotzdem auf die beiden verschiedenen Aspekte hinzuweisen. An entscheidenden Stellen sind sie sorgfältig zu trennen, wie folgende Gegenüberstellung zeigt."

Abb.11

Unterschiede zwischen dem individuellen Willen und dem ethischen Willen Gottes

	ethischer Wille	**individueller Wille**
Art der Mitteilung	Offenbarung	innere Eindrücke und äußere Zeichen
Ort der Mitteilung	die Bibel	das Herz des Christen
Zeit der Mitteilung	Vergangenheit	Gegenwart
Inhalt der Mitteilung	Allgemein: für alle Christen	Speziell: für einen Christen

„Gibt es noch weitere Fragen?"

Ein Mädchen meldet sich. „Pastor Becker, wenn die Schulferien vorbei sind, komme ich in die elfte Klasse und darf mir einige Fächer selbst wählen. Nun habe ich noch keine klare Vorstellung von meinem zukünftigen Beruf und kann deshalb auch noch nicht wissen, welche Kurse zu belegen sind, die dem Willen Gottes entsprächen."

„Das ist eine gute Frage", antwortete Pastor Becker. „Zunächst darf ich Ihnen versichern, dass alles, was Sie heute lernen, für Ihre

Zukunft wertvoll sein wird. Sie können also kaum einen Fehler machen. Andererseits weiß Gott um Ihre Zukunft und Ihren zukünftigen Beruf. Folglich weiß er auch, welche Kurse die sinnvollsten wären. Hätte er Ihnen bereits seinen Willen für Ihren Beruf klar gemacht, dann wäre das gewiss von Vorteil. Weil er es aber noch nicht getan hat, werden Sie sich an die übrigen Wegweiser halten müssen. Deshalb schlag ich Ihnen vor, dass Sie Ihre Wahl aufgrund des Kursangebotes treffen, dass Sie sich von Fall zu Fall entscheiden, so wie Gott seinen Willen sichtbar werden lässt. Er weiß, was er mit Ihnen vor hat, und deshalb werden die Kurse, in die er Sie jetzt führt, schlussendlich auf jenes Berufsziel hinführen, das er für Sie bereit hält."

Die Jugendleiterin einer Nachbargemeinde wollte wissen: „Wie kann ich zwischen meinen eigenen Wünschen und denen unterscheiden, die vom Heiligen Geist kommen?"

„Manchmal ist das recht einfach und eindeutig", erklärte Pastor Becker. „Wenn ich verlange etwas zu tun, dass im Widerspruch zum Wort Gottes steht, dann kann der Wunsch nicht vom heiligen Geist sein. Der Ursprung eines solchen Wunsches kann dann nur mein eigenes Fleisch sein. Ein andermal wird sich mein Wunsch mit dem des Heiligen Geistes decken. Trifft dies zu, so erübrigt sich eigentlich eine scharfe Differenzierung zwischen meinen und den Wünschen des Heiligen Geistes, da beide in dieselbe Richtung weisen. Selber habe ich die Erfahrung gemacht, dass die Wünsche, die vom Heiligen Geist geweckt werden, sein charakteristisches Merkmal tragen. Seine Wünsche und Vorhaben sind oft weit heiliger als unsere Heiligkeit, weit kreativer als unsere Kreativität, weiser als unsere Vernunft und sehr viel weitsichtiger als unser Reifestand es zulässt."

„Und wie ist es mit den Vorahnungen?" In Ihrem Eifer hatte sich das Mädchen nicht gemeldet und wurde verlegen, fuhr aber dann fort: „Manchmal überkommt mich so ein Gefühl, eine Vorahnung, ich sollte dies oder jenes tun. Vielleicht haben diese Gefühle etwas mit Intuition zu tun. Jedenfalls möchte ich wissen, ob diese Gefühle, die mich ohne sichtlichen Anlass überkommen, Anregungen vom Heiligen Geist sein können?"

Pastor Becker wurde nachdenklich: „Da muss man sehr vorsichtig sein. Vorahnungen und intuitive Eingebungen werden sowohl von Christen als auch von Nicht-Christen erfahren. Wir neigen dazu, jene nicht zu vergessen, die sich im Nachhinein als richtig erwiesen haben. Genauso oft gehen sie auch nicht in Erfüllung. Am besten Sie prüfen die Vorahnung im Gebet und anhand der anderen Wegweiser. Jedes unbegründete Gefühl wird sich als solches dann erweisen. Die Erfahrung hat mich gelehrt, dass die Hinweise des Heiligen Geistes mit der Zeit an Dringlichkeit gewinnen und nicht, wie etwas intuitive Ahnungen, schwächer werden."

„Darf man geistlichen Rat wie ein Vlies anwenden?" wollte ein Junge wissen. „Verstehen Sie, wie ich das meine?"

„Ich denke schon", gab der Pastor zurück. „Nein, Sie sollten das lieber lassen. Wenn ich Sie nämlich richtig verstanden habe, dann meinen Sie eine vorherige Übereinkunft mit Gott, den Rat, den der Seelsorger erteilt, als Gottes Willen zu betrachten."

Der Junge nickte.

„Wir haben bereits festgestellt, dass der seelsorgerliche Rat zu den Wegweisern zählt, die Gott uns gibt. Nur muss der Wegweiser seiner Bestimmung entsprechend verwendet werden, wenn er von Wert sein soll. Einen seelsorgerlichen Rat in ein Zeichen umzufunktionieren hieße, von Gott verlangen, seinen Willen durch nur ein äußeres Zeichen kundzutun. Das wäre nicht nur anmaßend, sondern auch eine Verkennung der charakteristischen Schwäche dieses Zeichens, nämlich der menschlichen Fähigkeit, sich zu irren. Außerdem tut man dem Seelsorger Unrecht. Schließlich bitten Sie ihn um mehr als nur einen Rat: Sie bitten ihn um Führung, die er eigentlich nicht geben kann."

Das Mädchen, das neben dem Jungen saß, meldete sich. „In einer Jugendstunde unterhielten wir uns über Georg Müller. Der Leiter des Abends erklärte, dass Georg Müller sich vor jeder Entscheidung, bei der er nach dem Willen Gottes fragte, aller eigenen Wünsche zu entäußern suchte. Sollen wir nicht genauso verfahren?"

„Georg Müller wurde von Gott reich gesegnet, weil er einen kindlichen Glauben besaß und dem Herrn vom ganzen Herzen dienen wollte. Ich glaube, er ist so vorgegangen, um besser die Wegweiser, von denen wir sprachen, lesen zu können", erklärte Pastor Becker. „Unbedingt nötig ist diese „Selbstentäußerung" allerdings nicht. Denn manchmal decken sich ja unsere Wünsche und Gedanken mit denen Gottes. Wir sollten vielmehr unsere Wünsche berücksichtigen und auf ihre Brauchbarkeit als Hinweisschilder abzuklopfen. Georg Müller ist

aber ein gutes Beispiel dafür, dass wir uns nicht so sehr von unseren eigenen Vorstellungen blenden lassen, dass wir den Willen Gottes nicht mehr erkennen."
In der hintersten Reihe stand ein Mädchen auf. „Pastor Becker, ich bin Bibelschülerin. Im vergangenen Semester haben wir uns in Dogmatik über die Geistesgaben unterhalten. In welcher Beziehung stehen nun unsere Gaben zur Führung?"

„Eine ausgezeichnete Frage", stellte Pastor Becker fest. „Aus 1.Petrus 4,10 wissen wir, dass es dem ethischen Willen Gottes entspricht, seine Gaben einzusetzen. Wer nun beispielsweise nach dem Willen Gottes bei der Wahl seines Berufes fragt, der kann in Kenntnis seiner Geistesgaben die Zahl der in Frage kommenden Berufe einschränken. Nicht jeder Beruf setzt Ihre betreffende Gabe voraus. Um ein negatives Beispiel zu geben: Wenn Sie nicht begabt sind zu lehren, sollten Sie nicht den Beruf einer Lehrerin anstreben. Andere Gaben wiederum eröffnen Ihnen eine Fülle verschiedener Berufsmöglichkeiten. Wo und wie Sie ihre Gabe einsetzen, bestimmt natürlich der individuelle Wille Gottes für ihr Leben."

„Meine Frage geht in die gleiche Richtung." Diesmal war es ein Junge. „Was ist, wenn Gott jemand zu etwas beruft, von dem er keine Ahnung hat?"

„Ich darf Ihnen versichern, dass Gottes Wille Sie nie an einen Ort oder an eine Aufgabe führen wird, zu der er Sie nicht ausrüsten kann und wird. Im geistlichen Kampf stellt Gott die Soldaten dorthin, wo Sie von ihrer Begabung, ihrer Ausbildung, Erfahrung, Persönlichkeit und allgemeinen Eignung am brauchbarsten sein werden. Trotzdem kommt es vor, dass nicht die Eignung , sondern die Verfügbarkeit über den Einsatz bestimmt.

Dafür gibt es in der Bibel zahlreiche Beispiele. Amos - im Alten Testament - war nicht von Berufswegen Prophet. Er war Landwirt, der Schafe und Ziegen hielt und außerdem noch eine Feigenplantage besaß. Gott aber berief ihn, seinen Hof zu verlassen, um im Norden Gottes Botschaft an Israel zu richten. Auf seinen Gehorsam folgte die Befähigung Gottes.

Und da war so ein kleiner Junge in Galiläa. Der hatte fünf Brote und zwei Fische. An jenem Tag ereignete sich ein großes Wunder - nicht weil der Junge Talent dazu hatte, sondern weil er das, was er hatte, zur

Verfügung stellte. Wenn Gott Sie unmissverständlich zu einer großen Aufgabe beruft, dann rechnen Sie auch mit ihrer Befähigung. Denken Sie an die Worte des Herrn, die er zum Apostel Paulus in 2. Korinther 12,9 spricht: ‚Lass dir an meiner Gnade genügen, denn meine Kraft ist in dem Schwachen mächtig.' Sie dürfen dem Herrn ihre Schwachheit und ihr Unvermögen anvertrauen."

„Pastor Becker!" Es war Daniel Schmidts vertraute Stimme, die sich aus der ersten Reihe zu Wort meldete. „Was soll man tun, wenn einem Gewissheit über den Willen Gottes noch fehlt, eine Entscheidung sich aber aus Termingründen nicht verschieben lässt?"

Pastor Becker nickte. „Diese Erfahrung haben die meisten schon gemacht. Das erste, was in dieser Situation zu tun ist, wäre zuzugeben, dass unsere Rat- und Richtungslosigkeit auf eigene Versäumnisse zurückzuführen ist und nicht Gott zur Last gelegt werden darf. Gott ist treu und erfüllt immer seinen Teil. Er trägt stets das Notwendige bei, damit sein individueller Wille erkannt werden kann. Leider kommen wir oft unserer Verantwortung nicht nach. Wichtig ist, dass wir aus solchen Erfahrungen lernen, um später nicht noch einmal in dieselbe Situation hineinzugeraten.

Trotzdem müssen wir etwas unternehmen, denn der Termin rückt unaufhaltsam näher. In solchen Situationen habe ich folgendes getan: Ich habe demütig Gott mein Versagen gestanden, ihn um Führung in letzter Minute gebeten und dann schließlich die mir am besten erscheinende Entscheidung getroffen. Solltest du je in eine ähnliche Lage geraten, dann beobachte die Ergebnisse sorgfältig, damit du, für den Fall dass sich die Entscheidung als Fehler herausstellt, diese so schnell wir möglich rückgängig machen kannst. Ich habe in meinem Leben mehrmals die Erfahrung gemacht, dass Gott für mich ‚eingesprungen' ist. So sollte man natürlich nicht mit Gottes Gnade herumspringen. Und manchmal wird uns Gott in unserer selbstverschuldeten Notlage belassen, um sie uns als Lehre dienen zu lassen. Lektionen, die man auf diese Weise lernt, sind zwar schmerzlich, aber sehr effektiv."

Pastor Becker schaute auf seine Uhr. „Wir haben gerade noch Zeit für eine letzte Frage."

Daniel hatte sich noch einmal gemeldet. „Meine Frage ist wirklich sehr wichtig. Wie soll man vorgehen, wenn man vor zwei Alternativen gestellt wird, die beide gleich aussehen? Ich möchte konkret werden: Ich habe mich für diesen Herbst an zwei Predigerseminaren beworben. Und ehrlich gesagt, ich kann keinen großen Unterschied zwischen den Ausbildungsstätten erkennen. Wie soll ich mich bloß entscheiden, für den Fall, dass ich von beiden angenommen werde?"

„Ich habe für deine Frage großes Verständnis", antwortete Pastor Becker. „Menschlich gesehen mögen beide Alternativen gleich erscheinen. Dies deshalb, weil uns als Menschen Gottes Blick in die Zukunft versagt ist. Gott weiß allerdings, welche von beiden für unseren speziellen Weg die bessere wäre. Die Alternativen sind also für ihn keineswegs gleich. In diesem Fall fällt dem inwendigen Zeugnis des Heiligen Geistes eine besondere Bedeutung zu.

In deinem konkreten Fall schlage ich vor, dass du dir noch einmal die Prospekte der betreffenden Schulen vornimmst und eine schriftliche Gegenüberstellung machst. Liste sorgfältig alle Vor- und Nachteile der beiden Seminare auf. Begleite deine Bemühungen mit Gebet. Aller Wahrscheinlichkeit nach wird Gott dir seinen Weg klar werden lassen. Sollte sich trotz weiterer Überlegungen keine Entscheidung anbahnen, dann musst du die Angelegenheit dem Schiedsrichter ‚Friede Gottes' vorlegen. Suche einen Ort auf, wo du alleine mit Gott bist. Schließ deine Augen und stell dir vor, wie du zum Seminar gehst: Du packst deine Kleider, steigst in den Zug und ereichst schließlich das Seminargelände. Wiederhole jetzt das ganze mit der anderen Schule. Dann wird sich mit der einen oder anderen Alternative schließlich der Friede Gottes einstellen. Die Wahl fällt dann auf die betreffende Ausbildungsstätte, über die du den Frieden gewonnen hast."

Die Zeit war abgelaufen und Pastor Becker schloss die Veranstaltung mit einem kurzen Gebet und einem gemeinsamen Lied.

Zweiter Teil

Das Geheimnis des fehlenden „Punktes“

Die traditionelle Auffassung unter der Lupe

Kapitel 5

Hat Gott wirklich drei verschiedene Willen?

Daniel und Sara heirateten im Sommer. Nach vier Jahren auf dem Seminar und einem Jahr Praktikum in der Gemeinde von Pastor Becker reisten die Schmidts als Missionare nach Kenia aus.

Ein Happy End. So könnte die Geschichte ausgehen, denn sie ist frei erfunden. Doch leider spielt das Leben nicht immer so unkompliziert und einfach.

Das kann ich persönlich bezeugen. Die Prinzipien, die Pastor Becker so klar und überzeugend dargelegt hat, erwiesen sich in meinem Leben als Frustrationsquelle. So gut es auch klingen mag: das traditionelle Modell hat gravierende Mängel.

Im Folgenden soll deshalb die traditionelle Auffassung kritisch untersucht werden. Wir wollen fragen, wieso sie immer wieder bei Entscheidungen zu Frustrationen führt. Der Übersicht halber beginnen wir mit derselben Frage, die Pastor Becker zu Beginn seiner Ausführungen stellte: Was ist mit dem Begriff „Wille Gottes" eigentlich gemeint?

Zwei aus drei

Pastor Becker hatte erklärt, zum Willen Gottes gehörten drei verschiedene Aspekte: der *souveräne*, der *ethische*, und der *individuelle* Wille Gottes. Zu fragen ist nun, ob sich diese Aufteilung mit der Bibel deckt.

Hat Gott einen souveränen Willen? Die traditionelle Auffassung sagt ja, und wir schließen uns ihr an, denn die Bibel lehrt eindeutig, dass Gott „einen vorherbestimmten Plan hat, der alles umfasst, was im Universum geschieht", wie es in Teil 1 heißt. Hierin stimmen die meisten, wenn auch nicht alle Ausleger überein. Wir sind zu dem Ergebnis gekommen, dass Gottes souveräner Wille in unmittelbarem Zusammenhang mit dem Entscheidungsprozess zu sehen ist, in dem der Christ steht. Deshalb werden wir in Kapitel 12 und 17 näher auf diesen Aspekt eingehen.

Hat Gott einen ethischen Willen? Auch darüber herrscht in evangelikalen Kreisen weitgehend Einigkeit. Die Heilige Schrift offenbart den ethischen Willen Gottes. In welcher Beziehung steht nun aber der ethische Wille Gottes zum konkreten Entscheidungsvorgang? Die traditionelle Sicht geht davon aus, dass die Bibel (Gottes ethischer Wille) in den *meisten* Fällen hinreichend Führung gibt. Zusätzlich aber bedarf es einer Erkenntnis des individuellen Willens, um eine richtige Entscheidung zu treffen.

Die im vorliegenden Buch vertretene Alternative behauptet dagegen: die Bibel *reiche aus*, um den Gläubigen umfassend über den Willen Gottes aufzuklären. Diese These wird in Kapitel 9 unter der Überschrift „Dein Wort ist Wahrheit“ erhärtet.

Hat Gott einen individuellen Willen? Mit dieser Frage stoßen wir zum eigentlichen Kern der Sache vor. Die Vorstellung von einem idealen, auf jeden einzelnen Gläubigen zugeschnittenen Lebensplan (der schwarze Punkt in der Mitte der Zielscheibe) bildet den Kern der traditionellen Systems. Ich zitiere Pastor Becker: „Wichtig ist vor allem, dass wir in den vom ethischen Willen gesteckten Grenzen leben und unsere Entscheidungen fällen. Wesentlich für unsere Entscheidung im Alltag ist jedoch der schwarze Punkt in der Mitte der Scheibe, denn er zeigt Gottes auf mein persönliches Leben abgestimmten Plan an“ (Vgl. Abb.3).

Dagegen möchte ich behaupten, dass die Vorstellung von einem *individuellen Willen* Gottes, der jede Einzelheit des Lebens umfasst, *von der Heiligen Schrift her unbegründbar ist.* Viele Christen vertun eine Menge Zeit und Energie, indem sie etwas suchen, das es gar nicht gibt. Die sprichwörtliche Stecknadel im Heuhaufen ließe sich leichter finden, als jener „Punkt“ im Zentrum des individuellen Willens Gottes.

Je nach Einstellung des Lesers wird diese Erkenntnis entweder befreiend oder befremdend wirken. In jedem Fall aber haben wir die Bibel zu befragen. Wir dürfen nicht einfach davon ausgehen, dass Gott einen besonderen Plan hat. Und dennoch wird er in den meisten Diskussionen über den Willen Gottes stillschweigend vorausgesetzt! Es ist dringend nötig, neu nach der Haltbarkeit dieser These zu fragen.

Dies gilt insbesondere für die Antwort auf Pastor Beckers zweite Frage: „Hat Gott einen Plan für mein Leben?“. Im Seminar wurden folgende Beweise für die Richtigkeit der traditionellen These vorgelegt: Vernunft, Erfahrung, biblisches Beispiel und biblische Lehre. Wir werden auf diese im einzelnen eingehen.

Die Vernunft

Aus traditioneller Sicht ergeben sich für das Vorhandensein eines individuellen Willens mehrer vernünftige Gründe. Das erste Argument verbindet zwei Eigenschaften Gottes: seinen Sinn für Ordnung (1.Kor.14,40) und sein Wissen um den Ausgang jeder möglichen Entscheidung (Mt.11,21f.). Sie legen die Vermutung nahe, dass es vernünftig ist, von einem idealen Plan für jeden Menschen auszugehen. Denn die Gesamtheit der Schöpfung, vom Makrokosmos der galaktischen Sternkonfigurationen bis hin zu den komplizierten Feinheiten mikrokosmischer Molekularstrukturen, bezeugt die Ordnung und den Entwurf des Meisterarchitekten.

Gewiss: dass Gott einen individuellen Plan für jeden Menschen entwerfen *könnte*, steht außer Zweifel. Müssen wir aber die *Notwendigkeit* eines solchen Planes für jeden Menschen annehmen? Ich meine nicht.

Dazu ein kleines Beispiel. Vernünftig ist, dass ein Mann auf dem Weg zur Arbeit die kürzeste Strecke über die Hauptstraße wählt. Aber er *muss* nicht so fahren. Vielleicht entscheidet er sich sogar für die längere Strecke, um den Verkehr und die Ampeln zu umgehen. Vielleicht führt ihn der längere Weg schneller an sein Ziel. Beide Möglichkeiten sind denkbar und vernünftig.

Heimat, deine Sterne

Dass der Schöpfer ein Gott der Ordnung ist, steht fest. Doch wenn auch die Galaxien und Moleküle Gottes Meisterentwurf beredt bezeugen, so belegen sie keinesfalls einen individuellen Willen, wie ihn die traditionelle Sicht voraussetzt. Die Ordnung der Sonnensysteme ist nicht das Ergebnis von Gottes individuellem, sondern von seinem souveränen Plan.[1] Das Universum setzt sich zusammen aus lebloser Materie, die sich im Einklang mit dem souverän bestimmten Naturgesetzen verhält. Keine Galaxie bemüht sich um eine Erkenntnis des göttlichen Willens. Zwischen Materie und Mensch herrscht in dieser Beziehung ein qualitativer Unterschied: Menschen - und nur Menschen - können ethische Entscheidungen treffen. Abgesehen von den Engeln sind die Menschen die einzigen Geschöpfe, die sich um den Willen Gottes kümmern können.

Der Vater weiß Bescheid

Und was sagen uns die Bilder, mit denen uns die Bibel Gott näher bringt? Gott ist ein Vater, Hirte und König. Ein guter Vater, Hirte oder König verfügt bestimmt - so wird gefolgert - über einen alle Einzelheiten umfassenden Plan für alle, die ihm anvertraut sind.

Verhält es sich tatsächlich so? Führt ein weiser Vater sein Kind, indem er für jede Einzelheit in seinem Leben einen Plan formuliert und diesen dann jeweils Schritt für Schritt, vor jeder Entscheidung, dem Kind mitteilt? Natürlich nicht! Der wirklich weise Vater lehrt sein Kind die Grundregeln des Lebens. Er klärt sein Kind über Recht und Unrecht auf und zeigt ihm den Unterschied zwischen Weisheit und Torheit. Dann erzieht er sein Kind so, dass es anhand der gegebenen Richtlinien eigene Entscheidungen trifft. Welcher Vater freut sich dann nicht, wenn sein Zögling so weit gereift ist, dass er mit den in seiner Jugend gelernten Leitlinien weise umgehen kann? Damit ist die erwachsene Tochter, der erwachsene Sohn auf ein Leben in der wirklichen Welt vorbereitet, und kann in Sachen Beruf, Heirat usw. verantwortlich entscheiden.

Die anderen Bilder weisen in dieselbe Richtung. Der gute Hirte setzt seiner Herde zwar Grenzen (zu ihrer eigenen Sicherheit), räumt den Schafen aber innerhalb dieser Grenzen Freiräume ein. Kein Hirte wird mit seinem Stecken jedes einzelne Schaf auf jeden zu verzehrenden Grashalm hinweisen.

So wird sich auch ein guter König hüten, jede Handlung seiner Untergebenen auf Gesetzesweg zu regulieren. Ein Grundgesetz wird verfügt, das Gerechtigkeit fördert und Übeltäter bestraft. Doch welcher König wünscht sich ein Volk von Robotern und Sklaven? Den weisen König achtet das Volk und wird ihm für seinen Schutz danken. Wo solch ein Verhältnis zwischen Volk und Regent herrscht, werden die Bürger im Rahmen des Gesetzes verantwortungsbewusst leben.

Gott ist tatsächlich ein guter Führer. Seine Führung unterscheidet sich aber von den traditionellen Vorstellungen. Ideale Führung ist allgemein, kümmert sich nicht um jede Einzelfrage, und räumt dabei den Gläubigen größere Entscheidungsfreiräume ein.

Führung und Erziehung

Dazu ein weiterer biblischer Vergleich: Gott ist der Vater seiner gläubigen Kinder. Dieses Bild wird vom Apostel Paulus in Galater 4,1-11 entfaltet. In der Geschichte handelt Gott mit seinen Kindern wie ein weiser Vater, der seine Kinder erzieht. Je älter und reifer die Kinder, desto größer die ihnen übertragene Eigenverantwortung. Mit dem mehr an Verantwortung verbindet sich mehr Freiheit und weniger Einschränkungen.

Die Offenbarungsgeschichte lehrt, dass Gott sich im Umgang mit seinem Volk von einem durchstrukturierten Gesetzessystem mit vielen Einzelbestimmungen wegbewegt hat zu einem „System", in welchem das Verhalten durch Richtlinien und durch eine persönliche Beziehung bestimmt wird. Es ist eine Entwicklung festzustellen vom Gesetz zu Christus hin, von Bevormundung hin zu Freiheit, vom Kindesalter zum reifen Erwachsenen.

Abb. 12

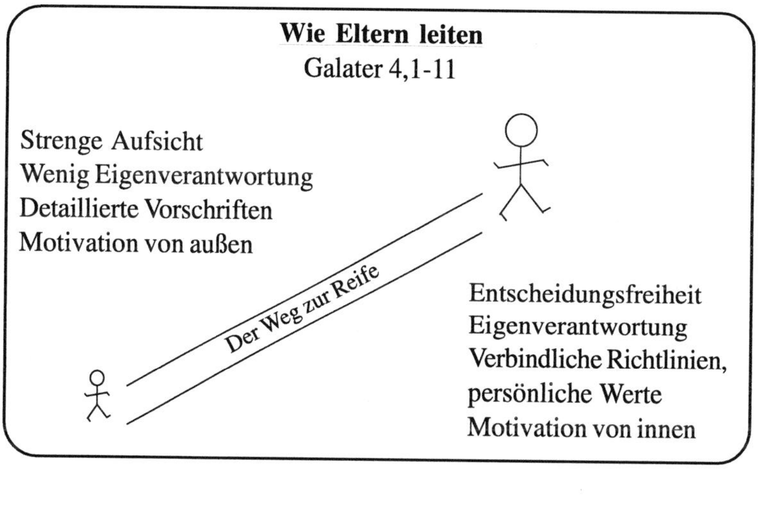

Christus hat den Gläubigen von der Bindung an das mosaische Gesetz befreit. Vor allem an den Speisevorschriften werden die Auswirkungen dieser Befreiung sichtbar. Strenge Vorschriften bestimmten im Alten Testament die Speisen und deren Zubereitung (3.Mo.11; 5.Mo.14). Mit dem Tod von Christus entfielen diese strengen Bestimmungen (Apg.10-11). Seither herrscht Freiheit in der Wahl der Speisen, die mit einem guten Gewissen gegessen werden dürfen (1.Kor.10,25; 1.Tim.4,1-4).

Wir merken: Gott führt sein Volk in der Tat wie ein Vater, Hirte und König. Mit diesen Bildern kann allerdings ein individueller Wille Gottes nicht begründet werden. Im Gegenteil: die Bilder verdeutlichen, dass Gott durch Richtlinien - sein in der Bibel gegebener ethischer Wille - seine Kinder führt und sie den weisen und verantwortungsbewussten Umgang mit ihrer Freiheit lehrt.

Die Erfahrung

Ausschlaggebend - da sind sich die meisten Ausleger einig - ist die *Erfahrung* nicht. Allerdings dient sie dazu, erkannte Wahrheit zu bestätigen. Kann man also nachweisen, dass die Erfahrung, die Lehre vom individuellen Willen Gottes bestätigt?

Der Fall Hudson Taylor

Ein bekanntes Beispiel soll zeigen, worum es geht. Hudson Taylors Missionsarbeit in China wurde von Erfolg gekrönt, dem würde kaum einer widersprechen. Woher aber rührte sein Erfolg? Die Tradition führt ihn darauf zurück, dass Hudson Taylor dem Ruf Gottes nach China gefolgt ist. Er hat den Willen Gottes für sein Leben erkannt und in die Tat umgesetzt. Gott belohnte seinen Gehorsam mit Segen. Gäbe es tatsächlich diesen Lebensplan, so wären wir mit dieser Begründung zufrieden.

Hudson Taylors Erfolg lässt sich auch anders erklären. Vielleicht war er erfolgreich, weil er dem ethischen Willen Gottes gehorchte. Schließlich wird jedem Menschen geistlicher Erfolg *verheißen*, der sich an Gottes Wort hält (Ps.1,1-2; 1.Kö.2,3; 1.Chr.22,13).

„Sei nur getrost und ganz unverzagt, dass du *hältst und tust in allen Dingen nach dem Gesetz*, das dir Mose, mein Knecht, geboten hat. Weiche nicht davon, weder zur Rechten noch zur Linken, *damit du es recht ausrichten kannst*, wohin du auch gehst. Und lass das Buch dieses Gesetzes nicht von deinem Munde kommen, sondern betrachte es Tag und Nacht, *dass du hältst und tust in allen Dingen nach dem, was darin geschrieben steht. Dann wird es dir auf deinen Wegen gelingen, und du wirst es recht ausrichten.*“ (Jos.1,7-8)

Segen ist eine Folge des Gehorsams gegenüber dem geoffenbarten ethischen Willen Gottes (Joh.13,17; 2.Tim.3,16-17). Wäre Hudson Taylor auch in Afrika erfolgreich gewesen? Wer weiß. In Afrika ist er nie gewesen. Er war erfolgreich, weil er dem Missionsbefehl (Mt.28,19-20) gehorchte. Er wäre wohl überall ein wirksamer Zeuge von Christus gewesen, ob nun in China oder Afrika oder anderswo.

Dass Hudson Taylor in China erfolgreich war, steht fest. Mehr lässt sich aber nicht sagen, auch nicht über die *Gründe* für seinen Erfolg. Und wenn wir seinen Dienst durch die Aussagen der Schrift bewerten wollen, dann scheinen diese nahezulegen, dass geistlicher Erfolg dadurch entsteht, dass der souveräne Gott durch Menschen wirkt, die seinem ethischen Willen gehorsam sind, ganz gleich, wo sie sich auch befinden.

Ein sanfter Schubs?

Was hat man von starken inneren Eindrücken zu halten, die scheinbar ein bestimmtes Vorgehen fordern? Es gibt viele Beispiele dafür. Jenen, die solchen Impulsen gehorchen, können echte geistliche Ergebnisse vorweisen. Solche Erfahrungen wirken stets überzeugend und scheinen einen persönlichen Plan Gottes zu belegen.

Die Frage ist wichtig und soll später eingehend behandelt werden. Doch vorweg zwei Beobachtungen. Erstens wird schnell vergessen, dass viele, wenn nicht sogar die meisten inneren Eindrücke nirgends hin führen. Aus Eindrücken entstandene Handlungen führen mindestens ebenso oft in Sackgasse wie in wirksamen Dienst. Wirklich beweiskräftig wäre sie erst dann, wenn der einsetzende geistliche Erfolg nicht mehr die Ausnahme, sondern die Regel wäre. Zweitens lassen sich geistliche „Errungenschaften“, die durch innere Impulse angeregt wurden, ebenso anders erklären: Der Betreffende hat im Einklang mit dem ethischen Willen Gottes eine Gelegenheit zum Dienst oder zur Verkündigung genutzt (Eph.5,16-17). Gehorsam wirkt Segen, ob nun von Eindrücken und Impulsen begleitet oder nicht.

Wir fassen zusammen: Erfahrung zwingt nicht zur Annahme eines individuellen Willen Gottes. Und geistlicher Erfolg lässt sich biblisch begründen, ohne dass auf Erfahrung zurückgegriffen werden braucht.[2]

Das biblische Beispiel

Im Umgang mit *biblischen Beispielen* ist stets Vorsicht geboten, denn viele in der Bibel aufgezeichneten Ereignisse sind ihrer Einmaligkeit oder ihrer großen Ungewöhnlichkeit wegen festgehalten. Zu fragen ist in jedem Fall, ob das betreffende Beispiel *normativen* Charakter hat, ob es maßgebend ist für christliches Verhalten und Erfahrung. Wird der heilige Kuss vorgeschrieben (1.Kor.16,20)? Wird eine Berufung zum Dienst stets mit einer Lichterscheinung und einer Stimme vom Himmel begleitet (Apg.9,3-4)? Gott redete zu Bileam durch eine Eselin (4.Mo.22,28-30). Sollte nun jeder Christ vorsorglich einen Esel halten? Zugegeben, die Beispiele sind etwas weit hergeholt, doch sie erinnern uns an unsere Sorgfaltspflicht im Umgang mit biblischen Vorbildern.

Die „traditionellen" Beispiele handeln stets von übernatürlicher Leitung, die in ihren Detailangaben über die Forderungen des ethischen Willens hinausging. Das Alte Testament bietet eine Fülle von Berichten über Männer und Frauen, die direkte Leitung empfingen und in bestimmte Entscheidungen geführt wurden, sei es zur Wahl eines Berufes (Führer, Prophet, König usw.), sei es zu einer bestimmten Handlung (Jon.1,2). Paulus empfing mehrmals göttliche Anweisungen, wie die Apostelgeschichte berichtet. Er wurde zum Apostel berufen (Gal.1,1; 1.Kor.1,1; Apg.9) und als Missionar ausgesandt (Apg.13,1-2). Während seines Missionsdienstes wurde er von den anderen abgesondert und in bestimmte Gegenden geführt (Apg.16,6-10; 18,9-10; 22,17-21; 23,11).

Petrus wurde zu einem Besuch bei Kornelius beauftragt (Apg.10,17-20), nachdem Kornelius seinerseits zu Petrus geschickt worden war (Apg.10,5). Später wurde Petrus aus einem Gefängnis herausgeführt (Apg.12,7-8). Philippus wurde auf eine Wüstenstraße geführt (Apg.8,26), um sich dort einem Wagen anzuschließen (Apg.8,29). Von dort aus wurde er in das Städtchen Asdod gesandt (Apg.8,39-40). Annanias erhielt den Befehl, einen gewissen Saulus von Tarsus, der auf dem Weg nach Damaskus sich bekehrt hatte, aufzusuchen (Apg.9,10-16). Zweifelsohne reichten die Anweisungen über die in der heiligen Schrift enthaltenen ethischen Bestimmungen hinaus. Nur ist zu fragen, ob diese Beispiele tatsächlich das Vorhandensein eines individuellen Willens Gottes für *jeden* Gläubigen beweisen.

Regelmäßig dann und wann

Hier tauchen die ersten Probleme auf. Erstens *reicht die Zahl der bezeugten Fälle nicht aus*, um sie zur Regel zu machen. In der Apostelgeschichte werden zwischen fünfzehn und zwanzig Fälle direkter, persönlicher Führung berichtet. Davon entfallen viele auf den Apostel Paulus. Dennoch hat er Zeit seines Dienstes nur verhältnismäßig wenige Entscheidungen aufgrund unmittelbarer Eingebung getroffen. Meistens überlegte er sich die Vor- und Nachteile und traf Entscheidungen entsprechend. Mit anderen Worten: Wenn zu entscheiden war, dann musste *er* entscheiden (vgl. Apg.15,36; 20,16; Röm.1,10-13; 1.Kor.16,4-9; 2.Kor.1,15-2,4). Besondere Führung war auch bei Paulus die Ausnahme, nicht die Regel.

Die angeführten Beispiele überzeugen auch aus einem anderen Grunde nicht: *Die meisten Empfänger besonderer Führung spielten in der Entfaltung der göttlichen Heilsgeschichte eine besondere Rolle.* Es waren gewöhnliche Menschen, die von Gott ausersehen wurden, eine außergewöhnliche Rolle in seinem Plan zu spielen.

Fast alle Beispiele aus der Apostelgeschichte sind dem Dienst des Apostels Petrus und Paulus entnommen. Diese waren *Apostel*, die aufgrund ihrer einzigartigen Aufgabe in der Gemeinde besondere Offenbarung erhielten. Die nicht-apostolischen Empfänger unmittelbarer Geistesleitung - Philippus, Annanias, Kornelius und die Gemeinde zu Antiochien - befanden sich an jenen strategisch-historischen Scheidewegen als die Verkündigung des Evangeliums die Umzäunung des Hauses Israel sprengte. Sie empfingen göttliche Offenbarung, waren dieser gehorsam und wurden zu Schlüsselfiguren in der weltweiten Ausbreitung des Evangeliums.

Alttestamentliche Beispiele sind vornehmlich aus dem Leben von Propheten, Richtern, Königen und anderen Führern des Volkes, seltener von einfachen Menschen. Dies erklärt sich aus der Tatsache, dass sich der größte Teil der biblischen Geschichte auf die „besonderen“ Gläubigen konzentriert. Um wirklich beweiskräftig zu sein, müsste sich die These vom individuellen Plan Gottes auch aus den Briefen des Neuen Testaments belegen lassen, was allerdings nicht der Fall ist.

Drittens: Die Beispiele sind *nicht umfassend genug*, d.h., die empfangene Führung beschränkt sich auf einige, wenige Entscheidungen. Dagegen soll sich ja Gottes individueller Wille auf sämtliche Entscheidungen im Leben des Gläubigen erstrecken. Die Beispiele berühren jedoch nicht alltägliche Entscheidungen und haben meist unmittelbar mit der Ausbreitung des Evangeliums zu tun. Mit anderen Worten: Gottes Führung der Urgemeinde sicherte die Verbreitung des Evangeliums. Diese eindeutige Absicht lässt sich besonders klar an den Beispielen Petrus, Kornelius, Philippus, Ananias, Barnabas, die Gemeinde zu Antiochien und Paulus ablesen. Dagegen lässt sich für die gewöhnlichen Entscheidungen des Lebens aus der Apostelgeschichte kein einziger Modellfall vorzeigen.[3]

Ich fasse zusammen: Die Beispiele detaillierter göttlicher Führung in der Heiligen Schrift sind verhältnismäßig selten, in ihrem Wirkungskreis beschränkt und handeln ausschließlich von Menschen, die in der Entfaltung der Heilsgeschichte eine besondere Funktion innehatten.

Ein Letztes noch zu den Mitteln der Führung. Die Beispiele reden hier eine deutliche Sprache. Einerseits behauptet die Tradition, übernatürliche Offenbarung dürfe nicht als Norm für alle Christen betrachtet werden, andererseits geht es aber in vielen dieser Fällen eben gerade um *übernatürliche Offenbarung*. In der Apostelgeschichte geschah diese Führung durch Visionen (9,10-16; 10,3-8; 10,17; 16,9-10; 18,9; 22,17-21), durch einen beauftragten Engel (8,26; 12,7-8; 27,23), durch Wunderwirkung (8,39), durch eine hörbare Stimme (8,29; 9,3-6; 10,19-20; 23,11), oder durch einen Propheten, der eine Offenbarung empfangen hatte (21,10-11). Detailführung geschah ausschließlich auf übernatürliche Weise. Gott kann Gläubigen Führung zukommen lassen, die über das in der Bibel enthaltene hinausgeht. Dann aber bedient er sich übernatürlicher Methoden.

Abb. 13

Unmittelbare Führung:
Was zeigen uns biblische Beispiele

- Unmittelbare, übernatürliche Leitung in speziellen Entscheidungen war nicht die Regel sondern Ausnahme.
- Unmittelbare Leitung empfingen solche, die bei der Missionierung der Welt eine strategische Funktion innehatten.
- Unmittelbare Leitung erhielt die Gemeinde in ihren ersten Jahren bei Entscheidungen mit weitreichenden Folgen.
- Unmittelbare Leitung geschah ausschließlich auf übernatürliche Weise.

Auffallend ist das Fehlen eindeutiger Modelle für den traditionellen Ansatz. Nirgends lesen wir in der Heiligen Schrift, dass ein Gläubiger fragt: „Wie sieht Gottes individueller Wille in dieser Frage aus?“ Auch sucht man den traditionellen Sprachschatz vergeblich. Von dem „besonderen Willen“, vom „Zentrum des Willens Gottes“, von „richtigen Entscheidungen“, vom „Auslegen eines Vlieses“ oder gar von „Gottes Willen finden“ ist nichts zu lesen.

Ebenso auffällig ist die Tatsache, dass keine Entscheidung damit begründet wird, dass sie „Gottes individuellem Willen“ entspricht. Heute hört man Formulierungen wie etwa „Ich habe dies getan, weil ich wusste, dass es Gottes Wille für mich war“ oder: „Ich hatte im Herzen die Gewissheit, so handeln zu müssen“. Ihre Entscheidungen haben die Apostel zwar oft begründet, jedoch nie mit vergleichbaren Formulierungen.

Wenn sie ihre Entscheidungen aufgrund des individuellen Willens Gottes getroffen hätten, dann muss es doch sehr verwundern, dass sie dies mit keinem Wort erwähnen. Dieser für die Tradition so wesentlicher Bestandteil wird im Neuen Testament verschwiegen.

In Apostelgeschichte 8 lesen wir, dass Gott Philippus auf übernatürliche Weise beauftragt, dem äthiopischen Schatzmeister das Evangelium zu sagen. Dürfen wir nun daraus schließen, dass Gott heute ähnlich verfährt und Christen durch „innere Eindrücke“ auf Menschen aufmerksam macht, die sie auf den Glauben hin ansprechen sollen? Es sei denn, die Bibel stellte solche Führung ausdrücklich in Aussicht - und sie tut dies nicht - wäre eine derartige Schlussfolgerung nicht gerechtfertigt. Zu groß ist der Unterschied zwischen einem „Engel des Herrn“ (Apg.8,26) und einer „Last des Herzens“ oder einem „inneren Drang“.

Mitunter wird das Leben von Jesus als Beispiel für persönliche Führung zitiert. Als Gott und Mensch war Christus einzigartig. Und dennoch - trotz seiner Einzigartigkeit - wurde er geführt: durch die Schrift und durch unmittelbare Offenbarung. Die unmittelbare, besondere Offenbarung wurde Christus aber in seiner Funktion als König, Priester und Prophet zuteil.[4]

Die biblischen Beispiele, bei Licht besehen, beweisen keineswegs einen besonderen Plan oder Willen Gottes für jeden Gläubigen. Vielmehr machen sie deutlich, dass Gott manchmal unmittelbar in die Geschichte eingegriffen hat, um durch übernatürliche Offenbarung und besondere Detailführung Menschen für die Evangelisation zu erwählen. Mit dem Außergewöhnlichen lässt sich nur das Außergewöhnliche beweisen. Weder ist diese Art der Führung maßgebend, noch ist sie für alltägliche Entscheidungen im Leben des Christen notwendig.

Anmerkungen:

1. Die Definitionen der Begriffe *individueller Wille* und *souveräner Wille* Gottes sind hier sorgfältig zu beachten. Jeder Stern im All ist ein „individueller“ Teil von Gottes *souveränem Plan*. Dennoch gibt es nicht für jeden einzelnen Stern einen *individuellen Willen* Gottes, wie er traditionell definiert wird. Diese Unterscheidung trifft auch auf Menschen zu. Jeder Mensch ist ein „individueller“ Bestandteil von Gottes souveränem Plan. Das meint die traditionelle Auffassung allerdings nicht, wenn sie vom individuellen Willen Gottes für einen Menschen spricht.

2. Bei der Auswertung der Erfahrungen sind wir (der Einfachheit wegen) von einer Definition von „geistlichem Erfolg“ ausgegangen, die diesen mit einem positiven und erkennbaren Echo auf einen Dienst gleichsetzt. D.h. wenn Menschen auf die Verkündigung von Gottes Wort mit Buße und Glauben antworten, sind wir geneigt, den Dienst „erfolgreich“ zu bezeichnen.

In der Heiligen Schrift wird geistlicher Erfolg als Treue zu den Geboten Gottes beschrieben (1.Kor.4,2; 2.Kor.2,14-17; Hebr.11,32-39). Denn treuer Dienst ist stets eine Verherrlichung Gottes und trägt zur Reife des Dieners Gottes bei - ganz gleich, ob sich daraus eine Erweckung ergibt oder eine zugeschlagene Tür.

Andererseits hat es Situationen gegeben, in denen es Gott gefiel, durch die Bemühungen von Menschen, die aus falschen Motiven handelten, große Erweckungen und Segen zu spenden (Phil.1,12-18; Jon.3-4). Geistliche Frucht? Gewiss. Gehorsam gegen den Willen Gottes? Wohl kaum, denn der Wille Gottes umfasst sowohl Handlung als auch Gesinnung (vgl. Phil.1,12-28; Röm.2,8).

Weil Treue im Dienst nicht immer „positive Früchte“ zeitigt und weil Sünder gelegentlich auch durch fleischlich gesinnte Verkündiger zur Umkehr kommen, ist *jedes* sich auf Erfahrung gründende Argument von zweifelhaftem Wert. Er ist nämlich schlechterdings unmöglich, den „Erfolg“ einer Handlung oder eines Dienstes ausschließlich auf Grund der erkennbaren Ergebnisse zu beurteilen.

3. Der Vollständigkeit halber sollte doch darauf hingewiesen werden, dass Detailführung in normalen Alltagsfragen mit Beispielen außerhalb der Apostelgeschichte belegt werden können. Zu den möglichen Beispielen wären zu rechnen: Die Sunamiterin, die konkrete Anweisungen erhielt, um einer Hungersnot vorzubeugen (2.Kön.8,1-2); Saul, der durch einen Hinweis seine Esel wiederfand (1.Sam.9,20); das wandernde Volk der Israeliten, das durch eine Wolkensäule geführt wurde (4.Mo.9,15-23); und schließlich die zwölf Jünger, die von Christus angewiesen wurden, 5000 Männer zu lagern und zu bewirten (Joh.6,10-12).

Obwohl es in den zitierten Beispielen um Alltagsangelegenheiten geht, erheben sie nicht den Anspruch, in Sachen Führung maßgebend zu sein. Im Fall der Sunamiterin ging es um den Nachweis der prophetischen Vollmacht Elijas, der auf wundersame Weise die Dürre voraussagte. Das Beispiel bezeugt darüber hinaus Gottes Sorge um eine Frau, die zuvor seinem Propheten geholfen hatte (2.Kö.4,8-17). Aber auch in diesem Beispiel wird der Frau nicht gezeigt, wohin sie gehen soll. Ihrer Entscheidung wird es überlassen, zu wohnen „wo du kannst“ (2.Kö.8,1-2).

Die Saul angezeigte Richtung, in der er seine Esel finden würde, diente der Beglaubigung des prophetischen Autoritätsanspruchs von Samuel. Denn Samuel sollte Saul zum König salben. Das Auffinden der Esel war ein Zeichen einer ganzen Reihe von Zeichen, die den Nachweis erbringen sollten, dass Gott Saul zum ersten König über Israel erwählt hatte (1.Sam.10,1-13).

Die Wolkensäule sollte Gottes besondere Fürsorge für sein Volk Israel sichtbar machen. Als Israel in Kanaan einzog, wurde die Wolke wieder entfernt. Sie war eine provisorische Einrichtung, die ihre Aufgabe erfüllt hatte (Jos.5).

Die Führung, die die zwölf Jünger dann und wann von ihrem Herrn erhielten, wird uns kaum als Vorbild dienen können. In Christus war Gott ins Fleisch gekommen, und die Jünger waren für eine ganz bestimmte Aufgabe vorgesehen. Trotzdem hat der Sohn Gottes nicht in ihre tagtäglichen Entscheidungen eingegriffen.

4. Vertreter der traditionellen Richtung nehmen oft Bezug auf das Leben von Christus, versäumen jedoch stets genau zu sagen, was am Leben von Christus uns zum Vorbild dient, denn es dürfte wohl unbestritten sein, dass das Leben von Jesus uns nicht in allen Einzelheiten zum Vorbild dient. Allein schon seine besonders innige Beziehung zum Vater unterscheidet sich von der aller anderen Menschen. Weil er sagte, Gott sei „sein Vater“, machte er dadurch „sich selbst Gott gleich“ (Joh.5,18). Sollen wir uns „Gott gleich machen“, sollen wir Wunder vollbringen, Anbetung empfangen, absolute Hingabe von unseren Nachfolgern fordern, unsere Vollmacht, Wunder zu tun, auf andere übertragen, sollten wir die Gedanken unserer Gegner lesen oder Vorrechte der Gottheit für uns beanspruchen?

Das Prophetenamt von Christus unterstreicht die für uns nicht maßgebliche Seite seines Lebens (5.Mo.18,15.18; Mt.11,21; Joh.6,14; Apg.3,20-23). Als Prophet empfing er regelmäßig direkte Offenbarungen von Gott, ein Vorrecht, das nicht jeder andere Mensch mit ihm teilt.

Christus folgte in der Tat dem Willen Gottes für sein Leben. Er sagte: „Meine Speise ist die, dass ich tue den Willen des, der mich gesandt hat, und vollende sein Werk“ (Joh.4,34). Und weiter sagte er: „Siehe ich komme, ... dass ich tue, Gott, deinen Willen“ (Hebr.10,7).

Wiederholt betont Jesus, dass er das ihm von seinem Vater aufgetragene Werk tue (Joh.5,19.30.36; 6,38; 8,28-29.42; 10,37-38; 12,49-50; 14,31; 15,10; 17,4). Nur ist zu fragen, welchen Inhalt der „Wille Gottes" für Jesus Christus gehabt haben mag.

Mit eingeschlossen war wohl bestimmt der in der Bibel enthaltene und für alle Menschen gültige ethische Wille Gottes, denn Jesus war wahrer Mensch (Joh.9,4). Dieser Wille beinhaltete bestimmt auch all jene Schriftstellen im Alten Testament, die zu deren Erfüllung der Messias kommen sollte (Lk.4,18-21). Und weiter waren darin enthalten alle Gebote, die er mittels direkter Offenbarung von Gott als Prophet erhielt. In diesem Willen war enthalten, was zwischen Vater und Sohn von Ewigkeit her gesprochen worden war. Es darf nicht ausgeschlossen werden, dass Gott der Vater für seinen Sohn einen alle Einzelheiten seines Lebens umfassenden Plan hatte, einen individuellen Willen also, in dem sich sein ethischer und souveräner Wille deckten.

Die Einmaligkeit von Christus ist allerdings so vorherrschend, dass wir sehr vorsichtig sein sollten, welche Aspekte seines Lebens wir uns zum Vorbild nehmen. In den neutestamentlichen Briefen wird uns Jesus Christus zum Vorbild gegeben. Sein Vorbild-Sein beschränkt sich dort auf bestimmte Teilbereiche seines Lebens. Wann immer Christus oder Gott als Vorbild hingestellt wird, fügt die Bibel sogleich hinzu, für welchen Lebensbereich sein Vorbild gilt. Dazu gehören: der demütige Dienst (Joh.13,1-15), die Heiligung (1.Petr.1,15-16), Gerechtigkeit (1.Joh.3,7), Reinheit (1.Joh.3,3), Liebe (Eph.5,1-2), Vergebung (Kol.3,13), Mitleid (Eph.4,32), Ausdauer (Hebr.12,2-4), Unterordnung (1.Petr.2,21-24), Demut und Gehorsam (Phil.2,5-8), Gütigkeit (Lk.6,35) und Großzügigkeit (2.Kor.8,1-9).

Besonders fällt auf, dass die Gläubigen aufgefordert werden, Jesus Christus gerade dort nachzuahmen, *wo es um seinen Gehorsam zum ethischen Willen Gottes geht.* So wie Jesus dem Willen seines Vaters gehorchte, so sollen auch wir als Kinder Gottes unserem himmlischen Vater gehorsam sein. Der Unterschied zwischen Jesus und uns ist dieser: Während Jesus Christus als eingeborener Sohn Gottes den Willen seines Vaters auf unterschiedlichem Wege mitgeteilt bekam, ist uns als Söhnen Gottes durch Wiedergeburt, der Wille unseres Vaters in seinem Wort, der Bibel, geoffenbart.

Kapitel 6

Lehrt die Bibel den individuellen Willen Gottes?

Eine aufgeschlagene Bibel wird sich als hilfreich erweisen für das konzentrierte Mitdenken, das diese Kapitel verlangt. So wichtig Vernunft und Erfahrung auch sein mögen: entscheidend bleibt die Lehre der Heiligen Schrift. Im Folgenden wollen wir daher die Bibel nach der Haltbarkeit der These vom individuellen Willen Gottes befragen. Besonders berücksichtigt werden dabei jene Stellen, die vom traditionellen Ansatz her am Häufigsten zitiert werden. Tatsächlich scheinen sie auch die Richtigkeit dieser These zu belegen. Eine genauere Untersuchung der Verse in ihrem weiteren Zusammenhang wird jedoch zeigen, dass es in den meisten Fällen den Verfassern um den ethischen Willen Gottes ging. Und dieser ethische Willen fügt sich sehr wohl - wie noch nachzuweisen sein wird - in den jeweiligen Kontext ein. Die zu untersuchenden Stellen beweisen nicht das Vorhandensein eines individuellen Willens Gottes für jeden Menschen. Vielmehr sind sie im Sinne des ethischen Willens zu verstehen. Diese These zu belegen soll Aufgabe der folgenden Ausführungen sein.

Sprüche 3,5-6
Mit ganzem Herzen vertrau auf den Herrn, bau nicht auf eigene Klugheit; such ihn zu erkennen auf all deinen Wegen, dann ebnet er selbst deine Pfade. (EÜ)

Zweifelsohne zählen diese Verse zu den beliebtesten, wenn es um die Frage nach dem Willen Gottes geht. Dabei wird vornehmlich aus der

Luther-Bibel zitiert: „so wird er dich recht führen". Es sind Worte, die anschaulich von persönlicher Führung nach einem individuellen Plan zu reden scheinen.

Nun hat aber der Ausleger nach der Intention des Verfassers zu fragen. Um diese Frage beantworten zu können, ist zunächst eine möglichst getreue Übersetzung des hebräischen Grundtextes anzufertigen.

Hebräische Lexika und Kommentare sind sich jedoch einig, dass die richtige Übersetzung von Sprüche 3,6b lautet: „... und er wird gerade (oder glatt oder erfolgreich) machen deine Pfade.[1]

Das Wort „Pfad" kommt in den Psalmen und Sprüchen häufig vor. Nirgends aber hat es die Bedeutung von „individuellen Willen Gottes". Vielmehr verwenden die hebräischen Verfasser diesen Begriff, wenn sie allgemein vom Leben und dessen Schicksal reden (vgl. Spr.4,18-18). Wird nun das Verb „gerade machen" mit dem Substantiv „Pfad" verknüpft, so ergibt sich die Bedeutung „er (Gott) wird den Lauf deines Lebens erfolgreich machen". So auch in Sprüche 11,5: *„Die Gerechtigkeit des Lauteren* ***ebnet ihm den Weg****, doch der Gottlose kommt durch seine Gottlosigkeit zu Fall."* In diesem Vers wird der gerechte Mensch, der in seinem Leben echten Erfolg verzeichnen kann, dem Ungerechten gegenübergestellt, der sich durch krumme Touren Unheil zuträgt. Dieser Gedanke wiederholt sich in den Sprüchen (vgl. 4,18-19; 11,5; 15,19; 22,17-21).

Die Aussage von Sprüche 3,5-6 lautet demnach sinngemäß: ‚Wer Gott und seiner Weisheit vertraut und nicht auf sein eigenes, weltliches Denken setzt, sondern Gott in allen Bereichen seines Lebens anerkennt, wird nach Gottes Maßstäben erfolgreich sein.' Diese Auslegung fügt sich nahtlos in den Gesamtabschnitt der Verse 1-10 ein.

Gott anerkennen heißt, seinem Gesetz folgen, statt sich menschliche Vorstellungen von Erfolg und Glück zueigen zu machen. Es geht dem Verfasser also keineswegs um einen persönlichen, von Gott vorgeschriebenen „Weg". Wer sich auf Gott verlässt, wird die Anweisungen Gottes (seinen ethischen Willen) befolgen und im wahren Sinn erfolgreich sein.

Psalm 32,8
«Ich unterweise dich und zeige dir den Weg, den du gehen sollst. Ich will dir raten; über dir wacht mein Auge.» (EÜ)

In der Luther-Übersetzung lautet der zweite Teil dieses Verses: *„... ich will dich mit meinen Augen leiten“*. Das mit „leiten“ wiedergegebene Verb bedeutet eigentlich „raten, beraten“. Dieser Rat geschieht durch Unterweisung und Lehre und ist eine Art Führung. Traditionell verstanden ist der Herr der Redende, der Führung auf einem bestimmten „Weg“, d.h. nach einem festgelegten Plan verheißt.

Vielleicht ist der Redende tatsächlich Gott. Es könnte aber auch David sein. Zwischen Psalm 32 und 51 herrscht nämlich eine enge Beziehung. Der 51 Psalm ist ein Gebet um Vergebung, nachdem Davids Sünde mit Bathseba vom Propheten aufgedeckt worden war. In jenem Gebet verspricht David, Sündern den Weg Gottes zu Lehren (V. 15).

In Psalm 32 lesen wir Davids Antwort auf die vergebende Zusage Gottes. Das in Psalm 51,15 gegebene Versprechen löst David in Psalm 32,8 ein.

Auch hier bezieht sich der „Weg, den du wandeln sollst“ auf die allgemeine Lebensgestaltung. Es ist der Weg der Gerechtigkeit und des Gesetzes, den die Schrift offenbart und den David lehrt. Auch dann, wenn Gott der Redende ist, geht es um seinen Weg der Gerechtigkeit. Von einem individuellen Willen ist auch hier keine Rede.

Hätte Luther das Wörtchen „leiten“ nicht gebraucht, so wäre dieser Vers wohl kaum in den Ausführungen zum Thema „Führung“ aufgetaucht. Hier, wie auch an vielen anderen Stellen des Alten Testaments, geht es um die Unterweisung im Gesetz, um den ethischen Willen Gottes.

Jesaja 30,20-21
Und der Herr wird euch in Trübsal Brot und in Ängsten Wasser geben. Und dein Lehrer wird sich nicht mehr verbergen müssen, sondern deine Augen werden deinen Lehrer sehen.
Deine Ohren werden hinter dir das Wort hören: »Dies ist der Weg; den geht! Sonst weder zur Rechten noch zur Linken!«

Wird hier das inwendige Wirken des Heiligen Geistes beschrieben? Wenn sich der Christ - so wird behauptet - von dem von Gott vorgeschriebenen Weg (vom individuellen Willen also) abkehrt, wird der Heilige Geist den Betreffenden darauf aufmerksam machen und ihn in die vorgeschriebene Bahn zurückführen.

Nun darf man hier nicht voreilig schlussfolgern, es handele sich bei dem Lehrer um Gott. Wahrscheinlicher ist, dass der Lehrer (EÜ die Lehrer) ein zur Unterweisung des Volkes gesandter Prophet war. Denn seit der Zeit des bösen Königs Ahas mussten die Propheten im Verborgenen um ihre Sicherheit bangen, was auch aus dem näheren Zusammenhang hervorgeht (vgl. 30,8-11).

Entsprechend sind auch die „Augen" und „Ohren" wörtlich zu nehmen. Sollte Israel umkehren (30,19), würde Gott - seinem verheißenen Segen entsprechend - die Propheten aus ihrem Versteck hervorkommen lassen. Und dann würden sie ihren Lehrer mit Augen und Ohren wahrnehmen. Ist der Lehrer dagegen der Heilige Geist, lässt sich nur schwer erklären, wie dieser mit Augen zu sehen wäre. Die wörtliche Auslegung fügt sich in den Textzusammenhang und behebt die Schwierigkeit.

Die Botschaft der Propheten ist wichtig: „Dies ist der Weg; den geht!" Während zwar einige Propheten künftige Ereignisse vorhersagten, bestand ihre eigentliche Aufgabe darin, das Volk zur Umkehr zu rufen und im Gesetz des Herrn zu unterweisen.

„Der Weg" ist der Weg des Gesetzes, ganz gleich ob der in diesem Vers Redende Gott ist oder ein Prophet. In diesem Sinn wird der Begriff im ganzen Alten Testament gebraucht. „Weder zur Rechten noch zur Linken weichen" verdeutlicht den Gehorsam zum Gesetz (5.Mo.5,31-33; 17,18-20; 28,13-14; Jos.1,7; 23,6).

Nun wird die vom Volk Israel zu vernehmende Stimme nicht als eine inwendige Stimme des Heiligen Geistes beschrieben, sondern als eine Stimme *hinter* ihnen, die sie zur Rückkehr zum Gesetz und zur Gerechtigkeit ruft. So geht es auch in diesen Versen, wie der Gesamtzusammenhang des Kapitels zeigt, nicht um einen auf den einzelnen zugeschnittenen Lebensplan, sondern um den ethischen, im Gesetz geoffenbarten Willen Gottes.

Kolosser 1,9
„Darum lassen wir auch von dem Tag an, an dem wir's gehört haben, nicht ab, für euch zu beten und zu bitten, dass ihr erfüllt werdet mit der Erkenntnis seines Willens in aller geistlichen Weisheit und Einsicht."

Wann immer der Ausdruck „Gottes Wille“ in einem Bibelabschnitt auftaucht, liegt es am Leser, festzustellen, im welchen Sinn er gebraucht wird.[2] Ist es Paulus an dieser Stelle um den souveränen, den ethischen oder den individuellen Willen Gottes gegangen? Um den souveränen Willen Gottes kann es ihm schon deshalb nicht gehen, weil dieser verborgen ist. Es geht folglich um einen Aspekt des göttlichen Willens, der erkannt werden kann. Ferner um eine Erkenntnis, die für den Christ wünschenswert ist und andererseits auch versäumt werden kann. Diese Eigenschaften treffen sowohl auf den ethischen als auch auf den individuellen Willen Gottes zu. In welcher Richtung liegt nun die richtige Auslegung?

In diesem Fall erweist sich der Textzusammenhang, in dem der Vers steht, als entscheidend.

Die Verse 10 bis 12 lauten:

„... dass ihr des Herrn würdig lebt, ihm in allen Stücken gefallt und Frucht bringt in jedem guten Werk und wachst in der Erkenntnis Gottes und gestärkt werdet mit aller Kraft durch seine herrliche Macht zu aller Geduld und Langmut. Mit Freuden sagt Dank dem Vater, der euch tüchtig gemacht hat zu dem Erbteil der Heiligen im Licht.“

Das ausdrückliche Ziel der Erkenntnis ist ein erster Hinweis, dass es Paulus um den ethischen Willen Gottes geht: sie sollen *würdig wandeln* und dem Herrn *gefallen*. An anderer Stelle nimmt Paulus mit gleichem Wortlaut auf den *ethischen* Willen Gottes Bezug. In Epheser 4,1 wird der würdige Wandel als Gehorsam gegenüber den allgemeinen ethischen Geboten, die in den folgenden Versen aufgeführt werden, beschrieben. Mehr noch: Epheser 4,1 leitet einen Abschnitt des Briefes ein, der sich mit christlichem Verhalten allgemein befasst. Folglich entspricht ein „würdiger Wandel“ den in den Kapiteln 4, 5 und 6 aufgeführten Ermahnungen.

Mit ähnlichem Wortlaut schreibt Paulus an die Thessalonicher (1.Thes.2,12; 4,1-3). Die Anleitung, wie sie „wandeln und Gott gefallen“ sollen, werden „Gebote“ genannt (4,2) und mit „der Wille Gottes“ umschrieben (4,3). Mit dem Willen Gottes ist in diesem Abschnitt eindeutig sein *ethischer* Wille gemeint. Eine dem Herrn wohlgefällige Lebensführung muss also mit dem ethischen Willen Gottes in Einklang sein. (Vgl. auch 2.Kor.5,9-10; Röm.14,18; Eph.5,10.17; 6,6; 1.Joh.3,22).

Es gibt allerdings noch weitere Hinweise, dass es sich im Zusammenhang von Kolosser 1 bei dem Ausdruck „sein Wille" um den ethischen Willen handelt, zumal in den Vers 9 folgenden Sätzen der Wille Gottes durch eine Reihe von Handlungen definiert wird. Passt das nun Folgende eher zum individuellen Willen Gottes oder zum ethischen? Genannt werden: Frucht bringen in jeglichem guten Werk, Wachstum in der Erkenntnis Gottes, gestärkt werden durch Gottes herrliche Macht, Geduld, Langmut, Dankbarkeit und Freude. Auch in 1. Thessalonicher 5,18 wird das Danksagen als ethischer Wille Gottes für jeden Gläubigen hingestellt. (Vgl. auch Eph.1,16-19)

Man könnte Kolosser 1,9 sinngemäß auch so wiedergeben: „Ich bete darum, dass ihr Gottes Wort studiert, damit euer Verstand erfüllt werde mit der Erkenntnis seines geoffenbarten Willens als Grundlage für alle geistliche Weisheit und Erkenntnis. Möge uns Gott Verkündiger geben, die treu und unverfälscht sein Wort lehren. Möget ihr hungrig werden nach seiner Wahrheit, die euch geistlichen Einblick gewährt und euch Richtlinien zur Bewältigung des Lebens an die Hand gibt."

Auf Grund der paulinischen Lehre im Allgemeinen und des unmittelbaren Zusammenhangs im Besonderen wird deutlich, dass Kolosser 1,9 den ethischen Willen Gottes als Grundlage für ein Gott wohlgefälliges Leben anspricht.

Römer 12,1-2
„Ich ermahne euch nun, liebe Brüder, durch die Barmherzigkeit Gottes, dass ihr eure Leiber hingebt als ein Opfer, das lebendig, heilig und Gott wohlgefällig ist. Das sei euer vernünftiger Gottesdienst. Und stellt euch nicht dieser Welt gleich, sondern ändert euch durch Erneuerung eures Sinnes, damit ihr prüfen könnt, was Gottes Wille ist, nämlich das Gute und Wohlgefällige und Vollkommene."

Anhand dieser Verse wird häufig nachgewiesen, dass es Aufgabe des Christen sei, den individuellen Willen Gottes zu prüfen oder zu finden, und dass persönliche Hingabe eine Voraussetzung dafür ist. Gottes souveräner Wille passt nicht in den Zusammenhang, doch ließen sich sowohl der ethische als auch der individuelle Wille mit dem Zusammenhang vereinbaren. Das Verb „prüfen" kann auch mit „untersuchen" oder „sich überzeugen von" wiedergegeben werden[3], und passt sowohl zum ethischen als auch zum individuellen Aspekt des Willens Gottes. Dennoch geht aus dem Abschnitt eindeutig hervor, dass es sich nur um den ethischen Willen Gottes handeln kann.

Mit dem zwölften Kapitel setzt der zweite Hauptteil des Römerbriefes ein. Die Kapitel 12 bis 16 fordern zu einem Leben, das sich mit der in den ersten elf Kapiteln entfalteten Lehre deckt. In Römer 12,1 fordert Paulus aufgrund der im vorangegangenen ausführlich dargelegten Barmherzigkeit Gottes seine Leser auf, ihre Leiber im Gehorsam Gott zu opfern. Und dann beginnt er ab Vers 3 die Gebote zu buchstabieren. Mit anderen Worten: Auf die Aufforderung „prüfet, was Gottes Wille ist“ folgen unmittelbar konkrete Beispiele eben dieses Willens. Dabei fällt auf, dass es sich um allgemeingültige ethische Gebote handelt. Und im unmittelbaren Zusammenhang ist mitnichten von Berufs- und Partnerwahl die Rede, auch nicht von anderen Bestandteilen eines individuell zugeschnittenen Lebensentwurfs. Vielmehr ist die Rede von dem Einsatz der eigenen Gaben (12,6-8), von der Liebe (12,9), von der Sorge um andere (12,10-11), von Gastfreundschaft (12,13), vom Segnen derer, die einen verfolgen (12,14) u.a.m. Gezeichnet wird der ethische und nicht der individuelle Wille Gottes.

Zweitens ähneln die drei Worte, mit denen der „Wille Gottes“ näher bestimmt wird, einer dreifachen Beschreibung des Gesetzes Gottes (das ja sein ethischer Wille ist) an anderer Stelle im selben Brief (7,12).

Drittens passt der ethische Wille am besten zu der allgemeinen Gegenüberstellung von Gleichstellung mit der Welt und Veränderung der Sinne, denn aus anderen Schriftabschnitten geht hervor, dass gerade das Wort Gottes (sein ethischer Wille) die geistliche Umwandlung bewirkt. Beispielsweise benutzt Paulus in 2. Korinther 3,18 dasselbe Verb „verwandeln“ in einem Zusammenhang, in dem es um einen Umwandlungsprozess geht, in welchem dem Wort Gottes die Schlüsselrolle zufällt (2.Kor.3,14-18; vgl. auch Jak.1,25).

In Epheser 5,10 wird das Wort „prüfen“ ähnlich wie hier verwandt: „... prüft (wörtl. lernt), was dem Herrn wohlgefällig ist.“ Dieses Prüfen oder Lernen vollzieht sich in einem Wandel im Licht, in Gütigkeit, Gerechtigkeit und Wahrheit (Eph.5,8-9) - also in einem Leben nach dem ethischen Willen Gottes. Der Wortschatz von Römer 12,2 begegnet uns auch wieder in Epheser 5, vornehmlich in Vers 17, wo „der Wille des Herrn“ unmittelbar mit einer Reihe von ethischen Geboten in

Beziehung gesetzt wird (5,18-21; siehe unten). Dies deckt sich auch mit der Verwendung des Begriffs „sein Wille“ in Römer 2,18, wo es offenkundig um den ethischen Willen geht.

In Römer 12,1-2 werden die Christen eindringlich gemahnt, sich als lebendige Opfer Gott ganz auszuliefern. Diese Selbst-Opferung geschieht im Widerstand gegen die Anpassung an die Welt und in der bewussten Teilnahme am göttlichen Umwandlungsprozess. Die Umwandlung vollzieht sich ihrerseits in der Erneuerung des Verstandes durch das Wort Gottes, wobei der Gläubige befähigt wird, den ethischen Willen Gottes zu erkennen. So erkennt der Christ, dass Gottes ethischer Wille für sein Leben gut, wohlgefällig und vollkommen ist, Römer 12,1-2 ist keine zusammenfassende Darstellung, wie man im Einzelfall, vor eine Entscheidung gestellt, zu wählen hat. Vielmehr rückt in diesen Versen der Gesamtzusammenhang des Lebens in den Blick, und gibt einen Ansatz wieder, in dem der ethische Wille Gottes die entscheidende und wesensverändernde Rolle spielt.

Epheser 2,10
„Denn wir sind sein Werk, geschaffen in Christus Jesus zu guten Werken, die Gott zuvor bereitet hat, dass wir darin wandeln sollen.“

Dass dieser Vers in traditionellen Darstellungen nicht allzu häufig vorkommt, überrascht eigentlich, ist er doch im traditionellen Sinn aussagekräftiger als so manch anderer Vers, der in Diskussionen öfters auftaucht. Wird er doch zitiert, dann meist mit dem Hinweis, Gott habe für jeden einzelnen Christen bestimmte gute Werke vorherbestimmt. Daraus folge, dass sich der Christ nun um des Herrn Führung zu bemühen habe, um die ihm von Gott bestimmten guten Werke zu erkennen. Die Überlegung ist durchaus schlüssig.

Es gibt aber - wie noch zu zeigen sein wird - zwei weitere mögliche Auslegungen, die mindestens ebenso plausibel sind, jedoch in beiden Fällen nicht von der Notwendigkeit eines zu erkennenden individuellen Willens ausgehen. „Gute Werke“ ist ein ganz allgemeiner Begriff. Er wird weder durch einen Artikel noch durch ein Adjektiv näher bestimmt. Christen sind von Gott zu guten Werken geschaffen worden. Diese hat Gott „zuvor bereitet“, ebenso wie die „Mittel“ zu ihrer Verwirklichung. Gott hat neue Kreaturen erschaffen mit neuen Herzen, die zu guten Werken fähig sind. Dann hat er seine Geschöpfe mit dem Heiligen Geist ausgerüstet und ihnen in seinem Wort klare Richtlinien an die Hand gegeben, die ihnen zeigen, wie sie in seiner Kraft gute Werke vollbringen können. Alle diese Vorkehrungen wurden *vor* den guten Werken getroffen. Indem Gott die Heiligen mit göttlicher Kraft und Weisheit ausrüstet, hat er die guten Werke „zuvor bereitet".

Man kann die „zuvor bereiteten" guten Werke auch aus dem Blickwinkel göttlicher Souveränität sehen. In Römer 9,23, dem einzigen anderen Vers im Neuen Testament, in dem der Ausdruck „zuvor bereitet" vorkommt, nimmt Paulus offensichtlich Bezug auf den ewigen Ratschluss Gottes. (Vgl. auch Eph.1,4-5)

Diese Deutung passt sehr gut in den Gedankengang der Verse, die Epheser 2,10 unmittelbar vorausgehen, wo von Gottes souveränem Wirken an unserem Heil die Rede ist. Das Heil ist aus Gnade und nicht das Ergebnis unserer guten Werke. Dieser Gedanke wird in Vers 10 durch die Formulierung „wir sind sein Werk" und „geschaffen in Christus Jesus" unterstrichen. Es geht um die selbe Gnade, die gute Werke zuvor bereitet hat, in denen der Gläubige wandeln soll. Das Heil ist von Gott, ebenso wie die guten Werke, die daraus entspringen. An beiden hat der Gläubige Anteil, doch ihre eigentliche Quelle ist und bleibt Gott. In seinem souveränen Ratschluss hat Gott vor aller Zeit bestimmt, dass wir gute Werke verrichten sollen. Vielleicht hat er dabei sogar an ganz bestimmte gute Werke gedacht, durch die er sein souveränes Vorhaben verwirklicht. In diesem souveränen Werk Gottes haben Befähigung und Unterweisung einen festen Platz.

Epheser 5,15-17
„So seht nun sorgfältig darauf, wie ihr euer Leben führt, nicht als Unweise, sondern als Weise, und kauft die Zeit aus; denn es ist böse Zeit. Darum werdet nicht unverständig, sondern versteht, was der Wille des Herrn ist."

Da es sich um ein Gebot handelt, den Willen Gottes zu erkennen, ist von vornherein der souveräne Wille Gottes ausgeschlossen, und die Alternative lautet nun einmal mehr ethischer oder individueller Wille. Wir haben uns folgende Frage zu stellen: Um welchen Aspekt des Willens Gottes haben wir uns zu bemühen, wenn wir die Zeit auskaufen und angesichts der bösen Zeit nicht unverständig leben wollen: Um den ethischen oder um den individuellen Willen? Muss ich tatsächlich den individuellen Plan Gottes für mein Leben kennen, um jede Gelegenheit voll auszunutzen? Oder gibt mir der ethische Wille Gottes hinreichend Weisung, um weise zu leben?

Epheser 5 gibt Antwort: In diesen Versen ist vom ethischen Willen Gottes die Rede. In den Versen 1-14 wird das Leben der Gläubigen dem Leben der Ungläubigen gegenübergestellt. Dass der gesamte Abschnitt als ein Appell verstanden sein will, den ethischen Willen Gottes zu befolgen, wird im weiteren aus der Gegenüberstellung der Verse 8-10 und 15-17 deutlich:

„Lebt als Kinder des Lichts ... Prüft, was dem Herrn wohlgefällig ist" (8.10)

„Führt euer Leben als Weise ...
werdet nicht unverständig, sondern versteht, was der Wille des Herrn ist." (15.17)

Paulus sagt in beiden Abschnitten dasselbe aus. Die Gleichsetzung von „was dem Herrn wohlgefällig ist" und „was der Wille des Herrn ist" (in beiden Fällen ist der Bezug auf den *ethischen* Willen Gottes) deckt sich mit dem, was an anderer Stelle im Neuen Testament gesagt wird (vgl. 1.Thes.4,1-2; 2.Kor.5,9-10; Röm.14,18; 1.Joh.3,22; Hebr.13,21).

Was es heißt, den Willen Gottes zu verstehen, zeigen die folgenden Beispiele: „werdet voll Geistes" (5,18), „ermuntert einander mit Psalmen und geistlichen Liedern" (5,19), „sagt Dank" (5,20) u.a.m. Besondere Aufmerksamkeit verdient die in 6,5-8 an Sklaven gerichtete Ermahnung, tut „den Willen Gottes von Herzen", denn dieser Aufforderung folgen sehr praktische Vorschläge: seid gehorsam, respektiert eure Herren, seid aufrichtig und fleißig. Auch hier wird deutlich: Es ist ausschließlich vom ethischen Willen Gottes die Rede.

Und so könnte man Epheser 5,17-19 sinngemäß wiedergeben: ‚Christen, seid nicht töricht. Wer weise ist, durchschaut die Dummheit der Sünde und erkennt den Sinn eines Gott wohlgefälligen Lebens. Die böse Zeit braucht dienstbereite, weise Christen, die ihre Zeit auskaufen.' Gottes ethischer Wille befähigt nicht nur zur Unterscheidung zwischen gut und böse, sondern auch zwischen dem, was weise und dem, was töricht ist.

Die in diesem Kapitel besprochenen Schriftstellen eignen sich trefflich zur Führung des Gläubigen. Sie belegen jedoch keineswegs eine Führung mittels eines individuellen Willens Gottes. In keinem der genannten Beispiele verlangt der weitere Kontext der Verse eine Interpretation nach traditionellem Muster. Vielmehr bezeugt der Textbefund, dass mit dem „Willen Gottes" stets sein ethischer Wille gemeint ist. Ferner belegen diese Abschnitte den hohen Stellenwert, den der *ethische*, nicht jedoch der *individuelle* Wille Gottes bei der Leitung eines Christen einnimmt. Tatsächlich ist eine klare Erkenntnis des ethischen Willens Gottes unbedingte Voraussetzung dafür, dass wir des Herrn würdig leben und ihm in allen Stücken gefallen (Kol.1,10).

Die Bibel kennt keinen individuellen Willen Gottes

Unsere Untersuchung des biblischen Befundes wirft eine logische Frage auf: Wie kommt es aber, dass die Vorstellung von einem individuellen Willen Gottes sich so lange als *akzeptierte biblische Lehre* behaupten konnte? Schuld ist wohl eine oberflächliche Auslegung. Vermutlich ergab sich die traditionelle Definition des „individuellen Willens Gottes" aus einer Mischung aus biblischer Lehre und biblischem Beispiel. Das mag so ausgesehen haben:

Abb. 14

Die „biblische Beweisführung" der traditionellen Auffassung

Biblische Beispiele	**Das traditionelle Führungsmuster**	**Biblische Lehre**
Gott hat die Gläubigen geführt. Beispiel: *Und Paulus sah eine Erscheinung bei Nacht: ein Mann aus Mazedonien stand da und bat ihn: Komm herüber nach Mazedonien und hilf uns! (Apg.16,9)*	Gott hat einen idealen, detaillierten Lebensplan für jeden einzelnen Menschen entworfen. Diesen offenbart er dem Herz des Gläubigen mit Hilfe von inneren Eindrücken und äußeren Zeichen.	Gott verheißt Führung. Beispiel: *„Und der Herr wird dich immerdar führen ..." (Jes.58,11)* *„Wahrlich, das ist Gott, unser Gott für immer und ewig. Er ist's, der uns führet." (Ps.48,15)*

Eine oberflächliche Lektüre der betreffenden Abschnitte scheint in der Tat einen Beleg für die traditionelle Auffassung zu liefern. Eine gründlichere Untersuchung zeigt jedoch, dass das Fundament keineswegs fest ist. Eine sorgfältige Auslegung der wichtigsten Bibelstellen konnte ihre traditionelle Deutung nicht bestätigen.

Abb. 15

Die „biblische Beweisführung“ der traditionellen Auffassung ist nicht schlüssig.

Biblische Beispiele	Das traditionelle Führungsmuster	Biblische Lehre
Gott hat die Gläubigen geführt. Beispiel: *Und Paulus sah eine Erscheinung bei Nacht: ein Mann aus Mazedonien stand da und bat ihn: Komm herüber nach Mazedonien und hilf uns! (Apg.16,9)*	~~Gott hat einen idealen, detaillierten Lebensplan für jeden einzelnen Menschen entworfen. Diesen offenbart er dem Herz des Gläubigen mit Hilfe von inneren Eindrücken und äußeren Zeichen.~~	Gott verheißt Führung. Beispiel: *„Und der Herr wird dich immerdar führen ...“ (Jes.58,11)* *„Wahrlich, das ist Gott, unser Gott für immer und ewig. Er ist's, der uns führet.“ (Ps.48,15)*

Jedoch:
1. In jedem Beispiel geschieh die Mitteilung *auf übernatürlichen Wege*.
2. Unmittelbare Führung in speziellen Angelegenheiten war die *Ausnahme*, nicht die Regel.

Jedoch:
1. In allen zitierten Abschnitten geht es um Gottes *ethischen Willen*.
2. Aus keinem der Abschnitte geht hervor, dass Gott seinen Willen durch innere Eindrücke mitteilt.

Auf Pastor Beckers zweite Frage: „Hat Gott einen Plan für mein Leben?“ ist demnach zu antworten: Wenn mit Plan Gottes eine Art Blaupause oder schwarzer „Punkt“ im Mittelpunkt des Willens Gottes gemeint ist, der vor Entscheidungen gesucht wird, dann lautet die Antwort nein. Andererseits wissen wir, dass Gott in der Tat einen Plan für unser Leben hat - einen Plan, der in der Bibel beschrieben wird, der verständlich und auch praktisch anwendbar ist. Doch das soll später vertieft werden.

Anmerkungen:

1. Brown, Driver u. Briggs, A Hebrew and English Lexicon oft the Old Testament, s.v. "jashar"
2. Es gibt mehrere griechische Wörter, die im Neuen Testament in dem Ausdruck „Wille Gottes“ mit „Wille“ wiedergegeben werden. Anders als bei anderen griechischen Synonymen wird die Bedeutung nicht so sehr durch das betreffende Wort als vielmehr durch den Kontext, in dem es steht, bestimmt. Sowohl die *boulomai*-Wortgruppe als auch die *thelo*-Wortgruppe können sich sowohl auf den fordernden (ethischen) als auch auf den vorherbestimmenden (souveränen) Willen Gottes beziehen. Folglich können für nahezu jedes Wort der beiden Gruppen Belegstellen für die eine oder andere Bedeutungsvarianten nachgewiesen werden. In jedem Einzelfall ist vom Kontext her zu prüfen, in welchem Sinn das griechische Wort verwendet wird. (Es gibt allerdings stichhaltige Argumente dafür, dass *boule*, wenn es von Gott gebraucht wird, im Neuen Testament stets seinen souveränen Willen bezeichnet. Vgl. Lk.7,30; Apg.2,23; 4,28; 13,36; 20,27; Hebr.6,17; Eph.1,11)
3. Bauer, W., Griechisch-Deutsches Wörterbuch zu den Schriften des NT und der übrigen urchristlichen Literatur, 5. Aufl., Berlin 1963, s.v. *„dokimazo“*

Kapitel 7

Weitere Zweifel in puncto „Punkt“

Wir kommen nun zur dritten Frage der Gliederung: „Wie erkenne ich den Willen Gottes?“ Mit „Gottes Wille“ war in Pastor Beckers Vortrag natürlich der *individuelle* Wille gemeint. Wenn es diesen aber nicht gibt, dann kann er auch nicht erkannt werden, und nach ihm zu suchen wäre reine Zeitverschwendung. *Notwendig* für gute Entscheidungen ist der individuelle Wille auch *nicht*. Betrachten wir die Angelegenheit aus folgender Perspektive: Wenn Gott die Tatsächlichkeit seines souveränen Willens und den Inhalt seines ethischen Willens offenbart hat, dann dürfen wir davon ausgehen, dass diese für unsere Entscheidungen ausreichen. Dass dem tatsächlich so ist, wird in Teil 3 „Der Weg der Weisheit“ ausführlich erläutert.

Wenn es den individuellen Willen Gottes nicht gibt, müsste man erwarten, dass Gläubige, die trotzdem nach ihm suchen, in ihren Bemühungen frustriert würden. Und das ist auch tatsächlich der Fall.

Diese Unsicherheit bei der Suche nach dem Plan Gottes begegnet mir immer wieder in Arbeitskreisen, die ich zu diesem Thema halte. Und eine ganze Anzahl von Christen haben mir bekannt, dass sie nie hundertprozentig sicher sind, den Willen Gottes erkannt zu haben. Ein Nichtvorhandensein des individuellen Willens würde solche negativen Erfahrungen erklären.

Stillschweigen

Es gab allerdings eine Zeit, in der solche Geständnisse äußerst selten waren. Vor einigen Jahren, ehe ich begann der Frage nach dem Willen Gottes ernsthaft nachzugehen, war ich fest davon überzeugt, dass alle anderen bei ihrer Suche nach dem „Punkt“ erfolgreich waren, obwohl er sich meinem Zugriff oft genug zu entziehen schien. Und wenn dann jemand Zeugnis ablegte, wie er Gottes besondere Führung erfahren hatte, nickte ich zusammen mit den anderen Zuhörern. Ich brachte jedoch nie den Mut auf, aufzustehen und zu bezeugen, dass es mir ungemein schwer fiel, den Willen Gottes vor jeder Entscheidung zu erkennen. Auch den anderen fehlte dieser Mut. Bei jedem Zeugnis nickten wir nur eifrig und sagten bei uns: „Ja, so sollte es sein." Stillschweigen wurde groß geschrieben.

Und dieses Stillschweigen lässt sich leicht erklären. Schließlich wurde der traditionelle Ansatz von allen Predigern, denen wir vertrauten, gelehrt. Keiner wagte, an dieser Auffassung zu rütteln oder gar sie in Frage zu stellen. Welches Recht hatten wir, respektierte Lehrer des Wortes Gottes in Frage zu stellen? Und außerdem waren wir überzeugt, dass unsere Frustration von Sünde oder Unaufrichtigkeit in unserem Herzen herrührte. Schließlich wurde uns immer wieder bestätigt: „Gott wird seinen Willen jedem ernstlich Suchenden offenbaren."

Kürzlich gestand mir eine Dame, dass sie sich schon vor Jahren von der traditionellen Auffassung gelöst habe. Aber sie hatte sich nie gewagt, öffentlich zu ihrer Meinung zu stehen aus Angst, man könne sie als „Abtrünnige" abstempeln. Erst als sie mit einer Alternative zum traditionellen Ansatz Bekanntschaft machte, fand sie den Mut, ihrer Frustration Luft zu schaffen.

Aufrichtigkeit, die Angst erzeugt

Für eine kleine Anzahl von Gläubigen ist die Situation nicht nur frustrierend, sondern sogar kritisch. Jemand sagte mir, er habe zum ersten Mal in seinem Leben Freude am Christsein bekommen, als er zum alternativen Ansatz überging. Zunächst kam mir das reichlich übertrieben vor. Doch dann erklärte er: In seiner Aufrichtigkeit bei der Suche nach dem Willen Gottes plagte ihn ständig das schlechte Gewissen und erzeugte Frustration. Gewissenhaft versuchte er den Willen Gottes zu erkennen, musste aber immer wieder eingestehen, dass er sich nie ganz sicher war, ihn gefunden zu haben. Das führte zu Angst vor jeder Entscheidung und zu Schuldgefühlen, nachdem er sich entschieden hatte. Da das Leben nun einmal voller Entscheidungen ist, konnte er sich nie seines Christseins freuen. Als er erfuhr, dass der „Punkt" kein Bestandteil christlicher Entscheidung ist, war er mit einem

Mal die Last der Frustration und Schuldgefühle los. An ihre Stelle trat eine Freude, wie sie zum Leben in Christus gehört.

Ein Seminarist bezeugte Ähnliches. Als überzeugter Anhänger der traditionellen Auffassung glaubte er, Gott habe einen ganz bestimmten Platz für ihn und seine Frau. So sehr er sich auch mühte, konnte er diesen Ort einfach nicht ausmachen. Seine ängstliche Unsicherheit kostete ihn bald den Schlaf, denn jede Nacht schlug er sich mit der Frage herum, wo Gott ihn denn haben wolle. Das Problem spitzte sich zu, denn irgendwo musste er hin und seinen Schlaf brauchte er auch. In seiner Verzweiflung besann er sich schließlich auf eine Alternative zum traditionellen Ansatz. Heute plagt ihn nicht mehr die vergebliche Suche nach dem individuellen Willen Gottes. Er und seine Frau gewannen echte Freude und Befriedigung am Entscheidungsprozess, der sie schließlich auf ein Predigerseminar führte.

In diesem und im folgenden Kapitel möchte ich einige Schwierigkeiten aufdecken, die sich aus einer konsequenten Anwendung des traditionellen Ansatzes ergeben. Dabei soll es nicht darum gehen, den Gegenbeweis anzutreten. Das *ist bereits* anhand unserer Untersuchung des biblischen Befundes geschehen. Hier soll es lediglich um den Nachweis gehen, dass sich unsere Schlussfolgerungen aus dem Studium der Heiligen Schrift mit der Erfahrung decken. Eine mangelhafte Lehre schlägt sich gewöhnlich in mangelhafter Praxis nieder.

Problemfeld eins: Die „gewöhnlichen“ Entscheidungen

Wer den traditionellen Ansatz konsequent in die Alltagspraxis umzusetzen versucht, sieht sich bald mit einer Reihe praktischer Probleme konfrontiert. Er lässt sich einfach nicht verwirklichen. An irgendeiner Stelle bricht *jeder* mit dem traditionellen Entscheidungsmuster. Das klingt vielleicht verwegen, doch der Leser kann sich selber anhand eines einfachen Tests überzeugen: Vor wie vielen Entscheidungen der vergangenen Woche hatten Sie im Voraus Gewissheit über den Willen Gottes? Während Sie noch nachrechnen, möchte ich an die vielen kleinen Entscheidungen erinnern, die Sie nicht übersehen sollten: Sind Sie mit dem Auto oder mit dem Rad zur Arbeit gefahren? Wo haben Sie im Gottesdienst Platz genommen? Welchen Schuh haben sie heute früh zuerst angezogen? Für welche Joghurtmarke haben Sie Sich im Supermarkt entschieden?

Es sind Hunderte solcher Entscheidungen jede Woche zu treffen. Nicht selten kann man lesen oder hören: „Gottes Wille für dein Leben ist so detailliert, dass du vor jeder Entscheidung mit seiner Führung rechnen darfst." Und diese Aussage deckt sich durchaus mit dem gesamten traditionellen Bild. In den geringen, scheinbar unwichtigen Entscheidungen jedoch bleibt die Detailführung aus. Jene aufrichtigen Christen, die gewissenhaft versucht haben, Gottes Führung in jeder noch so unscheinbaren Frage ausfindig zu machen, haben entweder nach wenigen Stunden das Handtuch geworfen oder sich in einer mystischen Radgruppe angesiedelt.

Gerade diese kleinen Entscheidungen sind es, die die Unzulänglichkeit des traditionellen Ansatzes offenbaren. In der Praxis sehen sich nämlich alle Christen genötigt, entweder bewusst oder unbewusst, die „Suche nach dem Willen Gottes" auf jene Bereiche zu beschränken, die Pastor Becker unter dem Stichwort „Kanzlerfrage" nannte. Die Erfahrung lehrt uns sehr bald, dass Gewissheit über den Willen Gottes in tagtäglichen Entscheidungen eine praktische Unmöglichkeit ist. Dies führt dazu, dass nahezu alle Christen aus Gewohnheit ihre Entscheidungen in kleinen, nicht-ethischen Fragen so treffen, wie sie ihnen am günstigsten erscheinen. Das ist auch der einzig gangbare Weg. Doch er deckt sich nicht mit der traditionellen Lehre.

Wo wird die Grenze gezogen?

Es läuft darauf hinaus, dass man anders handelt, als man glaubt. Jeder Mensch muss an irgendeiner Stelle einen Querstrich durch die Entscheidungen des Lebens ziehen.

Abb. 16

Die Entscheidungen des Lebens

Wichtige Entscheidungen:	Soll ich heiraten?
	Wen soll ich heiraten?
Klarheit über den Willen Gottes erforderlich!	Soll ich studieren?
	Was soll ich studieren?
	Wo soll ich wohnen?
	Welchen Beruf soll ich ausüben?
	Welches Auto soll ich kaufen?

Gewöhnliche Entscheidungen:	Was soll ich heute anziehen? Was soll ich zu Mittag essen? Wie fahre ich zur Arbeit? Wo soll ich mich im Restaurant hinsetzen? Wo soll ich tanken? Welches Parfüm soll ich benutzen?

Die Entscheidungen oberhalb der Linie sind „wichtig" und verlangen eine klare Kenntnis des Willens Gottes, während alle unterhalb der Linie befindlichen Entscheidungen „gewöhnlich" oder „alltäglich" sind und ohne langes Zögern nach bestem Wissen und Gewissen zu treffen sind. Eine solche Unterscheidung mag sich in der Praxis durchaus bewähren, doch wird sie weder von der Tradition noch von der Bibel gelehrt.

Diese Inkonsequenz findet in Büchern und Vorträgen über den Willen Gottes selten Erwähnung. Vielleicht ist das nur ein Versehen. Aber meist geht es stillschweigend nur um die wichtigen Entscheidungen. Erweist sich indes die Methode in kleinen Entscheidungen als untauglich, dann stimmt etwas nicht am ganzen System und ein alternativer Ansatz wird erforderlich.

Problemfeld zwei: Gleiche Alternativen

Nicht selten steht man vor der Wahl einer von mehreren Alternativen, die alle gleichwertig erscheinen. Der traditionelle Ansatz lehrt, dass die Gleichheit nur eine scheinbare ist. Eine Alternative - und nur eine - entspricht dem Willen Gottes. Zeigen die Wegweiser in mehrere Richtungen zugleich, dann hat man sie falsch gedeutet. Wirklich gleiche Alternativen kennt die traditionelle Auffassung nicht, will sie in sich selbst schlüssig bleiben.

Wiederum sind es die kleinen Entscheidungen, die die Schwächen am deutlichsten hervortreten lassen, denn die Alternativen, vor die man in gewöhnlichen Fragen gestellt wird, sind viel öfter nahezu gleichwertig. Nehmen wir ein Beispiel: „Welche Paar Schuhe soll ich heute tragen - die schwarzen Halbschuhe, die braunen Stiefel oder die hellen Sandalen? Drei Paar braune Socken habe ich: welches Paar ist heute dran? Welchen Schuh ziehe ich zuerst an?" und so fort. Sind die Optionen gleich? Es sieht jedenfalls so aus. Ist die Entscheidung von besonderer

Tragweite? Vermutlich nicht. Um konsequent zu bleiben, muss die traditionelle Sicht allerdings behaupten, dass es doch auf die richtige Entscheidung ankommt.

Zwar äußert sich das Problem der gleichen Alternativen in kleinen Fragen besonders deutlich, doch es betrifft auch die wichtigen Entscheidungen. Es gibt nämlich durchaus Situationen (wie meine Wahl zwischen zwei Schulen, von der ich eingangs sprach), in denen sich die Optionen gleichwertig darstellen. Plötzlich befindet sich der Anhänger der traditionellen Methode in einer Sackgasse und sein Frustrationspegel beginnt zu steigen. Anstatt sich darüber zu freuen, dass sich ihm mehr als eine Möglichkeit eröffnet, überfällt ihn die Angst, durch eine falsche Wahl Gottes Willen zu verpassen.

Problemfeld drei: Unreife

Eine dritte praktische Schwierigkeit ergibt sich aus der Unfähigkeit der traditionellen Methode, mit unreifen Christen fertig zu werden. Was sagt man beispielsweise einem jungen Pärchen (sie sind Christen), die sich auf einer Wochenendfreizeit kennengelernt haben und allen freudig verkünden, Gott habe ihnen die Gewissheit ins Herz gegeben, sie seien füreinander zur Ehe bestimmt? Und welchen Rat gibt man dem jungen Bibelschüler, der bereits nach einem Semester die Schule verlassen will, weil er sich zur vollzeitlichen Evangelisation berufen weiß? Keine der beiden Entscheidungen widerspricht dem Wort Gottes, und dennoch hat der reifere Christ guten Grund, mit Sorgen an die langfristigen Konsequenzen zu denken. Freunde würden bestimmt vor voreiligen Schlüssen warnen - mit Recht, wie ich meine. Für weisere Pläne könnten außerdem gute Gründe vorgebracht werden. Was bleibt zu sagen, wenn schlussendlich doch der entscheidende Faktor bleibt, „Gott hat mir gesagt, ich soll dies tun"? Herzlich wenig.

Der Grund für dieses Dilemma braucht nicht lange gesucht werden. Das traditionelle Modell lehrt, dass es in jeder Frage nur eine einzige richtige Entscheidung gibt. Und weiter lehrt die Tradition, dass jeder aufrichtige Christ das auf ihn zugeschnittene Ideal erkennen kann. Und schließlich behält Gott die endgültige Führung jedem einzelnen vor. So lange sich die getroffene Entscheidung in dem vom ethischen Willen Gottes abgesteckten Rahmen bewegt, kann ihr - auch von reiferen Christen - nicht grundsätzlich widersprochen werden. Wenn Gottes

Urteil gefallen ist, kann keine höhere Instanz angerufen werden, es sei denn, man wäre bereit, *seine* Entscheidung anzufechten.

Tatsache bleibt, dass auch aufrichtige, gewissenhafte Christen törichte Entscheidungen treffen. Unreife Christen neigen nun einmal eher zu unreifen Entscheidungen als reife Christen. Und das Problem ist dabei gewiss nicht ein Mangel an Aufrichtigkeit. Oft ist es ja gerade das begeisterte „geistliche Baby", das besonders nach dem Willen Gottes fragt. Bekommt er die Gewissheit, dass Gott ihn beauftragt hat, in ein leeres Schwimmbecken zu springen, so wird er sich umgehend eine Badehose anziehen! Ein Beobachter mag sich wundern: „Hat Gott ihm wirklich so etwas Verrücktes gesagt?" Wenn aber die Handlung in der Bibel nicht untersagt ist und der Gläubige sich der Führung des Herrn gewiss ist, dann bleibt nur wenig Raum zur Diskussion.

Ganz offensichtlich stimmt hier etwas nicht. Wenn Gott tatsächlich seinen Willen dem jungen Christ kundgetan hat, dann sollten doch die Entscheidungen „ideal" sein und nicht den Beigeschmack der Unreife haben. Und dennoch wird man den Verdacht nicht los, dass irgendwo eine Fehlschaltung erfolgt ist. Andernfalls hätte Gott für unreife Christen einen unreifen Willen.

Man kann Gott nicht widersprechen

Das Problem verdichtet sich weiter, wenn Christen ihr törichtes Verhalten damit rechtfertigen, es sei ja schließlich Gottes - und nicht ihre - Entscheidung. Unbeabsichtigt begünstigt also die traditionelle Methode Unreife, denn sie liefert Argumente für unweises Verhalten, die weder verifiziert noch von Außenstehenden in Frage gestellt werden können.

Aber auch sonst wird Unreife vom traditionellen Ansatz gefördert. Erst dann sollte man sich entscheiden - so wird vielfach gelehrt - wenn man Gewissheit hat über den Willen Gottes. Man solle sich in acht nehmen und nicht „dem Herrn vorauseilen". Gewiss, voreiliges Handeln ist selten vernünftig - insbesondere dann nicht, wenn es um Entscheidungen von großer Tragweite geht. Die Entscheidung zieht sich aber oft deshalb so lange hinaus, weil sich noch keine hundertprozentige Gewissheit über den Willen Gottes eingestellt hat. Die Tradition spricht dann zwar vom „Warten auf den Herrn", doch es liegt der Verdacht nahe, dass es sich um ganz gewöhnliche Unentschlossenheit handelt.

Unnötiges Zögern kann mindestens zwei unangenehme Folgen haben. Einmal geht wertvolle Zeit verloren. Manchmal kommt es ja gerade darauf an, dass eine Entscheidung innerhalb kürzester Frist zu treffen ist. Die bei der Entscheidung verlorene Zeit geht dann auf Kosten der Zeit, die zur Ausführung der Entscheidung zur Verfügung steht.

Zum anderen wird den Umständen zunehmend mehr Bedeutung beigemessen. Mit dem Verstreichen der Zeit gehen zwangsläufig einige Entscheidungsmöglichkeiten verloren. Oder aber die Umstände ändern sich und zwingen zur Anpassung, was nicht notwendig gewesen wäre, hätte man sich früher entschieden.

Kauft die Zeit aus

Der reife Christ lernt mit der Zeit, dass einige Entscheidungen noch vor Ablauf der Frist getroffen werden sollten, vorausgesetzt natürlich, dass eine hinreichende Entscheidungsgrundlage vorhanden ist. Dagegen mag der unreife Christ tatsächlich aus dem Tatbestand Trost schöpfen, dass die Umstände „ihn von seiner Entscheidung befreit haben". Damit nimmt er sich allerdings die Fähigkeit zu langfristiger Planung.

Der traditionelle Ansatz zeichnet sich auch für andere fragliche Verhaltensweisen verantwortlich. Manche Christen, die mit der Nachfolge ernst machen, entscheiden sich, wenn sie vor scheinbar gleichwertige Alternativen gestellt werden, für die, die sie persönlich am wenigsten anspricht. Der Beweggrund ist dabei nicht unbedingt ein falsches Gottesbild, sondern häufig der Wunsch, sich gegen selbstsüchtige Motive anzusichern. Mit anderen Worten: Wenn die Entscheidungsfrist abläuft entscheidet sich der Betreffende für die Alternative, die ihm persönlich am wenigsten zusagt. Und wenn ihm in Nachhinein auch die Gewissheit versagt bleibt, die „richtige" Entscheidung getroffen zu haben, so weiß er doch wenigsten, dass er nicht seinen eigenen egoistischen Willen vor Gottes Willen gestellt hat. Die Überlegung entspringt durchaus einem aufrichtigen Verlangen nach reinen Beweggründen, doch das Ergebnis ist oft eine christliche Erfahrung ohne jede Freude.

Wenn sie den Hörer abhebt ...

Und dann gibt es noch die „Telefon-Vlies-Methode". Ich habe sie früher recht gut beherrscht. Wenn ich nicht wusste, welches Mädchen ich an einem bestimmten Abend um ein Rendezvous bitten sollte, habe ich im Voraus folgende „Zeichen" festgelegt: Hob keiner ab, war das ein Zeichen von Gott, später noch einmal anzurufen. Ein Besetztzeichen war eine verschlossene Tür; jeder weitere Anruf war zwecklos (vielleicht rief gerade ein anderer Junge an). Wenn sie antwortete, mir aber einen Korb gab, dann war Gott gegen das Rendezvous (vermutlich war auch das Mädchen dagegen). Antwortete sie aber und nahm meine Einladung an, dann war sie die Richtige!

Früher war ich überzeugt, dass meine „Telefon-Vlies-Methode" eine private Abmachung zwischen mir und dem Herrn sei - bis ich einige Jungens kennenlernte, die sich derselben Methode bedienten. Ich kann mir gut vorstellen, dass einige Engel herzhaft lachen müssen, wenn sie unsere Versuche verfolgen, den schwer fassbaren „Punkt" in den Griff zu bekommen.

Abb. 17

Der traditionelle Ansatz begünstig unreife Entscheidungen

- indem er Gläubigen die Möglichkeit gibt, unweise Entscheidungen mit dem Argument zu rechtfertigen, „Gott hat mir den Auftrag gegeben".
- indem er Verzögerungen, die auf Unsicherheit bezüglich des Willens Gottes zurückgehen, fördert.
- indem er Menschen beeinflusst, sich gegen ihre eigenen Vorlieben zu entscheiden, wenn sie vor scheinbar gleiche Optionen gestellt werden.
- indem er den Brauch des „Vlies-Auslegens" fördert, und damit die Entscheidungen dem Diktat der Umstände anheim stellt.

Eine vierte praktische Schwierigkeit ist das Problem der Subjektivität. Weil es sich dabei um die, wie ich meine, größte Schwierigkeit im traditionellen System handelt, soll sie in einem eigenen Kapitel behandelt werden.

Kapitel 8

Eindrücke sind Eindrücke

Einmal eröffnete ich eine Jugendveranstaltung mit folgender Feststellung: „Ich bringe euch heute Nachmittag eine Botschaft vom Schlossgeist." Alle hörten aufmerksam zu. „Der Schlossgeist ist ein schreckliches Gespenst, das in der Ruine am Stadtrand sein Unwesen treibt. Und so lautet seine Botschaft: Alle Einwohner der Stadt sollen an ihn glauben. Er will die ganze Stadt auffressen, wenn nicht am Ende des Jahres alle an ihn glauben. Wer an ihn glaubt, spürt ein Zittern in der Leber. Je stärker der Glaube, desto mehr wird er mit deinem inneren Wesen Kontakt aufnehmen, und desto stärker wird dein Glaube. Gibt es irgendwelche Fragen?"

Nach einigen Augenblicken unruhigen Schweigens meldete sich ein Schüler. „Ich wohne in der Nähe der alten Ruine. Wieso ist mir der Schlossgeist noch nie begegnet?"

„Das Gespenst ist nur für Gläubige sichtbar", antwortete ich.

Eine weitere Wortmeldung: „Sie haben also schon mit eigenen Augen den Geist *gesehen*?"

„Gewiss", gab ich zurück. „Natürlich nicht mit meinen physischen Augen, sondern mit den Augen meines Herzens."

„Mit den Augen ihres Herzens?"

„Richtig. Je näher ich dem Schlossgeist kam, desto heftiger erzitterte meine Leber und desto fester wurde meine Gewissheit."

Ein Junge schien verwirrt. „Einen Augenblick, bitte. Reden sie von den Augen ihres Herzens oder von den Augen ihrer Leber?"

Ein Mädchen wollte es ganz genau wissen. „Hat sonst noch jemand dieses Leberzittern verspürt?"

„Selbstverständlich. Jeder echte Gläubige kennt es."

„Woher wissen sie aber den Unterschied zwischen Leberzittern und einer Lebererkrankung?“ fuhr sie fort.

„Wer einmal das echte Leberzittern verspürt hat, der weiß auch den Unterschied“, erklärte ich. „Es kann kein Zweifel darüber bestehen. Die innere Botschaft ist so deutlich als spräche der Schlossgeist hörbar.“

Schließlich konnte ein Junge das Ganze nicht mehr länger ertragen. „Das ist ja alles Quatsch!“ rief er und erntete den Beifall der Menge.

„Sag mir“, antwortete ich, „wie unterscheidet sich dein Glaube an Gott von dem Glauben an den Schlossgeist?“

Es schloss sich eine engagierte Diskussion über die Grundlagen des christlichen Glaubens an. Und viele dieser jungen Menschen wurden sich der Tatsache bewusst, dass ihr Glaube nicht auf einem wackeligen, subjektiven Fundament beruhte, sondern auf dem festen Felsen der Tatsache, dass Gott in die menschliche Geschichte gekommen ist, und dass er uns verlässliche objektive Offenbarung gegeben hat.

Das Problem der Subjektivität

Das Problem der Subjektivität berührt besonders die religiöse Erfahrung. Menschen mit grundverschiedenen, manchmal sogar widersprechenden Bekenntnissen, bezeugen persönliche Erfahrungen, die auffällige Ähnlichkeiten miteinander aufweisen. Und dennoch unterscheiden sich die vorgeblichen Erfahrungsursachen je nach der religiösen Perspektive des einzelnen Berichterstatters. Hier bedarf es eines objektiven Maßstabs, an dem alle diese Behauptungen gemessen werden können. In Sachen Entscheidungen und Wille Gottes ist es aber m.E. gerade *das Fehlen einer solchen objektiven Erkenntnisquelle*, die die größte praktische Schwäche des traditionellen Ansatzes ausmacht.

In diesem Kapitel soll das Wort *„subjektiv“* in seiner Bedeutung als *„eine Meinung, die nicht anhand eines objektiven Maßstabs geprüft werden kann“* verwendet werden.

Gott hat uns zwei objektive Erkenntnisquellen gegeben: Sein Wort und die direkte, unmittelbare Offenbarung von ihm. Nun behauptet die traditionelle Anschauung allerdings nicht, dass Gottes individueller Wille aus einer dieser beiden Quellen hervorgeht. Die Bibel offenbart bloß den ethischen Willen Gottes, sein individueller Wille geht jedoch stärker ins Detail. Und eine direkte Offenbarung (d.h. eine besondere übernatürliche Mitteilung Gottes an einen Einzelnen) ist weder zu erwarten, noch zu suchen. Wenn also ein Anhänger der traditionellen Methode sagt: „Ich habe Gottes Willen in Bezug auf meinen künftigen beruflichen Werdegang erkannt", dann beruft er sich weder auf eine übernatürliche Offenbarung noch auf eine konkrete Aussage der Heiligen Schrift.

Wir werden feststellen, dass der traditionelle Ansatz sich fast ausschließlich bei der Entdeckung des individuellen Plans auf subjektive Elemente stützt. Und damit steht die Tradition vor einem ungeheuren Dilemma: Wie kann sie Gewissheit über den Willen Gottes erlangen, ohne dabei auf eine objektive Erkenntnisquelle zurückzugreifen?

Damit ist die vierte und letzte Frage die Pastor Becker stellte, unmittelbar angesprochen: „Wie kann ich hundertprozentige Gewissheit über Gottes individuellen Willen in einer bestimmten Entscheidung erlangen?" Die Antwort lautet: es ist unmöglich. Denn wenn die Quelle subjektiv ist, wird die aus ihr gewonnene Erkenntnis notwendigerweise subjektiv sein und damit unbestimmt.

Zurück zu den Quellen

Wir wollen uns noch einmal die Mittel vor Augen führen, die nach traditionellem Muster zur Erkenntnis des Willens Gottes führen. Die Schlüsselrolle kommt dem innewohnenden Geist der Wahrheit zu (Joh.16,13), der den Christen führt (Röm.8,14; Gal.5,18). Die Mittel, deren er sich dabei bedient, werden so bezeichnet: die leise Stimme, die innere Stimme, die Last des Herzens, das Geführtwerden, der innere Eindruck usw..

Innere Eindrücke sind nicht gleich übernatürlicher Offenbarung. Die von Hesekiel oder Paulus empfangene göttliche Offenbarung war um einiges konkreter und definitiver, als die „Führungen", die heute von Gläubigen empfangen werden. Mehr noch: Der traditionelle Ansatz legt dem Gläubigen nahe, die inneren Eindrücke anhand der anderen „Wegweiser" auf ihre Richtigkeit zu prüfen. Wohl deshalb, weil die inneren Eindrücke meist eher undeutlich ausfallen.

Diesem Mangel an Klarheit ist schon jeder begegnet, der sich der traditionellen Methode bedient hat. Und das Gefühl der Mehrdeutigkeit verflüchtigt sich auch dann nicht, wenn solche Impulse als „Getriebenwerden vom Heiligen Geist" bezeichnet werden. Denn die erste Frage, die der Suchende meist stellt, lautet: „Woher weiß ich, ob diese Gefühle von Gott sind oder woanders herrühren?"

Dies ist die entscheidende Frage. Denn die Eindrücke können auf mancherlei Ursachen und Quellen zurückgeführt werden: auf Gott, Satan, einen Engel, einen Dämon, auf menschliche Gefühle (z.B. Angst oder Begeisterung, auf Störungen im Hormonhaushalt, Schlaflosigkeit, Medikamente oder Magenbeschwerden). Sündige Eindrücke können dagegen durch ein vom Heiligen Geist sensibilisiertes Gewissen und durch das Wort Gottes entlarvt werden. Darüber hinaus aber begegnet man einem subjektiven Sumpf der Ungewissheit, denn in nicht-ethischen Fragen bietet die Heilige Schrift keine Anhaltspunkte anhand derer man die Stimme des Geistes von der Stimme des eigenen Ichs - oder irgendeiner anderen „Stimme“ - unterscheiden könnte. Und auch die Erfahrung liefert keine zuverlässige Orientierung (weshalb ja die Frage überhaupt gestellt wird). Und trotzdem verlangt der traditionelle Ansatz, dass die Quelle dieser Eindrücke bestimmt wird. Das führt in vielen Fällen zu Unentschlossenheit und Frustration.

Innere Eindrücke sind keine Form von Offenbarung. Deshalb räumt ihnen die Bibel auch keine besondere Autorität oder Funktion ein. Eindrücke sind durchaus echt, Gläubige erfahren sie immer wieder. Aber den Eindrücken fehlt *Autorität.* Denn Eindrücke sind eben nur Eindrücke. Ob man sie nun als „geistlich“ hinstellt oder gar dem Heiligen Geist zuschreibt, an ihrem Wesen ändert sich dadurch nichts: sie sind und bleiben Eindrücke. Wer ihnen einen anderen Namen gibt, verschleiert die Frage nur und verwirrt den Gläubigen in seinem Bemühen eine Entscheidung zu fällen.

Ein Zeichen, irgendein Zeichen

Ein Anhänger der traditionellen Auffassung mag darauf antworten: „Ich weiß, dass ich eine Führung nicht ausschließlich anhand innerer Eindrücke beweisen kann. Aber schließlich gibt es ja auch noch andere Zeichen, die mich auf den Willen Gottes aufmerksam machen.“

Das ist eine bemerkenswerte Aussage, bestätigt sie doch gerade das, was ich behauptet habe! Wenn nun die inneren Eindrücke, die ja angeblich den persönlichsten und unmittelbarsten Hinweis auf Gottes Willen darstellen, wirklich vom Heiligen Geist sind, warum bedarf es dann überhaupt noch einer Bestätigung durch andere Zeichen? Darf man nicht annehmen, dass Gottes Mitteilungen klar und eindeutig sind? Seine Stimme mag „leise“ und „unscheinbar“ sein, gewiss aber müsste sie doch unmissverständlich sein.

Aber selbst dann, wenn wir - der Diskussion wegen - einmal von der Gültigkeit mehrerer Zeichen ausgehen, sind die Probleme keineswegs gelöst. Denn die anderen Zeichen unterliegen demselben Grundproblem, wie die inneren Eindrücke.

Nehmen wir beispielsweise das Zeichen der „Umstände". Zeigen die Umstände unmissverständlich den Willen Gottes an? Gott *ist* zwar Herr der Umstände, doch will er uns etwas durch sie mitteilen?

Wir werden auf diese Frage noch in Kapitel 12 zu sprechen kommen. An dieser Stelle sei lediglich auf einige Probleme hingewiesen, denen sich die traditionelle Auffassung gegenüber sieht. Damit Umstände richtungsweisend sein können, müssen sie zuvor gedeutet werden. Doch stellen wir einmal mehr fest, dass die Heilige Schrift auch hier keine Richtlinie gibt. Wieder stehen wir vor dem Problem der Subjektivität.

Wann ist z.B. ein Umstand als „Ja-Zeichen" zu werten? Wie unterscheidet man eine „offene Tür" von einer Tür, die nur einen „Spalt breit" auf ist? Muss man durch jede offene Tür hindurchgehen? Ist jeder, der nicht hindurchgeht Gott ungehorsam? Ist andererseits wirklich jede sich bietende Gelegenheit ein Zeichen göttlicher Führung? Und wer hat die Tür geöffnet: Gott oder Satan oder sonst wer? Und umgekehrt: Wenn man auf dem Weg zu einem Ziel auf Widerstand stößt, ist dann die Behinderung als Hürde, verschlossene Tür oder Glaubensprobe zu werten? Umstände sind meist kompliziert und weisen in den seltensten Fällen eindeutig in eine einzige Richtung. Und der Tradition ist es bislang noch nicht gelungen, objektive Maßstäbe für ihre Deutung bereitzustellen. Das Ergebnis? Ungewissheit.

Subjektivität und Mehrdeutigkeit zeichnen jedes der sogenannten Wegweiser oder Zeichen aus. Im traditionellen System fällt den *Seelsorgern* eine wichtige Rolle zu. Doch wird der Wert solcher Beratung zugleich mit dem Hinweis relativiert, Menschen können sich irren. Auch der *gesunde Menschenverstand* wird bemüht. Allerdings soll man zugleich für Führungen offen bleiben, die auf den ersten Blick vielleicht unlogisch erscheinen. Was wäre schließlich aus Noah, Josua, Gideon oder dem Feldhauptmann Naemann geworden, wenn sie dem Diktat ihrer Vernunft gefolgt wären? Ist der traditionelle Ansatz nun für oder gegen die Vernunft? Nun, sowohl als auch.

Die Ungewissheit verdichtet sich

An dieser Stelle mag jemand einwenden: „Gewiss, die einzelnen Wegweiser für sich sind subjektiv, doch ergibt das Zusammenspiel, die *Übereinstimmung* der Zeichen objektive Führung."

Tatsächlich? Was wenn ein Gläubiger, dessen Blick durch Eifer oder Sünde getrübt ist, mehrere Zeichen fälschlich als ein „Ja" deutet? Ist dann die „Übereinstimmung der Zeichen immer noch als positiver Hinweis auf Gottes Führung zu werten? Wohl kaum.

Und wie oft kommt es schon vor, dass alle Zeichen wirklich übereinstimmen? Wenn man „ziemlich sicher" ist, dass die inneren Eindrücke grünes Licht geben, dann kann auch die Kombination von „ziemlich" und „annähernd" nie „ganz" ergeben. Ein Zusammenrechnen *mindert* eher den Grad der Gewissheit.

Wie viele Zeichen müssen übereinstimmen? Hervorgehoben werden meistens die „drei Großen": das Wort Gottes, die Umstände und die innere Stimme. Ob aber nun drei Zeichen oder 23 Zeichen in Einklang zu bringen sind, an dem Problem ändert sich nichts: wenn die Teilmengen unsicher bleiben, bleibt auch die Summe der Teilmengen unsicher. Indem man nämlich zusätzliche Zeichen in die Gleichung bringt, multipliziert sich der subjektive Faktor und damit auch die Unsicherheit.

Von allen Zeichen bietet nur ein einziges die gewünschte Objektivität, nämlich die Bibel. Sie kann eine Alternative, die den von ihr gesetzten ethischen Normen nicht entspricht, disqualifizieren. In nicht-ethischen Bereichen allerdings vermag sie keine positive Zeichen zu setzen. Sie kann z.B. in den Fragen Ehe, Beruf oder Ausbildung kein „Ja" geben. Sie kann nur sagen was erlaubt und was verboten ist. Das traditionelle Modell muss daher andere Zeichen bemühen, und nimmt damit dem, der vor der Entscheidung steht, die Gewissheit, die nur eine objektive Erkenntnisquelle gewährleisten kann.

Die Zeichen auf dem Prüfstand

So kann zwar das traditionelle Führungsmodell auf verschiedene Zeichen verweisen, die den Willen Gottes anzeigen. Doch stellt sich für den Leser der „Wegweiser" sehr bald heraus, dass er eine ganze Reihe von Fragen über die *Wegweiser selbst* beantworten muss, ehe er darangehen kann, sie für seine Zwecke zu befragen. Und so sehen diese Fragen aus:

1. Empfinde ich einen inneren Drang, der mich vielleicht auf den Willen Gottes aufmerksam macht?
2. Woher kommt dieser Eindruck?
3. Was sagen diese Eindrücke aus?
4. Sind weitere Zeichen vorhanden, die meinen inneren Eindruck bestätigen oder korrigieren?
5. Was sagen die anderen Zeichen?
6. Hat die Botschaft, die ich „empfange" Autorität?

Die letzte Frage führt zum Kern des Problems? Wenn Gott einen Menschen etwas tun heißt, ist dann der betreffende zum Gehorsam verpflichtet? Ganz gewiss. Jede Aufforderung Gottes ist für ihren Empfänger verbindlich. Und Ungehorsam ist Sünde. Wenn Gott nun einem Einzelnen seinen Willen offenbart, dann steht dieser nur noch vor der Entscheidung: gehorchen oder nicht gehorchen?

Und gerade diese logische Schlussfolgerung macht den traditionellen Ansatz für viele zu einer schmerzlichen Erfahrung. Denn wie soll man Gott gehorchen, wenn man darüber im Unklaren ist, was er von einem will (vgl. Röm.14,23)?

Viele Köche verderben den Brei

Die Unsicherheit verdichtet sich nicht nur durch das Hinzufügen von weiteren Zeichen, sondern auch durch das Hinzukommen von weiteren Menschen. Viele Entscheidungen, die von einer Gemeinde oder einer Synode oder einem Ältestenrat getroffen werden, sind Mehrheitsentscheidungen. Wenn zwei, zehn oder zweihundert Menschen alle die gleiche innere Führung erfahren haben sollen, wird die Sache äußerst schwierig. Soll eine Gemeinde nur noch einstimmige Entscheidungen respektieren? Die Arbeit käme zum Stillstand. Deshalb haben sich die meisten Gemeinden in untergeordneten Entscheidungen auf Mehrheits- oder Zweidrittelmehrheitsentscheidungen geeinigt. Damit ist aber dem traditionellen Modell nicht Genüge geleistet, besagt doch eine bloß mehrheitliche Entscheidung, dass eine Fraktion innerhalb der abstimmenden Körperschaft irgendwie den Willen Gottes versäumt hat.

Dieser Tatbestand löst bei manchen Christen heftige Spannungen aus. Ich nahm einmal an einer Gemeindeversammlung teil. Die Gemeinde (der ich nicht angehörte) stand vor einer schwierigen Entscheidung, und die Mitglieder hatten sich die Alternativen reiflich und unter viel Gebet überlegt. Allein, man fand keinen Konsens: aufrichtige Christen bezogen auf beiden Seiten Stellung.

Im Verlauf der Versammlung stand eine Dame auf und sagte: „Wir können jetzt nicht abstimmen." Als man sie nach einer Begründung fragte, antwortete sie: „Ich habe mich mit einigen anderen Anwesenden beraten, die ernstlich nach dem Willen Gottes fragen. Offenbar hat der Heilige Geist einigen von uns ins Herz gegeben, mit ‚ja' zu stimmen, während er anderen ins Herz gegeben hat mit ‚nein' zu stimmen. Wie können wir zu einem Ergebnis kommen, wenn der Heilige Geist uns zweierlei sagt?"

Die Dame sehnte sich nach Einmütigkeit in der Gemeinde. Was sie dabei frustrierte war die Notwendigkeit, Gottes Entscheidung in der betreffenden Angelegenheit erkennen zu müssen.

Abb. 18

Praktische Schwierigkeiten bei der Anwendung des traditionellen Modells

1. Gewöhnliche Entscheidungen: „Nebensächlichkeiten" können mit dem traditionellen Ansatz nicht gelöst werden.

2. Gleichwertige Alternativen: Die Behauptung, es gäbe nur eine **„richtige" Entscheidung löst Angst aus statt Dankbarkeit für mehrere akzeptable** Möglichkeiten.

3. Unreife: In einigen Fällen begünstigt der traditionelle Ansatz unreifes Verhalten in Entscheidungssituationen.

4. Subjektivität: Ohne eine objektive Erkenntnisquelle unterliegt die Erkenntnis des Willens Gottes stets der Subjektivität und damit auch der Ungewissheit.

Die Leitung des Heiligen Geistes

An dieser Stelle erhebt sich der schwerwiegendste Einwand von Seiten der traditionellen Anschauung: „Lehrt nicht die Bibel, dass der Heilige Geist die Gläubigen führt?"

Die Antwort lautet: selbstverständlich! Es geht allerdings nicht darum *ob* Gott führt, sondern *wie* Gott führt. Im folgenden geht es daher um die entscheidenden Bibelstellen, in denen vom Führen des Heiligen Geistes die Rede ist.

Römer 8,14
„Denn alle, die sich vom Geist Gottes leiten lassen, sind Söhne Gottes."(EÜ)

Das Wort „leiten" klingt in der Tat wie „Führung" und der Leitende ist der Heilige Geist. Doch widerspricht der Textzusammenhang dieser Auslegung.

Zunächst drei Beobachtungen: Erstens geht es im Zusammenhang nicht um tagtägliche nicht-ethische Entscheidungen. Zweitens geht weder aus dem Vers noch aus dem Kontext hervor, dass das *Mittel* der Leitung aus inneren „Eindrücken" besteht. Und drittens fehlt jeder Hinweis auf den individuellen Willen Gottes als anzustrebendes *Ziel*. Kein einziges Kennzeichen des traditionellen Ansatzes lässt sich in Römer 8,14, bzw. in seinem Zusammenhang nachweisen. Das Wort „leiten" ist ein häufiger, nicht eng umgrenzter Begriff, an dem weder Ziel noch Mittel der Führung ablesbar sind.[1]

Dem Apostel Paulus geht es in diesem Abschnitt um ein rechtschaffendes Leben.[2] Die Antwort auf die in Römer 7,7-25 aufgeworfenen Fragen (hinsichtlich der Versklavung der Sünde) werden in Kapitel 8,1-17 gegeben. Vergleichbar ist das, worum es hier geht, aber kaum mit der Wahl zwischen zwei Wohnorten oder zwei verschiedenen Anzügen. Hier geht es um Grundsätzliches, um den Gegensatz zwischen einem Leben nach dem Geist und einem Leben nach dem Fleisch. Paulus spricht von einem Leben im Einklang mit dem *ethischen* Willen Gottes.[3]

Die Leitung, von der hier die Rede ist, ist ein Geführtwerden in den ethischen Willen Gottes, in ein Leben, das Gott wohlgefällig ist. Gehorsam gegenüber diesem Willen lässt sich ohne die verändernde Kraft des innewohnenden Heiligen Geistes nicht denken (Röm.8,6.13). Betont werden hier nicht die Mittel, sondern das Ziel der Geistesleitung: der ethische Wille Gottes (Röm.7,12.14.22; 8,3-4).

Römer 8,14 darf nicht losgelöst aus seinem Textzusammenhang gedeutet werden.[4] Aber auch eine Auslegung des Verses, die nicht auf den Textzusammenhang Rücksicht nimmt, könnte wohl kaum zu einem anderen Ergebnis kommen, dass innere Eindrücke den individuellen Willen Gottes anzeigen: Kinder Gottes sind solche, die vom Heiligen Geist geführt werden, den ethischen Willen Gottes zu tun, indem sie die Werke des Fleisches abtöten.

Galater 5,18
„Regiert euch aber der Geist, so seid ihr nicht unter dem Gesetz."

Auch dieser Vers, der Römer 8,14 ähnelt, wird oft als Beleg für das traditionelle Modell bemüht, und dies obwohl der Kontext von Galater 5 noch eindeutiger eine solche Auslegung ausschließt.

Neben einer Untersuchung dieser Verse in ihrem unmittelbaren Zusammenhang tut man gut daran, das gesamte Rahmenwerk biblischer Offenbarung zu berücksichtigen. Entsprechend kommen wir zu folgendem Ergebnis: Die Heilige Schrift lehrt in der Tat, dass Gott bei besonderen Anlässen bestimmte Menschen auf übernatürliche Weise führte. Zweitens sagt uns die Schrift, dass der Heilige Geist im persönlichen Leben des Gläubigen aktiv ist und diesen in seinen ethischen Willen einführt. Die Bibel lehrt jedoch keine Vermischung beider Tatsachen: der Heilige Geist bedient sich nicht einer inneren „Stimme des Herzens", um dem Gläubigen Entscheidungen abzunehmen. Es ist falsch, den „Mazedonischen Ruf" in die paulinische Lehre von der Geistesleitung hineinzulesen. Und dennoch geschieht dies immer wieder. Die dadurch entstandene verzerrte Perspektive gilt es zu korrigieren.

Johannes 16,12-14
„Ich habe euch noch viel zu sagen; aber ihr könnt es jetzt nicht ertragen. Wenn aber jener, der Geist der Wahrheit, kommen wird, wird er euch in alle Wahrheit leiten. Denn er wird nicht aus sich selber reden; sondern was er hören wird, das wird er reden, und was zukünftig ist, wird er euch verkündigen. Er wird mich verherrlichen; denn von dem Meinen wird er's nehmen und euch verkündigen."

Auf Grund der von Christus verheißenen Geistesleitung hat man verschiedentlich diese Verse zugunsten des traditionellen Ansatzes herangezogen. Man könnte den Ausdruck „alle Wahrheit“ so verstehen, als seien damit auch nicht-ethische Entscheidungen gemeint, die mit einem individuellen Plan Gottes verbunden sind.

Einmal mehr verbietet der Textzusammenhang eine Deutung nach diesem Strickmuster. Der Ausdruck „alle Wahrheit“ kann sich ausschließlich auf geistliche Wahrheit beziehen, wie etwa die Lehre von Christus (vgl. Joh.14-16).[5] Dies setzen die Verse 12 und 14 voraus. Jesus verheißt demnach Leitung in geistlicher Erkenntnis.

Zweitens deutet dieser Abschnitt mit keinem Wort an, dass diese Leitung mittels innerer Eindrücke geschehen werde.

Drittens bezieht sich das „ihr“, denen die Verheißung gilt, auf die Apostel. Vielleicht galt die Verheißung einer künftigen Offenbarung, die in den noch folgenden Schriften des Neuen Testaments niedergeschrieben werden sollte.[6] Denkbar ist aber auch, dass Jesus diesen Männern Erkenntnis versprach, was die Notwendigkeit und Bedeutung seines bevorstehenden Todes und Auferstehung betraf.[7]

Wenn dieser Abschnitt einen unmittelbaren Bezug zu heute hat, dann nur im Sinne einer Erleuchtung, wie sie in 1. Johannes 2,20 und 27 beschrieben wird. Dann bezöge sich die Verheißung auf die Befähigung, geistliche Wahrheiten zu erkennen und zu begreifen.

Diese Erklärungen stimmen mit dem Zusammenhang und der neutestamentlichen Lehre vom Heiligen Geist überein. Der Heilige Geist hat tatsächlich durch die Apostel der Gemeinde Wahrheit geoffenbart, und er hat in den Gläubigen Wohnung genommen, um ihnen diese Wahrheit nahezubringen. Damit ist natürlich die Leitung des Heiligen Geistes in Bezug auf den ethischen Willen Gottes umrissen, sei es nun durch Offenbarung oder Erleuchtung, jedenfalls aber nicht durch innere Führung in nicht-ethischen Anliegen.

Der Friede Christi

Für viele Anhänger der traditionellen Auffassung gibt es einen letzten entscheidenden Faktor, der entweder Gottes Zustimmung oder Missbilligung signalisiert: der Friede Gottes. Da der Friede eine Frucht des Geistes ist (Gal.5,22), glaubt man ein Mittel gefunden zu haben, um den Willen Gottes zu erkennen. Mit den Worten von Pastor Becker ist das inwendige Zeugnis des Heiligen Geistes „jener Dienst des Geistes, mittels dessen er den Gläubigen durch persönliche Eindrücke und durch *inneren Frieden im Herzen* führt und ihm den individuellen Willen Gottes offenbart."

Man beruft sich auf Kolosser 3,15: *„Und der Friede Christi ... regiere in euren Herzen ..."* Dieser Friede, so wird erklärt, funktioniere wie ein Schiedsrichter, der jede Frage entscheide.[8] So lange sich der Gläubige im Mittelpunkt von Gottes Willen aufhält, erfährt er eine innere Herzensruhe, „die höher ist als alle Vernunft" (Phil.4,7). Durch diesen Frieden gibt der Schiedsrichter seine Zustimmung. So bald sich jedoch der Christ in eine falsche Richtung fortbewegt, wird er unruhig und von innerer Angst gepackt - ein Zeichen dafür, dass er sich „im Abseits" befindet.

Die Logik dieser Erklärung leuchtet zunächst ein und passt nahtlos in das Gesamtbild des traditionellen Führungsmodells. Leider aber fügt es sich nicht nahtlos in den Kontext, in dem der Vers steht, und ich kann mir gut vorstellen, dass der Apostel Paulus über diese Anwendung seiner Aussage überrascht wäre. Denn ihm ging es hier nicht um Gottes Entscheidungshilfe, sondern um einen der Stellung des Gläubigen in Christus entsprechenden Lebensstil.

Die Aussage „der Friede Christi regiere in euren Herzen" ist Teil eines Abschnitts (Kol.3,12-17). Der Absatz beginnt mit einer an Gläubige gerichtete Mahnung, bestimmte Tugenden „anzuziehen": herzliches Erbarmen, Freundlichkeit, Demut, Sanftmut, Geduld, Vergebung und, vor allem Liebe, „die da ist das Band der Vollkommenheit" (3,14). Diese Tugenden sollen die abgelegten Untugenden wie Unzucht, Unreinigkeit, Habsucht, Zorn, Grimm, Lästerung u.ä. ersetzen (3,5-11). Diese Untugenden des „alten Menschen" führen zu schrecklichen Spaltungen und Auseinandersetzungen in der Welt. Dagegen sollen sich Christen durch Einigkeit auszeichnen, durch eine Einigkeit, die in dem Maße zunimmt, wie Christen die Kleider der Liebe anlegen (3,12-14), sich dem Frieden von Christus ergeben (3,15), das Wort von Christus miteinander teilen (3,16) und alles mit Dankbarkeit im Namen des Herrn Jesus tun (3,17).

„Friede Christi" meint nicht einen inneren Frieden der Seele, sondern einen Frieden untereinander, wie auch aus dem Kontext ersichtlich wird.[9] Friede kann definiert werden als die *Abwesenheit von Angst in einer Person* (vgl. Phil.4,6-7) oder als die *Abwesenheit von Feindselig-*

keiten zwischen Personen. In Kolosser 3,15 ist eindeutig letzteres gemeint.

Unruhestifter

Es kommt ein zweites praktisches Problem hinzu, das sich wie ein monotoner Kehrreim durch dieses Kapitel zieht: Das Gefühl des Friedens ist subjektiv.

Wenn einem Gläubigen im Verlauf einer Entscheidung „der Friede fehlt", muss er sich fragen, woher seine Ängstlichkeit rührt. Muss er dies immer als Geistesleitung deuten, oder gibt es womöglich auch noch andere Faktoren?

Nach kurzer Überlegung fallen uns einige Unruhestifter ein. Zum Beispiel das Gewissen. Übertritt der Christ ein Gebot Gottes, dann wird sich sein vom Heiligen Geist sensibilisiertes Gewissen in Form von Schuldgefühlen regen. Dieser Unruhestifter ist ein Alarmsystem, das den Gläubigen auf den rechten Weg zurückruft (vgl. Eph.4,25-32). In solchen Fällen geht es selbstverständlich um Gottes ethischen Willen.

Woran mag es aber liegen, wenn auch in nicht-ethischen Fragen der Friede im entscheidenden Augenblick fehlt? Auch hier gibt es eine ganze Reihe von möglichen Ursachen: Schlaflosigkeit, Krankheit, die Sorge um einen nahestehenden Menschen, beruflicher Stress, nagende Zweifel, Schüchternheit, die Angst vor Risiko und Enttäuschungen oder neuen Erfahrungen und so weiter.

Bräutigam, ade!

Als mein Freund vor einigen Jahren heiratete, bat er mich, auf der Hochzeit zu fotografieren. Ein besonders guter Schnappschuss gelang mir, als ich ihn, kurz vor der Trauung, alleine in einem Zimmer antraf. Er saß in einer Ecke, kaute an seinen Fingernägeln und gab sich die Miene eines soeben zu „Lebenslänglich" Verurteilten. Ich gebe zu, das Portrait war etwas gestellt. Aber stellen wir uns vor, er hätte zu mir gesagt: „Garry, ich habe lange über die Heirat mit Chris gebetet. Aber augenblicklich fühle ich mich innerlich so unruhig, als wollte mir der Herr sagen, die Hochzeit kurzfristig abzublasen." Was hätte ich in dem Fall tun sollen? Umgehend den Pastor benachrichtigen? Sind Freunde nicht dazu da?

Natürlich ist es nicht so gekommen, und die Hochzeit habe ich auch nicht abgeblasen. Wollte man alle Hochzeiten wegen nervöser

Bräutigame absagen, so kämen vermutlich kaum noch Ehen zustande. Solche „Unruhe“ ist das natürlichste, wenn man vor einem entscheidenden Schritt im Leben steht.

Manchmal ist ein Mangel an Friede auf Unreife zurückzuführen. Entscheidungen fordern Verantwortung. Ein unreifer Mensch mag sich vor neuer Verantwortung scheuen, und das kann sogar zu einer gewissen Entscheidungsscheu führen. Die dadurch verursachte Unruhe ist kein vom Heiligen Geist gewirktes „Nein“ zu einer Entscheidung. Innere Ängstlichkeit kann ein Indiz für mangelnde seelische Reife sein. Sie ist jedoch kein Fingerzeig Gottes.

Der Christ, dem es nicht gelingt, Gottes individuellen Willen für sein Leben auszumachen, wird bei dem Versuch einer Entscheidung zunehmend besorgt. In dem Glauben, die einzig „richtige“ Wahl treffen zu müssen, wird er sich um hundertprozentige Gewissheit über Gottes Führung bemühen. Verflüchtigen sich die Zweifel nicht - und das ist oft der Fall -, erreicht die Unruhe einen gefährlichen Pegel. Doch ist dieser Mangel an Frieden nicht auf ein Ausbleiben göttlicher Führung, sondern auf eine falsche Theologie zurückzuführen. Und je aufrichtiger und gewissenhafter der Betreffende ist, desto intensiver die von ihm empfundene Frustration.

Kurzum: Unruhe des Herzens kann viele mögliche Ursachen haben. Auch hier gibt uns die Heilige Schrift keine objektiven Kriterien an die Hand, beruhigende Impulse des Heiligen Geistes von anderen Quellen zu unterscheiden. Auch ist keine Abhilfe damit geschaffen, dass man den Frieden Gottes „höher als alle Vernunft“ einstuft (Phil.4,7). Denn es geht schließlich nicht darum den Frieden Gottes zu erforschen, sondern um zu erklären, warum er ausbleibt.

Zusammenfassend stellen wir fest: Das Problem der traditionellen Anschauung besteht nicht darin, dass sie die Wirklichkeit inwendiger Eindrücke anerkennt, sondern darin, dass sie sich von diesen abhängig macht. Da es unmöglich ist, sowohl ihre Ursache als auch ihre Deutung mit annähernder Bestimmtheit zu definieren, kann ihnen auch keine objektive Führung entnommen werden. Gottes Wort spricht keinen subjektiven Erkenntnisquellen göttliche Autorität zu.

Abb.19

Das traditionelle Entscheidungs-Modell	
Voraussetzung:	Für jede von uns zu treffende Entscheidung hat Gott einen idealen Plan oder Willen.
Ziel:	Jeder Gläubige soll Gottes individuellen Willen erkennen (den „Punkt" im Zentrum finden) und seine Entscheidungen im Einklang mit dieser Erkenntnis fällen.
Vorgehen:	Der Gläubige deutet die inneren Eindrücke und äußeren Zeichen durch die der Heilige Geist seine Führung deutlich macht.
Beweis:	Die Bestätigung dafür, dass man den individuellen Willen Gottes richtig erkannt hat, ergibt sich aus dem inneren Frieden und dem äußeren Erfolg (den Ergebnissen) der Entscheidung.

Worum ging es im bisher Gesagten? Das Hauptanliegen war dies: Gott verfügt über keinen idealen, detaillierten, auf jeden einzelnen Gläubigen zugeschnittenen Lebensplan, den es als Vorraussetzung für richtige Entscheidungen auszumachen gilt. Die These von einem „individuellen Willen Gottes" lässt sich weder durch Vernunft, Erfahrung, biblisches Beispiel noch durch biblische Lehre erhärten (vgl. Kap. 5 und 6). Infolge dessen muss jeder Versuch, einen „Punkt" im Zentrum dieses Willens zu finden, zwangsläufig scheitern und zu Frustration führen.

Dennoch hat uns Gott nicht alleingelassen. Gottes Vorkehrungen sind vielgestaltig und äußerst praktisch. So soll es nun im Folgenden darum gehen, eine Theologie der Führung zu entfalten.

Anmerkungen:

1. Bauer, W., Griechisch-Deutsches Wörterbuch zu den Schriften des NT und der übrigen urchristlichen Literatur, 5. Aufl., Berlin 1963, s.v. „ágô"
2. Stott, J., Man made new, Downers Grove 1966, S. 93

3. Thomas, G., St. Pauls Epistle to the Romans: A Devotional Commentary, Grand Rapids 1946, S. 215; Murray, J., The Epistle of the Romans, in: The New Internation Commentary on the New Testament, Grand Rapids 1959, 1:293-95

4. In dem Kontext befindet sich ein Vers, der angeblich von subjektiven Eindrücken spricht, die unmittelbar dem Herzen des Menschen eingegeben werden. In Römer 8,16 heißt es: „So bezeugt der Geist selber unserem Geist, dass wir Kinder Gottes sind.“ Doch geht es hier nicht um alltägliche Entscheidungen. Der Ausdruck „selber unserem Geist“ (EÜ) bezieht sich auf 8,15. Dort wird der Geist des Gläubigen als ein Geist der Adoption beschrieben, der „Abba, lieber Vater!“ ruft. Zu diesem Zeugnis des erneuerten menschlichen Geistes stellt sich das Zeugnis des Heiligen Geistes. Der Geist bezeugt dem Gläubigen, dass er ein Kind Gottes ist. Murray sagt dazu: „Insbesondere manifestiert sich dies in der Versiegelung der Verheißung im Herzen des Gläubigen, die ihm als Erbe Gottes und Miterbe Christi zustehen, und in der Zusicherung der großen Liebe des Vaters, der ihn Kind Gottes heißt (vgl. 1.Joh.3,1).“ Dieses Zeugnis des Heiligen Geistes deckt sich vollständig mit der objektiven Offenbarung des Wortes Gottes. Vgl. Murray, Römer, 1:297-98

5. Morris, L., The Gospel According to John, in: The New International Commentary on the New Testament, Grand Rapids 1971, S. 700, Anm.30

6. Tenney, M., John: The Gospel of Belief, Grand Rapids 1948, S. 238-39

7. Ryrie, C., The Ryrie Study Bible, Chicago 1979, S. 1632

8. Das Bild des Schiedsrichters leitet sich her von der Tatsache, dass *brabeuo* die Tätigkeit des Schiedsrichters bezeichnet, der die Sportfeste „regierte“. Die traditionelle Sicht gibt sich jedoch nicht mit der Bedeutung „Aufsicht führen“ zufrieden. Sie geht davon aus, dass „konkrete Entscheidungen treffen“ als Bedeutungsnuance in der Vokabel mit enthalten sei. Doch legt der Kontext von Kolosser 3,15 nahe, dass das Verb im allgemeinen Sinn von „herrschen“, „Aufsicht führen“ zu verstehen ist.

9. Abbott, T., A Critical and Exegetical Commentary on the Epistels to the Ephesians and to the Colossians, in: The International Critical Commentary, Edingburgh 1897, S.289

Dritter Teil

Der Weg der Weisheit

Kapitel 9

Dein Wort ist Wahrheit

Was die Heilige Schrift über den Willen Gottes sagt, lässt sich folgendermaßen zusammenfassen:

1. Gottes Gebote (sein ethischer Wille) sind zu befolgen.
2. Dort wo die Bibel keine Gebote oder Richtlinien aufstellt (nicht-ethische Entscheidungen), ist der Christ frei und hat verantwortlich seine eigene Entscheidung zu treffen. Jede Entscheidung, die im Rahmen des ethischen Willens gefasst wird, ist für Gott akzeptabel.
3. In nicht-ethischen Fragen bemüht sich der Christ um weise Entscheidungen auf der Grundlage geistlicher Zweckmäßigkeit.
4. In und vor allen Entscheidungen beugt sich der Christ demütig dem souveränen Willen Gottes.

In diesen vier Punkten ist der „Weg der Weisheit" zusammengefasst. Um diesen soll es in den nun folgenden Kapiteln gehen.

Die Freuden eines Bücherwurms

Der ethische Wille Gottes ist der vollkommene und vollständige Führer in Glaube und Leben eines Christen. Die meisten christlichen Bücher befassen sich mit dem ethischen Willen Gottes. Kommentare zur Bibel legen Gottes ethischen Willen im Textzusammenhang aus. Theologische und dogmatische Werke gliedern den ethischen Willen Gottes nach verschienenen Themen. Bücher über Ethik bemühen sich um seine rechte Anwendung auf die mitunter komplizierten Fragen des Lebens. Und schließlich wollen uns erbauliche Bücher ermutigen, den ethischen Willen Gottes im Alltag zu befolgen.

Vom Wesen des ethischen Willens Gottes

Gottes ethischer Wille ist *der Ausdruck seines Wesens, wie er sich in unserem Verhalten niederschlagen soll.* Treffender lässt sich die göttliche Erwartung wohl kaum formulieren, als in der Aufforderung, die Petrus aus dem Alten Testament zitiert: *»Ihr sollt heilig sein, denn ich bin heilig.«* (1.Petr 1,16; 3.Mo.19,2) Wie hat man nun sein Leben zu gestalten, dass es „heilig ist" in unserem „ganzen Wandel" (1.Petr.1,15)? Indem man den ethischen Willen Gottes befolgt, der, wie Gott selbst, „heilig, gerecht und gut" ist (Röm.7,12). Anders gesagt: Gottes Kinder sollen die „Familieneigenschaften" aufweisen, indem sie den Willen ihres Vaters befolgen (Eph.5,1; 1.Joh.5,3).

Der Zweck heilig wie die Mittel

Diese Allgemeinheiten lassen sich am besten durch konkrete Dinge verdeutlichen. Deshalb werden wir uns näher mit der uns in der Heiligen Schrift gegebenen Führung Gottes zu befassen haben, insbesondere im Blick auf unsere Ziele, Gesinnung und auf die uns zur Verfügung stehenden Mittel zur Erreichung der Ziele.

Ziele sind ihrem Wesen entsprechend allgemeiner als Richtlinien. In der Heiligen Schrift spiegeln die vorrangigen Ziele des Christen die Absichten wieder, die Gott mit seinen Kindern in diesem Leben verfolgt.

Ein Beispiel göttlicher Zielsetzung findet sich in 1.Petr 4,10-11:

„Und dient einander, ein jeder mit der Gabe, die er empfangen hat, als die guten Haushalter der mancherlei Gnade Gottes: wenn jemand predigt, dass er's rede als Gottes Wort; wenn jemand dient, dass er's tue aus der Kraft, die Gott gewährt, damit in allen Dingen Gott gepriesen werde durch Jesus Christus. Sein ist die Ehre und Gewalt von Ewigkeit zu Ewigkeit! Amen."

In diesen Versen wird das höchste Ziel eines Christen beschrieben: die Verherrlichung Gottes in allen Dingen (1.Kor.10,31; vgl. 2.Kor.5,9; Kol.1,10). Auf dem Weg zu diesem Ziel werden Zwischenetappen eingelegt. Dazu gehören u.a. der Dienst an anderen („dient einander"; vgl. 1.Kor.10,24; Röm.14,19) und die Wahrnehmung von Gott gegebener Verantwortung („als die guten Haushalter"; vgl. Eph.5,22-6,9; Gal.6,9-10).

Andere Aufgaben sind die Evangelisation verlorener Menschen (1.Kor.10,31-33; 2.Petr.3,9) und das Wirken geistlicher Frucht und guter Werke (Joh.15,8; 1.Kor.6,12; Eph.2,10; Kol.1,10).

Aus diesen Anweisungen wird Gottes ethischer Wille für unser Leben deutlich. Sofern sich der Christ diese Aufgaben als persönliche Ziele zueigen macht, ist ihm eine konkrete Führung an die Hand gegeben, die sich auch in Situationen bewährt, die von der Heiligen Schrift nicht konkret angesprochen werden. Wenn es darum geht, z.B. eine sich bietende Gelegenheit richtig einzuschätzen, kann folgende Frage weiterhelfen: Wird sich mein Vorgehen fördernd oder hindernd auf meine Ziele auswirken? In ähnlicher Weise sollte die Wahl zwischen zwei oder mehreren Optionen zu der Frage führen: Welche Entscheidung bringt mich am schnellsten an mein Ziel?

Gottes ethischer Wille gibt uns aber auch im Bereich unserer Gesinnung Richtung. Die Zahl der biblischen Ermahnungen zu gottesfürchtiger Geisteshaltung ist fast unüberschaubar. Die nachstehende Übersicht möchte als „Denkanstoß“ für weiteres persönliches Studium dienen.

Abb.20

Gottes Wille für unsere Gesinnung

ist ...	*ist nicht ...*	*Schlüsselverse*
Liebe	Lüsternheit	Mk.12,28-31; Röm.14,13-19, 1.Kor.13,1-3
Abhängigkeit	Unabhängigkeit	Spr.3,5-6; Gal.5,16
Demut	Stolz	Jak.4,6; Phil.2,5-8
Dankbarkeit	Anmaßung	Kol.3,17
Reines Gewissen	Schuld	Röm.14,22-23
Lauterkeit	Verantwortungslosigkeit	Kol.3,17.22
Fleiß	Faulheit	Kol.3,23
Eifer	Zwang	1.Petr.5,2
Großzügigkeit	Egoismus	1.Tim.6,17-19
Unterordnung	Eigensinn	1.Petr.5,5-6
Mut	Feigheit	Joh.16,33; Mt.10,26-28
Zufriedenheit	Habgier	Hebr.13,5; Phil.4,11

Ein dritter, von Gottes ethischen Willen regierter Bereich sind die *Mittel*, welche Christen zur Verwirklichung ihrer Ziele einsetzen. Beim Fragen nach dem Willen Gottes geht es doch meist um die Mittel zum Zweck, denn nur wenige unserer Handlungen geschehen um ihrer selbst willen. Meist sind sie Teil eines Gesamtkonzeptes oder Bestandteil unserer Pläne.

Der ethische Wille Gottes lässt sich - was die Angemessenheit der Mittel angeht - in folgenden zwei Punkten zusammenfassen: Erstens müssen die von uns verwendeten Mittel biblisch *legitim* sein, sie dürfen sich nicht im Widerspruch zum ethischen Willen Gottes befinden (vgl. Eph.5,1-14). Zweitens sollen die von uns gewählten Mittel *weise* sein, d.h. dass ein Gläubiger keine Entscheidung treffen soll, von der er weiß, dass sie töricht wäre (Eph.5,15-17; vgl. Lk.14,28-32). Die oben genanten Richtlinien werden in den folgenden Kapiteln noch gründlicher ausgeführt werden.

Der ethische Wille Gottes ist *in der Bibel umfassend offenbart worden*; er ist die höchste Autorität in allen Fragen des Glaubens und Lebens (2.Tim.3,16-17; Hebr.1,1-2). Sowohl Jesus Christus (Mt.4,4-10; 5,18; 22,29) als auch seine Apostel (2.Petr.1,19-21) wussten sich dem ethischen Willen Gottes verpflichtet.

Weil die Bibel Gottes Wesenszüge trägt, weil sie alle Bereiche des Lebens anspricht und weil sie die vollständige Offenbarung Gottes in Glauben und Leben darstellt, kann sie *den Christen geschickt machen zu allen guten Werken*:

„Alle Schrift ist von Gott eingegeben und nütze zur Lehre, zur Überführung, zur Zurechtweisung, zur Unterweisung in der Gerechtigkeit, auf dass der Mensch Gottes vollkommen sei, zu jedem guten Werke völlig geschickt.“ (2.Tim.3,16-17)

Im Gegensatz dazu besitzen menschliche Traditionen diese Autorität nicht. Diese lenken nicht selten von Gottes ethischem Willen ab, indem sie Zuwiderhandlungen geradezu herausfordern. (Mt.15,1-6; Kol.2,8.16-23).

Abb. 21

Gottes ethischer Wille ...

- ist der im Verhalten sichtbare Ausdruck seines Charakters.
- berührt alle Lebensbereiche: Ziele, Gesinnung und Mittel (warum, wie und was).
- ist nur in der Heiligen Schrift vollständig offenbart.
- kann den Gläubigen zu jedem guten Werk ausrüsten.

Die wichtigsten Entscheidungen

Es entspricht dem ethischen Willen Gottes, dass jeder Mensch an Christus glaubt und ewiges Leben empfängt. Vielleicht lesen Sie dieses Buch aus echtem Interesse an geistlichen Dingen, sind sich aber des ewigen Lebens nicht gewiss. Der Glaube an die Existenz Gottes reicht nicht aus: Sie müssen in ihrem Herzen den Entschluss fassen, Jesus Christus zu vertrauen.

Die Antwort der Christen auf Gottes ethischen Willen

Treffend ist, dass der ethische Wille Gottes als der von einem Kreis eingegrenzte Raum dargestellt worden ist. Dieser Kreis umfasst alle Gebote und Richtlinien, die für den Gläubigen ethisch verbindlich sind. Jeder Gedanken, jede Gesinnung oder Handlung, die im Einklang ist mit den Geboten der Heiligen Schrift, wird von Gott akzeptiert und ist ihm wohlgefällig. Dagegen ist jeder Gedanke, jede Gesinnung oder Handlung, die außerhalb des Kreises fällt, Sünde (1.Joh.3,4). Entscheidend ist daher, dass sich der Christ mit den Umrissen des Kreises vertraut macht. Seinen Jüngern sagte Jesus: *„Wenn ihr dies wisst - selig seid ihr, wenn ihr's tut“* (Joh.13,17). Der auf dem Gehorsam liegenden Segen ist bedingt durch die Erfüllung des ersten „Wenn“ - „wenn ihr dies *wisst*“.

Daher ist die erste Verantwortung des Christen, sich mit dem Inhalt von Gottes ethischem Willen *vertraut zu machen*. Seine Erkenntnisquelle ist das Wort Gottes. Zur Aneignung gehören: lesen (1.Tim.4,13), sorgfältig bedenken (2.Tim.2,7), suchen und forschen (1.Petr.1,10-11), fleißig studieren (2.Tim.2,15), meditieren (Ps.1,2; Jos.1,8), memorieren (Ps.119,11) und biblische Unterweisung in schriftlicher wie auch mündlicher Form (Phil.4,9; 1.Kor.12,28-29; Gal.6,6). Das fordert natürlich Zeit und Einsatz! Und wer sich ernsthaft mit der Bibel befasst, sollte stets bemüht sein, in seinem Verständnis Fortschritte zu machen, indem er allmählich von der „Milch" der Wahrheit (die für Säuglinge geeignet ist) zum „Fleisch" des Wortes (in dessen Genuss nur die Reiferen kommen) fortschreitet (1.Kor.3,1-4; Hebr.5,12-14).

Der Christ darf beim Studium mit der Beihilfe Gottes rechnen. „Bedenke, was ich sage!" schreibt Paulus an Timotheus, „der Herr aber wird dir in allen Dingen Verstand geben" (2.Tim.2,7). Der Heilige Geist wirkt nicht getrennt von unserem gewissenhaften Studium der Schrift, sondern erleuchtet uns gerade durch unsere Arbeit am Wort.

Dein Wunsch sei mir Befehl

Das Wachsen in der Erkenntnis des ethischen Willens Gottes will begleitet sein von einem entsprechenden *Wachsen im Gehorsam*. Gehorsam gehört zu den wichtigsten Verantwortungen eines Christen. In den ersten Jahren der Urgemeinde entbrannte eine heftige Auseinandersetzung darüber, ob sich ein Heidenchrist beschneiden lassen müsse oder nicht. Für viele war das die Frage schlechthin. Doch dem setzt der Apostel Paulus entgegen: *„Beschnitten sein ist nichts, und unbeschnitten sein ist nichts, sondern: Gottes Gebote halten."* (1.Kor.7,19)

Mose fasst Ziel und Inhalt der biblischen Offenbarung so zusammen:

„Nun, Israel, was fordert der Herr, dein Gott, noch von dir, als dass du den Herrn, deinen Gott, fürchtest, dass du in allen seinen Wegen wandelst und ihn liebst und dem Herrn, deinem Gott, dienst von ganzem Herzen und von ganzer Seele, dass du die Gebote des Herrn hältst und seine Rechte, die ich dir heute gebiete, auf dass dir's wohlgehe?" (5.Mose 10,12-13)

In dieser feierlichen Erklärung formuliert Mose ein Thema, das immer wieder in der Heiligen Schrift anklingt: Damit es Gott wohlgefällig ist, muss jede äußere Antwort auf Gottes erklärten Willen von einer ihr gemäßen inneren Herzenshaltung begleitet sein (1.Sam.16,7; Mk.12,28-31). So wie der ethische Wille Gottes den inneren Menschen auf der Ebene seiner Ziele und Gesinnung anspricht, so soll auch in gleicher Weise der Gehorsam des Gläubigen eine Sache sowohl der Seele als auch des Leibes sein. Folglich ist es der Geist des Gesetzes und nicht sein Buchstabe, der für Gott die entscheidende Rolle spielt - und für den Christen spielen sollte.

Iss, trink und sei reif

Seinen Jüngern erklärt Jesus, ihr Ziel müsse sein, den ethischen Willen Gottes zu tun. Dieser Dienst ernährt die Seele wie die Speise den Leib. Jesus wörtlich: *„Meine Speise ist die, dass ich tue den Willen dessen, der mich gesandt hat, und vollende sein Werk“* (Joh.4,34).

Wünschen Sie sich den in Josua 1,8 und Psalm 1,2-3 beschriebenen Erfolg? Ist Ihr höchstes Ziel im Leben, Gott zu gefallen? Der Weg dahin ist klar umrissen: Lerne, liebe und befolge den ethischen Willen Gottes. Über König David sprach Gott folgendes Urteil: *„Ich habe David gefunden, den Sohn Isais, einen Mann nach meinem Herzen, der soll meinen ganzen Willen tun“* (Apg.13,22).

Und wie schätzte dieser „Mann nach dem Herzen Gottes“ den ethischen Willen Gottes ein? Folgende Verse aus dem 19. Psalm reden eine deutliche Sprache und empfehlen sich zur Meditation in der Stille:

Das Gesetz des Herrn ist vollkommen und erquickt die Seele. Das Zeugnis des Herrn ist gewiss und macht die Unverständigen weise.

Die Befehle des Herrn sind richtig und erfreuen das Herz. Die Gebote des Herrn sind lauter und erleuchten die Augen.

Die Furcht des Herrn ist rein und bleibt ewiglich. Die Rechte des Herrn sind Wahrheit, allesamt gerecht.

Sie sind köstlicher als Gold und viel feines Gold, sie sind süßer als Honig und Honigseim.

Auch lässt dein Knecht sich durch sie warnen; und wer sie hält, der hat großen Lohn.

Psalm 19,8-12

Kapitel 10

Entscheidungsfreiheit

„Das erste Mittagessen“

(ein Gespräch im Paradies, das wahrscheinlich nie stattgefunden hat)

Ananas, Pfirsiche, Kiwis, Äpfel, Birnen, Mangos, Papayas, Quitten, Bananen, Trauben, Wallnüsse, Orangen rühmen in frischer Farbenpracht ihren Schöpfer. Im saftigen gründen Gras eine Frau - der Inbegriff weiblicher Schönheit. Doch ihre Stirn hat sie leicht in Falten gelegt.

„Adam!“

„Ja, Liebste.“

„Du, ich weiß nicht, was ich zum Mittagessen kochen soll.“

„Wieso?“

„Weißt du Liebster, ich möchte sicher sein, dass ich das koche, was Gott will.“

Schweigen.

„Adam.“

„Ja, Liebste!“

„Tust du mir bitte einen Gefallen? Frag doch den Herrn, was ich heute kochen soll.“

„Meinetwegen.“

Nach einigen Minuten ...

„Und was hat der Herr gesagt? Was soll ich dir kochen?“

„Er hat gesagt 'Du darfst essen von allen Bäumen im Garten, aber von dem Baum der Erkenntnis des Guten und Bösen sollst du nicht essen.'“

„Ja, und weiter?“

„Nichts weiter.“

„Aber jetzt weiß ich doch immer noch nicht, was ich dir kochen soll - was dem Willen des Herrn entspricht.“

„Ich weiß es auch nicht.“

„Liebster ...“

„Ja, Eva?“

„Vielleicht hast du ihn nicht richtig verstanden? Geh doch bitte noch einmal hin und frag ihn, was er will, dass ich kochen soll.“

Etwas unwillig: „Meinetwegen.“

Nach einigen Minuten ...

„Und was hat er diesmal gemeint?“

„Er sagte 'Du darfst essen von allen Bäumen im Garten, aber von dem Baum der Erkenntnis des Guten und Bösen sollst du nicht essen.'“

„Aber Liebster, was soll ich bloß kochen?“

Adam und Eva sahen sich einen Augenblick schweigend an. Dann sagte Adam: „Weißt du, Eva, der Herr hat das so gesagt, als müsste es meine Frage voll beantworten. Er hätte mir bestimmt sagen können, was wir essen sollen und was nicht. Aber ich glaube, er will, dass wir selber entscheiden. Mit den Tieren war das heute früh genauso. Er hat die Namensgebung ganz mir überlassen.“

Eva schaute etwas ungläubig drein. „Heißt das, dass es ganz gleich ist, von welchen Früchten wir zu Mittag essen? Willst Du mir sagen, dass es ganz unmöglich ist, Gottes Willen zu verpassen?“

Adam erklärte: „Der einzige Fehler, den wir machen können wäre, von der Frucht des verbotenen Baumes zu essen. Aber die Früchte, die ich gesammelt habe, sind alle in Ordnung. Ich denke, wir können von allen essen.“ Und plötzlich schnippte er mit den Fingern und ruft: „Ich habe eine großartige Idee. Wie wär's mit einem Obstsalat?“

Das Prinzip der Freiheit und das Wesen des Gesetzes

Das Prinzip freier Wahl innerhalb geoffenbarter Grenzen gehört seit Anbeginn zu dem Entwurf des Schöpfers. Und es ist ein Prinzip, das bis heute in alltäglichen Situationen Anwendung findet. Beispielsweise sieht man an manchen Stränden und Schwimmbädern auf Hinweistafeln bestimmte Vorschriften. Diese schützen die Sicherheit der Badenden. Und mit recht geht jeder Badende davon aus, dass er alles, was nicht verboten ist, auch tun darf (im Rahmen der üblichen Gesetzgebung natürlich). Er darf eine Sandburg bauen, sein Eimerchen mit Wasser füllen, im Wasser planschen, auf seinem Rücken schwimmen, tauchen usw. Er muss nicht jedes Mal beim Bademeister Erlaubnis einholen, wenn er etwas tun will, das nicht auf der Hinweistafel vermerkt ist. Die Freiheit innerhalb der gegebenen Grenzen wird von allen vorausgesetzt.

Dies Beispiel macht deutlich, dass *wirksame* Gesetzgebung die Freiheit der Wahl und des Handelns innerhalb bestimmter Einschränkungen voraussetzt. Damit wird allerdings nicht behauptet, dass nicht auch andere Ansätze versucht worden sind. Tatsächlich bestand ein wesentlicher Unterschied zwischen dem mosaischen Gesetz und den Gesetzgebungen der umliegenden Völker gerade darin, dass die anderen Völker versuchten, alle Einzelheiten des Lebens auf Gesetzeswege zu bestimmen. Als aber Gott der Herr am Sinai Israel sein Gesetz gab, hat er, anstatt jede denkbare Situation mit Regeln zu bedenken, zunächst zehn absolute Gesetze verfügt, die präzise formuliert auf zwei tragbaren Steintafeln Platz hatten. Dann erklärte er die Anwendung jener Gebote auf verschiedene, konkrete Situationen. So bietet das 200 Jahre nach dem Codex Hammurabi (babylonische Gesetzessammlung) erlassene mosaische Gesetz, im Gegensatz zu ersterem, ein beispielhaftes Muster an Übersichtlichkeit und präziser Formulierung.

In der Geschichte unterscheidet man zwei grundsätzlich verschiedene Ansätze: zum einen das *kasuistische* Gesetz (wie es von den Heidenvölkern des Nahen Ostens entwickeln wurde), zum anderen das *normative* Gesetz (das das Leben im Volk Israel regelte).[1] Das Gesetz Gottes, welches das Volk Israel in gesellschaftlichen, zivilen und religiösen Angelegenheiten leitete, setzt Freiheit voraus und grenzt diese zugleich ein.

Mehr Eigenverantwortung

Zu einem ähnlichen Gegensatz kam es zwischen dem Gesetz der Pharisäer und dem Gesetz Christi. Zur Zeit der Geburt Jesu war das jüdische Leben durch eine strenge, bis in kleinste Einzelheiten reichende Gesetzestradition reglementiert. Die Schriftgelehrten und Pharisäer hatten den Gipfel der Kasuistik erklommen. Die Auflagen für ein „heiliges Leben“ waren mittlerweile so unüberschaubar und kompliziert geworden, dass das gemeine Volk an ihnen verzweifelte. „Gerechtigkeit“ war zum Privatbesitz der Profis geworden.

Jesus aber verwarf den pharisäischen Ansatz. Den Gesetzlichen warf er vor, das Gesetz Gottes unter einem Berg von Einzelbestimmungen begraben zu haben. Ihre Mentalität der Veräußerlichung und die mit ihr Hand in Hand gehende Selbstgerechtigkeit verurteilte er entschieden (vgl. Mt.23; Lk.11). In seiner eigenen Lehre konzentrierte er sich auf den Geist des Gesetzes und erklärte, wie das Gesetz von Gott gemeint und von ihm her zu verstehen sei. Damit wies er auf den normativen Ansatz zurück und verdeutlichte die leitenden Prinzipien anhand konkreter Beispiele (vgl. Mt.5-7).

Zu den entscheidenden Merkmalen des einsetzenden Zeitalters der Gemeinde gehört die Aufhebung vieler Gesetze, die das Leben in Israel regelten (Apg.10,9-16; 11,1-18; 15,5-29; Röm.6,14; 7,6). Nunmehr war das Volk Gottes - mehr als je zuvor - aufgerufen, sein Leben durch persönliche Anwendung geoffenbarter Leitlinien zu gestalten. Ähnlich wie ein weiser Vater seine Kinder dadurch zur Mündigkeit erzieht, indem er ihnen allmählich mehr Eigenverantwortung überträgt, so hat auch Gott sein Volk nach und nach darauf vorbereitet, in den größeren Freiräumen der apostolischen Offenbarung verantwortungsvoll zu leben (Gal.4,1-7).

Es geht um folgendes: Gottes Ansatz ist der gleiche geblieben, sei es in seinem unmittelbaren Reden (z.B. mit Adam), sei es durch seine Propheten, durch seinen Sohn oder in seinem Reden durch die Apostel. Er hat Richtlinien gesetzt, die seinen ethischen Willen offenbaren, und diese Richtlinien setzen Entscheidungsfreiheit innerhalb bestimmten Grenzen voraus. Tatsächlich stellen wir fest: Je vollständiger die Offenbarung, desto größer die Freiräume und Bereiche der Eigenverantwortlichkeit.

Dr. Francis Schaeffer stellt treffend fest:

„Ich behaupte, dass wir Menschen nur mit eindeutigen Geboten der Schrift binden dürfen (dass wir darüber hinaus nur Ratschläge geben dürfen), *dass wir ebenso in allen Bereichen, in denen das Neue Testament der Kirche keine Form vorschreibt, Freiheit genießen, die wir unter der Leitung des Heiligen Geistes ausüben sollen, um unserer besonderen Zeit und unserem speziellen Ort gerecht zu werden.“*[2]

Und dann fügt er in einer Fußnote hinzu:

„Manche behaupten das Gegenteil - nur das sei erlaubt, was ausdrücklich vom Neuen Testament her gefordert sei -, aber diese Behauptung erscheint mir falsch. In diesem Falle dürfte man nämlich kein Kirchengebäude errichten, keine Glocken anschaffen, nicht von einer Kanzel predigen, keine Gesangbücher haben, keine bestimmten Gottesdienstordnungen aufstellen u.a.m. Würde man also diese Auffassung konsequent in die Tat umsetzen, wäre jeder Gottesdienst und jede Arbeit der Kirche unmöglich.“[3]

Das Prinzip der Freiheit und das Wesen der Sünde

Biblische Erläuterungen über die Beschaffenheit der Sünde belegen die These von der Entscheidungsfreiheit aus einem zweiten Blickwinkel. Sünde definiert sich als Übertreten der Gebote Gottes: *„Jeder, der die Sünde tut, handelt gesetzwidrig; denn Sünde ist Gesetzwidrigkeit“* (1.Joh.3,4 EÜ). Umgekehrt gilt auch: *„wo aber das Gesetz nicht ist, da ist auch keine Übertretung“* (Röm.4,15). Daraus ergibt sich: Eine Entscheidung kann nur dann als Sünde gewertet werden, wenn sie ein Gebot Gottes übertritt. Sünde liegt schon dann vor, wenn ein falsches Ziel verfolgt, eine falsche Gesinnung eingenommen wird sowie wenn sich aus der Entscheidung eine falsche Handlung ergibt.

Wird eine bestimmte Entscheidung nicht von einem Gebot Gottes berührt, und stimmen Zielsetzung und Gesinnung, dann kann die Entscheidung an sich keine Sünde sein. So schweigt sich beispielsweise die Bibel darüber aus, wo und welches Fach man studieren soll. Von daher kann die Wahl eines bestimmten Studienortes an sich noch keine Sünde sein. Werden im Verlauf der Entscheidung keine Gebote und Richtlinien verletzt, so liegt die Entscheidung ganz im Bereich ethischer Freiheit.

Trotzdem kommt es bei einigen Christen nach Entscheidungen, die nicht unmittelbar von der Heiligen Schrift angesprochen werden zu heftigen Schuldgefühlen. Wieso? Sie ergeben sich aus der Angst, womöglich den individuellen Willen Gottes versäumt zu haben. Trotzdem keine eindeutige Führung vorlag, haben sie sich für die eine oder andere Alternative entschieden. Nun stellen sich Schuldgefühle ein, weil die Gewissheit fehlt, den Willen Gottes getan zu haben. Bei einigen verdichten sich diese Schuldgefühle sogar dadurch, dass das Ausbleiben von Führung und Gewissheit nach ihrer Überzeugung von mangelnder geistlicher Sensibilität oder gar von Fleischlichkeit zeugt. Sie wähnen sich gleich zweimal schuldig: Sie haben Gottes Führung blockiert und haben gegen seinen Willen gehandelt.

Aber diese Schuldgefühle sind nicht von Gott gewollt. Sofern sein ethischer Wille nicht verletzt wurde, liegt keine Sünde vor. Und wo keine Sünde vorliegt, gibt es auch keine Schuld. So einfach ist das. Wo Gottes Gebot nicht einschränkt, steht der Gläubige in der ethischen Entscheidungsfreiheit. Wo kein ethisches Gesetz vorliegt, kann es auch keine moralische Sünde geben. Und wo es kein ethisches Gesetz gibt, da herrscht Freiheit.

Erleichterung buchstabiert man so: F R E I H E I T

Vielleicht interessiert es den Leser: Die übliche Reaktion auf die Ausführungen dieses Kapitels ist ein Gefühl der Erleichterung. Das neue Bewusstsein der Freiheit zur eigenen Entscheidung innerhalb der Gebote Gottes erlöst manch einen von einer ungeheuren Last. Der Grund liegt auf der Hand: Immer dann, wenn sich Erfahrung und Glauben nicht decken, entsteht automatisch eine Spannung. Steigert sich diese, beginnt der Christ allmählich nach ihren Ursachen zu forschen: entweder glaubt er falsch oder er handelt falsch. Bleibt er auch nach eingehender Prüfung seiner Überzeugung von deren Richtigkeit überzeugt, so kann er nur noch schlussfolgern, dass Glaube und Handeln auseinander klaffen. Gelingt es ihm überdies nicht, irgendwelches Fehlverhalten aufzudecken, muss er sich wohl oder übel mit der ungelösten Spannung abfinden.

Dessen nicht genug, muss sich der Christ auch noch mit einem Feind von außen herumschlagen. Unser Erzfeind, Satan, „der Verkläger der Brüder“ (Offb.12,10), weiß, wie sehr uns ungelöste Schuld lähmt. Falsche Schuldgefühle eignen sich für seine Zwecke mitunter besser als echte Schuld, denn ihre Ursachen sind schwieriger aufzudecken. Zweifelsohne macht er sich Unwissenheit und Verwirrung zunutze, um über eine Intensivierung der Frustgefühle eine

Minderung der Einsatzfähigkeit des Christen im geistlichen Kampf zu erwirken.

Ein Gefühl der Erleichterung stellt sich meist dann ein, wenn die Grundlosigkeit der Schuldgefühle erkannt wird. Mit der gesunden Lehre der Schrift können wir den listig-verleumderischen Anklagen unseres Feindes entgegentreten.

Das Prinzip der Freiheit in den Aussagen der Schrift

Schon die erste Verfügung Gottes zeugt von Gesetz und Freiheit:

„Und Gott der Herr gebot dem Menschen und sprach: Du darfst essen von allen Bäumen im Garten, aber von dem Baum der Erkenntnis des Guten und Bösen sollst du nicht essen; denn an dem Tage, da du von ihm isst, musst du des Todes sterben." (1.Mose 2,16-17)

Als Gott den Menschen schuf, gestaltete er ihn in seinem eigenen Bilde (1.Mo.1,26-27). Dies gibt den Menschen - im Gegensatz zu allen anderen Geschöpfen - vor Gott einen besonderen Wert. Nur der Mensch ist so geschaffen, dass er entscheiden kann. Dazu hat er: Verstand, Gefühl und Wille. Und nur dem Menschen war eine verantwortungsvolle Position zugedacht, in der er sich eben dieser Fähigkeiten der Seele bedienen musste. Wären die Entscheidungen des Menschen lediglich instinktiv, würde er sich nicht von den Tieren unterscheiden. Hätte es vor jeder Entscheidung eine unmittelbare Eingabe seines Schöpfers bedurft, dann wäre er nichts weiter gewesen als ein willenloser Roboter. Aber Gott verfügte, dass nur der Träger seines Bildes *Entscheidungen auf dieselbe Weise treffen sollte, wie sein Schöpfer*. Innerhalb der von Gott abgesteckten Grenzen bewegt sich der Mensch frei, er analysiert, bewertet, richtet und entscheidet sich. Nur dem Menschen wurde die Befugnis zum freien Urteil gegeben, und nur ihm stand die Würde zu, in Eigenverantwortung die Konsequenzen seiner Entscheidungen zu tragen.

Gottes Güte erweist sich schon darin, dass sein erstes Gebot mit dem Zuspruch der Entscheidungs*freiheit beginnt*: „Von *jedem* Baum des Gartens darfst du essen". Und dann folgt die einzige Einschränkung mit einer Erklärung der mit ihrer Übertretung verbundenen Konsequenzen.

Der Sündenfall führte nicht zum Widerruf des Freiheitsprinzips. Selbstverständlich musste Gottes ethischer Wille dem Menschen ausführlich erläutert werden, denn fortan war das gefallene Herz des Menschen arglistig (Jer.17,9 EÜ) und seine Orientierung nicht mehr auf Gott hin, sondern Gott entgegengesetzt (Röm.8,7-8). Entsprechend musste auch der Freiraum durch Gottes Verfügung eingeschränkt werden.

Trotzdem bleibt das Prinzip der Freiheit auch im mosaischen Gesetz als ein herausragendes Merkmal erhalten. Dazu ein Beispiel von vielen: In 3. Mose 11 und 5. Mose 14 wird die Zahl der genießbaren Tiere deutlich eingeschränkt. „Unreine" Tiere fanden sich außerhalb des Kreises göttlicher Verfügung. Doch von den „reinen" Tieren durften sich die Israeliten frei nach ihrem Geschmack auswählen: *„Dies sind die Tiere, die ihr essen dürft unter allen Tieren auf dem Lande"* (3.Mo.11,2). So gab es ethische Freiheit, vorausgesetzt die Wahl erfolgte aufgrund der genehmigten „Speisekarte".

Der in 5.Mose 23,16-17 beschriebene Sklave durfte seinen Wohnsitz frei wählen: *„Er soll bei dir bleiben an dem Ort, den er erwählt, in einer deiner Städte, wo es ihm gefällt."* Dieses Gesetz der Freizügigkeit galt selbstverständlich auch für alle anderen. Im Falle des Sklaven musste es jedoch ausdrücklich ausgesprochen werden. Der Text besagt nicht, dass lediglich ungebundene Sklaven die Freiheit genossen, ihren Wohnsitz selber zu bestimmen, während alle anderen sich zuvor des Willens Gottes zu vergewissern hatten.

In den Evangelien verdeutlicht das Gleichnis von den „Arbeitern im Weinberg" (Mt.20,1-16) dasselbe Prinzip der Freiheit. Jesus erzählt von einem Gutsbesitzer, der zu verschiedenen Tageszeiten Arbeiter einstellte. Gegen Ende des Tages aber erhielt jeder den vollen Tagessatz. Das verärgerte natürlich die, welche den ganzen Tag gearbeitet hatten, denn sie fühlten sich ungerecht entlohnt. Doch der Gutsbesitzer antwortete ihnen:

„Mein Freund, ich tu dir nicht Unrecht. Bist du nicht mit mir einig geworden über einen Silbergroschen? Nimm, was dein ist, und geh! Ich will aber diesem letzten dasselbe geben wie dir. Oder habe ich nicht Macht zu tun, was ich will, mit dem, was mein ist? Siehst du scheel drein, weil ich so gütig bin?" (Mt.20,13-15)

Dem Gutsbesitzer kann kein Vorwurf gemacht werden: was er tat, war mehr als gerecht. Gegen Großzügigkeit gibt es kein Gesetz! Der Gutsbesitzer war durch den ethischen Willen Gottes verpflichtet, einen gerechten Lohn zu zahlen. Aber er war auch frei, mehr als diesen auszuzahlen, falls er dies wünschte.

Inflation der Freiheit

An dieser Stelle ist es wohl angebracht, auf eine Frage einzugehen, die von Anhängern der traditionellen Sicht gestellt werden dürfte: Ist aber nicht, was Entscheidungen angeht, zwischen Gläubigen des Alten Testaments und den Gläubigen des Neuen Testaments zu unterscheiden?

Das Neue Testament zeigt eine deutliche Fortsetzung des alttestamentlichen Gedankens: Das Prinzip der Freiheit bleibt in Kraft, doch die Freiräume werden sehr viel weiter. Dazu drei Beispiele:

Das Thema „Speisen“, das schon im Garten Eden und dann im Volk Israel eine so wesentliche Rolle spielte, taucht auch in den Diskussionen der Urgemeinde auf. Dabei ging es im Wesentlichen um zwei Fragen: Darf ein Christ Fleisch essen (oder soll er vegetarisch leben, Röm.14,2), und darf ein Christ Fleisch essen, von dem bekannt ist, dass es zuvor Götzen geopfert worden war (1.Kor.8,1)?

Zunächst befasst sich der Apostel Paulus mit dem Genuss von Fleisch (und Fleisch von Götzenopfern). Hatte sich Gott zu dieser Frage geäußert? Nein. Folglich fiel die Entscheidung in den Bereich ethischer Freiheit: *„Aber Speise wird uns nicht vor Gottes Gericht bringen. Essen wir nicht, so werden wir darum nicht weniger gelten; essen wir, so werden wir darum nicht besser sein.“* (1.Kor.8,8). In Sachen Speise kann man sich nicht falsch entscheiden. Dies ist keine ethische Frage.

Mit verschiedenen Ausdrücken unterstreicht der Apostel die Entscheidungsfreiheit. Essen, so sagt er, ist „erlaubt“ (1.Kor.10,23), ist ein „Recht“ (1.Kor.9,4) und eine „Freiheit“ (1.Kor.8,9; 10,29) und damit keine Sache des Gewissens (1.Kor.10,25).

Ihre Anwesenheit wird erwartet

Und dann der konkrete Fall: Wie hat sich der Christ zu verhalten, wenn er von einem Ungläubigen zum Essen eingeladen wird? Und wie, wenn er außerdem vermuten darf, dass es sich bei der gereichten Speise um „Götzenopferfleisch“ handelt?

Paulus sagt *nicht*: „Wenn du von einem Ungläubigen eine Einladung zum Essen bekommst, sollst du zuerst darüber beten und sicherstellen, dass deine Zusage auch dem Willen Gottes entspricht.“ Aber er sagt *doch*: *„Wenn euch einer von den Ungläubigen einlädt und ihr wollt hingehen, so esst alles, was euch vorgesetzt wird, und forscht nicht nach, damit ihr das Gewissen nicht beschwert.“* (1.Kor 10,27). Dem Gläubigen ist also freigestellt, die Einladung anzunehmen oder abzulehnen, je nach Wunsch. Und falls er geht, darf er alles essen, was ihm vorgesetzt wird. Dabei hat er, aus Rücksicht auf sein Gewissen, weder nach dem Stammbaum noch der jüngsten Geschichte des aufgetragenen Fleisches zu fragen (1.Kor.10,29). Da mit dem Verzehr des Fleisches keine an sich ethische Frage angeschnitten ist, liegt die Entscheidung beim Christ selber.

Zu den umstrittensten Fragen in der Urgemeinde gehörte die nach der Beschneidung: War sie an neubekehrten Christen zu vollziehen oder nicht (Apg.15)? Im Alten Testament war die Beschneidung Zeichen des Gottesbundes gewesen. Angefangen mit Abraham wurde sie zum äußeren Zeichen des Glaubens an den Bund (1.Mo.17, Röm.4,11). Auf dem Jerusalemer Konzil aber wurde verfügt, dass die Beschneidung fortan nicht mehr als Bedingung für das Bundesverhältnis mit Gott gelten dürfe, zumal das Heil durch den Glauben an Jesus Christus geschehe. Als Paulus dann in seinem Brief an die Korinther auf diese Frage eingeht, stellt er fest: *„Beschnitten sein ist nichts, und unbeschnitten sein ist nichts, sondern: Gottes Gebote halten.“* (1.Kor.7,19) Damit war die Beschneidung keine ethische Frage mehr. Wie sich nun ein Mann entschied, spielte künftig keine Rolle mehr (Gal.5,6; 6,15).

Ich habe bereits gespendet

Ergibt sich die Gelegenheit für die Arbeit des Herrn zu spenden, oder befindet sich ein christlicher Bruder in finanzieller Not, stellt sich für einen Christ die Frage, wie hoch er seine Spende ansetzen soll. Soll er zuvor den Herrn im Gebet um Weisung bitten, etwa durch einen inneren Eindruck, der ihn zu einer bestimmten Summe leitet?

Als die Christen in Korinth sich anschickten, ihren verarmten Geschwistern in Judäa eine Spende zu senden, erhielten sie von Paulus folgende Anweisung: *„Ein jeder (gebe),* ***wie er's sich im Herzen vorgenommen hat****, nicht mit Unwillen oder aus Zwang; denn einen fröhlichen Geber hat Gott lieb."* (2.Kor.9,7) Auch hier ist ein Entscheidungsfreiraum im Bereich des ethischen Willens gegeben. Im vorliegenden Fall liegt die Betonung des ethischen Willens weniger auf dem *Akt* des Spendens als viel mehr auf der *Einstellung* des Herzens. Folglich ist die Höhe der Gabe, die ganz der Entscheidung des Einzelnen überlassen ist, nicht so wichtig, wie die Gesinnung des Gebers. Wie lautet Gottes Wille für unsere Spenden? Großzügigkeit, Begeisterung und Glaube. Ein missmutiger Geist aber, der sich nur widerwillig unter Druck von seinem Geld trennt, ist verboten. Die tatsächliche Höhe der Spende bleibt eine Frage persönlicher Entscheidung.

Die Frage ob heiraten und wenn ja, wen, ist eine Entscheidung, welche abgesehen von unserer Bekehrung, die größte Auswirkung auf unser tägliches Leben hat. Mit keinem Wort deutet das Neue Testament an, dass der individuelle Wille Gottes in dieser Frage ausschlaggebend ist. Vielmehr wird die Frage dort, wo sie angeschnitten wird, in den Bereich der Freiheit verwiesen: Der Christ hat die Freiheit, sich zu entscheiden, ob er heiraten und, wenn ja, wen er heiraten will (1.Kor.7). Bedingung ist einzig und allein, dass die Heirat „in dem Herrn geschehe" (1.Kor.7,39). Die Ehe ist ein klassisches Beispiel für das Prinzip der Freiheit im Rahmen des ethischen Willens Gottes.

Für das Kind Gottes sind alle Dinge innerhalb des ethischen Willens erlaubt (1.Kor.6,12; 10,23) und rein (Mk.7,19; Lk.11,41; Röm.14, 14.20; Tit.1,15).

Wer sich am ethischen Willen Gottes orientiert, braucht sich wegen keiner Entscheidung Vorwürfe zu machen, und kein in der Verantwortung vor Gott gefasster Entschluss braucht Schuldgefühle auszulösen. Gott möchte nämlich, dass seine Kinder die Freiheit genießen, die er ihnen gewährt. Sie ist eine Freiheit, die, biblisch begründet, sich aus dem Wesen der Gesetze, der Sünde und den klaren Aussagen der Heiligen Schrift herleitet.

Abb.22

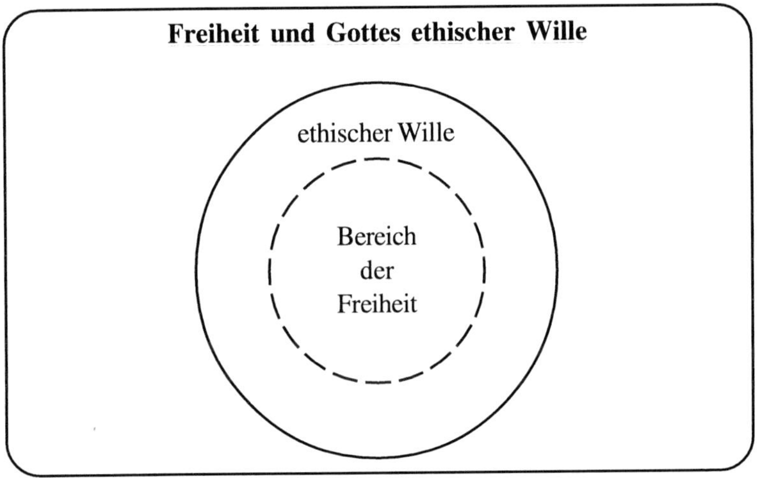

Anmerkungen:

1. Das einfache Gesetz Israels bezeichnet man als apodiktische (normative) Gesetzgebung im Gegensatz zur kasuistischen Gesetzgebung, dessen Merkmal eine nahezu unübersichtliche Detailfülle ist. Vgl. William Dyrnee, Themes in Old Testament Theology, Downers Grove 1979, S. 132.138-39; Alan Cole, Exodus: An Introduction and Commentary, in: Tyndale Old Testament Commentaries, Downers Grove 1973, S. 149-50; ferner John Davis, Moses and the Gods of Egypt, Grand Rapids 1971, S. 196
2. Schaeffer, F., Kirche am Ende des 20. Jahrhunderts, Wuppertal 1972, S. 73
3. ebd.
4. White, J., The Cost of Commitment, Downers Grove 1976, S.8

Kapitel 11

Entscheidungsbefugt

Ein Gefühl der Erleichterung, ja sogar der Befreiung ist meist die erste Reaktion auf die Lehre von der Freiheit im ethischen Willen Gottes. Aber es ist nur eine erste Reaktion, weiß doch jeder gewissenhafte Christ, dass mehr Freiheit auch mehr Verantwortung bedingt. Anders gesagt: Wenn der Christ die Freiheit der Entscheidung hat, dann hat er auch die *Pflicht* zur Entscheidung. Und wo es keine göttlich vorherbestimmte „richtige" Entscheidung gibt, trägt der Christ die volle Verantwortung für seine Entscheidung und deren Konsequenzen - und er kann zu Rechenschaft gezogen werden.

Deshalb überrascht es nicht, dass der Apostel Paulus in einem Abschnitt über Entscheidungen eine ernste Ermahnung weitergibt:

„Ein jeder sei in seiner Meinung gewiss ... Wir werden alle vor den Richterstuhl Gottes gestellt werden. So wird nun jeder von uns für sich selbst Gott Rechenschaft geben."

(Röm 14,5.10.12)

Diese Tatsachen führen zu einer einzigen Frage: *Auf welcher Grundlage hat der Christ* im nicht-ethischen Bereich *seine Entscheidungen zu treffen*? Die Frage setzt voraus: Wenn Gott dem Menschen das Vorrecht der Entscheidung einräumt, dazu die Würde der Verantwortlichkeit, dann hat er ihm bestimmt auch Anweisungen an die Hand gegeben, wie er mit der Verantwortung umgehen kann.

Um unseren Blick zu schärfen, wollen wir uns noch einmal den *traditionellen Ansatz* vor Augen führen. Dabei ist aufschlussreich, wie hier gewöhnlich Entscheidungen begründet und erklärt werden. Ein Bibelschüler im ersten Studiensemester: „Ich freue mich, dass ich an diese Bibelschule gekommen bin. Gott hat mir *gezeigt*, dass er mich hier haben *möchte*, und jetzt weiß ich, dass ich *genau* dort bin, wo ich sein *soll*." Oder ein frisch Verlobter: „Katharina und ich haben beide unabhängig voneinander über unsere Zukunft gebetet, und nun fühlen wir, dass uns Gott *ganz bestimmt sagt*, dass wir heiraten sollen." Ein bekanntes Gebetsanliegen klingt so: „Bitte betet, dass ich *Gottes Willen* erkenne, welche die *richtige* Ausbildung für mich wäre. Ich möchte die Lehre machen, die er *will*." Und in einer Gemeindeversammlung wird die Bitte geäußert: „Betet mit uns, dass wir *Gottes Vorhaben erkennen*, damit wir wissen, für welches Baugrundstück sich unsere Gemeinde entscheiden soll." Ein Missionar bezeugt: „Gott hat uns deutlich in diesen Dienst geführt, und nun erfahren wir, was es heißt, im *Zentrum seines Willens* zu leben." Und eine Gemeinde, die gerade einen Pastor sucht, betet: „Herr zeige uns den Pastor, den du in unsere Gemeinde *berufen* hast."

Dieser Wortschatz spiegelt die Überzeugung wider, dass der Schlüssel zur „richtigen" Entscheidung die Erkenntnis des idealen Plans Gottes ist. Aber im Neuen Testament fehlen diese und ähnliche Ausdrücke. Oft haben die Apostel ihre Entscheidungen begründet, allerdings nie so. Was sie tatsächlich sagen, zeugt von einer ganz anderen Mentalität. Glücklicherweise hat der Geist Gottes die Erklärungen der Apostel im inspirierten Text festgehalten. Sie geben uns wertvolle Einsicht in die Prinzipien des Entscheidungsprozesses.

Apostolische Beispiele

Sorge um Thessalonich

Auf seiner zweiten Missionsreise gründet Paulus in Thessalonich eine Gemeinde, wurde aber bald von eifersüchtigen Juden vertrieben (Apg.17,1-8). Daraufhin zog Paulus nach Beröa weiter, wurde aber von den thessalonischen Juden verfolgt und auch aus jenem Städtchen vertrieben (Apg.17,10-15). Deshalb zog Paulus nach Athen weiter, und die Juden zogen wieder nach Hause.

In dem Bewusstsein, dass in Thessalonich die Christen verfolgt würden (1.Thes.3,4) und nun ohne erfahrene Leiter auskommen mussten (3,5), einigten sich Paulus, Silas und Timotheus auf einen Plan, um die dortige Gemeinde zu ermutigen und zu stärken:

„Darum ertrugen wir's nicht länger und beschlossen, in Athen allein zurückzubleiben, und sandten Timotheus, unsern Bruder und Gottes Mitarbeiter am Evangelium Christi, euch zu stärken und zu ermahnen in eurem Glauben." (1.Thess.3,1-2)

Wie kam es zu ihrer Entscheidung? „Wir beschlossen". Es war ihre Entscheidung. Und sie hatten gute Gründe dafür. Sie machten sich Sorgen um die Neubekehrten (3,1.5), und so einigte man sich auf einen Plan, um die Neubekehrten im Glauben zu stärken. So weit sie sehen konnten, war Timotheus, das *beste* „Mittel", ihre geistlichen Ziele zu verwirklichen.

Der heimwehkranke Prediger

Während Paulus auf die Eröffnung seiner Gerichtsverhandlung vor dem Cäsar in Rom wartete, genoss er in Rom die Gemeinschaft einer Reihe von Männern zu denen auch Epaphroditus zählte. Dieser war mit einer Liebesgabe für Paulus aus Philippi nach Rom gekommen (Phil.4,10.10) und dabei gefährlich erkrankt. Er lag im Sterben, aber Gott schenkte ihm sein Leben wieder und ließ ihn genesen. Da entschloss sich Paulus kurzerhand, Epaphroditus wieder nach Hause zu schicken, und zwar mit folgender Begründung:

„Ich habe es aber für nötig angesehen, den Bruder Epaphroditus zu euch zu senden, der mein Mitarbeiter und Mitstreiter ist und euer Abgesandter und Helfer in meiner Not; denn er hatte nach euch allen Verlangen und war tief bekümmert, weil ihr gehört hattet, dass er krank geworden war." (Phil 2,25-26)

Paulus hat es „für nötig angesehen", Epaphroditus wieder nach Philippi zu senden. Nicht etwa, weil Gott ihn dazu beauftragt hatte. Die Dringlichkeit der Lage forderte es. Paulus war daran gelegen, die Sorgen der Philipper zu zerstreuen (2,28). Außerdem zog es Epaphroditus in die Heimat zurück: Die Gemeinde sollte mit eigenen Augen sehen, dass es ihm wieder gut ging (2,26). Und schließlich gedachte Paulus den Philippern einen „Dankesbrief" durch ihn zu schicken. Für seine Entscheidung ausschlaggebend waren die geistlichen Ziele, die sich Paulus gesetzt hatte.

Über die Versorgung von Witwen

Als die Gemeinde noch ihre ersten Atemzüge tat, erhob sich eine Klage über die Nahrungsmittelzuteilung. Die hellenistischen Juden meinten, ihre Witwen würden bei der täglichen Verteilung übersehen (Apg.6,1). Und so wurde das Problem gelöst:

„Da riefen die Zwölf die Menge der Jünger zusammen und sprachen: Es ist nicht recht, dass wir für die Mahlzeiten sorgen und darüber das Wort Gottes vernachlässigen. Darum, ihr lieben Brüder, seht euch um nach sieben Männern in eurer Mitte, die einen guten Ruf haben und voll heiligen Geistes und Weisheit sind, die wir bestellen wollen zu diesem Dienst. Wir aber wollen ganz beim Gebet und beim Dienst des Wortes bleiben." (Apg.6,2-4)

Eine ungute Situation war entstanden, und man sann auf einen Plan, diese zu beheben, denn die Apostel wurden von den Prioritäten abgelenkt, die ihnen Christus befohlen hatte. Man analysierte das Problem, rief sich die anstehenden Aufgaben ins Bewusstsein und verfiel auf einen weisen, praktischen Plan, der allen Bedürfnissen gerecht zu werden versprach.

Aber an keiner Stelle hielt man inne, um nach einem besonderen Willen oder Idealplan Gottes zu forschen. Auch wurde die Wahl der Männer aufgrund vorher festgelegter, bestimmter Qualifikationen anberaumt. Die eigentliche Wahl überließen sie den anderen. Der gefasste Plan war so weise formuliert, dass alle Betroffenen Zeit und Gelegenheit erhielten, die ihnen gegebenen Gaben einzusetzen und ihren Verantwortungen nachzukommen. Weil der Plan die Zielsetzung erfüllte, erwies er sich als eine gute Entscheidung.

Das Prinzip der geistlichen Zweckmäßigkeit

Eine sorgfältige Untersuchung der apostolischen Entscheidungen zeigt, dass sie *nicht* nach einem individuellen Willen Gottes fragten. Stets erklärten sie ihre Pläne und Entscheidungen mit Ausdrücken wie „ich hielt es für notwendig", „es ist nicht wünschenswert", „es erschien uns gut" oder ganz einfach „ich habe beschlossen". Offensichtlich entschieden diese Männer frei im Rahmen des ethischen Willens Gottes. Die Apostel waren frei, jedoch nicht orientierungslos.

Und so haben sie sich orientiert: *In nicht-ethischen Fragen ist es das Ziel des Christen, weise Entscheidungen auf Grund geistlicher Zweckmäßigkeit zu treffen.* Zum besseren Verständnis brauchen wir einige Definitionen. „Geistlich" heißt, dass die ins Auge gefassten Ziele und ihre Mittel vom ethischen Willen Gottes her bestimmt werden. Dem Christ geht es immer, auch im nicht-ethischen Bereich, um das eine: die Verherrlichung Gottes. In diesem Sinn hat jedes Ziel und jeder Weg „geistlich" zu sein. „Zweckmäßig" ist alles, was mich dem angestrebten Ziel - unter Wahrung der göttlichen Ordnungen - näher bringt. Und schließlich ist mit James Packer „Weisheit" folgendermaßen zu definieren: „Weisheit ist die *Fähigkeit*, das beste und höchste Ziel zu erkennen, die *Neigung*, sich dafür zu entscheiden verbunden mit der *Begabung*, sich der geeignetsten Mittel zu bedienen, um jenes Ziel zu erreichen."[1]

Apostolische Ermahnungen

Bis jetzt haben wir das Prinzip der geistlichen Zweckmäßigkeit ausschließlich anhand biblischer Vorbilder verdeutlicht. Deckt sich die Lehre der Apostel mit ihrem Beispiel? Ich meine ja.

Richter gesucht

Von allen Menschen sollten gerade Christen zu weisen Entscheidungen fähig sein. Diese Ansicht vertritt Paulus in folgenden Versen aus dem 1. Korintherbrief:

„Wie kann jemand von euch wagen, wenn er einen Streit hat mit einem andern, sein Recht zu suchen vor den Ungerechten und nicht vor den Heiligen? Wisst ihr nicht, dass die Heiligen die Welt richten werden? Wenn nun die Welt von euch gerichtet werden soll, seid ihr dann nicht ***gut genug****, geringe Sachen zu richten? Wisst ihr nicht, dass wir über Engel richten werden? Wie viel mehr über Dinge des täglichen Lebens. Ihr aber, wenn ihr über diese Dinge rechtet, nehmt solche, die in der Gemeinde nichts gelten, und setzt sie zu Richtern. Euch zur Schande muss ich das sagen. Ist denn gar kein* ***Weiser*** *unter euch, auch nicht einer,* ***der*** *zwischen Bruder und Bruder* ***richten könnte****? Vielmehr rechtet ein Bruder mit dem andern, und das vor Ungläubigen!"* (1.Kor 6,1-6)

Paulus weist die Korinther scharf zurecht: Unter ihnen müsste es doch wenigstens einen geben, der das Vertrauen der anderen genießt und dem ein gerechtes Urteil zuzutrauen wäre. Vielleicht dachte der Apostel dabei an König Salomo, von dem es heißt, *„dass die Weisheit Gottes in ihm war, Gericht zu halten.“* (1.Kön.3,28) Recht sprechen heißt unter anderem auch, Entscheidungen zu fällen, von denen einige ethisch (Recht und Unrecht, Schuld und Unschuld unterscheidend) und andere nicht-ethisch sind (Verfahrensfragen u.ä.).

Es ist doch bemerkenswert: In der Gemeinde war kein einziger König Salomo zugegen, der von Gott mit einem „verständigen Herzen“ ausgerüstet worden war. Vielmehr sollten ganz „gewöhnliche“ Christen (wie die zu Korinth!) - die auch einst die Welt mitsamt der gefallenen Engeln richten würden - über „zeitliche Güter“ richten. Mehr noch: Wer ein größeres Maß an Weisheit hatte, von dem wurden entsprechend auch die besseren Entscheidungen erwartet.

Gut, besser, glücklicher

Das klassische Kapitel über Entscheidungen im ethischen Rahmen ist wohl 1. Korinther 7. In diesem Kapitel beantwortet Paulus eine Reihe von Fragen über Ehelosigkeit und Ehe. Dabei kommt der ethische Wille Gottes zum tragen. So sind beispielsweise verheiratete Christen angehalten, ihren sexuellen Verantwortungen einander gegenüber nachzukommen (7,3-5); ferner ist ihnen die Ehescheidung untersagt (7,10-11). Dagegen fallen andere Entscheidungen in den Bereich der Freiheit, wo sie dem einzelnen anheim gestellt sind. Zu diesen Fragen erteilt Paulus *Ratschläge* (und nicht Gebote) und begründet die Weisheit seines Rates.

Zwei Wörter kennzeichnen seinen Rat: „gut“ und „besser“. Soll der Christ eine Ehe eingehen? Ein Gebot der Heiligen Schrift liegt nicht vor. Wie soll er sich nun entscheiden? Paulus antwortet: *„Es ist **gut** für den Mann, keine Frau zu berühren“* (7,1). Es ist „gut“ wenn die Ledigen unverheiratet bleiben (7,8). Es ist „gut“ um der kommenden Not willen, ledig zu bleiben (7,26). Nun stellt Paulus seinem „gut“ nicht ein „böse“ oder „schlecht“ entgegen. Vielmehr gebraucht er dieses Eigenschaftswort im Sinne von „vorteilhaft“.[2] Und was ist am Ledigsein so vorteilhaft? Zweierlei: zum einen waren die Umstände der Zeit - nach Meinung von Paulus - dazu angetan, Familien unter Stress zu setzen, und dieser Druck des Zeitgeistes war für einen Ledigen leichter zu ertragen (7,26.28). Zum anderen sind Ledige freier, dem Herrn ohne Ablenkung durch familiäre Verpflichtungen zu dienen (7,7.32-35).

Andererseits erkannte Paulus, dass es „besser" ist verheiratet zu sein, als von Begierde verzehrt zu werden (7,9). Wenn es einem ledigen Christen dagegen an Selbstbeherrschung fehlt und er nicht von Gott die Gabe des Ledigseins empfangen hat (7,7), wird er gewiss auch außerstande sein, „ungehindert dem Herrn" zu dienen (7,35). Für so einen Christen wäre die Ehe „besser", denn trotz der möglichen Probleme, die eine Ehe mit sich bringen kann, erleichtert sie in diesem Fall ein geheiligtes Leben (7,2).

Den Rat, den Paulus jenen Vätern erteilt, die unverheiratete Töchter haben, nimmt sich ähnlich aus. Die Frage war ja, ob diese Väter ihre erwachsenen Töchter zur Ehe freigeben sollten.[3] Zunächst stellt Paulus fest, dass auch diese Entscheidung in den Bereich der Freiheit fällt: *„... so tue er, was er will; er sündigt nicht"* (7,36) Natürlich hat er der einen Option - wieder aus praktischen Gründen - den Vorzug gegeben: *„Also, wer seine Jungfrau heiratet, der handelt gut; wer sie aber nicht heiratet, der handelt besser."* (7,38) In jedem dieser Fälle geht Paulus um geistliche Prioritäten. Mit seinem Rat fordert er die Christen auf, Beziehungen und Umstände zu schaffen, die sich für die Erreichung geistlicher Ziele als zweckdienlich erweisen.

In diesem Zusammenhang begegnet uns eine überraschende paulinischen Formulierungen:

„Eine Frau ist gebunden, solange ihr Mann lebt; wenn aber der Mann entschläft, ist sie frei, zu heiraten, wen sie will; nur dass es in dem Herrn geschehe! Seliger ist sie aber, nach meiner Meinung, wenn sie ledig bleibt. Ich meine aber: ich habe auch den Geist Gottes." (7,39-40)

In seiner Antwort auf die Frage nach der Wiederverheiratung von Witwen anerkennt Paulus zunächst wieder das Prinzip der Freiheit im Bereich des geoffenbarten Willens Gottes. Die gläubige Witwe ist frei, sich wieder zu verheiraten. Der Mann, den sie heiratet, muss aber ein Christ sein („in dem Herrn"). Aber sie darf heiraten, *welchen sie will*. Aus den oben genannten Gründen ist Paulus jedoch der Überzeugung, dass sie glücklicher wäre, wenn sie ledig bliebe.

Es spricht gewiss für die Größe göttlicher Liebe, wenn das eigene Glück ein Entscheidungskriterium sein darf! Offensichtlich ist es nicht die *einzige* Überlegung, auch nicht der *entscheidende* Faktor (vgl. Mt.6,19-33). Aber die eigene Freude ist nichtsdestotrotz wichtig und soll nicht im Falle einer Entscheidung unterschlagen werden. Denn Freude wirkt Dienstbereitschaft und Dankbarkeit. Und diese Motivation ist Gott wohlgefällig (Kol.3,17.23). Deshalb ist es durchaus erlaubt, angesichts einer Entscheidung im Bereich der Freiheit danach zu fragen, wie man wohl am glücklichsten würde. Sie ist zwar nicht die einzige Frage, immerhin aber eine biblische.

Jeden Tag auf seine Weise

Das Prinzip der weisen Entscheidung im Sinne geistlicher Zweckmäßigkeit kommt in Epheser 5,15-16 und auch in Parallelstellen (Kol.4,5) am deutlichsten zum Ausdruck.

„So seht nun sorgfältig darauf, wie ihr euer Leben führt, nicht als Unweise, sondern als Weise, und kauft die Zeit aus; denn es ist böse Zeit." (Eph.5,15-16)

„Verhaltet euch weise gegenüber denen, die draußen sind, und kauft die Zeit aus." (Kol.4,5)

Beide Abschnitte haben drei Ausdrücke gemeinsam. Das erste ist das Verb „wandeln". In beiden Fällen liegt die Bedeutung von „verhalten" zugrunde. Dieses bestimmte Verhalten wird mit den Worten „weise" und „als Weise" näher beschrieben. Eine nähere Bestimmung erfolgt durch den Ausdruck „kaufet die Zeit aus". Dem Wort „Weisheit" ist in der Heiligen Schrift eine große Bedeutungsbreite gegeben. In Epheser 5,17 wird ein unmittelbarer Zusammenhang zwischen „Weisheit" und „Erkenntnis des Willens Gottes" hergestellt. Dort geht es um eine Erkenntnis jener Wahrheit, die Gott in seinem Wort offenbart hat. Aber in beiden Abschnitten wird die Weisheit auch mit „kaufet die Zeit aus" verknüpft. Weisheit ist demnach *„geistliche* Anpassungsfähigkeit".

Die mit gutem Beispiel voran gehen

Zwar sollte Weisheit Ziel eines jeden Christen sein, besonders notwendig erweist sie sich für solche, deren Entscheidungen das Leben anderer beeinflussen. Folglich sind praktische Weisheit und ein gesundes Urteil unbedingte Voraussetzung für alle, die das Volk Gottes führen. Im Alten Testament richtete sich Mose mit folgenden Worten an das Volk Israel: *„Schafft herbei weise, verständige und erfahrene Leute unter euren Stämmen, die will ich über euch zu Häuptern setzen."* (5.Mo.1,13) In Apostelgeschichte 6 verfügen die Apostel, dass die Diakone Männer sein sollen, *„die einen guten Ruf haben und voll heiligen Geistes und Weisheit sind"* (Apg.6,3). Und in beiden Stellen, in denen es um die Qualifikationen der Gemeindeältesten geht, bestätigt Paulus, dass sie „nüchtern" und „besonnen" sein sollen (1.Tim.3,2; Tit.1,8).

Werde weise

Natürlich drängt sich jedem Christen, der darum bemüht ist, den Herrn durch weise Entscheidungen zu verherrlichen, die Frage auf: Wie erlange ich die für Entscheidungen notwendige Weisheit? Die biblische Antwort ist vielschichtig, ihre Grundaussage aber lautet: Weisheit wird denen zuteil, die *nach ihr suchen*:

„Ich (die Weisheit) liebe, die mich lieben, und die mich suchen, finden mich." (Spr.8,17)

Der Schlüssel zur Weisheit ist das Wissen, *wo* sie zu finden und *wie* nach ihr zu suchen ist. Beide Antworten finden wir in der heiligen Schrift.

Für den Gläubigen dürfte es kaum eine Frage sein, welches die Quelle der Weisheit ist. Denn Gott ist seinem Wesen nach ebenso sehr „Weisheit" wie auch „Liebe" oder „Wahrheit" oder „Heiligkeit" (Hi.9,4; 12,13; Jes.40,28; Dan.2,20). Ausschließlich in Gott ist die Fülle der Weisheit zu finden (Röm.16,27). Gott ist die Quelle und der Geber der Weisheit:

„Denn der Herr gibt Weisheit, und aus seinem Munde kommt Erkenntnis und Einsicht." (Spr.2,6)

Solche Weisheit wird jedoch nicht jedem gegeben, auch wenn die Quelle bekannt ist. Sie wird nur solchen verliehen, die sie hoch genug einschätzen, um sich um sie zu bemühen:

„Wenn du sie (die Weisheit) suchst wie Silber und nach ihr forschst wie nach Schätzen: dann wirst du die Furcht des Herrn verstehen und die Erkenntnis Gottes finden." (Spr.2,4-5)

Wer einen Schatz heben will, muss ihn zuvor richtig geortet haben. Das „Wie“ betrifft zwei Grundaspekte der Suche: Es geht einmal um die Gesinnung (Herzenshaltung) des Suchenden, zum anderen um sein Vorgehen.

Die rechte Gesinnung zeugt von dem Bewusstsein, dass kein Mensch von Natur aus weise ist (Spr.3,7). Wer also weise sein möchte, muss seine Weisheit aus anderer Quelle beziehen. Zur Gesinnung gehört im gleichen Maße die Überzeugung, dass Gott die Urquelle der Weisheit ist. Wer sich diesen grundlegenden Tatsachen verweigert, erweist sich als selbstbetrogener Narr (Röm.1,21-22). Die Grundhaltung des Weisheitssuchenden ist demütige Beugung.

Gott schenkt seine Weisheit allen, die bestimmte geistliche Eigenschaften haben:

- Ehrfurcht: Sprüche 9,10
- Demut: Sprüche 11,2; 15,33
- Lernbereitschaft: Sprüche 9,9; 15,31; 19,20
- Fleiß: Sprüche 8,17; vgl.2,4-5
- Aufrichtigkeit: Sprüche 2,7
- Glaube: Jakobus 1,5-8

Zur Erlangung von Weisheit muss zur rechten Gesinnung auch das rechte *Vorgehen* hinzukommen. Dem Weisheitssuchenden bieten sich mindestens fünf verschiedene Zugänge zur Weisheit.

Erstens: Er muss *Gott darum bitten* (Jak.1,5-6; vgl. Kol,1,9-10). Die Suche nach Weisheit ist nicht unpersönlich. Zwar setzt sie Studium und Nachdenken voraus, doch bleibt die Suche keine rein akademische Angelegenheit. Gewiss, Gott *hat* Weisheit durch sein Wort *gegeben*. Aber er *gibt* sie auch durch eine Vielzahl anderer Mittel. Deshalb beginnt die Suche nach Weisheit mit einer Bitte.

Jakobus' Rat (1,5-6) ist Aufforderung und Verheißung zugleich. Die Verheißung lautet: Gott wird dem, der im Glauben darum bittet, reichlich Weisheit zuteilen. Die Verheißung ist gerade heraus. Doch was sie voraussetzt, verdient unsere sorgfältige Beachtung. Jakobus verspricht keine sofortige Allwissenheit. Sie wird auch nicht - ohne regelmäßige Nahrungszufuhr in Form der Heiligen Schrift - quasi als Spritze verabreicht. Die Verflechtungen und Herausforderungen lösen sich nicht innerhalb einer Stunde, wie bei einem Fernsehkrimi. Jakobus 1,5 verheißt keine Sofortlösung für jedes Problem.

Die in Jakobus 1 gegebene Verheißung wurde aus Anlass einer vorausgegangenen Frage gegeben. In den ersten Sätzen seines Briefes fordert er seine gläubigen Leser heraus, im Blick auf die in Aussicht gestellte Charakterentwicklung, ihren Anfechtungen mit Freude zu begegnen. Die Reaktion, die er fordert, ist keine natürliche. Deshalb mag der Leser fragen: Wie kann ich meine Anfechtungen in eine rechte Perspektive rücken? Woher weiß ich, wie ich zu reagieren habe, damit meine Reaktion positive Ergebnisse hat. Jakobus: Bitte um Weisheit.

Der Textzusammenhang gibt über die Beschaffenheit von Weisheit Aufschluss. Weisheit ist vielseitig: zu ihr gehört die Fähigkeit, Gottes Blickwinkel einzunehmen, um die in einer Notlage verborgenen Möglichkeiten zu erkennen. Die Weisheit erkennt Wege, um den Schmerz - wo sich das als möglich erweist - zu lindern (vgl. dazu 1.Kor.7,28ff). Sie erinnert sich an Bibelstellen, die Gottes Perspektive verraten. Außerdem kann Weisheit konkrete biblische Anweisungen auf vorliegende Situationen anwenden. Und schließlich verhilft die Weisheit zu einer Sicht der Dinge, die zu geduldigen Warten auf Gott führt.

Die Bitte um Weisheit beschränkt sich nicht nur auf das Gebet darum, sondern sucht auch aktiv *in der Heiligen Schrift*. Denn auf ihren Seiten hat Gott geredet. Gottes Weisheit ist in großen Stücken bereits in der Bibel gegeben worden.

Die hohe Wertschätzung der Heiligen Schrift als Offenbarung göttlicher Weisheit ist das vorherrschende Thema des 119. Psalms. In Bezug auf diesen Psalm schreibt Charles Ryrie: „Der Psalm vermittelt den Gedanken, dass das Wort Gottes alles enthält, was der Mensch zu wissen braucht."[4]

Über das Zueinander von Wort Gottes und Weisheit schreibt der Psalmdichter:

„Wie habe ich dein Gesetz so lieb! Täglich sinne ich ihm nach.

Du machst mich mit deinem Gebot weiser, als meine Feinde sind; denn es ist ewiglich mein Schatz.

Ich habe mehr Einsicht als alle meine Lehrer; denn über deine Mahnungen sinne ich nach.

Ich bin klüger als die Alten; denn ich halte mich an deine Befehle." (Ps.119,97-100; vgl. Ps.19,8; 2.Tim.2,7; 3,15-17; 2.Petr.1,19)

Der dritte Zugang ist, wenn angebracht, das *Nachforschen.* Nehemia ist ein gutes Beispiel dafür, denn seine gründliche Erhebung über den Zustand der zerfallenen Befestigungen Jerusalems ergaben die für die Wiederherstellung notwendigen Daten (Neh.2,11-16). General Josua sandte zwei Geheimagenten nach Jericho. Die Ergebnisse ihrer Ermittlungen verhalfen ihm zu weisen Entscheidungen (Jos.2).

Eine ganze Reihe von Zeitgenossen hat die Wichtigkeit gründlicher Nachforschung erkannt. Deshalb hört man nicht selten den guten Rat, vor einer Entscheidung auf einem Blatt Papier alle positiven und alle negativen Faktoren aufzulisten. Das ist ein guter Rat, denn ohne Kenntnis der Tatsachen lässt sich kaum eine weise Entscheidung treffen (vgl. Lk.14,28-32).

Das Buch der Sprüche stellt den Wert *weiser Ratgeber* heraus:

„Wo nicht weiser Rat ist, da geht das Volk unter; wo aber viele Ratgeber sind, findet sich Hilfe.“ (Spr.11,14)

„Wer mit den Weisen umgeht, der wird weise; wer aber der Toren Geselle ist, der wird Unglück haben.“ (Spr.13,20)

„Die Pläne werden zunichte, wo man nicht miteinander berät; wo aber viele Ratgeber sind, gelingen sie.“ (Spr.15,22)

Wer Rat sucht, sollte sich grundsätzlich an zwei verschiedene Arten von Seelsorgern wenden. An jene, die über *tiefe geistliche Einsicht* verfügen, sollte folgende Frage gerichtet werden: „Sind Sie sich irgendwelcher biblischer Grundsätze bewusst, die meine Entscheidung betreffen?“ Und denen, die über einen großen *Erfahrungsschatz* verfügen, ist die Frage zu stellen: „Haben Sie, als Sie eine ähnliche Erfahrung machten, irgendwelche Einsichten gewonnen, die für mich von Wert sein könnten?“

Die fünfte Weisheitsquelle ist das *Leben selbst.* So wie man die Bibel studiert, sollte man auch das Leben studieren. Agur, Verfasser von Sprüche 30, sieht dies aus seiner Perspektive:

„Vier sind die Kleinsten auf Erden und doch klüger als die Weisen:
die Ameisen - ein schwaches Volk, dennoch schaffen sie im Sommer ihre Speise;
die Klippdachse - ein schwaches Volk, dennoch bauen sie ihr Haus in den Felsen;
die Heuschrecken - sie haben keinen König, dennoch ziehen sie aus in Ordnung;

die Eidechse - man greift sie mit den Händen, und sie ist doch in der Könige Schlössern." (Spr.30,24-28)

Mir scheint, er will sagen, dass Gott seine Weisheit in die Naturabläufe eingebaut hat, und die Menschen tun gut daran, über die praktischen Gewohnheiten der Tiere, die aus Instinkt handeln, nachzusinnen (vgl. Spr.6,6-11).

Der Verfasser des Hebräerbriefes wendet dasselbe Prinzip auf das eigene geistliche Leben an:

„Und ihr, die ihr längst Lehrer sein solltet, habt es wieder nötig, dass man euch die Anfangsgründe der göttlichen Worte lehre, und dass man euch Milch gebe und nicht feste Speise. Denn wem man noch Milch geben muss, der ist unerfahren in dem Wort der Gerechtigkeit, denn er ist ein kleines Kind. Feste Speise aber ist für die Vollkommenen, die ***durch den Gebrauch geübte Sinne*** *haben und Gutes und Böses* ***unterscheiden können****."* (Hebr.5,12-14)

Reife, zu deren Wesenmerkmalen Weisheit gehört, erlangt man durch die auf Erfahrungen angewandte Wahrheit. Menschlich gesprochen ist sie das Ergebnis gründlicher Bibelarbeit und gewissenhafter Befolgung von Gottes Wort. Die „Umsetzung" von Wahrheit in die Tat erweitert und vertieft die eigene Aufnahmefähigkeit für Weisheit durch Reife.

Abb. 23

Wie man Weisheit erlangt

• Pflege die rechte **Gesinnung**	• Wähle den rechten **Ansatz**
- Ehrfurcht - Demut - Lernbereitschaft - Fleiß - Aufrichtigkeit - Glaube	- Bitte Gott um Weisheit - Suche Weisheit in der Heiligen Schrift - Suche Weisheit durch persönliches Forschen - Suche Weisheit durch weise Seelsorger - Suche Weisheit aus dem Leben selbst

Anmerkungen:

1. Packer, J., Knowing God, Downers Grove 1973, S. 80 (dt. „Gott erkennen")
2. „Gut" heißt griechisch *kalos*. Im Sinne von „vorteilhaft" wird es in folgenden Stellen gebraucht: Mt. 17,4; 18,8-9; 1.Kor.9,15
3. Hodge, C., An Exposition of the First Epistel to the Corinthians, Grand Rapids o.J., S. 132
4. Ryrie, C., The Ryrie Study Bible, Chicago 1978

Kapitel 12

Gottes Ratschluss und unsere Entscheidung

Gottes souveräner Wille und unsere Pläne

Eine logische Frage, die oft im Zusammenhang mit dem souveränen Willen Gottes gestellt wird, lautet: Welchen Sinn haben Pläne angesichts der Tatsache, dass Gott alles, was geschieht, bestimmt?

Abb. 24

Gottes souveräner Wille ist ...

gewiss	umfassend
geheim	vollkommen

Dazu sagt die Bibel:

„Und nun ihr, die ihr sagt: Heute oder morgen wollen wir in die oder die Stadt gehen und wollen ein Jahr dort zubringen und Handel treiben und Gewinn machen -, und wisst nicht, was morgen sein wird. Was ist euer Leben? Ein Rauch seid ihr, der eine kleine Zeit bleibt und dann verschwindet. Dagegen solltet ihr sagen: Wenn der Herr will, werden wir leben und dies oder das tun. Nun aber rühmt ihr euch in eurem Übermut. All solches Rühmen ist böse." (Jak.4,13-16)

In diesem Abschnitt zeichnet Jakobus das Bild eines Kreises erfolgreicher, selbstbewusster jüdischer Geschäftsleute. So als sitzen sie gerade über einer Landkarte und tauschen Pläne aus. Einer aus der Runde deutet auf eine Stadt und sagt: „Dort ist noch was zu holen. Wenn wir ein Jahr Handel treiben, lässt sich ein guter Gewinn erzielen. Ich schlage vor, dass wir sofort mit unseren Waren aufbrechen."

Da unterbricht Jakobus ihr Gespräch. Er verurteilt ihr eigensinniges, überhebliches und selbstzufriedenes Pläneschmieden, das weder Gott noch dessen Souveränität anerkennt. Ihre Vermessenheit greift er an, denn *„all solches **Rühmen** ist böse."* Diese Kaufleute legen ein Selbstbewusstsein an den Tag, das eine Ausgeburt ihres Stolzes ist. Jede weiter Einzelheit, die der Leser über die Pläne erfährt, unterstreicht ihre Arroganz und Selbstzufriedenheit.

Wenn Unternehmer sich Pläne zurechtlegen

In Vers 14 weist Jakobus auf die Sinnlosigkeit solcher Angeberei hin. Das Leben ist einem flüchtigen Nebel gleich. Kein Mensch vermag zu sagen, wie sein Leben morgen aussieht. Wer weiß schon, ob er morgen noch lebt. Und wer darüber hinaus zuversichtliche Prognosen über seine Aussichten auf Gewinn zum Besten gibt, verhält sich besonders töricht. So ganz falsch ist die Werbung einer Lebensversicherungsgesellschaft nicht: „Wenn Sie die Versicherungspolice heute nicht unterzeichnen möchten, dann schlafen Sie noch einmal darüber und rufen Sie uns morgen früh an - falls Sie wieder aufwachen." Das Leben ist ungewiss und kurz.

Überdies versäumen die Kaufleute, Gott in ihre Pläne mit einzubeziehen. Dieses Versäumnis unterstreicht ihre Selbstvertrauen (vgl. dazu das Gleichnis vom „reichen Kornbauern" Lk.12,16-21).

Bemerkenswert ist allerdings auch, dass Jakobus einen Aspekt ihres Vorgehens nicht rügt: Er sagt nichts gegen die Tatsache, dass sie planen. Abgesehen von ihrer Grundhaltung wird sonst nichts an ihren Plänen kritisiert. Offenbar akzeptiert Jakobus ihre kurzfristiges Planen („heute oder morgen"), ihre langfristigen Pläne („ein Jahr zubringen"), ihre Wahl des Ortes („die oder die Stadt") und ihre Formulierung eines Zieles („Handel treiben und Gewinn machen"). Gegen das Pläne machen hat Jakobus nichts einzuwenden. Es ist die gottlose selbstsichere Gesinnung, die er rügt.

„Wenn" - das Motto der Demütigen

In Vers 15 mahnt Jakobus, bei allem Planen eine demütige Gesinnung einzunehmen, die Gottes Souveränität anerkennt. Das Vergängliche („ein Rauch seid ihr") ist auch Kennzeichen christlicher Lebenswirklichkeit. Alles Planen bleibt stets endlich und bedingt. Jedem antigöttlichen, unmoralischen, törichten Plan haftet immer ein „Wenn" an. Dasselbe gilt aber auch für jeden Plan, der Gott wohlgefällig, moralisch einwandfrei und weise ist. Daher versteige sich kein Christ zu der Feststellung: „Wir haben ernstlich über diesem Plan gebetet und Gewissheit bekommen, dass der Herr ihn gelingen lassen wird." Andere mögen sich durchaus von diesen und ähnlichen Glaubensbekundungen beeindruckt zeigen, doch würde Jakobus hinterfragen: „Wo ist das Wörtchen ‚wenn' geblieben?" Geistliche Pläne sind zwar lobenswert, aber auch sie sind niemals zu hundert Prozent sicher.

Zu demütiger Planung gehört neben dem „Wenn" auch das „So der Herr will", denn Gottes Souveränität ist für den Ausgang schlussendlich immer ausschlaggebend. Und diese Überlegungen fehlten in den Beratungen der gottlosen Händler. Es bleibt ein Geheimnis, wieso Gott einen ihm wohlgefälligen Plan zu Fall bringt, während er es zulässt, dass andere antigöttliche Vorhaben mit Erfolg gekrönt werden. Jedoch haben wir die Gewissheit, dass kein Plan, sei er nun gut oder schlecht, gegen Gottes souveränen Ratschluss Wirklichkeit werden kann.

Und schließlich stellt Jakobus fest, dass *Planung berechtigt ist*, vorausgesetzt alle anderen Faktoren sind hinlänglich berücksichtigt worden (*„dagegen sollt ihr sagen ..."* 4,15). Mit der souveränen Vorherbestimmung aller Dinge durch Gott erübrigt sich keineswegs die Notwendigkeit weiser Planung. Zu einem guten Plan gehören: ein Ausgangspunkt, ein Ort, ein Ziel und eine Frist (4,13).

Was Jakobus lehrt, wurde vom Apostel Paulus in der für ihn charakteristischen Weise umgesetzt: er fasste kurzfristige Entschlüsse (Apg.20,16; 1.Kor.4,19) und hegte langfristige Pläne (Apg.18,21; 19,21; 1.Kor.16,5-7). Dass uns bei ihm der Ausdruck „so Gott will" kaum begegnet, lässt schließen, dass eine formelhafte Verwendung dieses Ausdrucks nicht unbedingt zu jeder Absichtserklärung als Anhängsel hinzugehört. Worauf es aber ankommt ist die demütige Gesinnung, die Gottes Souveränität anerkennt.

Interessanterweise sind die meisten von Paulus gefassten Pläne tatsächlich verwirklicht worden (Apg.18,21; 1.Tim.1,3), so wie auch die meisten von uns wohlüberlegten Vorhaben wahrscheinlich verwirklicht werden. Jedes Mal, wenn sich ein sorgsam zurechtgelegter Plan erfüllt, werden zwei Wahrheiten unterstrichen: die Wichtigkeit weiser, ordentlicher Planung (Spr.24,6) und die Wirksamkeit des souveränen göttliche Willens, der die Pläne der Menschen und die Vorhaben Gottes überwacht und realisiert (Röm.1,10; 15,32).

Das Scheitern eines Vorhabens sollte zur Überprüfung und - falls notwendig - Korrektur der Strategie führen (Spr.20,5). Auch mangelnder Erfolg sollte dem Christen Anlass sein zu Dank Gott gegenüber, dass er durch und in allem am Wirken ist (einschließlich unserer fehlgeschlagenen Pläne), um seine göttlichen Vorhaben an ihr Ziel zu bringen (Röm.8,28; 1.Thess.5,18). Jeder Ausgang, ob nun erfolgreich oder nicht, sollte den Christen erinnern, dass menschliche Pläne nur funktionieren „so der Herr will" (Jak.4,15).

Gottes Souveränität und die Umstände

Manchmal hört man sagen: „Der Herr hieß mich dies und das tun." Fragt man dann, wie es zu der Führung kam, dann ist von einer Verkettung von Umständen die Rede, die in Richtung auf Gottes Willen wiesen.

Ein individueller Wille Gottes kann aus den Umständen nicht abgelesen werden, da es ihn nicht gibt. Aber auch Gottes souveräner Wille und sein ethischer Wille können auf diesem Weg nicht ausgemacht werden. Denn: Gottes souveräner Wille ist verborgen und sein ethischer Wille ist - zumindest was den Menschen angeht - in der Bibel offenbart worden.

Telegramm aus heitrem Himmel

Ereignisse lassen sich nur dann „lesen", wenn Gott seine Deutung durch übernatürliche Offenbarung dazugibt. Fehlt jedoch dieser „Begleittext", dann kann alles und nichts in die Umstände hineingelesen werden. Wir wollen einer erdachten aber durchaus denkbaren Diskussion beiwohnen. Es geht um eine „Botschaft" von Gott; sie geschah in Gestalt eines Blitzes, der in einem Kirchturm einschlug.

„Gott will uns sagen, dass wir mit der Gemeinde in einen Vorort umziehen sollen."

„Dem muss ich entschieden widersprechen. Es ist doch offensichtlich, dass er unseren Erweiterungsplänen einen Riegel vorschieben möchte."

„Vielleicht will er uns auf Sünden hinweisen, die das Werk der Gemeinde blockieren."

Salomo macht deutlich, dass eine Beobachtung des Weltgeschehens das Leben eitel und nichtig erscheinen lässt (Pred.1,1-11). Oftmals hat es den Anschein als begünstige Gott die korrumpierten Reichen während er den unterdrückten Armen und Gerechten nicht beisteht (Ps.37,1). Abgesehen von der Offenbarung der Heilsgeschichte nimmt sich das Weltgeschehen höchst seltsam aus.

Es dürfte daher nicht überraschen, wenn die Heilige Schrift vom Scheitern derer berichtet, die versuchten, bestimmte Ereignisse zu interpretieren. Jene Inselbewohner zum Beispiel, die sahen, wie Paulus von einer giftigen Schlange gebissen wurde, kamen zu dem Schluss, er sei ein Mörder (Apg.28,4). Als Paulus aber von dem Gift unbehelligt blieb, folgerten sie, es handele sich wohl um einen Gott (28,6). Auf die Frage seiner Jünger nach dem geistlichen Zustand des Blindgeborenen antwortete Jesus, dass seine Blindheit weder auf eigene noch auf die Sünde seiner Eltern zurückzuführen sei (Joh.9,2-3). Ähnlich korrigiert der Herr die öffentliche Meinung, eine von Pilatus hingerichtete Gruppe von Galiläern sei besonders verderbt gewesen (Lk.13,1-3; vgl. auch 13,4-5).

Für die Praxis des Alltags sollten einige Ereignisse schlichtweg als „zufällig" gedeutet werden, so wie dies auch in der Bibel geschieht (Rt.2,3; 1.Kö.22,34; Lk.10,31). Gewiss, auch diese Ereignisse werden von Gott bestimmt, doch sind sie nicht als zu lesende „Wegweiser" deutbar.

Auch der Rückblick ist nicht immer scharf

Gott hat für jedes Ereignis seine eigenen weisen Gründe, doch versieht er nicht jedes Geschehen mit einem laufenden Kommentar. Selbst Paulus verlor sich nicht in Spekulationen über die souveränen Gründe für die Flucht des Onesimus, dem Diener Philemons:

„Denn ***vielleicht*** *war er darum eine Zeitlang von dir getrennt, damit du ihn auf ewig wiederhättest, nun nicht mehr als einen Sklaven, sondern als einen, der mehr ist als ein Sklave: ein geliebter Bruder, besonders für mich, wie viel mehr aber für dich, sowohl im leiblichen Leben wie auch in dem Herrn."* (Phlm.15-16)

Wenn ein Christ Zeuge „zufälliger" Ereignisse wird, darf er - obwohl er nicht „hinter die Kulissen" sieht - weise handeln.

„Gleichwie du nicht weißt, welchen Weg der Wind nimmt und wie die Gebeine im Mutterleibe bereitet werden, so kannst du auch Gottes Tun nicht wissen, der alles wirkt. Am Morgen säe deinen Samen, und lass deine Hand bis zum Abend nicht ruhen; denn du weißt nicht, was geraten wird, ob dies oder das, oder ob beides miteinander gut gerät." (Pred.11,5-6)

Die wohl klassische Deuter der Vorsehung waren Hiobs „Tröster" Eliphas, Bildad und Zophar. Das hilfreichste, das sie zuwege brachten, war schweigend sieben Tage lang mit Hiob zu trauern, wodurch sie ihrem Mitgefühl Ausdruck gaben. (Hi.2,3) Als sie schließlich nicht mehr schweigen konnten, ließen sie sich neun Kapitel lang über die Vorsehung aus. Aber ihre Deutung des Schicksals, das Hiob befallen hatte, war neun Kapitel lang falsch! Gott allein wusste, was wirklich mit Hiob geschah. Und wann erhielt Hiob endlich die göttliche Deutung seiner Not? Nie. Während seines irdischen Lebens konnte er nur sagen: *„Der Herr hat's gegeben, der Herr hat's genommen; der Name des Herrn sei gelobt!"* (Hi.1,21)

Dürren deuten

Ein Ereignis an sich (ohne das Hinzukommen einer göttlichen Offenbarung) ist noch keine Mitteilung. Natürlich enthält die Heilige Schrift sehr viele Erklärungen. Dass Israel von Missernten und Plagen heimgesucht wurde, war nicht selten das Ergebnis eines Gottesgerichts, und zwar eines Gerichts, das von den Propheten des Herrn *im Voraus* angekündigt wurde (5.Mo.11,17; Am.4,6-8). Der Prophet Joel macht deutlich, dass der Einfall des Heuschreckenheeres keine Zufallstragödie war (Joe.2,1-10), sondern eine Strafaktion des Herrn, die Israel zur Buße bewegen sollte (Joe.2,11-17). Jedoch ohne Kommentar bleiben Heuschrecken eben nur Heuschrecken, und eine Hungersnot ist eine Hungersnot. Selbst im Neuen Testament, als der

Prophet Agabus die bevorstehende Dürre ansagte, tat er dies ohne den Versuch einer Deutung zu wagen: ihm ging es lediglich darum, die Christen zu warnen, damit sich diese auf das Ereignis einstellen konnten (Apg.11,27-30).

Eine andere Art Ereignis, die nach Aussage der Heiligen Schrift Botschaftsträger sein kann, ist das gottgewirkte Wunder. Die von Christus gewirkten Wunder bezeugten, dass er von Gott war (Joh.5,36) und offenbarten seine Herrlichkeit (Joh.2,11). Ein Wunder darf aber nicht subjektiv gedeutet werden. Es macht aufmerksam auf einen übernatürlichen Eingriff Satans oder Gottes, und Gott gibt seine Offenbarung dazu, um die Quelle zu identifizieren (5.Mo.13,1-5; 18,20-22).

Abgesehen von beiden vorhergenannten Aussagen sind alle Versuche, Gottesbotschaften in Umstände und Ereignisse hineinzulesen, unberechtigt. Denn Gottes souveräner Plan umfasst sowohl das Gute als auch das Böse: er gestattet ein Nebeneinander von Gabriel und Luzifer, von Jesus und Judas. Es kommt der Tag, an dem Gott alles Böse richten und alles Gute belohnen wird. An jenem künftigen Tag werden wir Gottes Güte und Gerechtigkeit aus seiner Vorsehung ablesen können. Und an jenem Tag wird nicht mehr zwischen Gottes souveränem und seinem ethischen Willen unterschieden werden. Bis dahin aber sind wir aufgerufen, zu beten, dass Gottes ethischer „Wille geschehe auf Erden wie im Himmel“ (Mt.6,10).

Gottes Souveränität und die „Offenen Türen“

Spricht aber nicht die Heilige Schrift von „offenen Türen“? Was sind sie, wenn nicht Fingerzeige Gottes?

Der Begriff „offene Tür“ ist ein natürliches Bild für die Möglichkeit etwas zu tun, oder eine Gelegenheit, die zu ergreifen ist. Er taucht im Neuen Testament nur selten auf. Die Art der Gelegenheit wird aus dem Textzusammenhang deutlich. So berichten beispielsweise Paulus und Barnabas in Apostelgeschichte 14,27 wie Gott *„den Heiden hätte die Tür des Glaubens aufgetan.“* Das heißt, den Heiden war die Gelegenheit gegeben worden, das Evangelium zu hören und daran zu glauben. Im Neuen Testament spricht der Ausdruck meistens von der Möglichkeit, das Evangelium zu verkündigen. Diese Beobachtung ist für eine Diskussion über das Thema Führung von besonderer Bedeutung, denn das Vorhandensein einer offenen Tür besagt ja, dass eine Entscheidung zu treffen ist. Stellt eine „offene Tür" eine Führung vom Herrn dar, die (vorausgesetzt die anderen Wegweiser stimmen) zu befolgen ist? Oder ist hier ein Weg aufgetan, dessen Beschreitung der Entscheidung dem Betroffenen überlassen wird?

Vier weitere Stellen, in denen der Ausdruck auftaucht sind: 1.Korinther 16,9; 2. Korinther 2,12; Kolosser 4,3 und Offenbarung 3,8. Von den genannten Stellen ist die Offenbarungsstelle die undeutlichste. Sie spricht von einer offenen Tür, die der Gemeinde zu Philadelphia gegeben worden ist. Zugegeben, die exakte Bedeutung ist hier etwas schwierig. Vielleicht ist die Rede von dem Eingang in das messianische Reich (auf Grund der Bezugnahme auf den „Schlüssel Davids" im vorangegangenen Vers). Vielleicht ist aber auch die Möglichkeit zu wirksamer Missionsarbeit gemeint. Auf jeden Fall aber wird aus dem Abschnitt ersichtlich, dass eine offene Tür etwas Wünschenswertes ist. Die Stellen in den Schriften des Apostels Paulus erweisen sich als aufschlussreicher.

Gelegenheit und Widerstand

In 1.Korinther 16,8-9 schreibt Paulus:

„Ich werde aber in Ephesus bleiben bis Pfingsten. Denn mir ist eine Tür aufgetan zu reichem Wirken; aber auch viele Widersacher sind da."

Damals sahen seine kurzfristigen Pläne einen Aufenthalt in Ephesus von etwas zwei Monaten vor. Danach wollte er die Stadt auf dem Wasserweg verlassen. Inzwischen hätten die Korinther Zeit gehabt, den Inhalt seines Briefes zu verdauen. Und diese Pläne würden Paulus einen längeren Aufenthalt in Korinth gestatten - worauf er hoffte (1.Kor.16,7).

Außerdem gibt Vers 9 zwei weitere wichtige Gründe an, die für einen verlängerten Aufenthalt in Ephesus sprachen. Zunächst positiv: es war ihnen *„eine Tür aufgetan zu reichem Wirken"*. Auf der negativen Seite war zu verzeichnen: *„Viele Widersacher"* versuchten eben diese Tür zu schließen. Kurzum: Paulus wollte die Gelegenheit ergreifen, um den aufgebrachten Widerstand auszuschalten.

Nun war die „Tür“ in diesem Fall eine Gelegenheit zu wirksamer Evangelisationsverkündigung. Die erwähnten Widersacher versuchten, die vorhandenen Möglichkeiten zu einer großen Ernte zu vereiteln. Besonders aufschlussreich erweist sich Paulus' Einschätzung der Lage. Einerseits betrachtete er die „Tür“ nicht als ein „Zeichen“, das ihn zu einem längeren Aufenthalt in Ephesus verpflichtete. Er stand nicht unter moralischem Druck. Paulus nahm lediglich in geistlicher Weise eine Möglichkeit wahr, die sich ihnen bot. Ferner sah Paulus in den Widersachern keine von Gott gesandten Boten, die ihn hießen, in andere erträglichere Erntefelder zu ziehen. Der Widerstand signalisierte Paulus vielmehr den Bedarf an Verstärkung, denn er war ja ein ausgezeichneter Soldat (2.Tim.4,7). Das Nebeneinander von Gelegenheit und Widerstand gab Paulus gute Gründe, seinen Aufenthalt in Ephesus hinauszuziehen. Er kaufte seine Zeit aus (Eph.5,16), indem er den Feind mit der List einer Schlange bekämpfte (Mt.10,16).

Gebt mir ein Rednerpult

In seinem Brief an die Kolosser schreibt Paulus:

„Betet zugleich auch für uns, dass Gott uns eine Tür für das Wort auftue und wir das Geheimnis Christi sagen können, um dessentwillen ich auch in Fesseln bin.“ (Kol.4,3).

Paulus sucht die Kolosser für seine Gebetsanliegen zu gewinnen. Weil er vom Gefängnis aus schrieb, können seine Worte als Ausdruck seiner Hoffnung gedeutet werden, nach einer Anhörung vor dem römischen Tribunals möglichst umgehend wieder auf freien Fuß gesetzt zu werden. Eine Befreiung würde die Gefängnistüren öffnen und die Verkündigung in Freiheit gestatten. Noch wahrscheinlicher ist sein Gebet allerdings eine einfache Bitte um möglichst viele Gelegenheiten, das Evangelium weiterzusagen - eine Bitte, die bald auf wunderbare Weise in Erfüllung gehen sollte (Phil.1,12-18). In der Apostelgeschichte wird verschiedentlich von Gebeten berichtet, die wortwörtlich zu geöffneten Türen führten. (Apg.5,19; 12,6-11; 16,26).

Paulus bat nicht um Führung sondern um Gelegenheiten. Es bedurfte keines göttlichen „Zeichens“, das ihn ermutigte, an einem besonderen Ort zu predigen. Wer die Gabe des Gebens hat, der sollte um Gelegenheiten bitten, seine Gabe einzubringen. Lehrer sollten um ausgezeichnete Möglichkeiten zum Lehren bitten. Helfer sollten nach gottgegebenen Gelegenheiten Ausschau halten, um Hilfe zu leisten.

Die Tür, durch die keiner eintrat

Unsere letzte paulinische Stelle ist 2. Korinther 2,12-13:

„Als ich aber nach Troas kam, zu predigen das Evangelium Christi, und mir eine Tür aufgetan war in dem Herrn, da hatte ich keine Ruhe in meinem Geist, weil ich Titus, meinen Bruder, nicht fand; sondern ich nahm Abschied von ihnen und fuhr nach Mazedonien."

Siehe da, eine „offene Tür", von der sich der Apostel abwandte! Der Grund für diese Entscheidung lässt sich nur im Licht des historischen Kontextes erkennen. Offenbar hatte Paulus den Christen zu Korinth einen „scharfen Brief" geschrieben und Titus beauftragt, diesen persönlich zu überbringen (2.Kor.2,4; 7,8). Zu gegebener Zeit wollte Paulus Ephesus verlassen (1.Kor.16,8) und auf dem Weg nach Korinth in Troas einen Zwischenaufenthalt einlegen (2.Kor.2,12-13). Dort wollte er mit Titus zusammentreffen und - wie er hoffte - von ihm erfahren, wie die Korinther seinen Brief aufgenommen hatten. Die in seinem „scharfen Brief" angesprochene Lage war überaus ernst. Nach seiner Einschätzung hing die Zukunft der Gemeinde womöglich von ihrer Antwort auf das ab, was er geschrieben hatte.

In Troas angelangt, wartete Paulus gespannt auf die von Titus zu überbringende Botschaft. Er wartete und wartete und wartete. Währendessen wurde er einer Tür gewahr, die sich für einen evangelistischen Dienst aufgetan hatte. Er war jedoch so sehr um die Lage in Korinth besorgt, dass er, der offenen Tür ungeachtet, Troas auf der Suche nach Titus verließ. Angst und innere Spannung begleitete seine Suche (2.Kor.7,5). Die Suche nahm aber mit der Begegnung mit Titus in Mazedonien und dessen Bericht von der Bußfertigkeit der Korinther einen glücklichen Ausgang (2.Kor.7,6-12). In Mazedonien verfasste Paulus, diesmal in gehobener Stimmung, einen weiteren Brief (den 2. Korintherbrief), der einerseits den Empfang der Nachricht durch Titus bestätigte und andererseits sein persönliches Eintreffen in Korinth vorbereiten sollte.

Warum hat Paulus eine „offene Tür" übergangen? Wenn sie in jedem Fall ein vor Gottes Vorsehung gesetztes „Zeichen" darstellt, das vom Gläubigen zu erkennen und zu befolgen ist, dann lässt sich Paulus' Vorgehen nicht erklären. Ist dagegen eine offene Tür lediglich eine sich bietende und zu erwägende Möglichkeit, dann fällt die Erklärung leicht. Gewöhnlich hätte Paulus von einer offenen Tür Gebrauch gemacht (1.Kor.16,9; Kol.4,3). Eine so ausgezeichnete Gelegenheit wie diese ließ er nur dann ungenutzt, wenn Wichtigeres seine Aufmerksamkeit forderte. Und so war es auch: Anstatt sich mit dem Bau eines neuen Hauses zu befassen, eilte Paulus fort, um die Flammen zu löschen, die das bereits errichtete Haus bedrohten.

Außerdem mögen weitere Überlegungen sich auf Paulus' Entscheidung ausgewirkt haben. Wahrscheinlich hätte sich seine Unruhe und Sorge um das Ergehen der Korinther auf seine Tätigkeit in Troas hindernd ausgewirkt. Ferner trieb ihn die Sorge, etliche aus der Gemeinde in Korinth könnten seine apostolische Autorität in Frage stellen, denn der 2. Korintherbrief enthält eine ganze Anzahl von Hinweisen auf diese Autorität (4,7-15; 5,11-13; 6,1-12 usw.). Hätte sich diese Auflehnung verwirklicht und verbreitet, dann wäre der Schaden für die gesamte Gemeinde unabsehbar gewesen. Und schließlich mag sich die Gelegenheit ergeben haben - wie einige Experten meinen -, zu einem späteren Zeitpunkt nach Troas zurückzukehren, um dort schließlich doch noch eine Gemeinde zu gründen (Apg.20,6).

Gelegenheiten richtig einschätzen

Über die Bedeutung von „offenen Türen“ fassen wir zusammen: 1) Mit dem Begriff „Tür“ wird meistens eine Gelegenheit zur wirksamen Verkündigung des Wortes Gottes bezeichnet. 2) Gelegenheiten ergeben sich aus Gottes souveränem Wirken. 3) Gelegenheiten sind gewöhnlich nach weiser Entscheidung zur Ehre des Herrn zu nutzen (Eph.5,15-16). 4) Bietet sich eine bessere Gelegenheit oder liegt eine dringlichere Aufgabe vor, so darf man getrost an der offenen Tür vorbeigehen. 5) Und schließlich ist eine offene Tür keine zu besonderem Vorgehen verpflichtendes Zeichen göttlicher Vorsehung. Durch eine Tür geht man nicht, weil sie ein Zeichen darstellt, sondern weil sie den Weg zu wirksamen Dienst öffnet. Es wäre unsinnig, durch das Fenster zu steigen oder gar eine Mauer einzureißen, wenn die Haustür offen steht.

Interessanterweise sprechen manche Christen von „verschlossenen Türen", obwohl die Bibel diesen Ausdruck nicht kennt. Das Vorhandensein offener Türen setzt natürlich voraus, dass es auch solche gibt, die geschlossen sind. Diese Vorstellung deckt sich allerdings nicht mit dem paulinischen Denken. Wurde Paulus an der Durchführung eines Plan gehindert, obwohl der Plan an sich richtig war, wartete er lediglich einen günstigeren Zeitpunkt ab, um einen zweiten Versuch zu starten. Vereitelte Vorhaben waren für ihn keine „verschlossenen Türen", kein Zeichen von Gott, dass etwas an seinem Plan nicht stimmte. Er gab sich mit der Tatsache zufrieden, dass er zum gegebenen Zeitpunkt mit seinem Vorhaben nicht weiter kam. Dennoch betete und plante er weiter um schlussendlich doch an sein Ziel zu gelangen. Mehrmals versuchte Paulus beispielsweise nach Rom zu reisen (vgl. Röm.1,10-13).

Der Ratschluss Gottes und die „Felle"

Eine Entscheidungshilfe, die in Überlegungen zum Thema Wille Gottes immer wieder auftaucht, ist die Frage nach dem „Auslegen eines Vlieses". Sowohl der Ausdruck als auch das Vorgehen sind der Gideon Geschichte entnommen:

„Und Gideon sprach zu Gott: Willst du Israel durch meine Hand erretten, wie du zugesagt hast, so will ich abgeschorene Wolle auf die Tenne legen: Wird der Tau allein auf der Wolle sein und der ganze Boden umher trocken, so will ich daran erkennen, dass du Israel erretten wirst durch meine Hand, wie du zugesagt hast. Und so geschah es. Und als er am andern Morgen früh aufstand, drückte er den Tau aus der Wolle, eine Schale voll Wasser! Und Gideon sprach zu Gott: Dein Zorn entbrenne nicht gegen mich, wenn ich noch einmal rede. Ich will's nur noch einmal versuchen mit der Wolle: es sei allein auf der Wolle trocken und Tau auf dem ganzen Boden. Und Gott machte es so in derselben Nacht, dass es trocken war allein auf der Wolle und Tau überall auf dem Boden." (Ri.6,36-40)

Wer „ein Vlies auslegt" möchte Gottes individuellen Willen in einer gegebenen Situation erkennen indem er sich im Voraus mit Gott über ein bestimmtes Zeichen einigt. Das Zeichen gibt dann die richtige

Entscheidung an. Das Vorgehen kann auch so beschrieben werden: Gideons abgeschorene Wolle ist unter Christen zur Grundlage einer Praxis geworden, die die Bezeichnung trägt „ein Vlies auslegen". Wer ein Vlies auslegt, sagt beispielsweise zu Gott: Wenn ich mich tatsächlich an Plan A halten soll, dass lass doch bitte das Telefon um 21.30 Uhr klingeln. Dann weiß ich, dass Plan ‚A' deine Zustimmung gefunden hat." (Das „Vlies" kann irgendetwas sein, nur muss es als „Zeichen" dienen können.)[1]

Dieses Vorgehen ist durchaus mit dem traditionellen Ansatz vereinbar. Es lässt sich allerdings nicht mit dem zitierten Bibelabschnitt begründen oder rechtfertigen. Um den Grund dafür zu verstehen, müssen wir etwas ausholen, und uns mit dem historischen Hintergrund von Richter 6 befassen.

Ein Engel kündigt Gideon an, er werde den Feind Israels, Midian, besiegen (6,11-16). Gideon bittet um eine Bestätigung und Gott verzehrt das ihm von Gideon dargebrachte Opfer mit Feuer (6,17-24). Da kam der Geist Gottes über Gideon und hieß ihn, ein Heer aufzustellen (6,33-35). Daraufhin bat Gideon um die beiden Zeichen mit dem Vlies (der Wolle): er suchte Gewissheit darüber, dass Gott ihm tatsächlich den Feind Midian ausliefern würde (6,36-40). Wieder geht der Herr auf Gideons Bitte ein und der Kampf endet im Sieg für Israel (Ri.7).

Eher ein Zeichen des Kleinglaubens

Es sprechen mehrere Gründe gegen die traditionelle Verwendung dieser Stelle. Erstens war Gideons Vlies nicht bloß ein sich aus den Umständen ergebendes Zeichen, sondern eine wunderbare Demonstration übernatürlicher Kraft. Gideons Bitte um ein Zeichen muss als Bitte um ein Wunder verstanden werden, denn er hatte ja bereits mehrere wundersame Zeichen erhalten: sein Gegenüber war der Engel des Herrn (6,21); das Feuer, das sein Opfer verbrannte, kam aus dem Felsen (6,21); Gott sprach mit ihm (6,23-26) und der Geist Gottes kam über ihn und befähigte ihn zu seinem Auftrag (6,34). Nach diesen Wundern war es undenkbar, dass sich Gideon mit einem bloß umstandsbedingten Zeichen zufrieden gegeben hätte.

Zweitens ersucht Gideon Gott nicht um Führung, sondern um eine Bestätigung der *bereits erhaltenen* Führung. Und die Führung, die er empfangen hatte, war auf übernatürliche Weise geschehen. Gideon bat also nicht um Führung, sondern um Glauben daran, dass Gott tatsächlich die Befreiung Israels durch ihn wirken würde. Das bezeugen sogar seine Worte: „*... so will ich daran erkennen, dass du Israel erretten wirst durch meine Hand,* ***wie du zugesagt hast.***"

Drittens war Gideons Wunsch nach weiteren Zeichen und Wundern kein Musterbeispiel idealer Führung, sondern eher ein Zeichen mangelnden Glaubens. Gottes Anweisungen waren ja eindeutig gewesen, wie Gideon selber bestätigt (6,37). Offenbar aber zeigte Gott aus Rücksicht auf die besonderen Umstände Verständnis für Gideons Kleinglauben. Trotzdem waren Gideons laufende Forderungen unangebracht. Was Gott nämlich von solchen hält, die unentwegt Zeichen fordern, wird aus Jesu Tadeln der Schriftgelehrten und Pharisäer deutlich (vgl. Mt.12,38-39; auch Lk.1,11-20).

Doch auch die Vertreter des traditionellen Ansatzes sind sich über die Gültigkeit dieses Zeichens uneins. Außerdem fehlt in der Lehre des Neuen Testaments jede Spur eines vergleichbaren Vorgehens[2], und diese Tatsachen sollte für den Christen entscheidend sein.

Weisheit in Schafskleidern

Warum aber fallen die Ergebnisse der „Vlies-Methode" mitunter recht gut aus? Das liegt sicher einfach an der Tatsache, dass ausgelegte Vliese manchmal in Wirklichkeit getarnte Weisheit sind.

Das besondere daran (im Gegensatz zur „offenen Tür") ist ja, dass *das Zeichen von dem festgelegt wird, der die Entscheidung zu treffen hat.* Entsprechend unterscheiden sich die Vliese von Fall zu Fall. Wer ein besonders ausgefallenes Vlies auslegt, das mit seiner Entscheidung auch nicht im entferntesten etwas zu tun hat, der setzt sich der Gefahr aus, gerupft zu werden. Dazu zwei Beispiele: „Wenn heute ein hellblauer 57'er Mercedes bei rot über die Kreuzung fährt, werde ich wissen, dass ich die Arbeitsstelle zu wechseln habe." Oder: „Wenn der HSV heute das Spiel gewinnt, werde ich im Herbst auf eine Bibelschule gehen."

Das erste Zeichen wird wohl kaum in Erfüllung gehen. Da stehen die Chancen beim zweiten schon etwas besser, etwa bei 50:50. Eine Münze würde aber ebenso gute Dienste leisten. Entscheidungen dieser Art werden vom Zufall regiert.

Und trotzdem gibt es „Vliese", die zu guten Ergebnissen führen. Die Rede ist von solchen, die von Weisheit geprägt sind. Dazu wieder ein Beispiel: Ein Mann möchte seinen Wagen verkaufen. Er lässt ihn zu diesem Zweck schätzen: 5.500 Euro soll er einbringen. Ist nun unser Verkäufer ein Anhänger der traditionellen Methode, mag er vielleicht folgendes „Vlies" auslegen: „Bietet mir jemand 5.500 Euro oder mehr für den Wagen, werde ich dies als positives Zeichen werten und den Wagen verkaufen." Meldet sich dann tatsächlich ein Käufer mit einem Angebot über 5.500 Euro, wird er den Wagen verkaufen. Die Entscheidung wäre eine gute Idee. Allerdings nicht, weil seine Methode gut war, sondern weil seine Entscheidung in Wirklichkeit weise war, und dies, obwohl der Betreffende es wohl gar nicht so sehen würde.

Der Mann hätte auch überlegen können: „Ich möchte meinen Wagen verkaufen. Bekomme ich keine 5.500 Euro dafür, dann täte ich besser daran, ihn zu behalten. Erhalte ich ein Angebot über 5.500 Euro, dann werde ich mich von dem Auto trennen." Dann bittet er Gott um einen Käufer und setzt eine Anzeige in die Zeitung. Verkauft er den Wagen, so dankt er Gott für die Weisheit und den Käufer. Und für den Fall, dass er ein Angebot von nur 5.450 Euro erhält, könnte er dennoch verkaufen, weil die Summe immer noch zumutbar wäre und er keine Idealsumme zu erreichen bräuchte, denn es handelt sich ja nicht um ein Zeichen.

Abb. 25

Gottes souveräner Ratschluss und unsere Entscheidungen

1. Gottes ewiger Ratschluss mach das *Planen* nicht überflüssig, aber er verlangt die demütige Anerkennung seines souveränen Willens.
2. Die *Umstände* bestimmen das Umfeld der Entscheidung und sind weise abzuwägen, nicht jedoch als Wegweiser „abzulesen", die Gottes individuellen Willen zeigen.
3. *Offene Türen* sind von Gott gegebene Gelegenheiten zum Dienst und nicht zu bestimmtem Vorgehen verpflichtende Leitung Gottes.
4. *„Ein Vlies auslegen"* ist kein gangbarer Weg, um Gottes individuellen Willen zu erkennen. Trotzdem führt die Methode dann zu guten Ergebnissen, wenn sie „versteckte Weisheit" ist.

Der Unterschied liegt in der Gesinnung

Die Frage, mit der wir uns in diesem Kapitel befassten, lautete: In welchem Zusammenhang stehen der souveräne Wille Gottes und der Entscheidungsprozess zueinander? Die Antwort gliedert sich in zwei Teile:

1. Weil Gottes ewiger Ratschluss den Ausgang aller Entscheidungen bestimmt, sollte sich der Christ im Voraus demütig dem Plan Gottes beugen.

2. Weil Gottes ewiger Ratschluss verborgen ist und nicht im Voraus erkannt werden kann, hat er keinen unmittelbaren Einfluss auf unser Planen und Entscheiden. Gottes souveräner Wille regiert die Umstände und öffnet Türen. Doch sind es sein ethischer Wille und die Weisheit, die für die Entscheidung letztlich ausschlaggebend sind.

Kurzum: Gottes souveräner Wille betrifft zwar nicht unmittelbar den *Vollzug* der Entscheidung, aber seine Wirklichkeit sollte dennoch die *Gesinnung* des Christen im Entscheidungsprozess bestimmen. Demütiges Planen ist die rechte Antwort auf den ewigen souveränen Ratschluss Gottes.

Anmerkungen:

1. White, J., The Fight, Downers Grove 1976, S. 165. White redet dem „Vlies auslegen" keineswegs das Wort. Er schreibt nämlich: „Die Vliese darfst du ruhig vergessen. Wenn du sie nicht verwendest, dann fang gar nicht erst damit an und wenn du sie benutzt, dann hör damit auf."
2. In 1.Samuel 14,6-15 wertet Jonathan eine Einladung der Philister, an ihren Kriegsschauplatz zu kommen, als Zeichen dafür, gegen sie anzutreten. Gott schenkte ein Wunder: Jonathan siegte und brachte zwanzig Feinde um (14,14). Das Heer der Philister geriet in Panik und Israel errang einen großen Sieg (14,15-30).

Die Erklärung dieses außergewöhnlichen Vorfalls ist in dem besonderen Bundesverhältnis zwischen Gott uns seinem Volk zu suchen. Israels Auseinandersetzung mit den Philistern war ein „heiliger Krieg". Gott bekämpfte *seine* Feinde durch das Heer Israels. Dabei leitete Gott seinen irdischen König durch Träume, durch Urim und Tummim oder durch einen Propheten (1.Sam.28,6). Befolgte das

Militär Gottes Anweisungen, war ihnen der Sieg sicher. Dass unmittelbare Offenbarung erwartet wurde, wird aus dem engeren Kontext deutlich: Saul befragte das Urim in Ephod um Weisung für seine Kampfpläne (14,36-37). Später bediente er sich auch des Loses (wie vor ihm Josua, 7,13-21), um die zu identifizieren, die sein Fastengebot missachtet hatten (1.Sam.14,41-42).

Diesmal war aber Israels König Saul nicht mehr in „Gemeinschaft mit Gott". Im Gegensatz zu ihm war sein Sohn Jonathan Gott gehorsam. Angesichts des Ungehorsams seines Vaters zog Jonathan heimlich mit seinem Waffenmeister aus, um für Gott zu streiten. Dadurch schnitt er sich aber von den „üblichen" übernatürlichen Führungsquellen ab. Er hatte nämlich keine Propheten in seiner Begleitung und das Urim und Thummim im Ephod befand sich bei Saul (14,3).

Trotzdem dachte Jonathan, Gott würde ihn „vielleicht" durch bestimmte andere Zeichen führen (14,6). Im Gegensatz zu Gideon war Jonathan von Mut und Glauben motiviert und dem Wunsch, Gottes Ehre zu verteidigen. Dass sich Gott zu Jonathans unorthodoxem Vorgehen bekannte, wird aus dem Sieg ersichtlich, den Jonathan errang.

Obwohl das Los im Alten Testament Verwendung fand, empfiehlt sich diese Methode der Leitung nicht für die neutestamentliche Gemeinde. Nur in Apostelgeschichte 1 ist vom Los die Rede, als nämlich die Jünger den Nachfolger Judas bestimmten (Matthias in Apg.1,24-26). Da sich dies vor dem Zeitalter der Gemeinde zugetragen hat, ist es für uns nicht maßgeblich. Es gibt überdies erhebliche Zweifel, ob Gott und die Gemeinde die Gültigkeit dieser Entscheidung akzeptierten. Jesus hatte erklärt, dass die Apostel im Reich Gottes von „zwölf Thronen" aus regieren sollten (Mt.19,28). Im Gegensatz zu Matthias, der in seiner apostolischen Funktion nicht mehr erwähnt wird, ist Paulus' Anspruch auf das apostolische Amt begründet und bekannt.

Kapitel 13

Führung: Ein biblisches Modell

Folgende Übersicht soll die Eigenschaften des souveränen und ethischen Willens Gottes gegenüberstellen.

Abb. 26

Gottes souveräner und ethischer Wille im Vergleich

Der souveräne Wille	Der ethische Wille
1. Gottes geheimer Ratschluss, der den gesamten Verlauf der Geschichte und des Universums bestimmt.	1. Gottes in der Bibel geoffenbarte Gebote lehren den Menschen glauben und leben.
2. Meist verborgen	2. Vollständig offenbart
3. Kann nicht im Voraus erkannt werden	3. Der Christ sollte mit ihm vertraut sein.
4. Kann nicht „versäumt“ werden; sollte demütig akzeptiert werden.	4. Kann durch Unwissenheit oder Ungehorsam „versäumt“ werden.
5. Der mittelbare ideale Plan: Obwohl in ihm sowohl böse Taten als auch törichte Absichten enthalten sind, führt er letztendlich doch zur Verherrlichung Gottes.	5. Das unmittelbar ideale Lebensmuster: Umfasst ausschließlich jenes Verhalten und jene Gesinnung, die im Einklang mit Gottes Charakter sind und ihn verherrlichen.

Biblische Führung: eine Definition

In welchem Sinn darf nun behauptet werden, dass der Heilige Geist das Volk Gottes führt? Wie Gott führt, soll folgende Übersicht deutlich machen:

Abb. 27

Wie Gott führt: eine Übersicht

	Ethische Führung	**Weise Führung**	**Souveräne Führung**	**Besondere Führung**
Bereich:	Ethisches Verhalten	Nicht-ethische Entscheidungen	Alle Dinge	Außergewöhnliche Fälle
Art & Weise:	Gott führt den Gläubigen *unmittelbar*	Gott führt den Gläubigen *mittelbar*	Gott führt den Gläubigen *im Geheimen*	Gott hat Gläubige auf *übernatürliche* Weise geführt
Mittel:	Durch geoffenbarte Gebote und Richtlinien	Durch erworbene Weisheit	Durch souveräne Bestimmung sämtlicher Ereignisse	Durch Gottes Stimme, Engel, Traum oder Wunder
Das leitende Prinzip:	Nach seinem ethischen Willen (Bibel)	Nach der geistlichen Zweckmäßigkeit	Nach seinem Ratschluss	Je nach der besonderen Offenbarung

Gottes Führung ist sehr vielgestaltig! Und jedem unserer besonderen Bedürfnisse entspricht eine ganz bestimmte Art der Führung. Einige Erläuterungen zu den gegebenen Definitionen sollen zeigen, wo der Bezug im Einzelnen zu unseren Entscheidungen gegeben ist.

1. Die vier verschiedenen Führungsweisen unterscheiden sich nicht nur voneinander, sondern sind auch *in jedem Bestandteil* ihrer Definition verschieden, d.h. sie unterscheiden sich nach Bereich, Art und Weise, Mittel und Leitmotiv.

2. Zweimal sind die Mittel der Führung *direkt* (ethische F., besondere F.), einmal *indirekt* (weise F.) und einmal im Voraus *nicht wahrnehmbar* (souveräne F.).

3. Zweimal fällt dem Gläubigen eine *aktive* (ethische und weise F.), zweimal eine *passive* Rolle zu (souveräne u. besondere F.).

4. Die Definition der besonderen Führung ist bewusst in der Vergangenheitsform gehalten. Nicht etwa, weil Gott heute zu übernatürlicher Offenbarung unfähig wäre, sondern weil besondere Führung nicht die Regel ist.

Biblische Führung: eine Beschreibung

Abbildung 28 versucht, die Beziehungen zwischen den verschiedenen Aspekten des Willens Gottes graphisch darzustellen.

Abb. 28

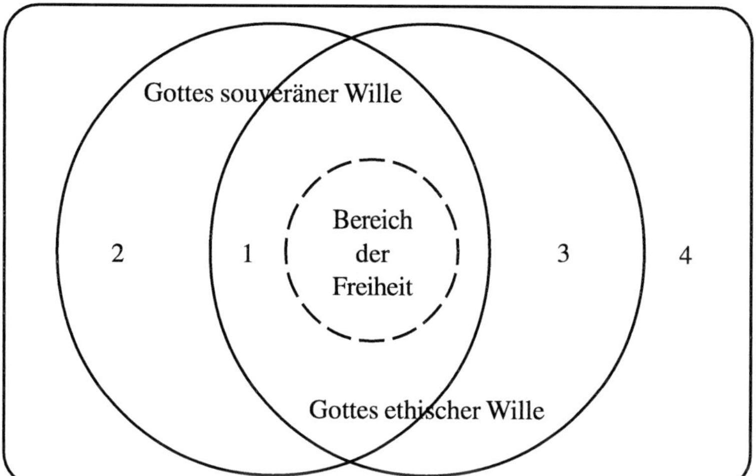

Bereich 1: Dieses Feld umfasst alle Handlungen, die sowohl dem souveränen als auch dem ethischen Willen Gottes entsprechen. Mit anderen Worten: Gottes Wort hat es geboten und jemand war dem Gebot gehorsam (Jos.11,15).

Bereich 2: Hierunter fallen alle Handlungen, die zwar Gottes ethischen Willen widersprechen, dennoch aber in den Ratschluss Gottes gehören. Zum Beispiel die Kreuzigung Christi, jene entsetzliche Verletzung der Gebote Gottes, die aber trotzdem in seinem souveränen Weltplan einen festen Platz hatte (Mt.26,24; Apg.2,23; 4,27-28).

Bereiche 3 und 4: In diese beiden Bereiche fallen alle möglichen aber nicht tatsächlichen Ereignisse der Vergangenheit und der Zukunft, die sich *nicht zutragen*, da sie nicht in den Bereich des souveränen Willens Gottes fallen. Sie sollen uns aber - und deshalb wurden sie in die Abbildung hineingenommen - an die allumfassende Weite der Allwissenheit Gottes erinnern. Gottes Wissen reicht so weit, dass es auch jede nur denkbare Möglichkeit umfasst. So wusste Jesus, was die Einwohner von Tyrus und Sidon *getan hätten*, wäre ihnen eine andere Offenbarung geschenkt worden (Mt.11,21-24).

Entsprechend haben wir uns unter Bereich 3 all das vorzustellen, was Gott (nach seinem ethischen Willen) zwar wünscht, was aber nie verwirklicht werden wird. So heißt es z.B. in 2.Petrus 3,9: *„Der Herr ... will nicht, dass jemand verloren werde, sondern dass jedermann zur Buße finde."* So lautet Gottes ethischer Wille. Doch gehört diese „All-Versöhnung" offenbar nicht in seinen ewigen Ratschluss, denn nicht jeder wird umkehren (Mt.25,41-46; Offb.20,15). Und so sind mit Bereich 4 alle sündigen Handlungen umrissen, die sich nicht ereignen werden.[1]

Zu fragen ist zunächst nach dem Zusammenhang zwischen Entscheidungen und dem souveränen Willen Gottes. Gottes Ratschluss (sein souveräner Wille) ist vorborgen, d.h. er kann nicht im Voraus erkannt werden. Damit erübrigt sich jeder Versuch, durch das Erkennen „offener" und „verschlossener Türen" die Vorsehung an den Umständen „abzulesen", oder herauszufinden, was Gott „von mir will". Für die Praxis *hat der souveräne Ratschluss Gottes keinen unmittelbaren Bezug zum bewussten Entscheidungsvorgang.*

Da jedoch der Ausgang aller Entscheidungen schlussendlich bedingt ist durch den souveränen Willen Gottes, steht es dem Gläubigen gut an, seine Pläne im Gebet Gott demütig darzulegen.

Die Frage nach dem ethischen Willen Gottes lautet: Was gebietet und was verbietet die Heilige Schrift in Bezug auf die Entscheidung? Dabei ist zu beachten, dass der ethische Wille Gottes mehr umfasst als bloß die sichtbare Handlung: Unsere Gesinnung, Ziele, Beweggründe und die von uns eingesetzten Mittel fallen alle unter Gottes Gebote. Ziel, Beweggrund und Mittel - alles soll Gott verherrlichen.

Ist die Entscheidung jedoch im Bereich ethischer Freiheit, dann bleibt es das Ziel eines Christen, sich für die Alternative zu entscheiden, die dem Vorhaben Gottes (aus der Bibel erkennbar) am zweckdienlichsten ist. Dazu bedarf es der Weisheit aus den von Gott zur Verfügung gestellten Quellen: Gebet, Bibelstudium, Seelsorge, Erfahrung und persönliche Reflexion. Der Einsatz von Zeit und Energie steht im Verhältnis zur Bedeutung der jeweiligen Entscheidung (Eph.5,15-16)! Entscheiden zwei Alternativen gleichermaßen zweckdienlich, dann darf die persönliche Vorliebe den Ausschlag geben.

Zu begründen ist eine Entscheidung mit ethischer Führung („Gottes Wort sagt ...") und Weisheit („Es schien mir gut ..."). Der Entscheidungsträger sollte zeigen können, dass er sich für die geistlich zweckmäßige Alternative entschieden hat.

Biblische Führung praktisch

Eine bedeutsame und zugleich gründliche Anwendung eben dieser Richtlinien findet sich im Brief des Paulus an die Römer. Diese tiefschürfende theologische Abhandlung ist so sehr mit schwerem Gedankengut befrachtet, dass der moderne Leser allzu leicht die im Eingangs- und Abschiedswort enthaltenen Einsichten übersieht. Wer Entscheidungshilfe sucht, der findet sie in diesem Brief und zwar dort, wo Paulus seine Pläne, die Christen in Rom zu besuchen, erläutert:

„Zuerst danke ich meinem Gott durch Jesus Christus für euch alle, dass man von eurem Glauben in aller Welt spricht. Denn Gott ist mein Zeuge, dem ich in meinem Geist diene am Evangelium von seinem Sohn, dass ich ohne Unterlass euer gedenke und allezeit in meinem Gebet flehe, ob sich's wohl einmal fügen möchte durch Gottes Willen, dass ich zu euch komme. Denn mich verlangt danach, euch zu sehen, damit ich euch etwas mitteile an geistlicher Gabe, um euch zu stärken, das heißt, damit ich zusammen mit euch getröstet werde durch euren und meinen Glauben, den wir miteinander haben. Ich will euch aber nicht verschweigen, liebe Brüder, dass ich mir oft vorgenommen habe, zu euch zu kommen - wurde aber bisher gehindert -, damit ich auch unter euch Frucht schaffe wie unter andern Heiden." (Röm.1,8-13)

Paulus als Stratege

Zunächst wird deutlich: *Es ist erlaubt Pläne zu fassen* (1,13). Obwohl Paulus vereinzelt besondere Leitung empfing (vgl. Apg.16,6-10), ist hier mit keinem Wort von solcher Offenbarung die Rede. Gott hatte Paulus die Reise nach Rom weder geboten noch verboten.[2]

Zweitens *betete* Paulus über seinen Plänen (1,8-10). Er bat Gott um ihr Gelingen. Offenbar hatte Paulus schon mehrmals vergeblich eine Reise nach Rom ins Auge gefasst (1,13), und nun bittet er den Herrn den vorliegenden Plan möglichst bald zuzulassen (1,10).

Drittens wird aus den Gebeten ersichtlich, dass sich Paulus mitsamt seinen Plänen *dem Ratschluss Gottes fügte*. Der Wortlaut seines Bittgebetes macht dies deutlich: sollte er je nach Rom kommen, dann nur *„durch Gottes Willen"* (1,10). Bisher war er allerdings *„gehindert"* (1,13). Und obwohl er keinen konkreten Hinderungsgrund nennt, stand dennoch für Paulus fest, dass letztlich der souveräne Wille Gottes verantwortlich zeichnete. Folglich konnte er sich ohne besondere Enttäuschung mit der Verzögerung zufrieden geben.

Das Ziel im Blick

Viertens stellen wir fest, dass Paulus mit seinen Plänen geistliche Ziele verfolgte. Welche Ziele?

1. Den Christen in Rom mit geistlicher Gabe zu dienen (1,11).
2. Die Gemeinde in Rom zu festigen und zu ermutigen (1,11-12).
3. Von den Christen ermutigt zu werden (1,12).
4. Ungläubige für Christus zu gewinnen (1,13-15).

Einige Leser seines Briefes mochten sich gewundert haben, wieso Paulus gerade nach Rom kommen wollte, wo er seine geistlichen Ziele doch auch anderswo verfolgen konnte. Paulus bleibt dem Leser zunächst eine Antwort schuldig, kommt aber ganz zum Schluss des Briefes noch einmal auf die Frage zu sprechen:

„Dabei habe ich meine Ehre darein gesetzt, das Evangelium zu predigen, wo Christi Name noch nicht bekannt war, damit ich nicht auf einen fremden Grund baute, sondern ich habe getan, wie geschrieben steht (Jesaja 52,15): »Denen nichts von ihm verkündigt worden ist, die sollen sehen, und die nichts gehört haben, sollen verstehen.« Das ist auch der Grund, warum ich so viele Male daran gehindert worden bin, zu euch zu kommen. Nun aber habe ich keine Aufgabe mehr in diesen Ländern, habe aber seit vielen Jahren das Verlangen, zu euch zu kommen, wenn ich nach Spanien reisen werde. Denn ich hoffe, dass ich bei euch durchreisen und euch sehen kann

und von euch dorthin weitergeleitet werde, doch so, dass ich mich zuvor ein wenig an euch erquicke. Jetzt aber fahre ich hin nach Jerusalem, um den Heiligen zu dienen. Denn die in Mazedonien und Achaja haben willig eine gemeinsame Gabe zusammengelegt für die Armen unter den Heiligen in Jerusalem. Sie haben's willig getan und sind auch ihre Schuldner. Denn wenn die Heiden an ihren geistlichen Gütern Anteil bekommen haben, ist es recht und billig, dass sie ihnen auch mit leiblichen Gütern Dienst erweisen. Wenn ich das nun ausgerichtet und ihnen diesen Ertrag zuverlässig übergeben habe, will ich von euch aus nach Spanien ziehen. Ich weiß aber, wenn ich zu euch komme, dass ich mit dem vollen Segen Christi kommen werde." (Röm.15,20-29)

Erst an vierter Stelle

Hatte die erste Ankündigung seiner Reisepläne in Kapitel 1 unter Paulus' Lesern in Rom freudige Erwartung ausgelöst, so werden sich die weiteren Einzelheiten eher dämpfend auf ihre Stimmung gelegt haben. Denn erst in Kapitel 15 werden Paulus' Absichten in vollem Umfang ersichtlich. Plötzlich erfahren die Römer, dass sie bei Paulus keineswegs erste Priorität genießen.

Auch nicht die zweite.

Nicht einmal die dritte.

Sie rangieren an vierter Stelle!

Wieso?

Weil Paulus Ziele verfolgt, die um einiges ehrgeiziger sind als die eingangs genannten. Der Besuch in Rom war nur ein Teil einer umfassenden Strategie. *Paulus hat seine Ziele nach Prioritäten geordnet.* Da er nicht weiß, wie viel Zeit ihm noch zur Verfügung steht, nimmt er sich zunächst das vor, was unbedingt erledigt werden muss. Was aber warten kann, wird auf einen späteren Termin verschoben.

Prioritäten verraten viel

An allererster Stelle rangierte die Evangelisierung Griechenlands. Seitdem Jesus Christus Paulus zum „Apostel der Heiden" bestimmt hatte (Röm.11,13), verfolgte er eine Strategie, die eine Evangelisierung jener Regionen vorsah, die vom Evangelium noch gänzlich unberührt waren (2.Kor.10,16). Paulus erklärt sein Vorgehen (Röm.15,20-21) und erwähnt dabei jenes „Hindernis“ das sein Kommen vereitelt hatte (15,22). Wahrscheinlich war es die noch nicht abgeschlossene Arbeit in Griechenland, die seinen Besuch in Rom bis dahin verzögert hatte (15,23). Die Gründung neuer Gemeinden dauerte einfach länger als ursprünglich vorgesehen. Und Paulus wollte eine Aufgabe zu Ende führen, ehe er eine neue in Angriff nahm.

Nun konnte sich der Apostel seiner zweiten Priorität, einer Reise nach Jerusalem, widmen (15,25).

Moment mal - Jerusalem? Das liegt doch in entgegengesetzter Richtung!

Gewiss. Aber es war eben Nummer zwei auf der Liste. Warum? In den Versen 26 und 27 erklärt Paulus, dass er das Geldgeschenk der Gemeinden in Griechenland, Mazedonien und Kleinasien für die belagerten Heiligen in Judäa selber begleiten will.[3] Die Bedeutung dieser Gabe wird an verschiedenen Stellen im Neuen Testament hervorgehoben (vgl. Röm.11, wo 1.Kor.16,3-4 besprochen wird). In Römer 15,27 erklärt Paulus das Geschenk aus zwei verschiedenen Blickwinkeln: Es war eine Liebesgabe (*„Sie haben's willig getan“*) und die Anzahlung auf eine geistliche Hypothek (*„und sind auch ihre Schuldner“*). Das Wichtigste jedoch für Paulus, der eine ausschlaggebende Faktor, der seine Gegenwart in Jerusalem verlangte, war die Tatsache, dass dieses Geschenk die greifbare Wirklichkeit einer Wahrheit symbolisierte, die er verkündigt und verteidigt hatte, nämlich die Einheit der Juden- und Heidenchristen in einem Leib, in der Gemeinde (Eph.2,11-22). Paulus mag sich wohl von diesem Akt der Liebe eine Hilfe für seine jüdischen Brüder versprochen haben, dieses wunderbare „Geheimnis“ zu begreifen, das Gott durch seinen Apostel den Heiden offenbart hatte (Eph.3,1-10).

Zwischenstopp in Rom

Verrichteter Dinge wollte Paulus dann nach Westen weiterziehen. In Richtung Rom? Gewiss, doch war sein eigentliches Ziel Spanien. Rom sollte nur eine Art „Zwischenstopp“ auf seiner Reise „bis an das Ende der Erde“ sein. Neben den in Römer 1 genannten Zielen verband Paulus mit seinem Zwischenaufenthalt in Rom außerdem die Hoffnung auf die für Spanien nötigen Mittel (Röm.15,24).

Schätzte Paulus Spanien höher ein als Rom? Vermutlich ja, denn Paulus war mit Leib und Seele Missionar, und Rom hatte das Evangelium gehört, während es noch nicht bis nach Spanien gelangt war. So einfach standen die Dinge. Hatte Gott Paulus die Reise nach Spanien befohlen? Nein, jedenfalls nicht ausdrücklich. Er hatte Paulus lediglich wissen lassen, dass sich sein Dienst in erster Linie auf die Heiden erstrecken sollte (Apg.9,15; 26,17) und dass er ihn *„in die **Ferne** zu den Heiden **senden**"* würde (Apg.22,21). Paulus selber hatte sich die Evangelisierung *„aller Heiden"* zum Lebensziel gesteckt (Röm.1,5; 2.Tim.4,17). Und seine Pläne hatte er sich - von besonderer Offenbarung einmal abgesehen - so zurechgelegt, dass er die Welt noch zu Lebzeiten erreichen würde.

Und so sah die Prioritätenliste von Paulus aus: Griechenland, Jerusalem, Spanien und - auf der Durchreise - Rom.

Hinzuzufügen wäre noch, dass Paulus schlussendlich dann auch Jerusalem, Rom und möglicherweise auch Spanien erreicht hat (in dieser Reihenfolge). Auf dem Weg musste er allerdings seine Pläne den Umständen anpassen, zumal ein zweijähriger Gefängnisaufenthalt in Cäsarea sowie ein Schiffbruch vor Malta in seinen ursprünglichen Plänen nicht vorgesehen waren. Und der Besuch in Rom geschah auch nicht „en passant". Der Hausarrest verzögerte die geplante Reise nach Westen um mindestens zwei Jahre.

Auf der Seite der Guthaben ist zu verbuchen, dass Paulus' Reise von Palästina nach Rom auf Cäsars Kosten ging, der auch eine Schutzkohorte zur Verfügung stellte. Und die Zeit der Gefangenschaft wurde von Paulus genutzt, um einige wesentliche Schriften des Neuen Testaments zu verfassen

Weil er sich von Gott geführt wusste, dient uns Paulus als Vorbild. Einerseits fasste er *weitsichtige Pläne* und nutzte andererseits spontan *jede sich bietende Gelegenheit.* Unterbrechungen dienten dem Apostel zu persönlichem Wachstum und Dienst. Gerade diese Ausgewogenheit gilt es anzustreben.

Abb.29

Der Entscheidungsprozess bei Paulus

- **Zielsetzung:** Paulus setzt sich geistliche Ziele, die er aus der göttlichen Offenbarung herleitet.
- **Prioritäten:** Seine Ziele legte er sich nach weisen Prioritäten zurecht, indem er feststellte, was erstens, zweitens, drittens usw. zu erledigen wäre.
- **Pläne:** Danach entwickelte er Pläne im Rahmen einer Strategie zur Verwirklichung seiner Ziele.
- **Gebet:** Im Gebet weihte er sich selbst und seine Pläne dem souveränen Willen Gottes. (Zweifellos betete er auch bei der Formulierung seiner Pläne um Weisheit, obwohl dies im vorliegenden Zusammenhang nicht erwähnt wird.)
- **Beharrlichkeit:** Wurden seine Pläne einmal durchkreuzt, ging er davon aus, dass die Verzögerung Gottes souveräner Wille sei. Diese Überzeugung bewahrte ihn vor Entmutigung. Lediglich der Zeitplan musste entsprechend geändert werden.
- **Präsentation:** Paulus begründete seine Entscheidungen mit dem ethischen Willen Gottes und seiner eigenen Weisheit.

Anmerkungen:

1. Genau genommen fehlt in dieser Übersicht Felder: jene Handlungen im Bereich der Freiheit, die sich nicht ereignen. Die frühen Versuche des Apostels Paulus nach Rom zu reisen, fallen in diese Kategorie (Röm.1,13). Eine solche Reise war zwar im Einklang mit dem ethischen Willen Gottes, jedoch nicht ausdrücklich von ihm befohlen.
   Außerdem müsste für Fälle besonderer Offenbarung ein Bereich eingeräumt werden. Durch besondere Leitung hat Gott Gläubigen Dinge geboten, die gewöhnlich im Kreis ethischer Freiheit angesiedelt sind. Beispielsweise stand es dem Apostel Paulus normalerweise frei, das Evangelium zu verkünden, wo es ihm gefiel. Hin und wieder aber hat Gott diesen Freiraum eingeschränkt durch besondere Führung (Apg.16,6.10). Wer so geführt wird,

erfährt im Bereich ethischer Freiheit eine Einschränkung indem der Bereich seiner ethischen Verpflichtung erweitert wird.
Man könnte diese beiden zusätzlichen Kategorien in der Darstellung zwar noch unterbringen, doch geschähe dies auf Kosten der Übersichtlichkeit.

2. Später hat sich Gott zwar für Paulus' sichere Ankunft in Rom verbürgt, doch geschah dies nachdem die Pläne bereits vorlagen und Paulus sich schon auf dem Weg befand (Apg.23,11; 27,23-24). Idee und Plan waren von Anfang an vom Apostel (Apg.19,21; Röm.1,13; 15,22-29).
3. Einige Kommentare kommen zu dem Ergebnis, Paulus habe dem ausdrücklichen Willen Gottes zuwider gehandelt. Sie berufen sich dabei hauptsächlich auf Apostelgeschichte 21,4: *„Als wir nun die Jünger fanden, blieben wir sieben Tage dort. Die sagten Paulus durch den Geist, er solle nicht nach Jerusalem hinaufziehen."* Dies geschah in Tyrus, als Paulus sich auf dem Weg nach Jerusalem befand. War Paulus tatsächlich ungehorsam?

Weder in Römer 1 noch in Kapitel 15 ist von Ungehorsam die Rede. Auch fehlt in der Apostelgeschichte - mit der möglichen Ausnahme von 21,4 - jeder Hinweis, dass es sich bei dieser Reise um einen Schritt des Ungehorsams gehandelt haben könnte.

Man hat hier deshalb wohl nicht von Ungehorsam, sondern von einem erhöhten Risiko zu sprechen. Die Reise selbst war von Paulus geplant worden, als er in Ephesus auf seiner dritten Missionsreise verließ. Er *„nahm sich im Geist vor ... nach Jerusalem zu reisen"* (Apg.19,21). Man hat hier an den menschlichen Geist des Apostels zu denken, da von direkter Offenbarung des Heiligen Geistes nicht die Rede ist und Paulus in Römer 1 und 15 die Reisen als Ergebnis seiner eigenen Planung darstellt. Gegen Ende seiner dritten Reise eilte Paulus an Ephesus vorbei um noch vor dem Pfingstfest in Jerusalem einzutreffen (Apg.20,16). In seinem Geiste hatte er den festen Entschluss gefasst, diese Reise durchzuführen (Apg.20,22).

Auf der Reise nach Jerusalem redete der Heilige Geist jedoch mehrmals durch Propheten von *„Fesseln und Bedrängnissen"*, die ihn dort erwarteten (20,23). Dies geschah einmal in Tyrus (21,4-5) und ein andermal in Cäsarea (21,10-14). Der ausführlichste Bericht betrifft den Propheten Agabus in Cäsarea. Dieser nahm Paulus' Gürtel, band sich die Hände und Füße und sprach: *„Den Mann, dem dieser Gürtel gehört, werden die Juden in Jerusalem so binden und überantworten in die Hände der Heiden."* (Apg.21,11)

Aufgrund dieser Ankündigung wird Paulus von seinen Begleitern und von den Geschwistern in Cäsarea gedrängt, seine Reise abzusagen. Doch Paulus erwidert ihnen: *„Was macht ihr, dass ihr weint und brecht mir mein Herz? Denn ich bin bereit, nicht allein mich binden zu lassen, sondern auch zu sterben in Jerusalem für den Namen des Herrn Jesus."* (Apg.21,13). Als auch weitere Überredungsversuche misslingen, sagen sie still: *„Des Herrn Wille geschehe."* (21,14)

Kurz nachdem Paulus in Jerusalem eintraf erfüllte sich die Weissagung. Gottes Wort an Paulus nach seiner Verhaftung und dem Aufruhr vor dem jüdischen Konzil lautete: *„Sei getrost! Denn wie du für mich in Jerusalem Zeuge warst, so musst du auch in Rom Zeuge sein."* (23,11)

Der Textbefund lässt den Schluss zu, dass Paulus dem Willen Gottes nicht ungehorsam war. Die Reise selbst war ihm weder geboten noch verboten worden. Es stand Paulus frei, die Reise zu machen falls sie ihm geistlich zweckmäßig schien. Paulus hatte guten Grund, nach Jerusalem zu reisen, wollte er doch unter allen Umständen das Geschenk der Heidenchristen an die jüdischen Geschwister persönlich übereichen. Des weiteren wollte der Apostel wenigstens noch einmal die Möglichkeit haben, vor seinen Landsleuten Zeugnis abzulegen.

Die Weissagungen dienten lediglich als Warnungen, nicht jedoch als Verbot. Am deutlichsten wird dies aus dem ausführlichen Bericht über Agabus' Weissagung. Aus liebevoller Sorge um Paulus drängten ihn die Geschwister in Cäsarea, von seiner Reise abzusehen. „Trübsale" kündigten sich an. Doch zeigt sich Paulus sogar zum Tode bereit, wenn ihm dadurch nur eine letzte Gelegenheit zum Zeugnis vor den Juden gegeben wird (21,13). Apostelgeschichte 21,4 soll im Licht der ausführlicheren Schilderung durch Agabus verstanden werden: *„Die sagten Paulus durch den Geist, er solle nicht nach Jerusalem hinaufziehen."* Der Geist warnt Paulus vor der Gefangenschaft. Aufgrund dieser Vorankündigung rieten ihm die Christen von Jerusalem ab. Doch blieb die Entscheidung letztlich bei Paulus. Als alle Überredungsversuche gründlich misslangen, überließen sie schlussendlich die ganze Sache dem souveränen Willen Gottes und sprachen: *„Des Herrn Wille geschehe."* (Apg.21,14)

Paulus' Entscheidung zeugt von großem Mut, nicht von Ungehorsam. Und die Geschwister, die ihm von Jerusalem abrieten, handelten nicht aus Sünde, sondern aus liebevoller Sorge um des Apostels Wohlergehen.

Ganz gleich, wie man dieses Ereignis nun auslegt: es liefert weder für den traditionellen noch für den alternativen Ansatz einen schlagenden Beweis. Beide Deutungsmöglichkeiten lassen sich sowohl mit der einen als auch der anderen Theologie vereinbaren.

Kapitel 14

Führung ist persönlich

Wenn das Pendel nach der anderen Seite ausschlägt ...

Einigen Lesern mag die Betonung des bereits offenbarten Willens Gottes und der menschlichen Weisheit einen rationalistischen Eindruck erwecken. Demgegenüber liegt die Stärke des traditionellen Ansatzes gerade in der als sehr persönlich empfundenen Führung Gottes. Wir sind ja emotionale Wesen, die mithin ein besonderes Verlangen nach mystischem Erleben haben, nach einem „Wandel unseres Geistes mit Gott". Und dafür scheint der traditionelle Ansatz die beste Voraussetzung zu bieten, indem Gott nämlich unmittelbar im Herzen eines jeden Christen wirkt. Zwar entzieht sich diese Mitteilung jeder objektiven Überprüfbarkeit, doch der Gläubige stellt fest: „Ich weiß in meinem Herzen, dass es echt ist."

Der Weg der Weisheit ist nicht unpersönlich

Häufig wird dem alternativen Ansatz vorgeworfen, er sei unpersönlich, d.h. Gott werde aus dem Entscheidungsprozess ausgeklammert. Dass dieser Vorwurf unbegründet ist, soll anhand einiger geistlicher Tatsachen nachgewiesen werden.

Ich rufe die Apostel als Zeugen auf

Die Apostel haben ihre Entscheidungen nie mit dem Hinweis auf einen inneren Trieb, der sie Gottes Willen wissen ließ, begründet. Auch haben sie eine solche Methode nirgends gelehrt. Die Apostel äußerten sich offen zu ihren Entscheidungen und gaben meist gute, einsichtige

Gründe für ihr Vorgehen an. Sie hielten dieses Vorgehen jedoch nicht für fleischlich, rationalistisch oder unpersönlich. Die Apostel vertrauten der Führung Gottes, jedoch nicht in dem heute verbreiteten traditionellen Sinn.

Ferner zeigten sich die Apostel mit der ihnen zur Verfügung stehenden Leitung durchaus zufrieden, obwohl sich diese sehr viel weniger detailliert ausnahm, als die von den Gläubigen des Alten Testaments empfangene Führung. Manchmal meinen wir, Führung sei erst dann persönlich, wenn sie vor *jeder* Entscheidung geschenkt wird. Die Heilige Schrift weist jedoch in eine andere Richtung.

Weniger ist mehr

Bei einem Vergleich zwischen Gottes Führung im Alten und seiner Führung im Neuen Testament fällt zunächst auf, dass die Führung im Alten Testament sehr *spezifisch* war.

Gottes Führung bestimmte sehr viele Einzelheiten im Leben seines Volkes Israel: die zu ernennenden geistlichen Führer; den genauen Ort, an dem das Lager aufzuschlagen war; die tägliche Wegstrecke; wann man nach Jerusalem zu pilgern hatte; welche Speisen zum Genuss freigegeben waren und welche nicht; wann das Volk in den Krieg ziehen sollte; wann sich der einzelne zu baden hatte; die Städte in denen die geistlichen Führer wohnen durften; die Mindesthöhe der Spenden; genaue Ortsangaben und Bauvorlagen für die Stiftshütte und den Tempel; den genauen Wortlaut der prophetischen Weissagungen; wie das Neujahrsfest zu begehen war; wer wessen Land erben würde; wie lange ein Grundstück zum Verkauf ausgeschrieben werden durfte; in welchen Jahren man arbeiten, in welchen man ruhen musste; die genauen Strafen für überführte Diebe, Mörder, Homosexuelle, Götzendiener und aufsässige Kinder; die Ausgehanzüge der religiösen Führer; den Tag, an dem ein männliches Kind zu beschneiden war; die Höhe der Zinsen usw. (ausführlicher Beschreibung und Auflistung findet man in 3. und 4. Mose.)

Gottes Führung im Zeitalter der Gemeinde nimmt sich dagegen ganz anders aus. Die große Mehrzahl jener Auflagen, die Gottes ethischen Willen für sein Volk Israel ausmachten, wurden für den Christen in den „Bereich der Freiheit“ gerückt. Wir sind frei, und selbst für das verantwortlich, was wir essen und anziehen, wo wir uns niederlassen, welcher Gemeinde wir angehören möchten usw. Und alle unsere Entscheidungen sollen sich dabei nach den im Neuen Testament gegebenen allgemeinen Richtlinien orientieren, die den ethischen Willen Gottes ausmachen. „Weniger Details" heißt nicht unbedingt „weniger persönlich".

Ein persönlicher Vater statt einer Feuersäule

Der zweite wesentliche Unterschied, der sich aufdrängt, ist die Tatsache, dass Führung im Alten Testament mit den Sinnen empirisch unmittelbarer *wahrnehmbar* war. Der Herr kündigte seine Gegenwart durch eine Vielzahl verschiedenster übernatürlicher Zeichen an. Diese konnten von dem ganzen Volk wahrgenommen werden: Donner, Blitz und Stimme am Sinai; die Wolken- und Feuersäule; die tägliche Versorgung mit Manna und so fort.

Uns Christen ist jedoch keine Feuersäule als Gewähr für die Gegenwart Gottes gegeben. Und Christen befragen auch nicht das Urim und Thumim. Stattdessen verlassen sie sich auf das Wort Gottes: es vergewissert sie der Gegenwart Gottes und gibt ihnen Weisung.

Wir sehen also: Gottes Vorkehrungen für unsere Führung sind weniger *spezifisch* und weniger *empirisch* als die Israel im Alten Testament zugedachte Leitung.

Ist Gottes Leitung damit weniger wirksam geworden? Hat er das Interesse an seinem Volk verloren? Hat sich Gott zurückgezogen, ist er heute weniger „persönlich" als damals? Ganz bestimmt nicht! In seiner Weisheit führte Gott die Gläubigen im Alten Testament wie „unreife Kinder" deren Erkenntnis und Einsicht in sein Wesen und in seinen Willen noch sehr begrenzt waren. Wer aber Jesus Christus erkannt hat, der wird von Gott wie ein erwachsenes Kind behandelt. Die Gläubigen des Neuen Testaments sind so ausgerüstet, dass der Vater mit ihnen auf „erwachsener" Ebene umgehen kann, ohne sie wie Kinder immer und überall zu beaufsichtigen (vgl. Gal.4,1-7).[1]

Der Stellenwert der Gefühle

Wieso haben manche Christen den Eindruck, Gott werde (im alternativen Ansatz) aus dem Entscheidungsprozess ausgeklammert?

Ein eindrucksvolles Gefühl

Auf den ersten Blick bietet der Weg der Weisheit nur wenig, was auf einen innigen Umgang mit Gott schließen lässt. Wer ein Leben lang auf innere Eindrücke Rücksicht genommen hat, weil er darin „Gottes Zwiesprache mit seinem Geist“ vermutete, wird sich nur schwer eine persönliche Beziehung zu Gott denken können, die sich anders äußert. Selbst wenn ein Christ mit seinem Verstand erkennt, dass die Eindrücke und Impulse keine Mitteilungen von Gott sind und außerdem bejaht, dass Gott seinen ethischen Willen vollständig offenbart hat, mag er dennoch in seinem Herzen eine empfindliche Leere verspüren. Vielleicht wird er den Verdacht nicht los, einen schlechten Tausch gemacht zu haben: unmittelbare Führung gegen ein altes Buch. Plötzlich scheint Gott in die ferne Vergangenheit gerückt, der Christ fühlt sich einsam, auf sich gestellt, aus seiner Führung ist eine mehr oder weniger literarische Angelegenheit geworden.

Hier geht es um die Einbeziehung unserer Gefühle. Denn das sind ja die inneren Eindrücke: Gefühle. Das schlägt sich auch in unserer Sprache nieder, wenn wir von ihnen reden: „Ich habe das Gefühl, wir sollten für die nächste Zeit hier bleiben“; „Ich werde das Gefühl nicht los, eine einmalige Gelegenheit verpasst zu haben.“

Das Gefühl: Urheber oder Reaktion?

Zweierlei gilt es zu beachten: Erstens sind unsere Gefühle von vielen Seiten her beeinflussbar: von der Gesundheit, von der Erziehung, vom Stress, von Medikamenten, vom Wetter, von der Ernährung, vom Hormonhaushalt, von einer Nachrichtensendung, von den Gefühlen anderer - kurzum: sie werden von allem möglichen beeinflusst, was sich auf unsere unmittelbare Wirklichkeitswahrnehmung auswirkt.

Zweitens können unsere Gefühle unser Leben auf zweifache Weise beeinflussen. Sie wirken entweder als Urheber oder als Reaktion. Entweder bestimmen sie unsere „Wirklichkeit“ oder reagieren auf diese. Wer seine Entscheidungen aufgrund einer augenblicklichen Gefühlslage trifft, der lässt sich von seinen Gefühlen beherrschen und seine Entscheidung wird genauso zuverlässig sein wie sein emotionaler Zustand. Wer aber auf der Grundlage objektiver Wahrheit zu seinen Entscheidungen findet, der steht auf festem Boden, und seine Gefühle werden seine Reaktion auf die Wirklichkeit widerspiegeln.

Der traditionelle Ansatz spannt, wie ich meine, den Gefühlkarren vor den Vernunftsesel. Das Gefühl ist echt, es kann nicht geleugnet werden, doch wird es falsch gedeutet, weil der ganze Vorgang rückwärts abläuft. Jener innere Trieb, jene „leise Stimme“ ist nicht das Reden Gottes, sondern die emotionale „Stimme“ der eigenen Person. Weil die Gefühle fälschlicherweise als Stimme Gottes gedeutet werden, kommt ihnen eine Autorität zu, die ihnen gar nicht zusteht.

Der Christ, der den Zustand seines geistlichen Lebens mit dem Herrn hauptsächlich an seinem Stimmungspegel misst, läuft Gefahr, geistlich „seekrank“ zu werden, die Folge eines Lebens gleich *„einer Meereswoge, die vom Winde getrieben und bewegt wird.“* (Jak.1,6) Zu den Gefühlsschwankungen gehören euphorische „Höhen“ ebenso wie depressive „Tiefs“, ohne dass weder die eine noch die andere Stimmungslage unmittelbar auf den Einfluss Gottes im Leben zurückzuführen ist. Das Gefühl ein „gestörtes Verhältnis“ zum Herrn zu haben, mag ohne jede Ursache sein. Genauso möglich ist aber auch, dass der Christ sein Leben in Ordnung wähnt, weil er sich „wohl“ fühlt, obwohl er ganz klar in Sünde lebt.

Der Weg der Weisheit räumt Emotionen ihren rechten Stellenwert ein. Unsere Gefühle sind so beschaffen, dass sie auf objektive Realität reagieren. Stirbt ein geliebter Mensch, so ist das natürliche Gefühl Trauer und Schmerz. Hat man dagegen unter großem persönlichem Einsatz ein bestimmtes Ziel erreicht, so wird man mit Recht Freude empfinden.

Woran ist diese „objektive Wirklichkeit“, auf die unsere Gefühle reagieren sollen, zu erkennen? Gewöhnlich liefern unsere fünf Sinne eine zuverlässige Deutung der Wirklichkeit, denn Gott hat sie zu diesem Zweck geschaffen. Im Konfliktfall jedoch, wenn sich Wahrnehmung und Wort Gottes gegenüberstehen, dann hält sich der weise Christ an das Wort Gottes (vgl. 2.Kö.6,15-17). In Zweifelsfällen und inmitten widriger Umstände neigen unsere inneren Triebe und Gefühlsimpulse dazu, Gottes Weisheit, Liebe und Macht in Frage zu stellen, obwohl Gottes Wort sein Wirken zu unserem Wohl bestätigt (Röm.8,28-29). In solchen Situationen liegt es am Christen, seine Gefühle zu überstimmen und die Haltung des Glaubens einzunehmen (vgl. Mt.6,25-34). Gelingt ihm dies, dann gewinnt er auch die Herrschaft über seine Gefühle, denn schlussendlich werden sich diese dem Votum der Vernunft anschließen.

Glauben und Entscheiden

Gott ist am Werk

Gott beteiligt sich auf verschiedenen Ebenen am Entscheidungsprozess. Erstens hat er uns alles zur Verfügung gestellt, was zu guten und weisen Entscheidungen benötigt wird: Seinen ethischen Willen hat er vollständig offenbart. In seinem Wort fordert er uns auf, Weisheit zu suchen, und gibt an, wo und wie sie zu finden ist. Außerdem hat er uns mit einem neuen Wesen ausgestattet, das die Voraussetzung für den Gehorsam schafft.

Während wir auf eine Entscheidung hin arbeiten, ist *Gott in uns am Werk*. Paulus erinnert uns, dass Gott es ist, *„der in euch wirkt beides, das Wollen und das Vollbringen, nach seinem Wohlgefallen."* (Phil.2,13) So wirkt seine Gnade in uns Vertrauen (Apg.18,27) und das Verlangen, seinem Willen zu gehorchen. Sein Geist befähigt uns, seine Gebote zu halten. Damit bezeugt jeder Akt des Gehorsams Gottes persönliches Wirken in unserem Leben (vgl. Röm.8,5-8).

Gott ist es, der uns die Türen zum Dienst öffnet. Bitten wir ihn um Weisheit, so gibt er sie uns. Er erhört unsere Gebete, und bringt uns an unsere Ziele, sofern diese seinem Ratschluss entsprechen.

Gott benutzt die Umstände, ja sogar den Entscheidungsprozess selbst, um unseren Charakter zu gestalten und um uns zur Reife zu führen. Indem wir ihm vertrauen, segnet er den Gehorsam und wirkt geistliche Frucht in unserem Leben. Und schließlich verfolgt er nicht nur in uns, sondern auch durch uns seine Ziele.

Gottes Führung ist durchaus persönlich. Nur müssen wir begreifen, dass *„wir im Glauben und nicht im Schauen wandeln"* (2.Kor.5,7). Innere Eindrücke sind keine Zeichen der Gegenwart Gottes, keine Hinweise auf Gottes Willen. Deshalb kann es keinen Verlust persönlicher Beziehung zu Gott bedeuten, wenn der Christ bei seinen Entscheidungen und Plänen auf die „innere Stimme" verzichtet. Gott wirkt in und durch uns und unsere Entscheidungen - so verheißt es die Bibel, und dieser Verheißung gilt unser Vertrauen.

Anmerkungen:

1. James Boice erklärt das Bild in Galater 4 folgerndermaßen:

„Der moderne Leser wird den Sinn dieser Verse versäumen, wenn er den Stellenwert, den der Augenblick des Mündigwerdens in der

Antike falsch einschätzt ... Das römische Gesetz sah vor, dass ein Heranwachsender in einem bestimmten Alter mündig wurde. Der Zeitpunkt war jedoch nicht festgelegt, sodass dem Vater ein gewisser Spielraum blieb, um den genauen Termin des Mündigwerdens seines Sohnes selber festzulegen ... Mit einem heiligen Familienfest, der *Liberalia*, wurde die Mündigkeit eines römischen Kindes feierlich begangen. Das Fest fand jährlich am 17. März statt. Bei diesem Anlass wurde das Kind vom Vater feierlich als Sohn und Erbe adoptiert und erhielt als Zeichen dieser Würde die *toga virilis*, die es gegen die bis dahin getragene *toga praetexta* eintauschte. Auf diesem allgemeinen Hintergrund sind die Worte des Apostels zu verstehen. Als das Kind vor dem Gesetz noch unmündig war, unterschied sich sein Status nicht von dem eines Sklaven, obwohl es ja eigentlich der künftige Gutsbesitzer war. Keine Entscheidung konnte es treffen, es hatte keine Freiheit. Als aber der vom Vater festgelegte Zeitpunkt kam, wurde das Kind in die Verantwortlichkeit und Freiheit entlassen. Die Parallele zu diesem Bild wird deutlich: Paulus vergleicht den niederen Stand eines Menschen unter dem Gesetz mit dem eines „Unmündigen“ oder „Sklaven“, und den neuen Menschen in Christus vergleicht er mit dem in die Verantwortlichkeit und Freiheit entlassenen Mündigen.“

James M. Boice, Galatians, in: The Expositor’s Bible Commentary, Bd. 10, Grand Rapids 1976, S. 471

Kapitel 15

Eine gute Sache verbessern

Abb.30

Der Weg der Weisheit

1. In allen Bereichen, die von der Bibel angesprochen werden, sind Gottes Gebote und Richtlinien (sein ethischer Wille) zu befolgen.
2. Dort, wo die Bibel schweigt und keine Gebote gibt (nicht-ethische Entscheidungen), hat der Christ sowohl die Freiheit, als auch die Verantwortung zur eigenen Entscheidung. Jede Entscheidung, die die Grenzen des ethischen Willens Gottes nicht verletzt, ist statthaft.
3. In nicht-ethischen Fragen trifft der Christ seine Entscheidungen aufgrund geistlicher Zweckdienlichkeit und mit Hilfe der ihm von Gott gegebenen Weisheit.
4. In allen Entscheidungen beugt sich der Christ demütig vor dem souveränen Willen Gottes.

In diesem Kapitel soll deutlich werden, dass der „Weg der Weisheit", der alternative Ansatz also, alle gültigen Aspekte des traditionellen Modells mit einbezieht und jene Schwachstellen, auf die im zweiten Teil hingewiesen wurde, korrigiert. Natürlich werden in erster Linie die Unterschiede betont werden, doch wird dadurch, wie ich meine, das alternative Entscheidungsmodell noch deutlicher werden.

Schwierigkeiten mit der Auslegung

Die traditionelle Auffassung stößt immer dann auf ein Problem, wenn sie sich auf *biblische Beispiele* beruft, um damit den individuellen Willen Gottes zu beweisen (vgl. Kap. 5). Denn die Beispiele aus der Geschichte sagen zu viel und die lehrmäßigen Passagen zu wenig aus.

Biblische Beispiele, etwa der „mazedonische Ruf“ eines Paulus oder die „Vision von den unreinen Tieren“ eines Petrus bezeugen Gottes übernatürliche Offenbarung. Gott hat manchmal ganz unmittelbar geführt, doch geschah diese Führung stets durch einen göttlichen Eingriff in das Geschehen (durch eine Vision etwa oder einen Engel, durch ein Wunder, durch eine hörbare Stimme oder durch prophetische Weissagung). Nun muss aber die Tradition die Aussagekraft dieser Beispiele abschwächen, um sie als Vorbild für innere Führung hinstellen zu können, denn in der Bibel fehlt es an Beispielen für Leitung durch innere Eindrücke.

Andererseits sprechen die Briefe des Neuen Testamentes zwar von Geistesleitung, doch wissen sie nichts von einem Willen Gottes, der sich dem Gläubigen vor jeder Entscheidung mitteilt. Diese Verheißung muss die traditionelle Auffassung etwas ausschmücken, indem sie Einzelheiten hinzugibt, die im Text fehlen.

Das gleiche gilt auch für die *biblische Lehre*. Eine sorgfältige Prüfung der meist zitierten Bibelstellen ergibt (vgl. Kap.6), dass der Text nie einen individuellen Willen verlangt. Vielmehr passt der „ethische Wille“ jeweils besser in den Gesamtzusammenhang des Textes.

Schwierigkeiten bei der Anwendung

Der traditionelle Ansatz führt in der Praxis zu einer Reihe von Problemen, die wir in einer kleinen Übersicht zusammengefasst haben (vgl. Kap. 7 u. 8; bes. Abb. 18).

Keine unnötige Unterscheidung

Mit dem alternativen Ansatz entfällt die Notwendigkeit, zwischen sogenannten „großen“ Entscheidungen und „kleinen“ Entscheidungen des Alltags zu unterscheiden. Der Weg der Weisheit lehrt genau das, was die traditionelle Auffassung in alltäglichen Fragen üben muss, nämlich das gesunde Urteil. Dieser Ansatz beschränkt sie jedoch nicht nur auf unwichtige Fragen, sondern erstreckt sich auch auf wichtige Angelegenheiten. Ganz gleich, worum es geht, die Urteilsgrundlage bleibt unverändert. Was wäre moralisch richtig, was wäre weise? Diese beiden Fragen sind ebenso bei der Wahl einer Speise im Lokal wie bei der Wahl des Ehepartners gültig.

Die Weisheit leugnet keineswegs, dass manche Entscheidungen weitreichendere Folgen haben als andere. Im Gegenteil: Sie behauptet, je wichtiger eine Entscheidung, desto mehr Zeit und Energie fordert sie. Unwesentliche Fragen sollten rasch entschieden werden. Wer so handelt, der kauft die Zeit weise aus (Eph.5,15-17).

Gleich = Gleich

So lange die traditionelle Auffassung auf das „Zentrum von Gottes Willen" fixiert bleibt, so lange muss sie davon ausgehen, dass es nie zwei wirklich gleiche Alternativen geben kann. So lange die Vorzüge der einen vor der anderen Alternative deutlich erkennbar sind, besteht kein Problem. Bieten sich indes zwei Gelegenheiten, die allem Anschein nach gleich sind, dann steigt der Angstpegel.

Der Weg der Weisheit löst diese Spannung auf. In nicht-ethischen Entscheidungsfragen dürfen wir sagen: „Sechs Stück von der einen Sorte ist gleich einem halben Dutzend von der anderen Sorte. Es spielt wirklich keine Rolle, welchen Schuh man zuerst anzieht.

Mehr noch: Wer mehr als eine Gelegenheit erhält, darf Gott dafür danken ohne jede Angst, seinen Willen zu versäumen.

Im Bereich der Freiheit wird man nicht selten mit gleichen Alternativen konfrontiert. Diese Tatsache sollte uns dankbar stimmen, denn Gottes souveräne Gnade hat uns mehr als eine Tür oder Gelegenheit aufgetan. Die Entscheidung wird dadurch nicht unbedingt leichter (immerhin muss eine Entscheidung getroffen werden), doch ist dem Betreffenden die Sorge genommen, er könnte womöglich Gottes Willen verpassen. Und der Gläubige weiß, dass Gottes Ratschluss so oder so - ganz gleich wie er sich entscheidet - in Erfüllung gehen wird.

Unreife bloßgestellt

Der traditionelle Ansatz bleibt die Erklärung schuldig, wieso unreife Christen in der Regel unreife Entscheidungen fällen, während reifere Christen meist auch in ihren Entscheidungen mehr Weisheit an den Tag legen (vgl. Kap.7). Denn die Tradition behauptet ja, dass Gottes vollkommener Wille jedem Christen, selbst den unreifsten, zugänglich ist.

Hier beweist der Weg der Weisheit die größere Wirklichkeitsnähe. Er erkennt nämlich, dass Weisheit wachstümlich ist. Gott verheißt nirgends, dass er dem Christen „vollkommene Pläne" ins Ohr flüstert. Dementsprechend fällt auch der Rat der Apostel aus: Steht eine Entscheidung an, dann sollen die entscheiden, die „voll ... Weisheit" (Apg.6,3) und „nüchtern" (1.Tim.3,2) sind (vgl. 1.Kor.6,5).

Erstens muss der Christ, der dem alternativen Ansatz folgt, für jede Entscheidung Rede und Antwort stehen. Er darf seine Beweggründe nicht vor einem vagen „der Herr hat mich so geführt" verstecken. Ist die Entscheidung unverantwortlich oder töricht, kann ein reifer Seelsorger den Bruder oder die Schwester beraten. Indem er vorsichtig und mit viel Liebe den Bruder auf die Denkfehler in seinem Vorhaben aufmerksam macht, kann der Seelsorger schädliche Folgen eines voreilig gefassten Plans abwenden. Er kann dies tun, weil er sich nicht von einem „endgültigen Wort des Herrn" einschüchtern lassen braucht.

Ferner kann ein reifer Christ jüngeren Geschwistern im Glauben Vorbild sein, wenn sie sehen, wie er aufgrund weiser Überlegungen Pläne fasst. In diesem Sinn ist uns allen der Apostel Paulus Vorbild geworden.

„Ich weiß mich geführt"

Besonders Pastoren ist an dieser Stelle Vorsicht geboten. Wenn sich ein Prediger für einen Dienstwechsel entscheidet, erklärt er seinen Entschluss (vielleicht, weil man es von ihm erwartet) nicht selten so: „Ich weiß mich vom Herrn in eine andere Gemeinde geführt." Die Erklärung klingt sehr geistlich und wird auch meist von der Gemeinde (und auch vom Pastor selbst) akzeptiert. Bei einigen Gemeindegliedern wird aber leicht der Verdacht wach: „Was waren wohl seine wirklichen Beweggründe?" Und in vielen Fällen sind die wirklichen Gründe so schmerzlich, dass der Pastor sie dankbar hinter dem „Willen des Herrn" verbirgt. Die meisten Probleme, die zur Entscheidung führten, bleiben dann meist so lange verdeckt, bis ein neuer Pastor über sie stolpert. Zumindest aber versäumt der scheidende Pastor eine ausgezeichnete Gelegenheit, seiner Gemeinde die Schritte zu einer reifen und wohldurchdachten Entscheidung vor Augen zu führen.

Zweitens: Während der Anhänger der traditionellen Auffassung kostbare Zeit beim Warten auf eine unmissverständliche Botschaft vom Herrn vertut, ermutigt der Weg der Weisheit zu entschlossenem Handeln. Denn ein Merkmal weiser Entscheidungen ist der kluge Umgang mit der Zeit. Gewiss sollte sich jeder genügend Zeit nehmen, und sich hinreichend informieren, doch besteht indes kein Anlass, auf irgendein inneres oder äußeres Signal zu warten.

Drittens: Vor die Wahl zwischen zwei offensichtlich gleichen Alternativen gestellt, mag sich der Anhänger des traditionellen Ansatzes für jene Option entscheiden, die ihm persönlich weniger liegt (um sich gegen selbstsüchtigen Motive zu schützen). Dagegen würde sich der Anhänger des alternativen Ansatzes für den Weg entscheiden, der ihm persönlich zusagt (gesetzt den Fall, beide Alternativen sind wirklich gleich). Er weiß nämlich, dass er in solchen Fällen frei entscheiden darf, wie es ihm beliebt (vgl. 1.Kor.7,39-40). Mehr noch: Wer sich so entscheidet, wird mit größerer Bereitschaft und Freude ans Werk gehen, mit einer Einstellung also, die sehr wohl zum ethischen Willen Gottes gehört.

Viertens: Anstelle eines „ausgelegten Vlieses", dass über Gottes Wünsche Aufschluss geben soll, erwägt der Weg der Weisheit sorgfältig und gewissenhaft alle denkbaren und möglichen Konsequenzen einer Entscheidung. Die Begleitumstände sind außerdem sorgfältig in Betracht zu ziehen, denn an ihnen liegt es manchmal, ob eine bestimmte Entscheidung weise oder weniger weise wäre. In keinem Fall aber sind die Umstände als Botschaftsträger Gottes zu werten.

Der Goliath der Subjektivität

Mit dem Weg der Weisheit entfällt auch die entscheidende praktische Schwierigkeit des traditionellen Ansatzes, nämlich die Subjektivität. In Kapitel 8 wurde deutlich, wie sehr das traditionelle Modell von Subjektivität durchwachsen ist. Vor jeder Entscheidung soll der Christ: 1) die Wegweiser nach dem Willen Gottes befragen; 2) die Botschaft entziffern; 3) fragen, ob andere Zeichen dafür oder dagegen sprechen; und 4) feststellen ob die Führung so deutlich ausfällt, dass sie als klare Führung gewertet werden darf. Und dies geschieht alles ohne Rückgriff auf biblische Maßstäbe. Die Bibel bietet insofern eine Hilfe, als sie die ethischen Grenzen festlegt. Doch ist sie nicht konkret genug, um in bestimmten Entscheidungssituationen Gottes individuellen Willen deutlich werden zu lassen. Gott könnte zwar durch einen übernatürlichen Eingriff Klarheit schaffen, doch ist auch nach traditioneller Auffassung nicht damit zu rechnen. Ohne eine objektive Erkenntnisquelle bleibt dem einzelnen die Gewissheit über den Willen Gottes versagt. Und diese objektive Quelle sucht man im traditionellen Modell vergeblich.

Endlich Gewissheit

Im alternativen Modell gibt es keinen zu entdeckenden individuellen Willen Gottes und dementsprechend auch kein System dafür. Die Entscheidung des Christen gründet auf der objektiven Wahrheit des *ethischen* Willens Gottes. Nach der Bibel kann einzig und allein der *ethische* Aspekt des göttlichen Willens erkannt werden. Dem Gläubigen steht damit alles zu Verfügung, was er braucht, um sich entscheiden zu können. Es wird keine weiteren Eindrücke, inneren Triebe oder Impulse geben, denn sie werden nicht benötigt. Was Gott uns in seinem Wort offenbart hat, genügt vollauf (2.Tim.3,16-17).

Die Heilige Schrift erklärt uns ferner, wie dieser Wille Gottes auf Entscheidungen anzuwenden ist. Sie sagt nicht, *welche* Entscheidung zu treffen ist, sondern *wie* man eine Gott wohlgefällige Entscheidung fällt. Aus der Bibel erfahren wir die Notwendigkeit *ethischer* und *weiser* Entscheidungen. Die Bibel zeigt uns weiter, wo und wie wir Weisheit erlangen können und welche Rolle sie in unseren Entscheidungen spielt. Die Heilige Schrift sagt uns, dass Gott die Quelle der Weisheit ist. Und es ist die Bibel, die uns einen objektiven Maßstab an die Hand gibt, mit dessen Hilfe wir erkennen können, was weise und ethisch richtig ist.

Wachstum wird berücksichtigt

Der Weg der Weisheit geht von einem Wachstumsprozess aus. Aus der Bibel wird nämlich deutlich, dass Weisheit und Erkenntnis im Leben eines Christen über die Jahre zunehmen. Gott erwartet vom Christen weder absolute Kenntnis seines ethischen Willens, noch vollkommene Weisheit. Er verheißt sie auch nicht. Vom Gläubigen wird aber erwartet, dass er sich mit der Heiligen Schrift vertraut macht (2.Tim.2,15). Geistliche Überzeugungen entwickeln sich aus dem Studium der Bibel (Röm.14,5). Ist eine Entscheidung im Einklang mit den Geboten der Heiligen Schrift (1.Thes.4,1-3) und mit den im Studium gewonnenen Überzeugungen, dann ist sie für Gott annehmbar (Röm.14,3.22). Durch geistliches Wachstum und vertiefte Einsicht in das Wort Gottes werden Überzeugungen immer wieder hinterfragt und korrigiert, das Urteil reifer und die Entscheidungen werden zunehmend von Weisheit getragen. Trotzdem kann sich der Christ jederzeit genügend Erkenntnis über den ethischen Willen Gottes erwerben, um eine Entscheidung zu treffen, der Gott zustimmt.

Es geht um Folgendes: Das Ziel des traditionellen Ansatzes (Gewissheit über den individuellen Willen Gottes) bleibt unerreichbar, während das Ziel des alternativen Ansatzes (Weisheit und genügend Erkenntnis des ethischen Willens) durchaus erreichbar ist. Denn Gott selber führt den Christen in die Erkenntnis seines ethischen Willens, er mehrt diese Erkenntnis und mehrt den Schatz der Weisheit.

Abb. 31

Der Weg der Weisheit als Alternative

	Traditioneller Ansatz	Der Weg der Weisheit
Gewöhnliche Entscheidungen:	„Nebensächlichkeiten" können mit dem traditionellen Ansatz nicht gelöst werden.	Urteile so gut du kannst und verschwende keine Zeit.
Gleichwertige Alternativen:	Die Behauptung, es gebe nur eine „richtige" Entscheidung, löst Angst aus statt Dankbarkeit für die Vielzahl der sich bietenden Gelegenheiten.	Danke Gott, dass du aus einer Vielzahl von Möglichkeiten wählen kannst. Entscheide dich ruhig für das, was dir persönlich liegt.
Unreife:	In einigen Fällen begünstigt der traditionelle Ansatz unreifes Verhalten in Entscheidungssituationen.	Reife zeigt sich u.a. in der Bereitschaft, sich eine Entscheidung Zeit und Mühe kosten zu lassen. Der reife Christ informiert sich sachlich, berücksichtigt seine eigenen Wünsche und Gefühle und versteht es, seine Entscheidungen gut zu begründen.
Subjektivität:	Gewissheit über den individuellen Willen Gottes ist ohne eine objektive Erkenntnisquelle unmöglich.	Da Gottes ethischer Wille vollständig offenbart und der Weg zur Weisheit aufgezeigt worden ist, ist die für eine Entscheidung wesentliche Erkenntnis verfügbar.

Auf den Blickwinkel kommt es an

Vermutlich gibt es Christen, die zwar „traditionell“ *denken,* jedoch alternativ *handeln.* Obwohl der traditionelle Ansatz völlige Gewissheit über den individuellen Willen Gottes verspricht, gibt sich die Mehrzahl seiner Anhänger mit weniger zufrieden. Den meisten genügt bereits die Feststellung: „So weit ich beurteilen kann, scheint Gott in diese Richtung zu führen.“ Manche behaupten sogar: „Mach dir keine Sorgen, wenn du bis zum Termin immer noch keine Klarheit über den Willen Gottes hast. Entscheide dich nach bestem Wissen und Gewissen und vertraue dann dem Herrn, er wird es schon recht ausführen.“

Es muss nicht immer einstimmig sein

Ähnliches geschieht häufig in Gruppenentscheidungen. Aus traditioneller Sicht durfte man eigentlich erwarten, dass Gott seinen „vollkommenen Willen“ der Gruppe so mitteilt, dass sie zu einer einstimmigen Entscheidung kommen kann. Das ist aber selten der Fall. Die meisten Christen haben sich damit abgefunden: Meinungsverschiedenheiten gehören eben zum Leben. Daher ist es auch in den meisten Gemeinden oder Kirchen üblich, Mehrheits- oder Zweidrittelmehrheitsentscheidungen zu respektieren.

Der Weg der Weisheit löst die Spannung zwischen Prinzip und Praxis. Hat sich die Gruppe eine weise Entscheidung zum Ziel gesetzt, wird sie sich zunächst einmal verschiedene Meinungen anhören. Außerdem ist damit zu rechnen, dass einige die Vorteile der einen, andere die Vorteile der anderen Möglichkeit erkennen werden. Alles hat sein Für und Wider. Kommt es dann schließlich nach eingehender Beratung zu einer Entscheidung und fällt diese nicht einstimmig aus, wird sich keiner sorgen, denn Ziel war ja nicht der „vollkommene Wille“, sondern eine weise Entscheidung.

Nach der Entscheidung sind natürlich alle aufgerufen, sich für die Verwirklichung des mehrheitlich gefassten Plans von ganzem Herzen einzusetzen, ganz gleich, wie gestimmt worden ist. Das wahrt die Einheit der Gemeinde: nicht durch einheitliches Denken, sondern durch Achtung des Nächsten und Anerkennung der Autorität einer gemeinschaftlichen Entscheidung.

Wegweiser oder Weisheitsweiser?

Die größte Gemeinsamkeit zwischen traditionellem und alternativen Ansatz zeigt sich bei der Auswertung der sogenannten „Wegweiser". Der Unterschied besteht darin, dass der traditionelle Ansatz Hinweise auf den individuellen Willen Gottes sucht, während der alternative Ansatz diese Zeichen als Hilfe zu einer weisen Entscheidung wertet.

Gesunder Menschenverstand

Wer hätte etwas gegen den *gesunden Menschenverstand* einzuwenden? Die traditionelle Auffassung sieht in ihm - allerdings mit Vorbehalt - einen möglichen Fingerzeig auf den Willen Gottes. Mit Vorbehalt deshalb, weil es biblische Beispiele gibt, in denen Gottes individueller Wille dem gesunden Menschenverstand widersprach. Gott muss die Freiheit behalten, auf „ungewöhnliche", sprich „unvernünftige" Weise zu führen. Man denke bloß an Noah, Abraham, Josua, Gideon und Naemann.

Dagegen ermutigt der Weg der Weisheit zum Einsatz des Verstandes. Denn er versteht den gesunden Verstand als ein Geschenk Gottes und als eine Form von Weisheit. Der Gegensatz zum gesunden Menschenverstand ist Dummheit, Naivität oder Torheit.

Der gesunde Menschenverstand ist nur dann außerachtzulassen, wenn er dem offenbarten (ethischen) Willen widerspricht. Menschliche Weisheit und Vernunft hat immer dann den Hut zu nehmen, wenn sie mit Gottes Weisheit in Konflikt gerät.

Dieser Leitsatz wird durch die Beispiele Noah, Abraham, Josua und Gideon verdeutlicht. Gott hatte jeweils seinen ethischen Willen durch übernatürliche, direkte Offenbarung kundgetan. Für den Fall (der ja nicht auszuschließen ist), dass Gott auch heute noch direkte Offenbarung schenkt, hat die menschliche Vernunft der höheren Vernunft Gottes zu weichen.

Den Bezugsrahmen erweitern

Die traditionelle Auffassung macht mit dem biblischen Gebot, den Rat *geistlicher Seelsorger* einzuholen, ernst (Spr.11,14; 24,6). Sie beeilt sich aber ein Wort der Warnung mitzugeben, denn die Ratschläge verschiedener Seelsorger müssen nicht immer übereinstimmen, wodurch die göttliche Führung etwas verschleiert werden kann. Bei diesem „Wegweiser“ ist also besondere Vorsicht geboten, denn manch gut gemeinter Rat mag in eine falsche Richtung zeigen.

Im alternativen Modell werden Seelsorger als mögliche Weisheitsquelle gewertet. Sie können auf Zusammenhänge aufmerksam machen und Einsichten vermitteln, die dem Ratsuchenden vielleicht anders nicht zugänglich wären. Auf gar keinen Fall aber kommt ihrem Rat biblische Autorität zu.

Der Stellenwert der Wünsche

Persönliche Wünsche können nach traditioneller Auffassung Wegweiser zum individuellen Willen Gottes sein. Die richtige Deutung des Zeichens macht auch diesmal Mühe, denn Christen haben geistliche Wünsche, sündhafte Wünsche, törichte Wünsche usw. Deshalb steht der Christ ständig vor der Frage: „Wie unterscheide ich einen Wunsch, den mir der Heilige Geist eingegeben hat, von einem eigenen Wunsch, der sich mit weniger als dem Willen Gottes zufrieden gibt?“

Der Weg der Weisheit ist auf derlei Vermutungen nicht angewiesen, denn er spricht den Wünschen keine außergewöhnliche Autorität zu. Alle Wünsche haben sich dem Urteil des ethischen Willens Gottes zu stellen. Die Bibel gibt klare Auskunft darüber, welche Wünsche Gott wohlgefällig sind und welche nicht. Ferner sind die persönlichen Wünsche dem Urteil der Weisheit zu unterstellen. Manchmal packt mich der Wunsch, meinen Schreibtisch zu verlassen und spazieren zugehen. Wenn ich dann aber den Berg unerledigter Post sehe, werde ich eines Besseren belehrt. Bleibt nach getaner Arbeit immer noch etwas Zeit, dann kann ich meinen Spaziergang ruhig nachholen. Mein Wunsch, ein treuer Haushalter meiner Zeit zu sein, ist stärker als mein Wunsch nach Abwechslung.

Persönliche Wünsche und Vorlieben, die vor dem Urteil Gottes und dem Urteil der Weisheit Bestand haben, können eine ausgezeichnete Quelle von Weisheit sein. Denn die Heilige Schrift gebietet uns, dem Herrn freudig und von ganzem Herzen zu dienen. Dieses Gebot lässt sich umso leichter erfüllen, je größer die Übereinstimmung zwischen meinen ureigenen Wünschen und meinen Entscheidungen ist.

Im Laufe der Zeit wird sich auch das geistliche Wachstum auf die persönlichen Wünsche auswirken. Je reifer man wird, desto größer das Verlangen nach weiser und reifer Lebensgestaltung. Entsprechend werden die Wünsche zunehmend Reife und Weisheit widerspiegeln.

Je nachdem

Aus der Tatsache, dass Gott alle *Umstände* regiert, folgert der traditionelle Ansatz, dass Gott seinen individuellen Willen durch die Umstände erkennbar macht. Er hält ferner nach geschlossenen oder offenen Türen Ausschau: sie sollen jeweils als Ja- und Nein-Zeichen gedeutet werden. Ganz unmittelbar stellt sich hier jedoch das Problem der richtigen Deutung: Welche Botschaft wollen die Umstände vermitteln? Das dies eine schier unlösbare Aufgabe ist, haben wir bereits festgestellt.

Damit wird jedoch im alternativen Ansatz nicht die Bedeutung der Umstände unterschlagen. Ganz im Gegenteil. Da die Umstände das Umfeld der Entscheidungen bilden, helfen sie dem Christen, sich weise zu entscheiden. Sie sollen ausgewertet werden, allerdings nicht im Sinne einer Botschaft von Gott. Umstände können Aufschluss geben über die Zweckmäßigkeit einer Entscheidung. „Umstände" ist ein Begriff, der sehr viele konkrete Einzelheiten umfasst: Kosten, Arbeitskraft, Zeit, technische Probleme, Gelegenheiten zum Dienst usw. Die Weisheit erkennt, dass jede Wahl „ihre Vor- und Nachteile hat". Die Umstände machen diese Vor- und Nachteile deutlich., aber sie tragen keine Aufkleber mit „Ja" oder „Nein".

Und Jeremia?

Die traditionelle Auffassung spricht häufig von der Bestätigung einer Entscheidung durch ihre Folgen. Aber auch dieses Zeichen verlangt eine klippenreiche Deutung der Umstände. Denn zuerst ist die Frage zu klären: Welche Ergebnisse wären eine Bestätigung? Mit Sicherheit kann das keiner sagen. Menschlicher Erfolg ist kein automatischer Beweis, ansonsten wäre anzunehmen, dass Jeremia den Willen Gottes verfehlt hat. Viele Diener Gottes sind treu ihren Aufgaben nachgegangen und haben dabei nichts als Mühe und Rückschläge geerntet. Waren sie alle Versager? Waren sie deshalb so „unproduktiv", weil sie den Willen Gottes versäumt hatten? Die Heilige Schrift lehrt das nicht.

Der Weg der Weisheit betrachtet Erfolg und Misserfolg aus einem anderen Blickwinkel. Wer weise ist, lernt aus den Folgen früherer Entscheidungen. Sie können nämlich auf unberücksichtige Faktoren aufmerksam machen. Deshalb tut man gut daran, andere, die den Weg schon gegangen sind, zu fragen: „Wie lange hast du gebraucht, um bis nach München zu fahren?". „Hat sich Peter Schmidt als Sonntagschullehrer bewährt?" „Würdest Du mir zu einem ausländischen Wagen raten?"

Folgen können dem gewissenhaften Beobachter helfen. Doch sind sie stets nur unter Berücksichtigung der göttlichen Souveränität zu beurteilen. Letztlich bestimmt Gott nämlich über den Ausgang all unserer Pläne und Vorhaben.

Wer spricht dort, bitte?

Innere Eindrücke sind nach traditioneller Auffassung die unmittelbarste Verbindung zwischen einem Gläubigen und Gott. Der innere Drang, die inneren Eindrücke, so wird behauptet, weisen den Weg zum idealen Willen Gottes.

Der Weg der Weisheit erkennt die Wirklichkeit innerer Eindrücke an. Wer vor einer Entscheidung steht, wird früher oder später solche Gefühle empfinden. Der alternative Ansatz wendet sich jedoch entschieden dagegen, dass man solche Impulse mit Autorität ausstattet (vgl. Kap.8).

Wie reagiert nun die Weisheit auf Empfindungen und Eindrücke? Zunächst ist sie sich bewusst, dass Eindrücke von einer Vielzahl möglicher Quellen und Ursachen herrühren können: Gott, Satan, das Fleisch, Unreife, schlechte Erfahrungen der Vergangenheit, Magenschmerzen, Stress, Euphorie, Schlaflosigkeit, Werbung usw. Und die Heilige Schrift zeigt kein Mittel, die verschiedenen Ursachen auseinander zuhalten. Zweitens fehlt den inneren Eindrücken jede Autorität, jede Leitungsbefugnis. Drittens sind innere Eindrücke *am ethischen Willen Gottes und an der Weisheit* zu messen. Auf Grund dieser Auswertung entscheidet dann der Christ über seine Reaktion auf den inneren Drang.

Wenn Gott uns etwas mitteilen will, das nicht in seinem Wort steht, dann wird er sich so äußern, dass wir ihn ganz unmissverständlich vernehmen werden.

Ein Schlüssel um Schlüssel zu finden

Beobachten wir Frank Meier. Er hat seinen Autoschlüssel verloren. Er wandert durch das ganze Haus und sieht überall nach. Kein Schlüssel zu finden. Es folgt ein zweiter Gang durchs Haus. Diesmal schaut

Frank unter Kissen und Möbel und hinter die Schränke. Nirgends ist der Schlüssel. Allmählich dämmert ihm das Ausmaß seiner Not. Der Gedanke, er könnte den Schlüssel für immer verloren haben, lässt es ihm heiß und kalt den Rücken herunterlaufen. In seiner Verzweiflung hält er schließlich inne und betet: „Herr ich brauche den Schlüssel. Bitte lass mich ihn doch finden.“ Dann setzt er seine Suchaktion fort.

Nach einer Weile gewinnt Frank den Eindruck: „Der Schlüssel könnte ja im Kofferraum des Wagens sein.“

Ähnliches hat bestimmt jeder schon einmal erlebt. Wir können Frank deshalb gut verstehen. Würde er nun zum Auto gehen, den Rücksitz ausbauen und tatsächlich den Schlüssel im Kofferraum finden, dann wäre die Freude groß. Vielleicht würde er sogar behaupten: „Ich wusste ja, dass er im Kofferraum sein würde. Ich bat Gott um Hilfe, und er hat mir gezeigt, wo der Schlüssel ist.“

Stimmt das so? Kehren wir zum Augenblick des Eindrucks zurück. Frank hat das Gefühl, dass der Schlüssel im Kofferraum liegt. Nun muss er entscheiden, ob sich die Mühe lohnt, den Rücksitz auszubauen. Weiß er, dass sein Schlüssel dort steckt? Genauer: Steht Gottes Glaubwürdigkeit auf dem Spiel? Wenn nun der Schlüssel nicht dort ist, darf Hans seinen Freunden dann sagen: „Gott hat mich heute angelogen. Er sagte, ich würde den Schlüssel im Kofferraum finden, doch er war nicht dort.“ Natürlich nicht! Eindrücke sind eben Eindrücke und keine Offenbarungsträger.

Wie soll nun Frank aber vorgehen? Zunächst prüft er seinen Eindruck: Verstößt es gegen Gottes Willen, wenn er im Kofferraum nachsieht? Nein. Und was sagt die Weisheit? Sie erkennt, dass der Eindruck gar nicht so schlecht ist. Hätte der Eindruck nun gesagt, der Schlüssel sei auf der Zugspitze, dann hätte Frank getrost keinen weiteren Gedanken an ihn verschwenden brauchen. Hätte aber der Eindruck Frank gedrängt, auf dem Dachboden nachzusehen, obwohl er schon seit drei Monaten nicht mehr oben gewesen ist, dann hätte Hans beruhigt auch diese Möglichkeit vergessen können. Ist es aber eine Zeitverschwendung im Kofferraum nachzusehen? Vielleicht nicht. Zuvor könnte Hans aber noch einiges Andere tun, ohne viel Zeit zu verlieren. Etwa die Familie fragen, wer in letzter Zeit am Kofferraum war. Er könnte vorher auch im Fond des Wagens nachsehen. Erinnert er sich aber nun plötzlich, dass er selbst oder seine

Frau gestern Abend etwas aus dem Kofferraum holte, hätte er guten Grund seinem Gefühl nachzugehen.

Frank baut den Rücksitz aus und ... findet den Schlüssel im Kofferraum. Er war unter den Sitz gerutscht. Dann dankt er Gott für die Gebetserhörung. Erweist sich sein Suchen jedoch als umsonst, braucht er deswegen nicht an Gottes Zuverlässigkeit zu zweifeln. Er darf getrost weiter suchen und weiß, dass eine denkbare Möglichkeit ausgeschaltet ist. Findet er den Schlüssel dann schließlich in der Tasche des Morgenmantels, wird er dem Herrn danken, dass der Schlüssel gefunden wurde. Und er wird um eine Erfahrung reicher sein: Gib acht, wo du wichtige Gegenstände hinlegst!

Ich habe darüber keinen Frieden

Zu den inneren Eindrücken ist auch der Friede zu rechnen. Der Weg der Weisheit sieht weder im Frieden noch in dessen Ausbleiben eine unmittelbare Botschaft, die auf den individuellen Willen Gottes hinweist. Das heißt allerdings nicht, dass der Weg der Weisheit die Bedeutung der Gefühle verkennt. Mangelnder Friede (nach Gal.5,22) kann eine Frage von Sünde sein, die durch Vertrauen auf den Heiligen Geist in Ordnung zu bringen ist. Manchmal aber hat das Ausbleiben des Friedens andere Ursachen: Unreife, Angst vor Verantwortung, Unsicherheit vor einer Entscheidung usw. Für den alternativen Ansatz ist der Gefühlszustand eines Christen ein wesentlicher Faktor im Umfeld der Entscheidung. Dieses Gefühl sollte, wie alle Eindrücke überhaupt, anhand der heiligen Schrift und der Weisheit geprüft werden. Bestimmte Aufgaben sollte man gefühlsorientierten Christen nicht überlassen. Manche Christen sind bestimmten stressigen Situationen gefühlsmäßig noch nicht gewachsen. Jeder Christ verfügt über eine ihm eigene Gefühlswelt, die bei Entscheidungen berücksichtigt werden sollte.

Wir fassen zusammen: Grundsätzlich bedient sich jeder vor einer Entscheidung derselben Informationsquellen. Die beiden Ansätze verwerten jedoch die Informationen und Daten auf unterschiedliche Weise, doch weil es dieselben Quellen sind, fallen die Ergebnisse oft recht ähnlich aus. Der eigentliche Unterschied zeigt sich erst bei einem Vergleich der jeweiligen Ziele. Nach traditioneller Auffassung zeigen die „Wegweiser“ in Richtung auf den individuellen Willen Gottes, vorausgesetzt, sie werden richtig gedeutet. Für den Weg der Weisheit offenbart die Heilige Schrift den ethischen Willen Gottes, während die anderen Quellen als „Wahrheits-Zeichen“ den Weg zu einer ethischen und weisen Entscheidung zeigen. Entsprechend ist eine frühere Darstellung zu ändern:

Abb. 32

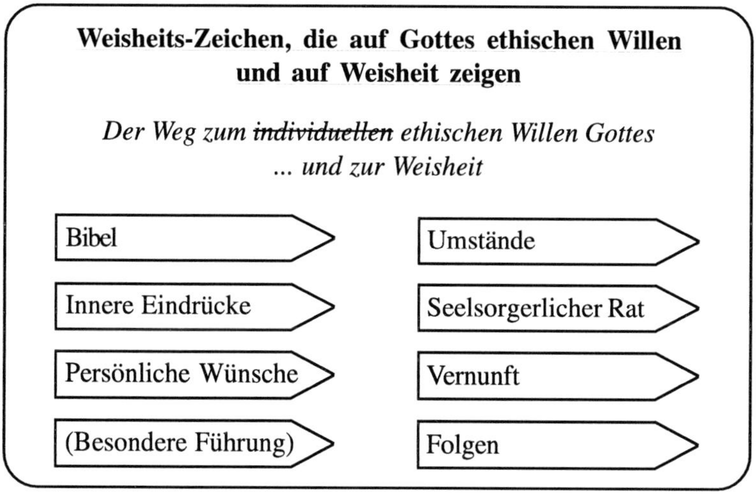

Die Überschrift zu diesem Kapitel, „Eine gute Sache verbessern“, sollte zum Ausdruck bringen, dass die traditionelle Auffassung im Grunde ein *guter* Ansatz ist. Vieles von dem, was Pastor Becker im ersten Teil sagte, ist zutreffend uns hilfreich. Vielleicht ist diese Tatsache unter der großen Menge an Kritik untergegangen.

So gut wie die traditionelle Auffassung zwar ist, ist sie jedoch *nicht gut genug*. Der Weg der Weisheit verbessert diese „gute Sache“, indem sie lehrmäßige Schwächen des traditionellen Ansatzes korrigiert. Auf der Grundlage einer richtigen Theologie kann nun der Weg der Weisheit ein Modell errichten und Leitlinien formulieren, die auf sämtliche Entscheidungen des Lebens angewendet werden können.

Vierter Teil

Die großen Lebensentscheidungen

Das Weisheitsprinzip angewendet

Kapitel 17

Weisheit bei Singlesein und Heiraten

Soll ich oder soll ich nicht?

Keine Frage, Daniel Schmidt und Sara Müller waren das Idealpaar des Jahres auf der Bibelschule. Sie waren attraktive, intelligente und reife Persönlichkeiten, sie passten zueinander und lebten beide mit Hingabe ihren Glauben an Jesus Christus. Und beide bereiteten sich intensiv auf einen Dienst für den Herrn vor. Auf dem Campus war es eine ausgemachte Sache, dass die beiden heiraten würden. Sie waren vollkommen füreinander geschaffen.

Nun - fast vollkommen. Wenn da nicht die Sache mit Afrika gewesen wäre ... Wenn Daniel eine deutlichere Berufung für den vollzeitlichen Dienst hätte ... Wenn sie nur mit gutem Gewissen dem „fast vollkommenen" Willen Gottes folgen könnten.

Hätte Daniel seine innersten Gedanken, die er mit Pastor Becker besprach, mit der Masse der Studenten teilen können, dann wären seine Mitstudenten wohl zunächst überrascht und enttäuscht gewesen zu hören, dass es Wolken am Horizont gab. Aber sie hätten verstanden. Und sie hätten indirekt an dem schmerzhaften Prozess teilgenommen, die anscheinend widersprüchlichen Verpflichtungen auf der Suche nach Gottes vollkommenem Willen und nach innerem Frieden miteinander in Einklang zu bringen. Man muss nicht selbst in Daniels Schuhen laufen, um mit ihm mitzufühlen.

Wenn der Rat richtig ist, den Pastor Becker Daniel nach bestem Wissen und Gewissen gab, dann sind die Konsequenzen von Daniels Heiratsentscheidung in der Tat sehr ernüchternd:

1. Auf der ganzen Welt gibt es entweder keine oder nur eine Person, die dafür in Frage käme, seine Frau zu werden.
2. Wenn Gott möchte, dass er Single bleibt, und er trotzdem jemanden heiratet, dann befindet er sich außerhalb des Willens Gottes.
3. Wenn Gott eine bestimmte Frau für ihn ausgewählt hat und er eine andere heiratet, befindet er sich außerhalb des Willens Gottes.
4. Wenn eine Frau, die Gott für ihn ausgewählt hat, einen anderen heiratet, dann kann er nicht in Einklang mit Gottes Willen stehen, egal was er tut.
5. Wenn einer der beiden außerhalb des Willens Gottes heiratet, dann gibt es keine Möglichkeit für sie, die Entscheidung rückgängig zu machen und zum Zentrum seines Willens zurückzukehren. Sie befinden sich für immer auf dem unfruchtbaren Boden des „zweit- (dritt-, viert-, usw.) besten" Willens Gottes.

Wenn der Einsatz so hoch ist, dann werden die meisten Menschen nicht spielen, es sei denn, es ist von vornherein absolut sicher, dass sie gewinnen. Aber den Ausgang mit Sicherheit zu wissen ist eben das Problem.

Das Traurigste an dieser Situation ist, dass so viel des Leidens von Daniel und Sara unnötig ist. Das soll nicht heißen, dass die Heiratsentscheidung nicht von überwältigender Wichtigkeit wäre. Was den Einfluss auf den Lebenslauf eines Menschen angeht, rangiert wahrscheinlich nur die Entscheidung für die Annahme oder Ablehnung von Jesus Christus als Retter und Herr höher als die Heiratsfrage. Der unnötige Stress kommt jedoch von der Verpflichtung, den einen in Frage kommenden Kandidaten unter den Millionen möglichen entdecken zu müssen.

Es gibt einen besseren Weg. Er ist vielleicht nicht einfacher, aber er ist mit Sicherheit angenehmer. Es ist der Weg der Bibel. Es ist der „Weg der Weisheit". Solche Weisheit wird in diesem Kapitel zuerst auf die Frage angewandt, ob man heiraten soll, und dann im nächsten Kapitel auf die Wahl des Partners.

Die Reiseroute abstecken

Lassen Sie uns, bevor wir den Pfad zum Ehe- (oder Single-) Glück einschlagen, erst noch einen weiteren Blick auf das Terrain werfen. In diesem und den folgenden Kapiteln schreiten wir von der Entwicklung allgemeiner Prinzipien zu ihrer Anwendung in konkreten Lebensfragen. Wir werden sehen, in welcher Weise der Weg der Weisheit mit Fragen zu Singlesein und Ehe, zur Karriere und zum Spenden für das Werk des Herrn umgeht und schließlich werden wir zu Fragen kommen, bei denen Christen unterschiedlicher Meinung sind.

Die einzelnen Themen in diesen Kapiteln haben drei Dinge gemeinsam: 1. Sie sind von *allgemeinem* Interesse, weil nahezu alle Gläubigen irgendwann diese Entscheidungen treffen müssen. 2. Es sind *wichtige* Bereiche, weil die Wahl, die wir dort treffen, unser Leben sehr stark beeinflussen wird. Und 3. hat die *Bibel* zu jedem dieser Punkte Wichtiges zu sagen.

Dementsprechend kann man davon ausgehen, dass diese Kapitel in mindestens dreifacher Hinsicht hilfreich sein können. Erstens werfen sie das Licht des Wortes Gottes auf Gebiete unseres Lebens, die für viele von größtem Interesse sind. Zweitens bestätigen sie den Weg der Weisheit, indem sie die bislang entwickelten Prinzipien der Führung Gottes konsequent zur Anwendung bringen. Und drittens können diese Kapitel den Schriftprinzipien zum Treffen von Entscheidungen durch konkrete Beispiele Gestalt verleihen.

Um zum Ehebeispiel zurückzukehren, die Frage hat eigentlich zwei Teile: Soll ich heiraten? Und wenn ja, wer wird mein Ehepartner? Die traditionelle Sicht sagt, dass Gott bereits beide Entscheidungen als einen Teil seines individuellen Willens für das Leben jedes Menschen getroffen hat. Das Ziel für den Gläubigen ist es demnach, die Wahl Gottes irgendwie ausfindig zu machen, indem man die Wegweiser - aus ihnen besteht die Leitung des Geistes - richtig liest und befolgt.

Der Weg der Weisheit sagt dagegen, dass diese Entscheidungen in den Bereich der Freiheit gehören, weil Christen keine Direktiven bekommen haben, die befehlen oder verbieten zu heiraten. Aus dieser Perspektive ist das Ziel des Christen, weise Entscheidungen zu treffen - Entscheidungen, die ihm am besten ermöglichen, Gottes Geboten zu gehorchen und Gottes klar geäußerte Absicht für sein Leben zu erfüllen.

Die Frage, die sich dann aufdrängt, ist: Gibt es irgendwelche Stellen der Heiligen Schrift, die beim Thema Ehe eine Auffassung bestätigen und entfalten? Die Antwort darauf ist: ja.

Die Lehre von Jesus

Singles für Jesus

Im Zuge der Verbreitung von Büchern mit Titeln wie „Wie überlebe ich als Single?“ ist es modern geworden, von Jesus als Single zu sprechen. Ironischerweise lag der Anlass für die einzige uns berichtete Aussage von Christus zu diesem Thema in einer Frage zur Scheidung:

„Da traten Pharisäer zu ihm und versuchten ihn und sprachen: Ist's erlaubt, dass sich ein Mann aus irgendeinem Grund von seiner Frau scheidet?“ (Mt.19,3).

Es war keine bloß akademische Frage. Durch eine falsche Antwort hätte sich eine bedeutende Zahl von Nachfolgern von Jesus distanzieren können. Denn das Volk Israel war über der Frage der Scheidung gespalten. Einige folgten der strengeren Schule Schammais und vertraten die Ansicht, dass sexuelle Unmoral die einzige rechtmäßige Grundlage für eine Scheidung war. Aber viele andere vertraten die Ansicht Hillels, dass sich ein Mann von seiner Frau „aus irgendeinem Grund“ scheiden lassen dürfe.

Statt sich in diesen Streit hineinziehen zu lassen, bekräftigte Jesus erneut Gottes ursprüngliche Absicht: dass der Zweck der Ehe darin lag, einen Mann und eine Frau auf Dauer zu vereinigen. *„Was nun Gott zusammengefügt hat,“* folgerte er, *„das soll der Mensch nicht scheiden“* (Mt.19,6).

Es war eine ausgezeichnete Antwort, die viel weiter ging als die fromme Debatte darüber, was gerade noch erlaubt sei. Doch die Gegner von Jesus ließen sich nicht von ihrem Ziel abbringen, ihn vor den Augen des Volkes zu kompromittieren. „Warum,“ entgegneten sie, „hat dann Mose geboten, ihr einen Scheidebrief zu geben und sich von ihr zu scheiden?“ (19,7). Die Antwort, die Jesus darauf gab, war vollständig:

„Mose hat euch erlaubt, euch zu scheiden von euren Frauen, eures Herzens Härte wegen; von Anfang an aber ist's nicht so gewesen. Ich

aber sage euch: Wer sich von seiner Frau scheidet, es sei denn wegen Ehebruchs, und heiratet eine andere, der bricht die Ehe" (Mt.19,8-9).

Diese Antwort, die zugleich die Position Hillels widerlegte und die Pharisäer zum Schweigen brachte, pflanzte eine ernste Frage in die Herzen seiner Jünger. Sie wurde in der Form eines Aussagesatzes formuliert, aber man erwartete ganz sicher eine Antwort von Jesus: *„Steht die Sache eines Mannes mit seiner Frau so, dann ist's nicht gut zu heiraten"* (19,10).

Dieses eine Mal waren die Jünger klug genug, die Konsequenzen der Lehre ihres Meisters zu erfassen. Es war denkbar, überlegten sie, dass ein Mann, ohne es zu wissen, eine streitsüchtige Frau heiratete, die ihm dann ein erbärmliches Leben bescherte (Spr.21,9). Wenn Scheidung außer bei Ehebruch ausgeschlossen war, dann wäre der Mann für immer in einer unerträglichen Situation eingesperrt. Heiratslose Enthaltung wäre dann sicher der ehelichen Trostlosigkeit vorzuziehen.

Die Pharisäer müssen von der Reaktion der Jünger entzückt gewesen sein. Wenn Jesus der Schlussfolgerung seiner Jünger zustimmte, dann würde er die alttestamentliche Lehre von der Glückseligkeit der Ehe und von ihrem Lohn - einem Köcher voll von Kindern - in Frage stellen (1Mo.2,18; Ps.127,3-5). Wenn er aber die von den Jüngern geäußerte Skepsis nicht akzeptieren konnte, dann müsste er seine Ansicht zur Scheidung noch einmal revidieren und eine liberalere Position beziehen.

Der Herr besaß eine Art, scheinbare Dilemmas anzupacken, die Menschen zum Kopfschütteln gebracht haben muss. Dieser Fall war keine Ausnahme. Während es für jeden anderen offensichtlich schien, dass Jesus dem, was seine Jünger gesagt hatten, entweder zustimmen oder widersprechen musste, tat er keines von beidem. Er sagte Folgendes: *„Dies Wort fassen nicht alle, sondern nur die, denen es gegeben ist."* Dann fuhr er fort, drei Kategorien von Menschen aufzulisten, die tatsächlich nicht heiraten: 1. solche, die es auf Grund eines Geburtsfehlers nicht können; 2. solche, die durch die Hand anderer zur Heirat unfähig gemacht wurden; und 3. solche, die es wählen, Single zu bleiben, um dem Reich der Himmel effektiver dienen zu können (Mt.19,11-12).[1]

Jesus stimmte in der Tat zu, dass es einige Menschen geben würde, für die das Singlesein besser war als die Ehe. Doch das war nicht

bloß wegen der Risiken so, die der Ehebund mit sich brachte, sondern wegen des positiven Potentials, Gott zu dienen. Auf der anderen Seite war seine Warnung, *„Wer es fassen kann, der fasse es!“* (19,12), eine Erinnerung daran, dass nicht alle Menschen mit Singlesein richtig umgehen können. Für sie wäre eine weise Heirat besser.
Kurz gesagt, Jesus lehrte, dass sowohl das Singlesein als auch die Ehe für Gott annehmbar sind. Die Ehe wird niemandem befohlen; ebenso wenig wie der Eheverzicht, selbst der Eheverzicht für das Reich Gottes. Für einige galt, wie es die Jünger gesagt hatten, *„ist's nicht gut zu heiraten“*. Aber andere könnten das Singlesein als zu hart empfinden. Ihnen war die Fähigkeit, sich als Single wirkungsvoll zu entfalten, nicht gegeben (19,11).

Die Lehre von Paulus

Was Jesus seinen Hörern in groben Strichen skizzierte, wurde von dem Apostel Paulus in 1. Korinther 7 genauer ausgeführt und im Detail entfaltet. Dies ist der zentrale Bibeltext zum Thema Singlesein. Die Ausführungen von Paulus entstanden in Erwiderung eines Briefes, den er von den Gläubigen in Korinth erhalten hatte (7,1). Die Liste mit Fragen an den Apostel, die in diesem Brief enthalten war, wurde von dem Streitpunkt angeführt, ob denn die Ehe für Christen angemessen sei.

Wenn es je einen Ort gegeben hat, wo man eine biblische Untermauerung der traditionellen Sicht erwarten könnte, dann ist dieser Ort 1.Korinther 7. Angesichts der anstehenden Frage würde man erwarten, dass der Apostel darlegt, wie Gläubige vorgehen sollen, um Gottes individuellen Willen für ihr Leben in diesem zentralen Bereich herauszufinden. Seine Einsichten wären natürlich in dem ihm eigenen, typischen Schreibstil ausgedrückt. Aber man könnte geradezu voraussagen, dass alle charakteristischen Merkmale der traditionellen Sicht darin enthalten sein würden.

Mittlerweile wird keiner unserer Leser überrascht sein zu erfahren, dass Paulus zur Frage von Singlesein und Heirat nicht die Auffassung vertrat, die zur traditionellen Sicht wurde. Das ist wahrscheinlich der Grund, warum nur wenige Bücher über den Willen Gottes diesem Ka-

pitel viel Beachtung schenken, obwohl es das Problem eingehend behandelt. Denn während Paulus viel zu sagen hat über die Vor- und Nachteile von Singlesein und Ehe, behandelt er den individuellen Willen Gottes mit keinem einzigen Satz. Der Grund dafür wird deutlich werden, während wir das Kapitel untersuchen.
Die Ausführungen von Paulus können in drei Hauptabschnitte unterteilt werden. In den Versen 1-7 führt er die allgemeinen Prinzipien ein, die durch den Rest des Kapitels hindurch entfaltet werden. In den Versen 8-24 konzentriert er sich auf die Probleme der Verheirateten. Und in den Versen 25-40 diskutiert er die Probleme der Unverheirateten.

Regulierte Freiheit

„Wovon ihr aber geschrieben habt, darauf antworte ich: Es ist gut für den Mann, keine Frau zu berühren. Aber um Unzucht zu vermeiden, soll jeder seine eigene Frau haben und jede Frau ihren eigenen Mann. Der Mann leiste der Frau, was er ihr schuldig ist, desgleichen die Frau dem Mann. Die Frau verfügt nicht über ihren Leib, sondern der Mann. Ebenso verfügt der Mann nicht über seinen Leib, sondern die Frau. Entziehe sich nicht eins dem andern, es sei denn eine Zeitlang, wenn beide es wollen, damit ihr zum Beten Ruhe habt; und dann kommt wieder zusammen, damit euch der Satan nicht versucht, weil ihr euch nicht enthalten könnt. Das sage ich aber als Erlaubnis und nicht als Gebot. Ich wollte zwar lieber, alle Menschen wären, wie ich bin, aber jeder hat seine eigene Gabe von Gott, der eine so, der andere so“ (1Kor.7,1-7).

Was Paulus ganz am Anfang schreibt, macht seine Vorliebe für das Singlesein deutlich. (*„Eine Frau berühren“* ist ein Euphemismus für Geschlechtsverkehr und wird interessanterweise als Entsprechung von „heiraten“ verwendet.) Paulus erkennt jedoch an, dass Singles besonders leicht für sinnliche Versuchungen anfällig sind. Aus diesem Grund gewährt die göttliche Einrichtung der Ehe für die meisten Menschen den sichersten Schutz vor sexueller Sünde. Wieder werden weder Singlesein noch Heirat befohlen (7,6). Deshalb, obwohl Paulus eine starke Vorliebe für seinen eigenen Stand als Single hat, muss jeder selbst wählen, was für ihn das Beste ist (7,7).[2] Robertson und Plummer fassen den Gedanken von Paulus treffend zusammen:

„Singlesein ist gut, aber Heiraten ist natürlich.“[3] Das ist die erste Botschaft des Abschnitts.

Der zweite Hauptpunkt ist, dass die, die sich entscheiden zu heiraten, damit gewisse Verpflichtungen dem Ehepartner gegenüber eingehen. Diese Verpflichtungen verbieten intime Beziehungen außerhalb der Ehe (7,2) oder sexuellen Betrug innerhalb der Ehe (7,3-5). Wer heiratet, ist dadurch gebunden, seine eheliche Pflicht zu leisten.

Bereits ganz zu Beginn stellt Paulus ein sehr wichtiges Prinzip auf: Die Entscheidung über das Heiraten wird von dem moralischen Willen Gottes *reguliert* und beeinflusst, aber sie wird nicht von ihm *festgelegt*. Die Gebote des Wortes Gottes sind auf zwei Komponenten der Entscheidung gerichtet. Die erste betrifft die Gruppe, aus der man einen Partner auswählen darf. In diesen Versen setzt Paulus voraus, was er später explizit sagen wird (7,39): Ein Christ darf nur einen anderen Christen heiraten. Das ist Gottes moralischer Wille, und man muss ihm gehorchen. Zweitens legen die biblischen Gebote die Verpflichtungen fest, die ein Christ hat, sobald er verheiratet ist.

Doch die Entscheidung zu heiraten oder Single zu bleiben liegt im Bereich der Freiheit. Der Apostel hatte eine eindeutige Vorliebe für das Singlesein, von dem er „lieber wollte“, dass es die anderen auch wählen könnten. Aber er wusste, dass er diesem Wunsch nicht die Kraft eines Befehls geben konnte. Denn nicht jeder „hat diese Gabe“. Gott gibt den Gläubigen unterschiedliche Geschenke. Wahrscheinlich meint die Aussage von Paulus, dass einige „begabt“ sind, sich über das Singlesein zu freuen, während andere „begabt“ sind, sich über die Ehe mit ihren zusätzlichen Verantwortlichkeiten zu freuen (7,7). Man sollte seine eigene Veranlagung bei der Entscheidung berücksichtigen, aber jeder persönlich hat die Wahl (7,6).

Das Prinzip, dass die Heiratsentscheidung von Gottes moralischem Willen reguliert, aber nicht von ihm festgelegt wird, wird das gesamte Kapitel hindurch immer wieder bekräftigt. Die Freiheit zu wählen wird in den folgenden Versen unterstrichen:

> 1Kor.7,25: *„Über die Jungfrauen habe ich kein Gebot des Herrn ...“*
> 1Kor.7,28: *„Wenn du aber doch heiratest, **sündigst du nicht**, und wenn eine Jungfrau heiratet, **sündigt sie nicht.**“*

1Kor.7,36: *„Wenn aber jemand meint, er handle unrecht an seiner Jungfrau, wenn sie erwachsen ist, und es kann nicht anders sein,* ***so tue er, was er will****; er sündigt nicht, sie sollen heiraten."*
1Kor.7,39: *„Eine Frau ist gebunden, solange ihr Mann lebt. Wenn aber der Mann entschläft,* ***ist sie frei****, zu heiraten,* ***wen sie will****; nur dass es in dem Herrn geschehe!"*

Wieder werden all diese Ausdrücke der Freiheit durch den moralischen Willen Gottes eingegrenzt. Zusätzlich zu den Vorschriften, die wir schon in den ersten sieben Versen aufgezeigt haben, verbietet Gottes moralischer Wille: 1. die Scheidung für zwei verheiratete Christen (7,10); 2. die Wiederheirat einer christlichen Ehefrau oder eines christlichen Ehemannes, die sich von ihrem alten Partner getrennt haben (7,11); 3. die Scheidung eines Gläubigen von einem Ungläubigen, wenn dieser bereit ist, die Ehe weiterzuführen (7,13-15). Für die oder den Single verlangt Gottes moralischer Wille sexuelle Enthaltung (7,2.9).

Die Faktoren abwägen

An keiner Stelle dieser Darstellung legt es Paulus nahe, dass die Heiratsentscheidung durch Gottes moralischen oder durch seinen individuellen Willen festgelegt würde. Sie liegt im Bereich der Freiheit, und Gläubige sind für ihre eigene Wahl verantwortlich. Wenn aber Gottes moralischer Wille und sein sogenannter individueller Wille nicht die Grundlage für diese Entscheidung sind, dann folgt daraus, dass es *irgendwelche anderen Kriterien geben muss.* Auf welcher Basis soll nach Paulus diese moralisch freie Entscheidung getroffen werden?

Auf viele unterschiedliche Weisen erklärt Paulus, dass die Wahl von Singlesein oder Ehe auf Grundsatz geistlicher Zweckmäßigkeit beruht. Er gebraucht nicht selbst das Wort „Zweckmäßigkeit", aber die Ausdrücke, die er verwendet, werden in diesem Begriff gut zusammengefasst. Seine Vorgehensweise besteht darin, Vor- und Nachteile aufzuzählen, die die beiden Situationen charakterisieren. Kurz gesagt, er gibt seine Weisheit weiter *„als einer, der durch die Barmherzigkeit des Herrn Vertrauen verdient"* (7,25).

Die Betonung liegt bei Paulus auf den Vorzügen des Singleseins. Seine Gründe für diese Vorliebe liegen in den folgenden Zielen:

1. Unnötige Sorgen vermeiden (7,20-21)
2. Überflüssige Schwierigkeiten vermeiden (7,28)
3. Die begrenzte Zeit besser ausnutzen (7,29-31)
4. Ohne Sorge sein (7,32)
5. Fähig sein, ohne Ablenkung für „die Sache des Herrn„ besorgt zu sein (7,32)
6. Persönliches Glück fördern (7,40).

Paulus fasst seine Gründe für seine Empfehlung, Single zu bleiben, in 1.Korinther 7,35 zusammen: *„Das sage ich* ***zu eurem eigenen Nutzen****; nicht, um euch einen Strick um den Hals zu werfen, sondern* ***damit es recht zugehe*** *und ihr stets und* ***ungehindert dem Herrn dienen*** *könnt.„*

Das ist geistliche Zweckmäßigkeit!

Ich glaube, ich habe die Gabe nicht!

Andererseits hat die Ehe einige echte Werte, die sie nicht nur zu einer guten Wahl, sondern für viele zu der besseren Wahl machen. Zuerst einmal ist die Versuchung zur sexuellen Sünde durch den geheiligten Status der Ehe deutlich geringer (7,2-5). Mit dem Stand eines Ledigen zufrieden zu sein erfordert eine „Gabe" Gottes, die nicht jeder besitzt (7,7). Wenn eine Person, die diese Gabe nicht hat, dem Herrn als Single zu dienen versuchte, würde sie wahrscheinlich ständig durch einen Hagel sinnlicher Verlockung abgelenkt (7,9). Die Ehe mag das, was jemand für den Herrn tun kann, eingrenzen; aber dieser Nachteil ist dem Chaos, das sexuelle Lust hervorrufen kann, weitaus vorzuziehen. Für den Menschen ohne Enthaltsamkeit liegt die Wahl zwischen möglicher Ablenkung (Ehe) und möglichem Ruin (Singlesein).

Auf der positiven Seite bietet die Ehe eindeutig Möglichkeiten, Gott zu dienen - insbesondere an dem Partner und den Kindern (7,14-16). Außerdem freut sich Gott immer darüber, wenn seine Kinder seinen Geboten gehorchen (7,19). Deshalb entspricht das Erfüllen seiner ehelichen Pflichten dem moralischen Willen Gottes (7,2-5). Kurz gesagt, die Ehe gestattet Männern und Frauen, ihre durch Gott gegebenen Triebe von verbotenem, zerstörerischem Verhalten wegzulenken, sie zu kanalisieren und sie zu gebrauchen, um Gottes ursprünglichen Entwurf für gegenseitige Erfüllung und Ergänzung zu verwirklichen.

Eine Gesellschaft der gegenseitigen Wertschätzung

Das Schreiben dieses Buches ist für uns eine Illustration der Unterschiede zwischen Singlesein und Ehe geworden. Ich bin Single und Robin ist verheiratet. Und, nebenbei gesagt: wir beide freuen uns über unseren Stand. Die enge Zusammenarbeit brachte uns dazu, sowohl die Vorzüge des Standes des anderen als auch den Segen unseres eigenen ganz neu zu schätzen.

Garry: „Während des Sommers 1978 wohnte ich fünf Wochen lang bei Robin und Louise Maxson, als Robin und ich unsere Arbeit am Manuskript dieses Buches begannen. Zu Beginn des Projektes war ich geladen vor Motivation. Ich war weit weg von meinem Büro, meinem Klassenraum und, vor allem, meinem Telefon. Klamath Falls, Oregon, war für mich am Ende der Welt, und ich war glücklich, dort zu sein. Ich konnte den ganzen Tag ohne Unterbrechungen arbeiten, ein bisschen Sport treiben, zu Abend essen und dann noch vor dem Schlafengehen zwei oder drei Stunden an der Schreibmaschine verbringen."

Robin: „Ich war begeistert, an solch einem Projekt mitzuwirken, und ich glaube, mein Enthusiasmus war ebenso groß wie der von Garry. Es dauerte jedoch nicht lange, bis ich einen Unterschied in unserer Produktivität feststellte. Garry konnte unserem Projekt mehr Zeit widmen als ich, denn abgesehen von meiner Frau (die leicht eine „Buch-Witwe" hätte werden können) war da unsere kleine elf Monate alte Tochter, die auch etwas Aufmerksamkeit von ihrem Daddy brauchte. Von Zeit zu Zeit wurde diese Aufmerksamkeit mitten in der Nacht benötigt. Und so gab es manchen Morgen, an dem ich - während Garry sich mit strahlenden Augen und frischer Kraft ins Büro begab - immer noch dabei war, mich von den frühmorgendlichen Besuchen bei Rachel Beth zu erholen. Wenn er nach dem Abendessen wieder das Büro ansteuerte, blieb ich zu Hause, um Zeit mit meiner Familie zu verbringen.

Garry und ich sahen beide, dass meine Verantwortung gegenüber meiner Familie Vorrang vor meiner Arbeit an dem Buch haben musste. Und normalerweise ist das eine Priorität, die mir viel Freude macht. Aber in dieser Situation musste ich mich bewusst mit den Gefühlen von Groll und Verärgerung auseinandersetzen, die sich einzuschleichen begannen, weil mein Output für das Manuskript hinter dem von Garry zurückblieb."

Garry: „Meine Wohnung in Portland ist ein Haus, aber nicht wirklich ein Heim. In meiner Zeit mit den Maxsons spürte ich den Unterschied. Mahlzeiten waren Gelegenheiten, Gemeinschaft zu haben, nicht nur zu essen. Ich begann, den Wert des Zusammenwirkens von Mann und Frau durch das Dick und Dünn des täglichen Lebens zu schätzen. Dann gab es da noch meine neue Liebe - Rachel Beth. Als sie ihre ersten Schritte zu tun begann, sah ich etwas von dem Wunder, wie sich ein junges Leben entwickelt. Ich war fast genauso entzückt wie Robin und Louise; und ich wollte genauso unbedingt wie sie ein Foto davon. Es war schön, für fünf Wochen ‚Onkel Garry' statt ‚Dr. Friesen' zu sein. Jeden Tag freute ich mich darauf, vom Schreiben ‚nach Hause' zu kommen, um ‚Wo ist Rachel?' zu spielen - eine Variation des Guckguck-Spiels.

Mittlerweile ist Michael Benjamin angekommen. Ich bin zweifacher Onkel! Ich bin zufrieden mit meinem Singlesein, aber ich werde nie ein Wort gegen die Ehe sagen. Gott hat sie schön gemacht, genau wie Paulus in Epheser 5 sagt."

Robin: „Der Frust, den ich erlebte, weil ich nicht mit Garry Schritt halten konnte, war neu für mich. Wir hatten schon früher an gemeinsamen Projekten gearbeitet, und der Beitrag von uns beiden war mehr oder weniger gleich gewesen. Aber das war während des Studiums, und ich war noch Single!

Ob ich mich nach den Tagen gesehnt habe, als ich noch frei und ungebunden war? Natürlich habe ich das - etwa fünf Sekunden lang. So lange brauchte mein gesunder Menschenverstand (der von Zeit zu Zeit auf Urlaub geht) um zurückzukehren. Der Herr hat mir eine wunderschöne Familie geschenkt und die Fähigkeit, mich über jeden der Familie von Herzen zu freuen. Dennoch staune ich erneut über Gottes Weisheit, einige dazu auszurüsten, alleine zu leben. Ich bin ein Nutznießer von dem, was solche Menschen in ihrer Hingabe ‚ohne Ablenkung' an den Herrn leisten können. Und ich bin dafür dankbar."

Blühe, wo du gepflanzt bist

In 1.Korinther 7,17-24 stellt Paulus ein vorrangiges Prinzip auf, das für alle Christen unabhängig von ihrem Stand gilt. Den Verheirateten, den Singles, den Geschiedenen, den Verwitweten, den Beschnittenen, den Unbeschnittenen, den Sklaven und den Freien sagt Paulus: *„Liebe*

Brüder, ein jeder bleibe vor Gott, worin er berufen ist" (1Kor.7, 24). Mache es zum Ziel deines Lebens, deinen Stand nicht zu verändern, sondern Gott so effektiv und mit soviel Energie wie möglich zu dienen, unabhängig von der Situation, in der du dich befindest. Wie ein modernes Poster sagt: „Blühe, wo du gerade gepflanzt bist!"
Mit diesem Prinzip wollte Paulus nicht ledigen Menschen die Ehe oder Sklaven die Freiheit verbieten. Wenn die Gelegenheit kommt und es ratsam ist, ergreife sie (7,21)![4] Was er sagen wollte ist, dass Menschen dazu tendieren, sich auf die falschen Dinge zu konzentrieren. Sie verausgaben ihre ganze Energie, um ihre Situation für sich zu verändern, anstatt die Welt für Christus zu verändern.

Wie also soll man die Heiratsfrage entscheiden? Wägen Sie alle Faktoren gegeneinander ab und treffen Sie eine weise Entscheidung. Und was macht eine weise Entscheidung aus? Eine weise Entscheidung ist dadurch gekennzeichnet, dass sie:

1. Gut ist - hier nicht im Gegensatz zu „böse", sondern im Gegensatz zu „nicht nützlich" (7,1.8.26)
2. Besser ist (7,9.38)
3. Zum Frieden führt (7,15)
4. Einem am besten hilft, die Gebote Gottes zu halten (7,19)
5. Am wenigsten Schwierigkeiten verursacht (7,28)
6. Die Zeit am besten ausnutzt (7,29)
7. Am meisten von äußeren Sorgen befreit (7,33)
8. Nützlich ist (7,35)
9. Das fördert, was anständig ist (7,35)
10. Zu einer Hingabe ohne Ablenkung an den Herrn führt (7,35)
11. Notwendig ist (7,36)
12. Persönliches Glück fördert (7,40).

Die Entscheidung über Singlesein und Heiraten muss also gemäß der geistlichen Zweckmäßigkeit getroffen werden. Die detaillierte Diskussion bei Paulus drängt einen Gläubigen dazu, die Vor- und Nachteile eines jeden Standes im Hinblick auf den Dienst für Gott sorgfältig zu bedenken. Er ist dann frei und verantwortlich, den Stand zu wählen, der nach seiner Einschätzung dem Reich Gottes und auch sich selbst am meisten Segen bringt. Jesus sagte das, und Paulus entfaltete es.

Für manche ist Singlesein „besser“ als Verheiratetsein; aber für andere ist der natürliche Stand der Ehe „besser“. Das Ziel für den Gläubigen ist nicht, die Entscheidung herauszufinden, die Gott schon getroffen hat (wie in der traditionellen Sicht), sondern eine weise Entscheidung zu treffen.

Anmerkungen:

1 Das Wort „Eunuch“, das im griechischen Text steht, kann man wörtlich oder im übertragenen Sinn verstehen. Am besten nimmt man die ersten beiden von Jesus genannten Fälle in Matthäus 19,12 wörtlich und versteht den letzten Fall im übertragenen Sinne, d.h. bezogen auf solche, die aufs Heiraten verzichten, aber nicht impotent sind.

2 Einige haben die Bemerkungen hier als eine Herabsetzung der Ehe durch Paulus verstanden. Dass dies nicht der Fall ist, beweist Epheser 5,22-33, vom selben Autor geschrieben. Wenn jemand nur Epheser 5 lesen würde mit dessen offensichtlicher Botschaft, dass die Ehe wunderschön ist, käme er vielleicht auf den Gedanken, dass Paulus das Singlesein als zweitklassig einstuft. Wenn dieselbe Person nur 1.Korinther 7 lesen würde mit dessen Betonung, dass das Singlesein vorteilhaft ist, dann könnte er schlussfolgern, dass Paulus den Ehestand für die zweite Wahl hält. Beide Passagen zusammen offenbaren die wirkliche Sicht von Paulus: Man muss die Vor- und Nachteile beider Lebenssituationen gegeneinander abwägen und dann wählen.

3 Archibald Robertson und Alfred Plummer, *A Critical and Exegetical Commentary on the First Epistle of St. Paul to the Corinthians*, International Critical Commentary, Edinburgh, 1911, S. 130.

4 Einige Übersetzungen lesen nicht „Kannst du frei werden, so nutze es um so lieber“ (Lutherübersetzung), sondern, im entgegengesetzten Sinne, „Auch wenn du frei werden kannst, lebe lieber als Sklave weiter“ (Einheitsübersetzung). Solch eine Übersetzung ist möglich, der Kontext spricht aber für die von uns vertretene Lesart.

Kapitel 18

Weisheit beim Heiraten

Die Kandidaten sichten

Der erste Teil der Heiratsfrage betrifft das „Ob“. Auf den zweiten Teil läuft für den, der zu dem Schluss kommt, die Ehe sei besser, letztlich alles hinaus: „Wen?“ Tatsächlich wird die erste Frage in vielen Fällen von der zweiten verschluckt. Manche, besonders Männer, scheinen die „Ob“-Frage zu ignorieren, bis sie sich bereits in einer sehr engen Beziehung mit einem ganz bestimmten „Wen“ befinden. Eine solche Situation spitzt die Frage zu oder sie verkompliziert sie regelrecht. In jedem Fall möchte ein Christ, der der Autorität der Schrift verpflichtet ist, die Bibelstellen finden und studieren, die Richtungsweisung für die Auswahl des Ehepartners geben. Im Zusammenhang mit dieser Entscheidung zitieren Befürworter der traditionellen Sicht zur Begründung ihres Ansatzes oft zwei schöne Geschichten aus dem 1.Buch Mose. Denn in beiden Fällen wählte Gott die Braut aus.

Gottes Wille für Adam und Eva

Wenn die Auswahl begrenzt ist

Die erste Stelle, wo die Bibel auf die Ehe Bezug nimmt, findet sich in 1.Mose 2. Dieses Kapitel beschreibt die Erschaffung Adams (Vers 7) und Evas (Vers 22) und ihre anschließende Heirat. Diese erste „Trauung“ wird kurz und bündig erzählt:

„Und Gott der HERR baute ein Weib aus der Rippe, die er von dem Menschen nahm, und brachte sie zu ihm. Da sprach der Mensch:

Das ist doch Bein von meinem Bein und Fleisch von meinem Fleisch: man wird sie Männin nennen, weil sie vom Manne genommen ist" (1Mo.2,22-23).

In einigen Büchern wird diese Passage als Beleg dafür genommen, dass Gott für jeden Mann eine Frau vorbereitet hat, die als seine Frau vollkommen geeignet ist. Nun stellt 1.Mose 2 in der Tat mehrere normative Prinzipien zum Heiraten auf. Wir wissen das, weil sie in Vers 24 formuliert *und für normativ erklärt* werden:

„Darum wird ein Mann seinen Vater und seine Mutter verlassen und seinem Weibe anhangen, und sie werden sein ein Fleisch."

Hier wird jedoch überhaupt nichts über die Wahl eines Partners ausgesagt. Es wird keinerlei direkte oder indirekte Verheißung gegeben, dass Gott auf ähnliche Weise Männer und Frauen vorbereiten und einander vorstellen wird, die er zuvor für eine gemeinsame Ehe ausgewählt hat. Eva war Teil von Gottes *geoffenbartem* Willen für Adam, weil er sie erschuf und zu Adam brachte, damit sie seine Frau würde. Das ganze Szenario war ein außergewöhnliches Ereignis und wurde in der gesamten biblischen Geschichte nie wiederholt. Es *konnte* nur einen ersten Mann und eine erste Frau geben. Es war notwendig, um die menschliche Rasse ins Leben zu rufen.

Vielleicht ist der sicherste Schluss, den man aus der Passage in Bezug auf die Partnerwahl ziehen kann: Wenn Sie jemals herausfinden sollten, dass Sie auf der Welt der einzige lebende Vertreter Ihres Geschlechtes sind, und Sie begegnen Ihrem einzigen lebenden Gegenstück vom anderen Geschlecht, dann sollten Sie beide ernsthaft über das Heiraten nachdenken.

Gottes Wille für Isaak und Rebekka

Ohne jeden Zweifel ist das am meisten zitierte Kapitel der Bibel, das das Konzept eines durch Gott ausgewählten Ehepartners untermauert, 1.Mose 24. Der Bericht von der Suche einer Frau für Isaak scheint als Modellfall für die traditionelle Sicht von Führung ein Klassiker zu sein.

Die Geschichte ist berühmt. Abraham sandte seinen getreuen Diener zu der Stadt Nahors in Mesopotamien, um unter Abrahams Verwandten eine Frau für seinen Sohn Isaak zu suchen. Bei seiner Ankunft machte der Diener an einem Brunnen Halt und richtete diese Bitte an Gott:

„HERR, du Gott Abrahams, meines Herrn, lass es mir heute gelingen und tu Barmherzigkeit an Abraham, meinem Herrn! Siehe, ich stehe hier bei dem Wasserbrunnen, und die Töchter der Leute in dieser Stadt werden herauskommen, um Wasser zu schöpfen. Wenn nun ein Mädchen kommt, zu dem ich spreche: Neige deinen Krug und lass mich trinken, und es sprechen wird: Trinke, ich will deine Kamele auch tränken -, das sei die, die du deinem Diener Isaak beschert hast, und daran werde ich erkennen, dass du Barmherzigkeit an meinem Herrn getan hast“ (1Mo.24,12-14).

Bald darauf kam Rebekka zu dem Brunnen und erfüllte die erbetenen Zeichen vollständig. Der Diener besuchte ihre Familie, Rebekka war damit einverstanden, Isaaks Frau zu werden, und der Diener konnte sie mit zurück nach Kanaan bringen - Auftrag ausgeführt!

Die Passage scheint drei spezielle Aspekte der traditionellen Sicht zu unterstützen: 1. das Geschenk einer detaillierten Führung Gottes über seinen moralischen Willen hinaus; 2. die Richtigkeit, ein „Vlies“ zu gebrauchen: von Gott ein den Umständen entsprechendes Zeichen zu erbitten, um seinen Willen in einer wichtigen Entscheidung herauszufinden; und 3. den Gedanken, dass Gottes individueller Wille auch die Frage beantwortet, wen genau man heiraten soll. Der Beweisgrund für jeden dieser drei Aspekte liegt auf der Hand.

Das Problem, für diese Punkte mit 1.Mose 24 zu argumentieren, liegt darin, dass die Erfahrung von Abrahams Diener *nicht normativ* war. Praktisch niemand würde sie so verstehen. Der Verfasser dieser Zeilen kennt jedenfalls niemanden, der bereit wäre, einen Diener auszuschicken, um eine Frau für seinen Sohn zu suchen, und der dann die Wahl seines Dieners auf der Grundlage eines Wassertrunkes für Mensch und Vieh akzeptieren würde.

Das heißt nicht, dass es nicht so gemacht werden könnte. Um die zeitliche und kulturelle Distanz zu berücksichtigen, könnte jemand einen Vertreter von einer christlichen Heiratsvermittlung anstellen. Er könnte diesen Vertreter auf die Suche nach einer Frau für seinen Sohn schicken. Der Vertreter würde zu eine Tankstelle fahren, ein Gebet sprechen, und die erste Frau verpflichten, die seiner Bitte um einen Drink nachkommt, indem sie seine Wasserflasche füllt und seinen Kühler überprüft! Die ganze Idee erscheint grotesk, aber wenn 1.Mose 24 normativ ist, dann ist das ein berechtigter Weg zum Ziel.

Aber 1.Mose 24 ist kein Beispiel dafür, wie Gott gewöhnlich im Leben seiner Menschen wirkt. Und das ist aus mehreren Gründen so. Erstens verspricht die Bibel nicht, dass jeder Gläubige einen Partner haben wird. Doch Issak *musste* einen haben. Warum? Weil Gott Abraham versprochen hatte, er werde eine unzählbare Nachkommenschaft haben (1Mo.15,5; 24,7). Diese Verheißung erforderte zuerst die Geburt eines Sohnes. Dann musste dieser Sohn unbedingt eine Frau haben. Deshalb zeigt uns 1.Mose 24 nicht einen normalen Vater, der die normale Methode anwendet, um für seinen normalen Sohn eine normale Frau zu finden. Nein, in dem Bericht geht es um Abraham, den Empfänger von Gottes Bundesschwur und von der damit verbundenen Verheißung einer großen Nachkommenschaft. Isaak wurde nicht bloß als ein frommer Heiratskandidat angesehen, sondern als der Erbe der Verheißung. Daher begründete der Diener seine Bitte mit dem Charakter Gottes als einem, der zu seinen Verheißungen steht (1Mo.24,7. 14.27). Und die Ehefrau, die die göttliche Verheißung erfüllen würde, wurde richtigerweise als diejenige beschrieben, die Gott „bestimmt" (1Mo.24,14 Elberfelder Übers.) hatte - nicht weil Gott in seinem individuellen Willen für jeden Menschen einen Partner auswählt, sondern weil Gott eine Frau für Isaak versprochen hatte.

Zudem hatte Gott in dieser Situation eine spezielle Führung für den Knecht versprochen, um den Erfolg seines Unternehmens sicherzustellen. Ausdrücklich wird gesagt, dass ein Engel vor dem Diener herging, um zu gewährleisten, dass das Ziel erreicht würde (24,7.40). Solch eine Garantie und solch ein Engelsbeistand gehen über die gewöhnliche Führung des Volkes Gottes hinaus.

Was das „Vlies" angeht, so geht aus dem Text klar hervor, dass eine solche Methode der Führung nicht einmal *damals* normativ war. Der Diener, der keine anderen Ideen hatte, wie er vorgehen könnte, und der die Zusicherung erhalten hatte, Gott werde ihn führen, bat Gott, die benötigte Führung mittels dieser Methode zu schenken (24,12). Er wusste nicht sicher, dass der Herr tun würde, was er erbat: er bat einfach darum und wartete ab, was geschehen würde. Selbst als das Zeichen sehr schnell durch eine Frau erfüllt wurde, war er immer noch nicht sicher, dass Gott sein Zeichen gebrauchte (24,21). Sogar als er herausfand, dass ihr Familienhintergrund passte (24,23-24), war die Sache im Kopf des Dieners noch nicht erledigt, bevor Rebekka die Bereitschaft gezeigt hatte, mit ihm heimzukehren (24,58). Er war sorgsam darauf bedacht festzustellen, ob die Familie bereit war, ihre Tochter Isaak zur Frau zu geben. Wenn nicht, dann würde er bei anderen Familien nach der Frau suchen, die Gott auserwählt hatte (24,49). Durch sein sorgfältiges Prüfen im Anschluss an die Erfüllung des Zeichens zeigte der Diener, dass er sich dessen bewusst war, dass ein solches Vorgehen höchst unorthodox war und dass man ihm nur dann volles Vertrauen schenken konnte, wenn alle anderen Bedingungen erfüllt waren.

1.Mose 24 ist tatsächlich ein Beispiel für eine spezielle Führung in einer ganz bestimmten Entscheidung, für den Gebrauch eines Zeichens von Gott im Entscheidungsprozess und für das Suchen und Finden eines vorherbestimmten Partners. Aus dem Text wird klar, dass sich die Dinge so zutrugen, weil ein spezieller Bund Gottes bestand, weil er verheißen hatte, dass Engel beim Erreichen des Zieles mithelfen würden und weil Gott bereit war, auf das Gebet des Dieners einzugehen und eine nicht normative Methode zu gebrauchen. Diese Begebenheit einer speziellen Führung wurde nicht darum so detailliert berichtet, um zu beschreiben, was für alle Gläubigen normativ ist, sondern weil sie eine wichtige Stufe in der schrittweisen Erfüllung der Verheißung an Abraham darstellte. Gott erwies seine Treue in jedem Aspekt seines Bundes, auch in Bezug auf die Verheißung einer großen Nachkommenschaft - eine Verheißung, die für das Thema des ersten Buches Mose von zentraler Bedeutung ist.

Gottes Wille für Gläubige, die heiraten

Um Anweisungen zur Wahl des Ehepartners zu finden, die für Christen heute normativ sind, müssen wir zu den Ausführungen von Paulus in 1.Korinther 7 zurückkehren. Ein Leser sollte wissen, dass sich die kulturelle Situation in Korinth (und eigentlich in fast der ganzen Welt) zur Zeit von Paulus sehr von unserer eigenen unterschied. Wir sind daran gewöhnt, dass solche wichtigen Entscheidungen den betreffenden Einzelpersonen überlassen bleiben. Aber 1.Korinther 7,36-38 reflektiert eine Gewohnheit, nach der ein Vater die Anordnungen für die Heirat von (zumindest) seiner Tochter traf.[1] Der wichtigste Vorteil einer solchen Praxis ist, dass Eltern, denen das größtmögliche Wohl ihrer Kinder am Herzen liegt, in die Entscheidung Reife und Urteilsvermögen einbringen können. Ein Vater ist nicht so anfällig für die Effekte romantischer Liebe, die oft die Wirklichkeit verzerrt.[2] Trotzdem muss in jeder Kultur die Wahl des Ehepartners irgendwie getroffen werden, und die Entscheidung ist außerordentlich schwierig. Auf welcher Grundlage soll man sie treffen?

„Nur im Herrn"

Die erste Testfrage, die ein Christ sich stellen sollte, lautet: Gibt es irgendwelche Gebote der Heiligen Schrift, die auf diese Entscheidung Bezug nehmen? Wie wir bereits gesagt haben, ist die Antwort darauf: ja. Gläubige dürfen nur Gläubige heiraten.

Diese Tatsache ist so oft von so vielen Pastoren und christlichen Mitarbeitern und in so vielen Büchern gesagt worden, dass viele Menschen es aufgrund der überwältigenden Übereinstimmung, die an diesem Punkt zu bestehen scheint, akzeptieren. Und doch, wenn es darauf ankommt, missachtet eine bemerkenswerte Zahl von Christen das Verbot und heiratet einen ungläubigen Partner. Nachdem sie sich in einen Nichtchristen oder eine Nichtchristin verliebt haben, finden sie angebliche Hintertürchen in den biblischen Aussagen, folgern, dass in ihrer Situation die Regeln nicht gelten, und/oder sind dem geoffenbarten Willen Gottes offen ungehorsam.

Es reicht nicht aus, ein Prinzip durch bloßes Wiederholen von Aussagen aufzustellen. Die biblische Grundlage muss eindeutig aufgezeigt werden. Und unserer Meinung nach ist sie eine der eindeutigsten Lehren der Schrift: Gläubige dürfen nur Gläubige heiraten.

In 1.Korinther 7 wird durchgängig vorausgesetzt, dass Christen nur einen anderen Christen heiraten sollen, besonders in den Versen 12-16, die sich mit „gemischten" Ehen befassen, wo einer der Partner nach der Eheschließung Christ geworden ist. Aber der ausdrückliche Imperativ wird - fast wie ein Nachtrag, scheint es - in 1.Korinther 7,39 formuliert: *„Eine Frau ist gebunden, solange ihr Mann lebt; wenn aber der Mann entschläft, ist sie frei, zu heiraten, wen sie will; nur dass es in dem Herrn geschehe* (wörtlich: *nur in dem Herrn*)."

Erstens, der Ausdruck „nur in dem Herrn" bedeutet, dass der Ehepartner selbst „in dem Herrn", d.h. dass er Christ sein muss. Zur Bestätigung dieser Interpretation braucht man sich nur den Vers 22 desselben Kapitels anzusehen, wo der Ausdruck „in dem Herrn" im Sinne des Christwerdens gebraucht wird.

Zweitens ist es ganz offensichtlich, dass eine solche Vorschrift nicht bloß auf christliche *Witwen* bezogen ist. Die Begrenzung der Heiratskandidaten auf Christen gilt für christliche Witwen aus dem einfachen Grunde, weil sie für alle Christen gilt, Punkt.

In die entgegengesetzte Richtung ziehen

Die am häufigsten zitierte Belegstelle ist 2. Korinther 6,14-16:

„Zieht nicht am fremden Joch mit den Ungläubigen. Denn was hat die Gerechtigkeit zu schaffen mit der Ungerechtigkeit? Was hat das Licht für Gemeinschaft mit der Finsternis? Wie stimmt Christus überein mit Beliar? Oder was für ein Teil hat der Gläubige mit dem Ungläubigen? Was hat der Tempel Gottes gemein mit den Götzen? Wir aber sind der Tempel des lebendigen Gottes."

Die Aussage beginnt mit einer Metapher aus der Landwirtschaft, die vor dem geistigen Auge der Empfänger das Bild eines Ochsen und eines Esels (5.Mo.22,10) malte, die gemeinsam in ein Doppeljoch eingespannt waren. Kein Christ soll in solcher Weise mit einem Ungläubigen „zusammengejocht" sein. Die Gründe dafür werden an Hand von fünf eindrucksvollen Kontrasten dargestellt: Gerechtigkeit im Gegensatz zur Ungerechtigkeit, Licht im Gegensatz zur Finsternis, Christus im Gegensatz zu Beliar (Satan), ein Gläubiger im Gegensatz zu einem Ungläubigen und der Tempel Gottes im Gegensatz zu Götzen. Das

Argument ist, dass die Werte, Ziele, Maßstäbe, Motivationen und Mittel des Ungläubigen nicht nur unvereinbar sind mit denen eines Gläubigen; sie sind ihnen *diametral entgegengesetzt*! Christen und Nichtchristen dienen zwei verschiedenen Herren, die Erzfeinde voneinander sind.

Wenn sich diese Passage nicht auf das Heiraten bezieht, dann bezieht sie sich auf überhaupt nichts, denn die Ehe ist noch viel mehr als ein „Doppeljoch". Es ist eine Verbindung zweier Individuen zu einer Beziehung, die nur als „ein Fleisch" beschrieben werden kann (1Mo.2,24; Mt.19,5; Eph.5,31). In alttestamentlichen Begriffen ausgedrückt ist die Ehe mehr als ein Vertrag; es ist ein Bund - die intimste Beziehung, in die zwei Menschen zueinander treten können. Als Christen einen Ungläubigen zu heiraten bedeutet, von vornherein die Möglichkeit auszuschließen, dass diese Ehe ihren Zweck voll erreicht; es bedeutet, Samen für den Konflikt in dieser Ehe zu säen. Denn Gläubige und Ungläubige sind fundamental verschieden, nicht an der Oberfläche, aber im innersten *Kern* ihrer Existenz.[3]

Wer ist Herr?

Aber es gibt einen Punkt, der von viel größerer Wichtigkeit ist als der Erfolg oder das Scheitern einer Ehe - die Frage nach dem *Gehorsam*. Christen sind nicht auf der Erde gelassen worden, um für ihren eigenen Erfolg zu leben. Sie sind im Dienst für das Reich Gottes. Einem ausdrücklichen Befehl des Königs ungehorsam zu sein bedeutet, vor der Autorität der anderen Seite zu kapitulieren. Alice Fryling formuliert ganz richtig:

„Worte können nicht die Tragik dieser Situation beschreiben. Der Christ verhöhnt Gott, indem er sein Versprechen der Hingabe an ihn bricht. Ein Christ begeht Götzendienst, indem er vor einem anderen als Gott niederfällt. Und er oder sie sind Gott offen ungehorsam, der gesagt hat, wir sollen nur innerhalb des Glaubens heiraten."[4]

An diesem Punkt sind wir in völliger Übereinstimmung mit der traditionellen Sicht. Der einzige akzeptable Partner für einen Gläubigen ist ein anderer Gläubiger.

Abgesehen von diesem einzelnen Imperativ gibt die Schrift keine weiteren Gebote, die direkt auf die Wahl eines Ehepartners bezogen sind. Wie bei allen anderen Entscheidungen, ist ein Christ aber aufgefordert, eine *möglichst weise* Wahl zu treffen. Dementsprechend ist die erste „Frau“, der ein christlicher Mann den Hof machen sollte, die Weisheit (Spr.2,1-6)!

Weisheitsquellen für das Heiraten

Gottes Einrichtungen für Weisheit bei der Partnerwahl sind dieselben, wie wir sie bereits beschrieben haben. Den Anstoß mögen in der Praxis persönliche Wünsche und innere Eindrücke geben, aber die Weisheit beginnt mit dem *Wort Gottes*. Denn es ist die Bibel, die am vollständigsten die Frage beantwortet: „Worauf lasse ich mich da ein?“

Wie wir mehrfach erwähnten, offenbart Gottes Wort viele wichtige Verpflichtungen, die Gottes Stellenbeschreibung für Ehemänner und Ehefrauen sind. Wenn eine Person heiratet, dann wird die Liste der Vorschriften, die Gottes moralischen Willen für sein Leben beschreibt, erheblich größer. Es steht daher einem unverheirateten Christen gut an herauszufinden, was diese Anforderungen im Einzelnen sind. Einige der wichtigsten Fragen sind:

1. Welche Ziele hat die Ehe?
2. Welche Anordnungen hat Gott gegeben, damit christliche Ehemänner und Ehefrauen Gottes Ziele in ihrer Ehe erfüllen können?
3. Was sind die Verantwortlichkeiten des Ehemanns?
4. Was sind die Verantwortlichkeiten der Ehefrau?

Streben nach Vortrefflichkeit

Die Bedeutung solcher Fragen für den Prozess der Partnerwahl ist leicht einzusehen. Es ist zum Beispiel weise für einen Mann, die Frau auszusuchen, der gegenüber er am leichtesten und am vollständigsten seine Verpflichtungen als Ehemann erfüllen kann. Und er wird eine Frau auswählen wollen, deren erste Priorität in der Ehe ist, ihre von Gott gegebenen Aufgaben als Ehefrau wahrzunehmen. Das mag als Selbstverständlichkeit erscheinen, aber viele Menschen sind in ihrer Ehe gescheitert, weil sie diese Dinge nicht bewusst durchdacht hatten. In dem Wissen, dass die Heilige Schrift von ihr verlangt, sich ihrem Mann unterzuordnen, sollte sich eine Frau im Vorhinein fragen: „Wie muss ein Mann beschaffen sein, dass ich mich ihm leicht unterordnen kann?", usw. Ein Mann wird ein Interesse daran haben, durch Beobachtung herauszufinden, ob die Frau, die er in Betracht zieht, zwischen ihrer Loyalität ihm gegenüber und ihrer eigenen Karriere hin- und hergerissen sein wird.

Aus biblischer Sicht ist es das Ziel für einen Christen, eine Ehe herzustellen, in der Gott sichtbar ist und die das Potential zur Erfüllung der Ziele Gottes in dieser Welt vergrößert. Weil das so ist, sollten der Christ oder die Christin nach einem Gegenüber suchen, das dazu in der Lage und dazu entschlossen ist, dieses Ziel zu erreichen. Wer entspricht dieser Beschreibung? Ganz allgemein gesprochen ist es die geistlich reifste Person, die zu einer Heirat bereit ist. Kurz gesagt, wenn ein Christ die Eigenschaften durchdenkt, die er sich bei seinem Ehepartner wünscht, dann sollten moralische und geistliche Qualitäten die Liste anführen.

Die Wichtigkeit, einen Partner zu finden, der vor allem durch geistliche Vortrefflichkeit gekennzeichnet ist, wird im Alten Testament wiederholt unterstrichen. Der Abschnitt aus den Sprüchen, der speziell die Frage der Partnerwahl anspricht, betont dieses Ziel in der Eingangsfrage: „*Eine vortreffliche Frau*, wer findet sie? Sie übertrifft alle Perlen an Wert" (Spr.31,10). Dementsprechend erklärte Boas, als er Rut mitteilte, dass er sie gerne zur Frau nehmen würde: „Jeder in diesen Mauern weiß, dass du eine tüchtige Frau bist" (Rt.3,11 EÜ). Geistliche Vortrefflichkeit ist das erste Kriterium für Heiratsfähigkeit.

Eine zweite Meinung einholen

Die zweite Weisheitsquelle, die man konsultieren sollte, sind *geistliche Ratgeber*. In unserer Zeit sind wir mit einer Fülle von dieser Art von Weisheit gesegnet worden, und sie ist für jeden gut zugänglich. Selbst diejenigen, die keinen persönlichen Kontakt mit christlichen Seelsorgern haben können, deren Spezialgebiet die Ehevorbereitung ist, haben Zugang zu ihrer Weisheit durch Bücher, Kassetten und Seminare. Weise Christen und Christinnen haben ihre Einsichten sowohl durch die Erklärung biblischer Prinzipien, als auch durch praktische Beobachtungen mitgeteilt. Heute ist es für unverheiratete Menschen buchstäblich möglich, theoretische Experten zu Ehefragen zu werden, bevor sie geheiratet haben. Auch wenn verheiratete Paare bei solch einer

Aussage lachen werden: eine alleinstehende Person, die über das Heiraten nachdenkt, wäre töricht, nicht so viel wie möglich im Voraus zu lernen.

Es gibt jedoch keinen Ersatz für die persönliche Beratung - insbesondere, wenn man darüber nachdenkt, ob man eine bestimmte Person heiraten soll. Ein junger Mensch (jeder unter 75, der sich verliebt hat!) sollte zur Vorsicht mahnenden Worten von geachteten reifen Ratgebern großes Gewicht beimessen. In dieser Hinsicht betont das Buch der Sprüche den Rat der Eltern, und weist Menschen, die solche Weisheit geringschätzen darauf hin, dass sie das auf eigene, große Gefahr tun.

Verwirre mich nicht mit den Tatsachen

Eine dritte Weisheitsquelle - und eine der wertvollsten - ist der *gesunde Menschenverstand.* Leider ist dieser bei verliebten Paaren ein seltenes Gut. Daniel Schmidt und Sara Müller sind bemerkenswerte Ausnahmen. Und wir haben sie uns nur ausgedacht! Ironischerweise ist die Schlappe des Verliebtseins in Sachen gesunder Menschenverstand für alle offenkundig, ausgenommen für die Beteiligten. Das ist besonders stark in unserer westlichen Kultur so, wo der romantische Aspekt für absolut grundlegend erklärt wird. (Wem dieser Abschnitt übertrieben erscheint, der kann sich die Wahrheit unserer Aussagen von jedem Pastor bestätigen lassen, der jemals vorbereitende Eheberatung gemacht hat!)

Der gesunde Menschenverstand kann eine wertvolle Quelle der Weisheit für die Person werden, die zu sagen wagt: „Wenn ich mit niemandem zusammen wäre, was wären die Fragen, die ich über das Heiraten und über meinen künftigen Partner stellen würde?" Die Liste, die aus einer objektiven Beantwortung dieser Frage hervorginge, würde Bereiche umfassen wie das Alter, Finanzen, Berufsausübung, Ausbildung, persönliche Ziele, Persönlichkeitsmerkmale, Familienplanung, Prinzipien der Kindererziehung, Gesundheit, Hobbies, familiärer Hintergrund, wirtschaftlich-sozialer Hintergrund und Besitz.

Bei den meisten Entscheidungen werden *persönliche Wünsche* zu wertvollen Indikatoren für die Leichtigkeit, mit der eine Person ihre Verpflichtungen erfüllen wird. Und das ist ein wichtiger Aspekt geistlicher Zweckmäßigkeit. Aber noch mehr als andere Weisheitsquellen müssen persönliche Wünsche durch das Wort Gottes und Weisheit beurteilt werden. Denn wenn es zum Thema Partnerschaft kommt, sind viele unserer persönlichen Wünsche durch unsere Umwelt geformt worden statt durch den Herrn (Röm.12,2). Unsere Vorstellungen von Liebe, Attraktivität und Wege zum Glück, können viel mehr durch die Welt als durch das Wort geprägt sein. Folglich müssen persönliche Wünsche zuerst auf ihre Rechtmäßigkeit hin geprüft werden, bevor man ihnen als Weisheitsquellen trauen kann.

Vorsicht vor Fußball- und Theaterfreaks

Berechtigte Wünsche können mit dem gesunden Menschenverstand eine konstruktive Partnerschaft eingehen. Nehmen wir den Fall von Tim und Laura. Tim liebt Fußball. Wenn er jemanden heiratet, der Fußball hasst, dann wird es eine Spannung in der Ehe geben. Sie muss für die Ehe nicht zum Verhängnis werden, aber fünf Monate lang wird sie jeden Samstagabend mit etwas leben müssen, das sie hasst, oder er wird auf etwas verzichten, das er liebt.

Laura liebt Shakespeare. Wenn sie jemanden heiratet, den Drama und förmliche Kleidung langweilen, dann wird es Spannungen geben. Jemand wird alleine zum Theater gehen müssen, oder jemand wird sich drei Stunden langweilen.

Auf dem Papier mögen diese persönlichen Wünsche trivial aussehen. Doch in manchen Ehen wächst ihre Bedeutung zu gigantischen Ausmaßen. Es ist schlichtes Zweckdenken für Tim Fußball, nach einer Frau Ausschau zu halten, die eine wöchentliche Ration BVB zumindest tolerieren kann. Und für Laura Shakespeare wäre es weise, nach einem Mann zu suchen, der nicht meint, die Elisabethanischen Künste seien „Viel Lärm um nichts". (Natürlich sollten weder Tim noch Laura so unreif sein, darauf zu bestehen, jedes Fußballspiel sehen oder zu jeder Aufführung gehen zu müssen.) Der gesunde Menschenverstand und Zweckdenken sagen, dass die Reise zur ehelichen Einigkeit um so sanfter verläuft, je weniger Schlaglöcher der Weg der Anpassung hat.

Gesunde Leitlinien für eine wichtige Entscheidung

Es ist nicht die Absicht dieses Buches, die Weisheit bereitzustellen, die für eine weise Heiratsentscheidung gebraucht wird. Wir versuchen nur, einige Prinzipien zu definieren, und zeigen einige der Weisheitsquellen auf, in denen sich Gottes fürsorgliche Leitung ausdrückt. Der Inhalt dieses und des vorigen Kapitels könnte in den folgenden Punkten zusammengefasst werden:

1. Der Christ, der über das Heiraten nachdenkt, muss zwei Entscheidungen treffen: ob er heiraten will und wen er heiraten will.
2. Die Heilige Schrift lehrt, dass beide dieser Entscheidungen in den Bereich der Freiheit fallen. Die Entscheidung wird weder von Gottes moralischem Willen, noch von einem sogenannten individuellen Willen festgelegt. Gott hat dem Gläubigen das Vorrecht und zugleich die Verantwortung gegeben, Entscheidungen zu treffen, die ihm am besten helfen, den Geboten Gottes zu gehorchen und seine geoffenbarten Ziele zu verwirklichen.
3. Es gibt Vor- und Nachteile der Ehe und des Singleseins, die man auch identifizieren kann. Viele von ihnen werden in 1.Korinther 7 aufgezählt.
4. Egal, in welchem Stand man sich gerade befindet, ist das oberste Ziel nicht, seine Situation zu verändern, sondern zu lernen, Gott in der momentanen Situation wirkungsvoll zu dienen.
5. Während die Heiratsentscheidung nicht durch Gottes moralischen Willen festgelegt wird, wird sie aber von ihm reguliert.
6. Der moralische Wille Gottes bestimmt zwei Aspekte der Heiratsfrage. Erstens legt er die Grenzen der Gruppe möglicher Heiratskandidaten fest. Ein Christ darf nur einen anderen Christen heiraten. Zweitens zeigt er die Verpflichtungen an, die diejenigen eingehen, die tatsächlich heiraten.
7. Es gibt mehr als genug Weisheitsquellen, die Gott bereitgestellt hat, um auf diesem Gebiet weise Entscheidungen zu treffen. Es ist die Aufgabe eines Christen, sie mit Fleiß ausfindig zu machen.

Für solche, die die Ehe wählen, gibt es vielleicht keine treffenderen Worte als die, die König Lemuel vor Hunderten von Jahren aufschrieb. Obwohl sie an einen Mann gerichtet sind, der eine Ehefrau sucht, können sie sicher auch auf die christliche Frau angewandt werden, die sich einen gottesfürchtigen Mann wünscht:

„Eine tüchtige Frau, wer findet sie?
Sie übertrifft alle Perlen an Wert.
Das Herz ihres Mannes vertraut auf sie,
Und es fehlt ihm nicht an Gewinn.
Sie tut ihm Gutes und nichts Böses
Alle Tage ihres Lebens.

Ihre Söhne stehen auf und preisen sie glücklich,
Auch ihr Mann erhebt sich und rühmt sie:
Viele Frauen erwiesen sich tüchtig,
Doch du übertriffst sie alle.
Trügerisch ist Anmut, vergänglich die Schönheit,
Nur eine gottesfürchtige Frau verdient Lob."

(Spr.31,10-12.28-30 Einheitsübers.)

Anmerkungen:

1 „Er" in 7,36 ist wahrscheinlich der Vater, könnte aber auch der Verlobte sein.

2 Über die Gefahr, alleine aus romantischen Gründen zu heiraten, hat Dr. James Peterson geschrieben: „Erstens führt die Romantik zu solchen Verzerrungen der Persönlichkeit, dass die zwei Eheleute nach der Heirat niemals die Rollen erfüllen können, die sie voneinander erwarten. Zweitens idealisiert Romantik Ehe und selbst Sex so sehr, dass das tagtägliche Eheleben Enttäuschungen mit sich bringen muss. Drittens ist der romantische Komplex so kurzsichtig, dass die voreheliche Beziehung fast ausschließlich auf der Gefühlsebene gelebt wird, so dass Temperaments- und Wertedifferenzen, religiöse und kulturelle Unterschiede und finanzielle, berufliche und gesundheitliche Probleme nie zur Sprache kommen. Viertens versetzt Romantik in eine falsche Ekstase, die ein Versprechen von Glück beinhaltet, das in der Realität des Ehelebens nie beibehalten werden kann. Fünftens ist Romantik eine solche Flucht vor den negativen Aspekten der Persönlichkeit, dass deren Unterdrückung die Person in ein unwirkliches Licht stellt. Später in der Ehe werden diese negativen Faktoren der Anpassung aneinander unweigerlich auftauchen, und man war sich ihrer nicht einmal bewusst. Sechstens scheint verliebten Paaren ein

weises Planen für die notwendigsten Bedürfnisse in der Zukunft so fremd zu sein, dass man es sogar versäumt, über die wichtigsten Probleme der ersten Ehezeit zu sprechen.“ Lyle B. Gangsei (Hg.), Manual for Group Premarital Counseling, New York: Association, 1971, S. 56-57.

3 Eine gründliche Behandlung des Prinzips, nur einen Gläubigen zu heiraten, würde eine Untersuchung der folgenden relevanten Texte erforderlich machen: 5Mo.7,1-6; 1Kö.11,1-8; Neh.13,23-27; Mal.2,11; 1Kor.9,5. Die strengen Sanktionen, die das Alte Testament gegen eine Heirat mit Ungläubigen vorsieht, wurden aus zwei Gründen gegeben: 1. Solche Ehen würden Gottes Heiligkeit aufs Spiel setzen (5Mo.7,6). 2. Sie würden unweigerlich die Heiligkeit des Volkes Gottes zerstören (5Mo.7,4).

4 Alice Fryling, An Unequal Yoke in Dating and Marriage, Downers Grove, Ill.: InterVarsity Press, 1979, S.

Kapitel 19

Weisheit und der vollzeitliche Dienst

Daniel Schmidts Dilemma war komplex. Er war an eine Kreuzung in seinem Leben gelangt, wo mehrere zentrale Entscheidungen getroffen werden mussten. Und diese Entscheidungen, mit denen er konfrontiert war, waren miteinander verknüpft. Eine geordnete Liste der Fragen, die Daniel bewegten, liest sich etwa so:

1. Soll ich heiraten?
2. Wenn ja, soll ich Sara Müller heiraten?
3. Wenn ja, wann?
4. Beruft mich Gott zu einem vollzeitlichen christlichen Dienst?
5. Beruft mich Gott in die Weltmission?
6. Soll ich ein theologisches Seminar besuchen?

Es mag noch andere ähnliche Fragen gegeben haben, aber diese sechs waren die wichtigsten.

Im Rahmen der traditionellen Sicht von Führung könnte man sagen, dass Ted nach sechs speziellen „Punkten" - nach dem Zentrum des Willens Gottes für jede der sechs Fragen - suchte. Jede einzelne der Entscheidungen würde einen bestimmenden Einfluss auf den Rest seines Lebens haben. Zusätzlich würde jede einzelne Entscheidung eine direkte Auswirkung auf eine oder mehrere der anderen fünf haben. Einen „Punkt" zu verfehlen könnte bedeuten, alle zu verfehlen.

Welchen Unterschied würde es machen, wenn Daniel Schmidt seine Entscheidungen mit dem Weg der Weisheit anginge? Seine Fragen wären immer noch wichtig. Sie wären immer noch miteinander verknüpft. Der Hauptunterschied liegt darin, dass er davon befreit wäre, sechs „Punkte“ im Zentrum des Willens Gottes suchen zu müssen. Er würde die jeweiligen Faktoren abwägen und dann Entscheidungen treffen, durch die der moralische Wille Gottes in seinem Leben und durch sein Leben zur Geltung kommt.

Wieder ist die Frage: Welchen Ansatz lehrt die Heilige Schrift? Wir haben diese Frage schon im Hinblick auf das Heiraten beantwortet (Kapitel 17 und 18). Aber wie steht es mit dem Beruf, der Karriere? Leitet die Bibel einen Gläubigen dazu an, herauszufinden, welche Arbeit Gott für ihn ausgewählt hat? Oder liegt diese Frage im Bereich der Freiheit?

Die Berufung zum vollzeitlichen Dienst

In Diskussionen über den beruflichen Lebensweg verwendet die traditionelle Sicht einen speziellen biblischen Begriff: „berufen sein“. Auf der Grundlage zahlreicher angeführter Schriftstellen, in denen Gott eine einzelne Person zu einer besonderen Aufgabe berief, lehrt die traditionelle Sicht, dass die Berufung Gottes ein unverzichtbares Element bei der Festlegung seines Berufes ist. Und das, sagt man, gilt selbst dann, wenn man nicht Pastor oder Missionar werden will.

Da das Konzept einer persönlichen „Berufung“ das Kennzeichen der traditionellen Sicht zu diesem Thema ist, ist eine kurze Begriffsstudie zur Verwendung des Wortes in der Heiligen Schrift ein guter Ausgangspunkt. Das Verb *kaleo*, „rufen“ oder „berufen“, taucht 148 Mal im Neuen Testament auf. (Zusätzlich werden 70-mal verwandte Begriffe verwendet, die die gleiche Wurzel haben.) Augenscheinlich ist der Gedanke der Berufung und des Ge- oder Berufenseins bedeutsam.

Sie sind herzlich eingeladen ...

Es gibt drei theologische Verwendungen des Wortes. Erstens erscheint der Begriff häufig in den Evangelien in den Worten und Gleichnissen von Jesus im Sinne von „herbeirufen“ oder „einladen“.[1] „Eingeladen“ wurde zur Umkehr, zum Glauben, zur Rettung und zum Dienst. Die Einladung erging von Christus, nicht an die Gerechten, sondern an die Sünder (Mt.9,13). Es war ein Aufruf, in das Reich Gottes hineinzukommen - eine Einladung, die vom Angesprochenen angenommen oder abgelehnt werden konnte (Mt.22,2-14; Lk.14,16-24).

Ein zweiter, engerer theologischer Gebrauch des Begriffes findet sich vornehmlich in den Schriften von Paulus. Er verwendete das Wort „berufen“, um Gottes gnädiges Wirken in einem Sünder zu beschreiben, durch das er diesen zum Glauben und zum Heil führt. (Theologen sprechen von diesem Werk Gottes als von der „wirkungskräftigen Gnade“, im Gegensatz zur „allgemeinen Gnade“, die allen Menschen geschenkt, aber von vielen abgelehnt wird.) Gott lädt Sünder nicht nur zur Umkehr ein, sondern um eine positive Reaktion auf seinen Aufruf sicherzustellen, handelt er auch. Für den Apostel war „berufen“ ein wichtiger theologischer Fachbegriff im Zusammenhang mit seiner Lehre von der souveränen Gnade und Erwählung (Röm. 8,28-30).[2] Dementsprechend werden Christen in seinen Briefen als „Berufene“ bezeichnet. Das heißt, sie sind Sünder, die nicht nur durch das Evangelium Gottes Einladung gehört, sondern auch im Glauben darauf reagiert haben.[3]

Es ist offensichtlich, dass keine der beiden Bedeutungen des Begriffs gemeint ist, wenn die traditionelle Sicht von „berufen sein“ spricht. Die dritte Verwendung des Wortes ist es, die für diese Diskussion relevant ist: die Berufung zu einer speziellen Aufgabe oder Amtsfunktion.

Im Neuen Testament gibt es drei Beispiele einer solchen Berufung: 1. Gott berief Paulus zum Apostel (Röm.1,1; 1Kor.1,1); 2. Gott berief Barnabas und Saulus als die ersten Missionare der Gemeinde (Apg.13,2); und 3. Gott berief Paulus und seine Begleiter, das Evangelium nach Mazedonien zu tragen (Apg.16,9-10). Eine eingehende Untersuchung dieser Beispiele und des Neuen Testaments als ganzes zeigt jedoch, dass dies Ausnahmen und nicht die Regel sind.[4]

Erstens war das *Kommunikationsmittel* in jedem dieser Fälle irgendeine Form von *übernatürlicher Offenbarung*. Als Saulus von Tarsus seine Berufung zum Apostelamt bekam, hörte er unmittelbar die Stimme des erhöhten Christus (Apg.26,14-20).[5] Der Auftrag von Apostelgeschichte 13,2, „Sondert mir aus Barnabas und Saulus zu dem Werk, zu dem ich sie berufen habe!“, wird dem Heiligen Geist zugeschrieben. Wie haben die Christen von Antiochia diese Botschaft empfangen? Entweder sprach Gott mit einer für alle verstehbaren Stimme (Lk.9,35); oder, wahrscheinlicher als das, er sprach durch einen der Propheten in der Gemeinde, die in Apostelgeschichte 13,1 erwähnt werden. Und die „Mazedonische Berufung" wurde Paulus durch eine Vision mitgeteilt (Apg.16,9-10). In keinem dieser Fälle, und in keinem anderen im Neuen Testament, wurde eine solche Berufung durch irgendeine Art inneren Eindrucks übermittelt.

Wenige sind Berufene

Zweitens galt jede Berufung zu einer Berufsarbeit *nur bestimmten Einzelpersonen zu bestimmten Zeiten*. Die Apostelgeschichte stellt klar, dass der Heilige Geist die Anfangsstadien des Gemeindewachstums sorgsam überwachte. Nur in entscheidenden Augenblicken und auf besondere Art griff Gott übernatürlich ein, um eine bestimmte Direktive zu geben, einen Arbeiter zu beauftragen oder in eine spezielle Richtung zu weisen. In der übrigen Zeit gelangte er zu seinen Zielen durch Menschen, die dem moralischen Willen Gottes gehorchten.

Die Tatsache, dass eine offene Intervention des Geistes nur vereinzelt auftritt, passt zu dem, was das Alte Testament über Gottes Berufung zu einer Berufsarbeit sagt. Die einzigen Individuen, die solche Aufträge von Gott empfingen, waren die, die zu einem spezialisierten geistlichen Dienst berufen wurden: der Hohepriester (Hebr.5,4); Richter (1Sam.3,4-10), Propheten (Jes.6,1-8; Jer.1,4-10), Könige (1Sam. 16,11-13) und bestimmte Kunsthandwerker, die Gott auf übernatürliche Weise begabt hatte, die Stiftshütte zu bauen (2Mo.31,1-6). In keinem der beiden Testamente wird solch eine Berufung als Teil der Fürsorge Gottes für alle Gläubigen versprochen oder erwartet.

Drittens war die spezielle Berufung Gottes in jedem dieser Beispiele von ihrem Empfänger *nicht gesucht* und *unerwartet*. Gott könnte jedem Gläubigen eine Berufung zu einer Berufsarbeit schenken. Aber es gibt keine Aufforderung, die Christen dazu anhält, nach solch einer Führung zu suchen. Die Beispiele, in denen Gott den normalen Lebensfluss unterbrach, um seinen Willen zu offenbaren, unterstreichen vielmehr, dass der Ursprung solcher Offenbarungen im souveränen Willen Gottes liegt.

Viertens, während das Konzept der „Berufung Gottes" im Neuen Testament einen zentralen Stellenwert besitzt, ist der Begriff im Sinne einer Berufung zu einer Berufsarbeit nur *von untergeordneter Bedeutung*. Und wenn er auftaucht, wird er nie dargestellt als etwas, das alle Christen betrifft.

Um zusammenzufassen: Der Gedanke einer Berufung zu einem bestimmten Beruf passt gut zu dem Lehrgebäude der traditionellen Sicht. In der Heiligen Schrift sind Fälle aufgezeichnet, wo Gott tatsächlich bestimmte Menschen zu speziellen Aufträgen berief. Aber diese beiden Tatsachen reichen nicht aus, das Prinzip zu begründen, alle Gläubigen besäßen eine Berufung zu einem bestimmten Beruf. Gott könnte solche Wahlen treffen und sie dann offenbaren, wie er es auch gelegentlich in der Vergangenheit getan hat. Aber die Schrift zeigt, dass Gottes Führung zu biblischen Zeiten normalerweise nicht so aussah; noch sollten wir dies heute von ihm erwarten.[6]

Biblische Qualifikationen für Gemeindeleiter

Die traditionelle Sicht von Führung durchdringt das evangelikale Denken so sehr, dass die Rechtmäßigkeit von Berufungen zu einem Beruf nicht nur für alle Gläubigen vorausgesetzt wird, sondern dass tatsächlich eine solche Berufung für „vollzeitliche Mitarbeiter" für notwendig gehalten wird.[7] Wenn ein Kandidat für die Berufung zum Dienst am Evangelium geprüft wird, befragt ihn der verantwortliche Ausschuss gewöhnlich zu drei Schlüsselbereichen: 1. zu seinem Bekehrungserlebnis; 2. zu seiner Berufung zum vollzeitlichen Dienst; und 3. zu seinen theologischen Überzeugungen.

Die Berufungstortur

Es ist selbstverständlich angemessen, jemanden in diesen drei Bereichen zu untersuchen. Aber als ich mich selbst auf diese Prüfung vorbereitete, wusste ich, dass ich ein Problem hatte. Ich erwartete keine Schwierigkeit bei der ersten und dritten Frage. Ich war mir meines Heils gewiss. Und ich hatte das Gefühl, dass ich nach zehn Jahren einer offiziellen biblischen Ausbildung die biblische Theologie recht gut beherrschte. Mein schriftliches Glaubensbekenntnis war das Produkt vieler Arbeitsstunden, und ich war darauf vorbereitet, es zu erläutern und zu verteidigen. Aber was würde ich zur Frage meiner „Berufung zum vollzeitlichen Dienst" sagen?

Auf der Grundlage meines Studiums der Bibel war ich zu dem Schluss gekommen, dass Gott von Pastoren heute nicht dasselbe helle

Licht und die Stimme vom Himmel erwartet, die Saulus von Tarsus auf dem Weg nach Damaskus erlebte. Ferner war ich zu der Überzeugung gelangt, dass die Heilige Schrift nicht eine Art mystisches Erlebnis verlangt, bei dem man Gottes „innere Stimme hört". Ich ging nicht davon aus, dass das Prüfungskomitee von mir erwartete, von einem Damaskus-Erlebnis zu erzählen. Aber ich war ziemlich sicher, dass sie von mir etwas über einen starken inneren Eindruck in meinem Herzen hören wollten, demzufolge Gott mir gesagt habe, ich sollte in den vollzeitlichen Dienst gehen.

Am Abend vor meinem Prüfungsgespräch, allein in meinem Zimmer, tat ich also zwei Dinge. Erstens durchdachte ich noch einmal sorgfältig die einzelnen Gründe für meinen Wunsch, den Rest meines Lebens im vollzeitlichen Dienst zuzubringen. Ich wollte dem Komitee die Wahrheit sagen. Wenn sie meine Gründe ablehnten, dann würden sie das mit einem klaren Bild darüber tun, was diese Gründe wirklich waren. Zweitens brachte ich den Abend damit zu, die biblischen Schlüsselpassagen noch einmal zu lesen, die die Qualifikationen für Gemeindeleiter darstellen. Wenn dort irgendwo ein „helles Licht" oder ein mystisches Erlebnis verlangt wurde, dann wollte ich sicher sein, dass ich es nicht übersehen hatte.

Wenn die Berufung ausbleibt

Als ich diese Passagen durchlas, wurde mir noch einmal bestätigt, welche Art Menschen das Haupt der Gemeinde zu geistlichen Leitern bestimmt hatte. Die Qualifikationen werden in 1.Timotheus 3,1-7, Titus 1,5-9 und 1.Petrus 5,1-4 genannt.[8] (Man könnte vielleicht noch andere Texte zitieren, aber sie fügen keine weiteren Anforderungen zu denen hinzu, die in diesen Primärtexten genannt werden.) Man könnte viel in Bezug auf die geforderten Qualifikationen geistlicher Leiter sagen, aber wir begnügen uns mit einem kurzen Überblick in fünf Punkten.

Erstens, Leiter in der Gemeinde müssen *Christen* sein. Wenn man „die Gemeinde Gottes weiden" will (Apg.20,28), muss man erst selbst Teil der Gemeinde Gottes sein.

Zweitens sollen Leiter in der Gemeinde *Männer* sein. Gottes Ordnung in der Gemeinde verlangt dies (1Tim.2,12-14). Dementsprechend setzen die Auflagen „Mann einer einzigen Frau" und „einer, der seinem eigenen Haus gut vorsteht" (1Tim.3,2-4) männliche Leiterschaft voraus.

Drittens müssen Leiter in der Gemeinde *zwei Fähigkeiten* besitzen: sie müssen *führen* und *lehren* können. Um festzustellen, ob ein Mann andere führen kann, wird die Gemeinde aufgefordert, seine eigene Familie zu beobachten:

„Er muss einer sein, der seinem eigenen Haus gut vorsteht und gehorsame Kinder hat in aller Ehrbarkeit. Denn wenn jemand seinem eigenen Haus nicht vorzustehen weiß, wie soll er für die Gemeinde Gottes sorgen?" (1Tim.3,4-5; vgl. Tit.1,6).

Die Fähigkeit zu lehren hat zwei Stoßrichtungen:

„Er halte sich an das Wort der Lehre, das gewiss ist, damit er die Kraft habe, ***zu ermahnen mit der heilsamen Lehre*** [positive Stoßrichtung] *und* ***zurechtzuweisen, die widersprechen*** [negative Stoßrichtung]" (Tit.1,9; vgl. 1Tim.3,2).

Viertens müssen Leiter in der Gemeinde durch einen in rechter Weise motivierten *Wunsch* dazu gekennzeichnet sein. Paulus schrieb: *„Das Wort ist gewiss: Wenn jemand nach einem Aufseherdienst* ***trachtet****, so* ***begehrt*** *er ein schönes Werk"* (1Tim.3,1, Elberfelder Übers.). Und Petrus warnte davor, Männer „gezwungen" statt „freiwillig" in eine Aufsichtsposition einzusetzen. Vielmehr soll ein Hirte eifrig sein und von Herzen mit dem Ziel dienen, Gottes Willen durchzusetzen (1Petr.5,2). Anstatt auf eine Art innere Stimme zu warten, sollte ein Mann durch seine innere Einstellung auf die Herausforderung eingehen, Gott in der bestmöglichen Weise zu dienen. Gewiss wird Gott diesen Wunsch wachhalten und fördern, aber der Wunsch dazu kommt nach diesem Text von dem Mann selbst.

Fünftens müssen Leiter in der Gemeinde *geistliche Reife* an den Tag legen. Diese Qualifikation scheint mehr betont zu werden als alle anderen. Sie wird auf mindestens drei Weisen unterstrichen. Eine davon ist die Einschränkung: „kein Neubekehrter" (1Tim.3,6 Einheitsübers.). Die zweite ist die offizielle Bezeichnung: „Ältester".[9] Dieser „Titel", der für das Amt eines Gemeindeleiters verwendet wird, unterstreicht den Charakter eines Mannes: er soll geistlich reif sein. Eine dritte Weise, in der diese Qualifikation unterstrichen wird, ist die Beschaffenheit der Liste von geforderten Merkmalen für den Leiter. Dort gibt es eine deutliche Betonung der persönlichen Charakterqualitäten:

„nüchtern, maßvoll, würdig, gastfrei, [...] kein Säufer, nicht gewalttätig, sondern gütig, nicht streitsüchtig, nicht geldgierig," usw. (1Tim.3,2-3). Solche Eigenschaften sollen nicht nur von anderen in der Gemeinde bestätigt werden, sondern *„Er muss auch einen guten Ruf haben bei denen, die draußen sind"* (1Tim.3,7).

Um zusammenzufassen: Nach dem Neuen Testament muss ein Gemeindeleiter ein *geistlich reifer männlicher Christ* sein, der sich eine Leitungsposition in der Gemeinde *wünscht* und der *fähig* ist, Gottes Volk *zu führen* und Gottes Wort *zu lehren.*

Die Prüfung überprüfen

Weil Gott selbst diese Qualifikationen aufgestellt hat, sollten sie sicher eine direkte Anwendung auf unsere Praxis finden, zukünftige hauptberufliche Mitarbeiter „ins Amt zu führen" (zu berufen). Und bis zu einem bestimmten Punkt tun sie das auch. Denn diese Passagen bekräftigen, dass es richtig ist, die Bekehrung (er muss Christ sein) und die Kenntnis biblischer Theologie (er muss lehren können) eines Leiters zu prüfen. Auf der anderen Seite ist es seltsam, dass die Heilige Schrift Qualifikationen unterstreicht, die viele Ordinationskomitees übersehen, während die Komitees eine Anforderung betonen, die von der Schrift nicht genannt wird.

Wo wird in unserer Berufungspraxis ein Mann bezüglich seiner geistlichen Reife und seiner Lehrfähigkeit geprüft? Wenn die Apostel das Wachstum eines Mannes an seinen Beziehungen, seinem Benehmen und seinem Charakter maßen, sollte dann nicht dieselbe Betonung auch in unsere Prüfungsverfahren einfließen? Man könnte vor der Prüfung Geschäftskollegen, Arbeitgeber, Zimmernachbarn, Familienmitglieder und Freunde befragen. Man müsste auch Beobachtungen von nichtchristlichen Bekannten einholen. Es wäre gut, konkrete Anhaltspunkte dafür zu haben, dass bei einem Mann Fortschritt in Richtung der Ideale geistlicher Leiterschaft vorhanden ist.

Solch eine Untersuchung mag von weisen Christen gelegentlich erfordern, einen schwierigen Rat zu geben. Möglicherweise muss einem vielversprechenden Kandidaten gesagt werden: „Von unseren Gesprächen mit denen, die Sie am besten kennen, geht hervor, dass Sie zurzeit ein echtes Problem mit ihrem Temperament haben. Wir möchten Ihnen einige Zeit geben, mehr Geduld und Selbstdisziplin zu entwickeln, bevor wir Sie dem Druck aussetzen, für die Herde Gottes sorgen zu müssen."

Wenn das Berufungsverfahren so angepasst würde, dass er eine Beurteilung des Charakters und der Leitungsfähigkeit eines Mannes beinhaltet, dann wäre es ebenso angemessen, die Frage nach der Berufung in Übereinstimmung mit der Linie der Schrift zu bringen. Wo die traditionelle Sicht von einer „Berufung" spricht, da spricht das Neue Testament von einem „Wunsch", als Pastor zu dienen. Vielleicht sollte man die Frage umformulieren: „Warum wünschen Sie es sich, Ihr Berufsleben für den Dienst des Evangeliums einzusetzen?"

Mit diesen Beobachtungen kehren wir zum Ausgangspunkt zurück. Mittlerweile muss sich ein Leser fragen, ob ich je berufen wurde.

Zurück im Kolosseum

Es trug sich wie folgt zu. Etwa dreißig Pastoren und Gemeindevertreter trafen als Mitglieder des Prüfungskomitees ein. Als ich mich auf die Befragung vorbereitete, gab mir einer der weisen, alten Pastoren des Verbandes dieses Wort der Ermutigung mit: „Denken Sie nur daran, mein Sohn, es ist die Berufung Gottes, auf die es ankommt, die Berufung Gottes." Genau, was ich brauchte!

Die eigentliche Prüfung fing gut an. Diese Männer hatten alle gesessen, wo ich saß, und sie machten mir Mut, als die Befragung begann. Es machte mir Freude, wieder einmal zu erzählen, durch welchen inneren Prozess ich zum Glauben an Christus und zum Segen eines Lebens mit ihm kam.

Dann kam die unvermeidliche Frage Nummer zwei: „Würden Sie jetzt Ihre Berufung zum vollzeitlichen Dienst beschreiben?" Ich begann damit, darzulegen, dass ich nie wie der Apostel Paulus irgendwelche hellen Lichter gesehen oder Stimmen gehört hätte. Sie versicherten mir, dass sie von mir kein solches Erlebnis erwarteten. Dann, mit einer Haltung, von der ich hoffte, dass sie höfliche Unterordnung reflektierte, fragte ich, ob sie mir eine Definition dafür geben könnten, was sie unter „Berufung" verstanden. Ich merkte auch an, dass es hilfreich wäre, wenn sie eine Stelle der Heiligen Schrift zitieren könnten, wo solch eine Berufung von Pastoren gefordert wird.

Es folgte eine sehr interessante Diskussion. Mehrere Beschreibungen der inneren Berufung wurden angeboten. Man warf mit Ausdrükken wie „innerer Zwang“ und „starkes inneres Gefühl“ um sich. Zwei Dinge wurden klar: Eine präzise Definition war schlecht zu bekommen, und die Forderung einer inneren Berufung konnte in der Bibel nicht gefunden werden, aber jeder war überzeugt, dass eine Berufung notwendig war. Nach einem Redebeitrag, der die Berufung als ein starkes Gefühl oder einen starken inneren Zwang definierte, sagte ein anderer Pastor: „Wenn mein Dienst von meinen Gefühlen abhinge, würde ich ihn etwa alle zwei Wochen an den Nagel hängen.“ Diese Bemerkung rief Gelächter und verständnisvolles Nicken hervor.

Schließlich erinnerten sich die Mitglieder des Komitees daran, wer hier wen ausfragen sollte. Und so wurde ich wieder Mittelpunkt des Interesses. Die Fragen, die ich aufgeworfen hatte, machten klar, dass ich Probleme mit dem Gedanken einer Berufung zum vollzeitlichen Dienst hatte. So wurde die Frage umformuliert: „Wenn Sie nicht den Eindruck haben, eine dieser ‚Berufungen‘ zum vollzeitlichen Dienst zu haben, warum möchten Sie denn dann Pastor werden?“

Das, schien mir, war die richtige Frage. Meine Erklärung war im Wesentlichen eine Paraphrase von 1.Timotheus 3,1: „Ich möchte dem Herrn in der bestmöglichen Weise dienen. Gott sagt, dass der hauptberufliche Dienst ein gutes Mittel dazu ist, ihm zu dienen. Darum habe ich bewusst danach getrachtet, mich für diese Position zu qualifizieren. Die in 1.Timotheus 3, Titus 1 und 1.Petrus 5 genannten Kennzeichen sind meine persönlichen Ziele gewesen.“ Das war eine offene und ehrliche Antwort.

Dann fügte ich hinzu: „Es ist möglich, dass ich eine Art mystischen Impuls bei einem Lagerfeuer-Gottesdienst erlebte, als ich noch jünger war. Aber wenn es so war, dann erinnere ich mich nicht mehr sehr gut daran. Und selbst wenn ich es deutlich in meinem Gedächtnis besäße, wäre solch ein Erlebnis nicht die Grundlage für meinen Wunsch, in den vollzeitlichen christlichen Dienst zu treten.“

Die Reaktion des Komitees war ausgewogen. Sie stimmten darin überein, dass meine Gründe dafür, gerne berufen zu werden, gut waren. Aber sie ermahnten mich auch, der Frage nach meinem Wissen um eine Berufung zusätzliche, sorgfältige Beachtung zu schenken. Das versprach ich. Einer der Männer sagte warnend, wenn ein Mann nicht mehr „Berufung“ besäße als ich, würde er bald aus dem Dienst aussteigen.

Schließlich wurde ich dann berufen.

Menschliche Entscheidung und der vollzeitliche Dienst

Am Ball bleiben oder aufhängen?

Die an mich bei der Prüfung gerichtete Warnung, ich würde vielleicht irgendwann aus dem vollzeitlichen Dienst aussteigen, spiegelt die aufrichtige Sorge vieler wieder, die der traditionellen Sicht von Berufung folgen. Ich teile diese Sorge. Wer in den vollzeitlichen Dienst geht, erlebt tatsächlich außerordentlichen Stress und Druck. Und, wie der andere Pastor im Scherz bemerkte, die Versuchung, die Flinte ins Korn zu werfen, steht mindestens alle zwei Wochen zur Wiedervorlage an.

Mir scheint aber, dass das Gefühl, berufen zu sein, das sich als biblisch zweifelhaft herausstellte und im besten Falle höchst subjektiv ist, nicht genügend Gewicht auf die Waage bringt, um als letzter Anker auf der schweren See der christlichen Leitungsaufgabe dienen zu können. Ich frage mich unwillkürlich, wie viele christliche Arbeiter genau aus dem Grunde aufgegeben haben, dass die Stärke ihres inneren Gefühls mit der Zeit abnahm.

Ich frage mich auch, wie viele ansonsten qualifizierte Menschen davor zurückgeschreckt sind, hauptberuflich Gott zu dienen, weil sie nie „die Berufung" bekommen hatten. Ich weiß um wenigstens einen. Nach einem Vortrag kam eine junge Jugendmitarbeiterin mit der Frage auf mich zu: „Ich habe schon immer in einem Teil der Welt Christus dienen und das Evangelium weitersagen wollen, wo Menschen noch nie von Jesus gehört haben. Aber Prediger und Missionare haben mir gesagt, dass ich mir gewiss sein muss, eine innere Berufung von Gott zu haben, bevor ich gehe. Ich habe nie wirklich verstanden, was sie mit einer ‚Berufung' meinten, aber nachdem ich ihnen zugehört habe, bin ich mir ziemlich sicher, dass ich keine gehabt habe. Meinen Sie, ich kann ohne eine dieser Berufungen aufs Missionsfeld gehen?"

Ich fragte sie, wo die Bibel eine innere mystische „Berufung" verlangte, um dem Missionsbefehl gehorchen zu können. Sie kannte keine solche Stelle. Ich sagte ihr, wenn sie für die Art von Missionsarbeit qualifiziert sei, die sie tun wollte, dann würde Gott von ihr keine mystische Berufung erwarten, obwohl dies oft anders gelehrt wird. Gott stellt an christliche Leiter tatsächlich bestimmte Anforderungen für einen wirkungsvollen Dienst; aber sie würde vergeblich nach einer suchen, die sie zurückhalten würde.

Die bindende Berufung

Wir werden auf das Thema Mission zurückkommen, aber zuerst sollten wir einige andere praktische Folgen von dem Einfluss erwähnen, den die mysteriöse Berufung besitzt. Wie viele Christen sind beispielsweise von Schuld geplagt, weil sie glauben, dass Gott sie zu irgendeiner Zeit in der Vergangenheit zu einem vollzeitlichen Dienst berufen habe, sie aber stattdessen einen „säkularen" Beruf wählten? Wie viele Pastoren sind einer angeblichen Berufung gefolgt, nur um Frustration oder sogar Ablehnung zu erfahren, weil sie nicht die geoffenbarten biblischen Qualifikationen aufwiesen? Wie viele vollzeitliche Mitarbeiter haben durch schmerzhafte Erfahrungen gemerkt, dass sie für einen solchen Beruf einfach nicht geeignet sind, verändern sich aber beruflich nicht, weil sie dann das Gefühl haben, Gottes Berufung ungehorsam zu sein? Für wie viele Männer Gottes wurde der Eindruck des eigenen Versagens noch durch Schuldgefühle verstärkt, weil sie gezwungen waren, „den Dienst im Stich zu lassen", zu dem sie „berufen" waren?

Auf dem Papier sind dies gezwungenermaßen rhetorische Fragen. Aber für einige von Gottes erstklassigen Dienern sind sie höchst bedeutsam. Wenn die Lebensumstände Sie gezwungen haben, Gott durch einen weltlichen Beruf zu dienen, oder wenn Sie einen solchen Beruf nach Prüfung Ihrer Gaben, Fähigkeiten und Möglichkeiten gewählt haben, dann seien Sie versichert, dass *Ihre Arbeit Gott angenehm* ist, wenn sie sie von Herzen als für ihn tun (Kol.3,23-24). Doch dazu später.

Unsere These ist in diesem Zusammenhang einfach, dass die Forderung einer Berufung nicht das Problem der Ermüdung im christlichen Leitungsdienst lösen kann. Wenn überhaupt, dann wird es vielmehr dadurch verkompliziert. Eine solche Forderung schafft in der Tat mehr Probleme, als sie zu lösen vorgibt. Stattdessen sollten Christen aus solchen Gründen und mit solchen Qualifikationen in den vollzeitlichen Dienst eintreten, die die Bibel vorgibt. Und die Entscheidung, ob man weitermachen oder den Beruf wechseln soll, sollte ebenfalls auf biblischer Grundlage getroffen werden.[10]

Anmerkungen:

[1] „Wir begegnen der Bedeutung ‚einladen' für *kaleo* hauptsächlich in den Gleichnissen vom großen Gastmahl (Lk.14,16-25), wo sie neunmal vorkommt." Colin Brown (Hrg.), *The New International Dictionary of New Testament Theology*, Grand Rapids: Zondervan, 1975, S. 274.

[2] Vgl. auch 1Kor.1,9; Gal.1,15; 2Thes.2,13-15; 2Tim.1,9; Hebr.9,15; 1Petr.2,9; 2Petr.1,3.

[3] Vgl. Röm.1,6-7; 8,28; 1Kor.1,24; Jud.1; Offb.17,14.

[4] Prof. Charles R. Smith vom Grace Theological Seminary bemerkt zutreffend: „Eine der häufigsten Ursachen für Verwirrung hinsichtlich des Willens Gottes ist der verbreitete Fehler, nicht zu sehen, dass die Situation der Menschen in den Heiligen Schriften, denen und durch die Gott sich offenbaren wollte, eine sehr besondere war. Sie sind kein Mose! Ebenso wenig sind Sie ein Josua, ein Abraham, Hesekiel, Daniel, Matthäus, Johannes oder Paulus! Sie sollten nicht die Art Offenbarung erwarten, die diese erhielten. Gottes Methoden im Umgang mit ihnen sind nicht seine *normalen* Methoden gewesen, die er im Umgang mit Gläubigen irgendeines Zeitalters anwendet." Charles R. Smith, *Can You know God's Will for Your Life?*, Winona Lake, Ind.: B.M.H. Books, 1977, S. 2.

[5] Der Apostel Paulus sah seine Berufung nicht als ein Muster für andere vollzeitliche Diener an. Ganz im Gegenteil, in 1.Korinther 9,16-18 betont er die Unverwechselbarkeit seiner Berufung: Er wurde von Gott in den Dienst des Herrn gestellt, während andere Freiwillige waren. Die Situation von Paulus und die Ermahnung für Älteste in 1.Petrus 5,2 stehen in lebhaftem Kontrast. Während andere „Unterhirten" „nicht gezwungen, sondern freiwillig" dienen sollen, schreibt Paulus, dass ein Zwang auf ihm liegt und er predigen „muss" (1Kor.9,16-17). Eine gründlichere Behandlung dieses Textes und ihrer Bedeutung für unsere Diskussion findet sich in Garry Lee Friesen, God's Will As It Relates To Decision Making (Theol. Diss.), Dallas Theological Seminary, 1978, S. 255-62.

[6] Aus den angegebenen und den noch folgenden Gründen sind wir geneigt, dem Vorschlag von Dr. Charles Smith zuzustimmen: „Angesichts dessen, dass junge Leute durch diese Begrifflichkeit oft verwirrt und zu der Annahme verleitet werden, eine übernatürliche Offenbarung zu ihrem zukünftigen Beruf erwarten zu sollen, wäre es vielleicht weise, den Begriff ‚Berufung' in Bezug auf eine solche Überzeugung über seine Lebensarbeit fallen zu lassen." Charles R.

Smith, *Can You know God's Will for Your Life?*, Winona Lake, Ind.: B.M.H. Books, 1977, S. 3.

[7] Wir sind uns bewusst, dass *alle* Christen „vollzeitliche Mitarbeiter" im biblischen Sinne des Wortes sein sollen. Aber wir müssen irgendwie zwischen solchen Berufen unterscheiden, wo Gläubige ihren Lebensunterhalt durch ihren Dienst verdienen (etwa Pastoren und Missionare), und solchen Berufen, wo man nicht für einen solchen christlichen Dienst bezahlt wird. Zu diesem Zweck verwenden wir für den Rest des Kapitels eine Begrifflichkeit, die einen Unterschied zwischen „geistlichen" und „säkularen" Berufen voraussetzt.

[8] Dass Paulus seine Listen in 1.Timotheus und Titus als normativ ansah, geht deutlich aus den (beinahe identischen) Einleitungsworten hervor: „Der Aufseher nun *muss* untadelig sein [...]" (1Tim.3,2 Elberfelder Übers.) und „Denn der Aufseher *muss* untadelig sein [...]" (Tit.1,7 Elberfelder Übers.). Solche Formulierungen lassen ohne Zweifel für das Folgende normative Qualifikationen für Gemeindeleiter erwarten.

[9] Die beiden wichtigsten „Titel" für Gemeindeleiter im Neuen Testament sind „Aufseher" (oder „Bischof"), was sechsmal in diesem Sinne im Neuen Testament vorkommt, und „Ältester", was vierzehn Mal diese Bedeutung hat. Die beiden Begriffe sind austauschbar (vgl. z.B. Tit.1,5.7). „Aufseher" unterstreicht die Verantwortung des Leiters, während „Ältester" seinen Charakter betont.

[10] Es ist sicherlich aufschlussreich, dass Jesus in der Zeit der Verwirrung der Jünger direkt nach der Auferstehung ein Berufsberatungsgespräch mit Simon Petrus, dem zum Hirten gewordenen Fischer, führte (Joh.21,1-22). Obwohl die ursprüngliche Berufung von Petrus zum Jünger durch die Handlungen von Jesus erneuert zu werden scheint, wird sie nirgends speziell erwähnt. Vielmehr scheint die dreimalige Frage „Liebst du mich?" die entscheidende Komponente beim Durchhalten eines Hirten zu sein – d.h. bei der Aufgabe eines Jüngers, der Aufforderung „Folge mir nach" täglich nachzukommen. Es ist ein biblisches Prinzip, dass dauerhafte Treue in *jedem Aspekt* der anvertrauten Gaben und Aufgaben das Produkt geistlicher Reife ist (1Kor.4,2; 15,58; Gal.5,22-23; 6,9; Hebr.12,1-13). Was der vollzeitliche Diener im Angesicht von Schwierigkeiten braucht um weiterzumachen, ist die Gnade Gottes (2Kor.12,9-10) und die Überzeugung, dass er etwas tut, das Gott getan wissen möchte – seinen moralischen Willen.

Kapitel 20

Weisheit und der Weg in die Mission

Für Daniel Schmidt hing die Berufsfrage nicht bloß damit zusammen, ob er ganz allgemein zum vollzeitlichen Dienst berufen sei, sondern ob er in die Mission gehen soll. Natürlich gilt vieles von dem, was im letzten Kapitel ausgeführt wurde, unmittelbar auch für diese Frage. Das Thema Berufung zur Mission erfordert aber eine noch weiter gehende Behandlung, weil die Arbeit von Missionaren in eine besondere Kategorie fällt. Wenn für irgendeinen Beruf eine Berufung von Gott erforderlich ist, wieviel mehr muss es dann für die Mission sein.

Es gibt mindestens zwei triftige Gründe für diese verbreitete Überzeugung, einer davon ist biblisch und der andere praktisch. Das biblische Argument ist, dass die allerersten Missionare der Gemeinde, Barnabas und Saulus, ausdrücklich von Gott berufen wurden, Missionare zu sein (Apg.13,1-3). Die anderen, die nicht berufen wurden, blieben zurück. Eine verbreitete Schlussfolgerung daraus ist, dass diejenigen, die so berufen werden, Missionare werden müssen; alle anderen sollen zu Hause bleiben und tun, was sie wollen.

Der praktische Grund ist, dass Missionsarbeit ungewöhnlich harte Arbeit ist. Zusätzlich zu allen Problemen, die normalerweise mit dem vollzeitlichen christlichen Dienst verbunden sind, muss der Missionar imstande sein, sich auf eine fremde Kultur und oftmals auch eine fremde Sprache einzustellen. Weil Gott allein weiß, wer wirkungsvoll mit diesen Herausforderungen umgehen kann, wird gesagt, dass Gott die fürs Missionsfeld bestimmten Mitarbeiter mit eigener Hand verliest.

Missionsentscheidungen in der Urgemeinde

Nun haben wir ja bereits kurz die Berufung von Barnabas und Saulus angesprochen. Wir bemerkten, dass sie berufen wurden, gerade weil sie die *ersten Missionare* sein sollten. Und ihre Berufung kam auf übernatürliche Weise zustande, entweder durch die Stimme Gottes oder durch die Stimme eines Propheten (Apg.13,1-2). Mangels weiterer, bestätigender Passagen geht es zu weit, aus diesem einmaligen Ereignis zu folgern, dass alle künftigen Missionare ebenso berufen werden müssen. (Wer dabei bleibt, dass eine Berufung von Gott notwendig ist, sollte auch darauf bestehen, dass diese durch eine spezielle Offenbarung geschieht.)

Das soll nicht heißen, dass Apostelgeschichte 13 für heutige Missionsentscheidungen nicht relevant sei. Wir sollten jedoch nicht auf irgendeine dramatische Berufung warten, sondern wir sollten der Weisheit nachstreben, die der Heilige Geist in seiner Auswahl der Missionare und dem Zeitpunkt ihrer Beauftragung zeigte. Beachten Sie die folgenden Aspekte:

1. Die ausgewählten Männer waren dafür qualifiziert, geistliche Arbeit zu tun, u.a. für Evangelisation und Gemeindegründung (Apg.11,19-30).
2. Ihre Fähigkeit, als Team zusammenzuarbeiten, hatten sie bereits durch ihren Dienst in Antiochia unter Beweis gestellt.
3. Ihre Fähigkeit, wirkungsvoll unter den Heiden zu arbeiten, die ihre vornehmliche Zielgruppe darstellen würden (Apg.14,27), hatte sich schon erwiesen.
4. Die sendende Gemeinde würde durch den Verlust dieser beiden Leiter nicht geistlich verarmen (Apg.13,1). Andere waren dazu fähig geworden, die Arbeit vor Ort weiterzuführen.

Nach Erwähnung dieser wertvollen Präzedenzfälle und der darin gezeigten Weisheit möchten wir die Folgeereignisse anschauen, um zu Beispielen für Missionsentscheidungen zu kommen, die sich unmittelbar auf heute übertragen lassen. Die Geschichte des Johannes Markus ist ein solcher Fall.

Johannes Markus, Cousin des Barnabas, wurde zur Zeit ihrer Berufung von Barnabas und Saulus in der Nachfolge geschult (Apg.12,25). So nahmen sie ihn als Gehilfen mit, obwohl er von dem Heiligen Geist nicht genannt worden war (Apg.13,2.5). Der Dienst von Markus hatte während der ersten Phase der Missionsreise offensichtlich die Erwartungen erfüllt. Doch bevor das Team den beschwerlichen Marsch von Perge nach Antiochia in Pisidien in Angriff nahm, ließ Markus das Vorhaben im Stich und kehrte nach Jerusalem heim (Apg.13,13). Der Grund dafür wird von Lukas nicht genannt.

Paulus und Barnabas beendeten ihre Tour durch das Kerngebiet von Kleinasien, kehrten nach Antiochia zurück und erzählten dort, *„wie viel Gott durch sie getan und wie er den Heiden die Tür des Glaubens aufgetan hätte“* (Apg.14,27). Dann blieben sie *„eine nicht geringe Zeit“* in Antiochia (Apg.14,28).

Die zweite Missionsreise begann damit, dass Paulus Barnabas nach dem Jerusalemer Konzil den Vorschlag machte: *„Lass uns wieder aufbrechen und nach unseren Brüdern sehen in allen Städten, in denen wir das Wort des Herrn verkündigt haben, wie es um sie steht“* (Apg.15,36). Es ist bemerkenswert, dass der Text die Idee nicht dem Heiligen Geist zuschreibt, wie es bei der ersten Reise der Fall war. Sie wurde anscheinend bei Paulus von dem Wunsch geboren, den Befehl von Christus zu erfüllen, Gläubige sollten unterrichtet und zur Reife gebracht werden. Sein Vorschlag ist ein Beispiel für eine Initiative, die von einem geistlich reifen Menschen unternommen wird, der Gottes moralischen Willen auf eine weise Art und Weise erfüllen möchte.

Es gab offensichtlich keine Diskussion darüber, ob Gott sie dazu berufen hatte, die Reise zu unternehmen. Was diskutiert wurde, und zwar mit großer Intensität, war die Frage, ob sie Johannes Markus mitnehmen sollten. Barnabas, der nicht zu den Menschen gehörte, die andere aufgeben, wollte ihn dabei haben. Paulus, der Loyalität, Ausdauer und erwiesene Kompetenz schätzte, war nicht bereit, eine weitere Fahnenflucht zu riskieren. Noch einmal war der strittige Punkt nicht die vorhandene oder fehlende Berufung von Johannes Markus. Der strittige Punkt waren seine bisher an den Tag gelegten Qualifikationen (Apg.15,37-38).

Mangels einer Verständigung und eines direkten Wortes von Gott entschieden sie, sich zu trennen und zwei neue Teams zu bilden (Apg.15,39). Barnabas nahm Markus und zog in Richtung Zypern los, das für beide ein schon vertrautes Gelände war. *„Paulus aber wählte Silas"* (Apg.15,40), einen erfahrenen Leiter mit einer prophetischen Gabe (Apg.15,32), und brach mit dem Segen der Gemeinde in Richtung Kleinasien auf.

Ein Mitarbeiter von Wert

Obwohl Barnabas und Markus in der Apostelgeschichte aus dem Blickfeld geraten, taucht Markus in den neutestamentlichen Briefen wieder auf. Ironischerweise lernen wir aus der Feder von Paulus selbst, dass das Vertrauen, das Barnabas in Markus setzte, Frucht brachte.

Während der ersten römischen Gefangenschaft von Paulus war Markus einer von mehreren Gehilfen, die ihm beistanden (Phim.24). In seinem zu gleicher Zeit verfassten Brief an die Kolosser gab Paulus diese Empfehlung ab:

„Es grüßt euch Aristarch, mein Mitgefangener, und Markus, der Vetter des Barnabas - seinetwegen habt ihr schon Weisungen empfangen; wenn er zu euch kommt, nehmt ihn auf! -, und Jesus mit dem Beinamen Justus. Von den Juden sind diese allein meine Mitarbeiter am Reich Gottes, und sie sind mir ein Trost geworden" (Kol.4,10-11).

Ein paar Jahre später, während der letzten Gefangenschaft von Paulus in Rom, sandte er das Wort an Timotheus: *„Markus nimm zu dir und bringe ihn mit dir; denn er ist mir nützlich zum Dienst"* (2.Tim.4,11).

Was Paulus angeht, so ging es immer um die persönlichen Qualifikationen. Als Markus seinen Wert bewies (wahrscheinlich durch seinen Dienst mit Barnabas auf Zypern), zögerte Paulus nicht, ihn zu einem Mitglied seines Teams zu machen und wegen seiner Gewissenhaftigkeit zu empfehlen.

Wenn beim ersten Mal der Erfolg ausbleibt...

Wenn wir nun zur zweiten Missionsreise von Paulus in Apostelgeschichte 16 zurückzukehren, sehen wir, wie sich ein anderes Szenario abspielt. Als Paulus und Silas Antiochia verließen, hatten sie noch immer keinen Gehilfen. Die Enttäuschung mit Johannes Markus brachte Paulus jedoch nicht dazu, den Gedanken aufzugeben, junge Männer in seine Arbeit mit hinein zu nehmen und dadurch auszubilden. Als er und Silas nach Lystra kamen, war Paulus beeindruckt von einem jungen Jesus-Nachfolger mit Namen Timotheus. Timotheus, während der ersten dortigen Missionstätigkeit von Paulus zum Glauben gekommen, wurde ausgewählt, Johannes Markus zu ersetzen (Apg.16,3). Seine Vorzüge werden im Text kurz zusammengefasst: Er hatte *„einen guten Ruf bei den Brüdern"* in dieser Gegend (Apg.16,1-2). Wieder waren es erwiesene geistliche Qualifikationen statt einer Berufung, die bei der Auswahl den Ausschlag gaben.

Die Weisheit in der Wahl von Timotheus für diese Aufgabe sollte sich in den folgenden Jahren immer wieder bestätigen. Wir wissen mehr über diesen Assistenten des Apostels als über irgendeinen anderen der Mitarbeiter von Paulus. Timotheus wurden die Verantwortung für wichtige Dienste übertragen, und er erfüllte seine Aufgaben konsequent (vgl. 1Thes.3,1-2.6).

In seiner Empfehlung von Timotheus gegenüber der Gemeinde von Philippi zollte Paulus seinem geliebten Protegé das größtmögliche Lob: *„Ihr aber wisst, dass er sich bewährt hat; denn wie ein Kind dem Vater hat er mit mir dem Evangelium gedient. Ihn hoffe ich zu senden ..."* (Phil.2,22-23).

Wie bei Johannes Markus und Timotheus erklärte Paulus die Sendung aller seiner Mitarbeiter zu unterschiedlichen Gemeinden mit ihrer erwiesenen Dienstfähigkeit. Einen solchen erwiesenen Charakter besaßen Epaphroditus (Phil.2,25-30), Schwester Phöbe (Röm.16,1-2), Stephanas, Fortunatus und Achaikus (1.Kor.16,17-18), Tychikus (Eph.6,21-22), Epaphras (Kol.1,7-8; 4,12-13), ein nicht mit Namen genannter Bruder (2Kor.8,22) und selbst der bekehrte flüchtige Sklave Onesimus (Kol.4,9; Phim.10-13).

Unser Ziel bei dieser Übersicht über Missionstätigkeit im Neuen Testament ist, die folgende Beobachtung nachzuweisen: Sobald die Mission durch den Heiligen Geist in Apostelgeschichte 13 in Bewegung gesetzt worden war, wurden alle späteren Entscheidungen bezüglich der Missionsarbeit auf der Grundlage angewandter Weisheit getroffen. (Die eine Ausnahme war der Ruf nach Mazedonien in Apostelgeschichte 16,6-10, die wir bereits diskutiert haben.) In der tatsächlichen Praxis der neutestamentlichen Gemeinde wurden die Entscheidungen über Termine, Zielorte und Personal alle von den zuständigen Personen getroffen, denen es ein Anliegen war, Gottes moralischem Willen in möglichst wirksamer Weise zu gehorchen. Die Abwesenheit jeder Bezugnahme auf die Berufung Gottes jenseits von Apostelgeschichte 16 ist bemerkenswert.

Entscheiden, wer gehen soll

Als wir das Material für dieses Kapitel vorbereiteten, dachten wir, es wäre gut, Informationen über gegenwärtige Perspektiven von Leuten zu erhalten, die unmittelbar in der Missionsarbeit stecken. Wir schrieben an ein Dutzend Missionsgesellschaften und fragten: „Was für Menschen suchen Sie als Missionare? Was für Qualifikationen verlangen Sie? Welchen Rat geben Sie Leuten, die über eine Missionslaufbahn nachdenken?" Offen gesagt, unsere Frage war, welche Wichtigkeit dem subjektiven Eindruck, berufen zu sein, im Vergleich mit anderen Kriterien beigemessen wurde.

Wenn die Antworten, die wir erhielten, repräsentativ sind für die gegenwärtigen Auffassungen in Missionskomitees, dann kann die derzeitige Haltung etwa folgendermaßen zusammengefasst werden: Während das Wissen um eine Berufung von den meisten als wichtig angesehen wird, sind andere Eigenschaften und Qualifikationen weitaus entscheidender im eigentlichen Auswahlprozess. Einige Missionsleiter geben sogar zu, ihre Zweifel zu haben, wenn jemand behauptet, er habe eine Berufung von Gott. Michael C. Griffiths, früherer Generalsekretär der Overseas Missionary Fellowship, gibt dazu diese offene Erklärung:

„Komischerweise sind auch Missionsgesellschaften vorsichtig damit, sich zu verpflichten. Sie scheinen oft eine gesunde Skepsis bezüglich Führung zu besitzen. Nicht jeder, der gerne den Himalaja erklettern würde oder der sich von einer glanzvollen Arbeit in unerreichten Stämmen angezogen fühlt, ist notwendigerweise für die Arbeit geeignet. Der hohe Prozentsatz von Leuten, die sich auf aufregende Missionsfelder berufen fühlen, macht einen ein bisschen skeptisch.

Missionsgesellschaften sind nicht sehr scharf darauf, sich einen unpraktischen Romantiker aufzuhalsen, der sich der Mission anschließen und die Welt sehen will. Sie mögen Ihre Bedenken haben, auf eine Mission zuzugehen, aber Sie werden herausfinden, dass diese ebenso vorsichtig Ihnen gegenüber sein wird. Die Mitarbeiter werden versuchen, Sie sehr sorgfältig einzuschätzen. Wenn sie das nicht tun, sollten Sie noch vorsichtiger werden!“[1]

Tatsächlich gibt es mindestens eine Missionsgesellschaft, die Sudan Interior Mission, die bereit ist, Kandidaten in Betracht zu ziehen, die keine entscheidende Berufung zur Arbeit auf dem Missionsfeld festmachen können. Der ehemalige Generalsekretär Dr. Raymond J. Davis und der jetzige Generalsekretär Dr. Ian M. Hay wurden gefragt:

„Wie reagiert die SIM auf eine Person, die ein Interesse am Dienst im Ausland hat, die aber nicht ehrlicherweise sagen kann, sie habe eine „Berufung“ zur Mission?“

Dr. Hay antwortete:

„Die SIM kann das verstehen. Wir wollen solche Menschen, die zuallererst in ihrem Leben der Herrschaft Christi verpflichtet sind, Menschen, die verstehen, dass es ihre wichtigste Aufgabe ist, den Willen Gottes zu tun, wie er in den Schriften aufgezeigt wird. Die Person, die mit dieser Haltung kommt, ist genau der Typ Mensch, nach dem wir suchen, ob sie versteht, was eine ‚Berufung‘ ist, oder nicht. Eigentlich stört mich der Gebrauch dieses Wortes. Es gibt viele Missverständnisse bezüglich einer ‚Berufung‘. Das Wort hat einen Unterton bekommen, auf den wir, glaube ich, verzichten können.“

Dr. Davis ergänzte:

„Das Konzept einer ‚Berufung‘ als notwendiges Eingangserlebnis des Dienstes für Gott kann nicht durch die Schrift erhärtet werden. Einige, wie Paulus, hatten tatsächlich ein solches Erlebnis, aber viele andere hatten keines. Wir haben den Gedanken einer ‚Berufung‘ zu etwas gemacht, das in den Tagen der Urgemeinde schlichtweg unbekannt war.“[2]

Es gibt Missionsleiter am anderen Ende des Spektrums, die das Wissen um eine Berufung von Gott als unverzichtbar ansehen. Auf praktischer Ebene jedoch überlassen die meisten Missionsgesellschaften die Echtheit einer Berufung der Person selbst und beurteilen den

Kandidaten nach sehr praktischen Maßstäben. Letzten Endes wird eine Missionsgesellschaft einen Bewerber nicht aussenden, wenn sie zu dem Urteil kommt, dass er als Missionar nicht tauglich ist, ob er eine „Berufung“ für sich reklamiert oder nicht. Wie Griffiths bemerkt: „Die meisten Missionen haben jede Menge Erfahrungen mit Leuten gemacht, mit denen es schwer auszukommen war. Sie werden sich nicht damit beeilen, Sie aufzunehmen, wie hoch Sie auch Ihre eigenen Dienste einschätzen mögen.“[3]

Es ist bedeutsam, dass die Ausschüsse der verschiedenen Missionsgesellschaften in den wesentlichen Punkten darin übereinstimmen, was Grundvoraussetzungen für Missionare sind. Diese kann man in Eigenschaften und Qualifikationen unterteilen. Eine Liste von *Eigenschaften*, die wir zusammengetragen haben, zeichnet bis jetzt das folgende Persönlichkeitsprofil: geduldig, psychisch reif, emotional stabil, lernfähig, zuverlässig, verlässlich, zielorientiert, personenorientiert, bestimmt, bereit zu dienen, selbständig, tatkräftig, standhaft, taktvoll, ernsthaft, loyal, fest, flexibel, liebenswürdig, gutherzig, gewissenhaft, diszipliniert, freigebig, sanftmütig, mit ganzem Herzen bei der Sache, um andere besorgt, demütig, praktisch, humorvoll, freundlich, heilig, kritisch, fortschrittlich, motiviert und fähig, mit einem einzigen Satz Hochhäuser zu überspringen. (Die letzte Eigenschaft ist freiwillig, je nach Aufgabe.) Michael Griffiths rückt solche Listen ins richtige Licht, wenn er bemerkt: „Es ist die Frucht des Geistes, die wir mehr als alles brauchen.“[4]

Der Missionsausbilder Dr. George Peters gibt ein genaue Zusammenfassung der verschiedenen Kategorien von Missions*qualifikationen*:

Im Allgemeinen werden die Vorbereitung und Qualifikationen eines Missionskandidaten mit mehreren Maßstäben gemessen und bezeichnet als:

1. geistliche Qualifikationen
2. biblisch-theologische Qualifikationen
3. akademische Qualifikationen
4. physische Qualifikationen
5. Persönlichkeitsqualifikationen
6. soziale Qualifikationen.[5]

Die Einzelheiten in jedem der aufgelisteten Hauptbereiche variieren von Gesellschaft zu Gesellschaft und von Aufgabe zu Aufgabe. Aber sie sind auf dem Amboss harter Erfahrung durch das Anwenden geistlicher Weisheit geschmiedet worden. In der praktischen Erfahrung, ob man die traditionelle Sicht von Führung beibehält oder nicht, scheint die Gemeinde des zwanzigsten Jahrhunderts dieselben Weisheitsprinzipien bei Entscheidungen anzuwenden wie die Gemeinde des ersten Jahrhunderts.[6]

Worauf es letztlich ankommt

Zum Abschluss unserer Diskussion der Mission möchten wir das folgende Anwendungsprinzip vorschlagen: *Anstatt auf eine Art mystische „Berufung" von Gott zu warten, sollte jeder Gläubige auf den geoffenbarten Willen Gottes eingehen, indem er ernsthaft in Erwägung zieht, Missionar in einer fremden Kultur zu werden.*

Nachdem wir genügend über die Schwierigkeiten der Missionsarbeit gesprochen haben, müssen wir nun die Gründe dafür anschauen, warum man über eine persönliche Beteiligung nachdenken sollte. Es gibt mindestens drei:

1. *Der Befehl.* Der Missionsbefehl von Christus, „alle Völker zu Jüngern" zu machen, wurde der Gemeinde gegeben und bleibt „bis an der Welt Ende" in Kraft (Mt.18,19-20). Für den Gläubigen ist persönliche Beteiligung an der Sache der Weltmission *nicht fakultativ*. Wir brauchen keine Berufung - wir sind bereits beauftragt worden. Jeder einzelne Christ soll irgendeinen Beitrag leisten zu dem großen Ziel der Evangelisation und geistlichen Schulung der Welt. (Die Unterschiedlichkeit der Arten und Weisen, in denen Menschen direkt beteiligt sein können, wird unten dargestellt.) Weil irgend jemand das Evangelium zu unerreichten Völkern tragen muss, folgt daraus, dass sich jeder Christ dazu zur Verfügung stellen sollte. Wir stehen alle unter einem großen Befehl.

2. *Die Not.* Die Statistiken sind so irrsinnig, dass man sie nicht voll erfassen kann. Aber das sind die Tatsachen: Drei Milliarden Menschen der Erde sind keine Christen. Mehr als zwei Milliarden davon haben keine Beziehung zu irgend jemandem, der ihnen das Evangelium wei-

tersagen könnte. Diese (wenigstens) zwei Milliarden werden nur durch Missionare aus anderen Kulturen erreicht werden.[7]

3. *Die Ausrüstung.* Das Haupt der Gemeinde hat einigen seiner Nachfolger Kraft, Mittel und Gaben gegeben, damit sie die Arbeit tun. Gehorsam gegenüber dem Gebot, treue Haushalter zu sein, verlangt von allen Gläubigen, dass sie beurteilen, ob sie von Gott die Fähigkeit bekommen haben, den Missionsbefehl am besten zu erfüllen, indem sie selbst das Evangelium zu Menschen in einer anderen Kultur bringen. Wer die Fähigkeit hat, sollte gehen. Wer sie nicht hat, sollte andere senden.

Der Weg auf das Missionsfeld

Hier bin ich - was nun?

Denen, die bereit sind, offen auf die Herausforderung des Missionsbefehls einzugehen, würden wir raten, ein persönliches Projekt in Angriff zu nehmen, das, wenn man es bis zu einem Missionsberuf verfolgt, mindestens sieben Schritte aufweist. (Da unzählige Dinge eine berufliche Laufbahn in der Außenmission ausschließen können, könnte so ein Projekt in Gottes Souveränität unterbrochen und daher jenseits des Missionsfeldes zu Ende gebracht werden. Dennoch, wenn man Missionar wird, dann ist dies der Kurs, den man einschlagen sollte.)

1. *Hingabe.* Das meint tatsächlich Verfügbarkeit. Und das sollte durch dankbare Unterordnung unter die Herrschaft Christ geklärt werden (Lk.9,23-26; 14,25-35). Ein Grund dafür, warum es nicht mehr Missionare gibt, ist nicht, dass Gott nicht mehr berufen hat, sondern dass nicht mehr auf den schon ausgesprochenen eindeutigen Auftrag reagiert haben. Es mag viele stichhaltige Gründe dafür geben, nicht Missionar zu werden; aber mangelnde Bereitschaft gehört nicht dazu (Lk.9,59-62).

2. *Nachforschung.* Ein wichtiges Mittel, Weisheit zu erlangen, ist das Sammeln von Fakten. Stellen Sie Fragen: Was tun Missionare? Wie

wird man ein Missionar? Was kostet es? Was braucht man dafür? Die Realitäten sind ernüchternd. Es dauert sechs bis zehn Jahre nach dem Collegeabschluss, um in einer fremden Kultur ein wirksamer Missionar zu werden. Aber während Sie Daten über die Kosten zusammentragen, sollten Sie auch Daten aus Gottes Wort und von erfahrenen Missionaren zusammentragen über den zu erwartenden Ertrag der Investition. Was auf der Welt kann die Kosten wert sein, die von Missionaren verlangt werden?

3. *Beteiligung.* Jeder Gläubige, der dieses Buch liest, kann hier und heute persönlich und aktiv an der weltweiten Missionsarbeit von Christus teilnehmen. Das erste Mittel dazu ist, in seinem eigenen „Jerusalem" wirkungsvoll für Christus Zeugnis abzulegen. Gepaart mit einem solchen evangelistischen Einsatz muss die Ausübung aller Gaben stehen, die Gott für den Dienst im Kontext einer örtlichen Gemeinde geschenkt hat (Eph.4,11-16). Solch ein kontinuierlicher Dienst bedeutet Gehorsam gegenüber Gottes moralischem Willen und rüstet ständig weiter für einen größeren Dienst, vielleicht in einer fremden Kultur, in der Zukunft zu.

Die Verantwortung, die jeder Christ für die weltweite Mission hat, kann auf ganz unterschiedliche Weise wahrgenommen werden. Darunter fallen die unverzichtbare Unterstützung durch Fürbitte und finanzielle Gaben. Zusätzlich können Christen aus den sendenden Gemeinden noch mehr tun, um den Bedürfnissen der Missionare, die von ihnen repräsentiert werden, abzuhelfen: regelmäßig Briefe schreiben, Gebetsanliegen und -erhörungen austauschen, geistliche Nahrung durch Kassetten mit christlichen Vorträgen bereitstellen, Geld für Freizeitbeschäftigung und Erholung schicken - kurz gesagt, Bedürfnisse vorhersehen und kreative Schritte gehen, um ihnen zu entsprechen. Solch ein Dienst an den „Frontsoldaten" der Gemeinde würde sie zweifellos wirkungsvoller in ihrer Arbeit machen; und er würde denen, die sie unterstützen, die innere Befriedigung geben, ein aktives Mitglied des Teams zu sein.

Andere Personen werden gebraucht, um das Anliegen der Weltmission in den örtlichen Gemeinden zu fördern - um ein Feuer unter den Menschen anzuzünden und am Brennen zu halten! Sonntagsschullehrer mit einem Herzen für Mission und der Fähigkeit, eine Vision zu vermitteln, können von Gott gebraucht werden, Jungen und Mädchen auf einen Weg zu schicken, der auf einem fernen Missionsfeld endet. Christen mit Organisationstalent können die notwendige Lauferei übernehmen, wirklich gewinnbringende Missionskonferenzen für die örtliche Gemeinde zu organisieren. Den Möglichkeiten sind nur durch Faulheit und durch die Gewohnheit, nur das zu tun, was man schon immer getan hat, Grenzen gesetzt.

4. *Beurteilung.* Jeder Gläubige sollte eine Bestandsaufnahme seiner eigenen Persönlichkeit machen, bei der er sein Potential mit dem Maßstab der Missionseigenschaften und -qualifikationen bewertet. Einige Faktoren könnten sofort eine Laufbahn in der Mission ausschließen: gesundheitliche Schwierigkeiten, ein ungläubiger Ehepartner oder das Fehlen einer Möglichkeit, sich dafür angemessen ausbilden zu lassen, um nur einige Beispiele zu nennen. Persönliche Schwächen disqualifizieren einen nicht unbedingt, sondern können durch Ausbildung, Training, Hilfe durch andere, zunehmende Reife oder irgendeinen anderen Erweis der Gnade Gottes korrigiert werden. In einigen Fällen wird die Weisheit nahelegen, dass ein bestimmter Christ einen größeren Beitrag für die Mission bringen kann, wenn er einem Beruf zu Hause nachgeht. In anderen Fällen wird der Gläubige in sich selbst das Rohmaterial entdecken, aus dem Missionare gemacht werden. Wenn das geschieht, sollte diese Person bewusst einen Kurs einschlagen, auf dem dieses Rohmaterial vom Töpfer zu einem fertigen Gefäß geformt werden kann - geeignet zum Dienst auf einem fernen Missionsfeld.

Solch eine Bestandsaufnahme sollte das ganze Leben lang in periodischen Abständen durchgeführt werden. Für manche Menschen, die als junge Erwachsene verhindert waren, Missionare zu werden, haben sich zu späterer Zeit Türen dazu geöffnet. Und manche, die sich Fertigkeiten in ihrem „säkularen Beruf" erworben haben, haben festgestellt, dass ihre Fähigkeiten auf dem Missionsfeld in einer wichtigen unterstützenden Funktion benötigt wurden. Solche Möglichkeiten sollten in dem Prozess der Beurteilung weiterverfolgt werden.

5. *Beratung.* Die persönliche Beurteilung sollte nicht in einem Vakuum ablaufen. Das Neue Testament berichtet sorgfältig, wie die örtlichen

Gemeinden am Erkennen, Auswählen und Senden der für die internationale Missionsarbeit am besten geeigneten Gläubigen beteiligt waren. Da der Missionar als Vertreter seiner sendenden Gemeinde dient, ist es nur vernünftig, wenn die Gemeinde eine entscheidende Rolle im Prozess der Beurteilung und Auswahl spielt.

Erstens muss die örtliche Gemeinde unter den Christen Interesse an der Mission wecken. Zweitens sollte die Gemeinde die Initiative ergreifen, anscheinend qualifizierte Mitglieder mit der Herausforderung zu konfrontieren, vielleicht selbst Missionar zu werden. Drittens sollte ein Christ, der über eine berufliche Zukunft in der Mission nachdenkt, den Rat reifer Christen suchen, die fähig sind, sein (bzw. ihr) Potential für einen vollzeitlichen Dienst in einer fremden Kultur zu beurteilen.

6. *Vorbereitung.* Solange die Ampel grün zeigt, sollte der potentielle Missionar die Schritte gehen, die aufs Missionsfeld führen. Der wichtigste dieser Schritte, ob man nun Missionar wird oder nicht, ist, sich in der Schule des geistlichen Wachstums einzuschreiben. Das Motto dieser Schule ist: *„Übe dich selbst aber in der Frömmigkeit!"* (1Tim.4,7). Zweitens stellt die persönliche Beteiligung an der Weltmission, während man noch zu Hause ist, eine ausgezeichnete Vorbereitung für einen Dienst im Ausland dar. Und drittens muss der Einzelne bewusst Schritte unternehmen, die Anforderungen der Missionsgesellschaften zu erfüllen. Obwohl es Ausnahmen gibt, verlangen die meisten Missionsgesellschaften das Folgende: eine angemessene Ausbildung (gewöhnlich einen Collegeabschluss), einen gewissen Grad an ausgewiesenem Bibelstudium, Erfahrung im christlichen Dienst, Kontakt mit fremden Kulturen, eine gewisse Gewandtheit, für den Glauben Zeugnis zu geben, die Bereitschaft, sich für die Arbeit mit einer Missionsgesellschaft zu verpflichten, den Erwerb der jeweiligen Fremdsprache und die Ausbildung spezieller Fertigkeiten, die für eine bestimmte Aufgabe nötig sein werden. Während des ganzen Prozesses tut der angehende Missionar gut daran, sich mit Missionsgeschichte und mit den Prinzipien kulturübergreifender Kommunikation vertraut zu machen.

7. *Gebet.* Beten Sie um Weisheit, Kraft und offene Türen für Gelegenheiten. Und stellen Sie sich schon im Voraus unter den souveränen

Willen des Herrn der Ernte (Lk.10,2). Dann fahren sie fort, während sie beten, Gottes moralischem Willen zu gehorchen - mit der Zuversicht, dass er in Ihnen arbeitet und „in euch wirkt beides, das Wollen und das Vollbringen, nach seinem Wohlgefallen“ (Phil.2,13).

Anmerkungen:

[1] Michael C. Griffiths, *You and God's Work Overseas*, Downers Grove, Ill.: InterVarsity, 1967, S. 23-24.

[2] „No Voice From Heaven?“ *Africa Now*, Nov.-Dez. 1979, S. 2-5.

[3] Michael C. Griffiths, *You and God's Work Overseas*, Downers Grove, Ill.: InterVarsity, 1967, S. 24-25.

[4] Michael C. Griffiths, *Give Up Your Small Ambitions*, Chicago: Moody Press, 1970, S. 56.

[5] George W. Peters, *A Biblical Theology of Missions*, Chicago: Moody Press, 1972, S. 292.

[6] Ich beobachtete diese Tatsache aus erster Hand, als ich die Multnomah School of the Bible 1979 auf der InterVarsity Missions Conference in Urbana, Illinois, vertrat. Gegen Ende der Konferenz hatten 1,471 der 16,500 Delegierten eine Erklärung unterzeichnet, die besagte: „Ich glaube, dass es Gottes Wille für mich ist, ihm im Ausland zu dienen, und ich werde diesbezüglich beten und Erkundigungen anstellen.“ Doch gleichzeitig entschuldigte sich nicht eine der anwesenden 165 Missionsgesellschaften für ihre hohen Anforderungen für den Dienst. Viele Studenten kamen direkt von Missionsständen zu dem Stand, an dem ich arbeitete, und sagten: „Die Missionsgesellschaften sagen mir, dass ich mindestens ein Jahr soliden biblischen Unterricht auf Collegeebene brauche. Was bietet Ihre Schule in dieser Hinsicht an?“ Ich war dort, um Studenten über ein ausgezeichnetes Programm zu informieren, das Multnomah speziell für die Anforderungen für Missionskandidaten zusammengestellt hat.

[7] Ed Dayton, „How to Get There From Urbana“, *World Vision*, Jan. 1980, S. 16.

Kapitel 21

Weisheit für Beruf und Ausbildung

Wenn Männer und Frauen der Antike eine Zeitreise in unsere Epoche und unsere Kultur machen könnten, wären sie wahrscheinlich verblüfft von der Vielzahl und der Art von Entscheidungen, die der Einzelne in unserer Gesellschaft treffen muss. Wie bereits erwähnt, übten Eltern zu biblischen Zeiten eine entscheidende Rolle bei Heiratsvereinbarungen aus. Zum größten Teil war die Berufsentscheidung eines Mannes ebenfalls festgelegt. Söhne nahmen gewöhnlich die Beschäftigung ihrer Väter an und bearbeiteten das Land oder gebrauchten die Werkzeuge, die von einer Generation zur nächsten weitergereicht worden waren. Töchter wurden Ehefrauen. Wenn man einen jungen Israeliten fragen würde, ob er schon Gottes Willen für seine Lebensarbeit herausgefunden habe, dann würde er einen wahrscheinlich nur verständnislos anstarren.

Nicht so in der heutigen Zeit. Für junge Menschen unserer Zeit und Kultur sind „die großen Drei“ unter den Lebensentscheidungen Heirat, Beruf und Ausbildung - obwohl sie nicht unbedingt in dieser Reihenfolge auftreten. Diese Entscheidungen muss jeder persönlich treffen, und die Wahlmöglichkeiten sind fast unbegrenzt (jedenfalls theoretisch). Angesichts der Vielzahl an Möglichkeiten und der Wichtigkeit der Entscheidungen ist die dringende Suche vieler Christen nach einer eindeutigen Führung Gottes auf diesen Gebieten verständlich. Es ist zumindest ein wenig Ironie dabei, dass unsere verzweifelte Suche nach dem „Signal“ zur Berufsfrage für die Heiligen des Jahres 50 n.Chr. nicht mehr ein Thema war als, sagen wir, das Essen von Götzenopferfleisch für uns heute.

Das soll nicht heißen, dass die biblische Offenbarung veraltet oder irrelevant sei. Denn während die heißen Fragen von gestern den neuen

Anliegen von heute weichen, bleiben die Prinzipien des Wortes Gottes bemerkenswert aktuell. Obwohl sich die Welt der Apostel in vieler Hinsicht von unserer eigenen unterscheidet, ist deshalb die Leitung in der Berufsfrage, die der Heilige Geist durch die Schrift schenkt, vollkommen angemessen - selbst für unser individualistisches Zeitalter.

Gottes Wille für Ihre Berufsarbeit

In Kapitel 19 und 20 haben wir schon über einen Teil dieses Bereiches der Führung diskutiert. Dort stellten wir fest, dass Gott in der Geschichte bestimmte Personen für spezielle Aufgaben berufen hat, dass solche göttlichen Aufträge aber die Ausnahmen von der Regel sind. Der Gedanke, dass jeder Christ von Gott zu seiner Lebensarbeit "berufen" sei, passt gut in das Modell, das die traditionelle Sicht anzubieten hat. Aber es stimmt einfach nicht mit der Erfahrung der meisten Gläubigen im Alten wie im Neuen Testament überein.[1]

Für diejenigen, die nicht durch direkte Offenbarung zu einer Arbeit berufen werden, fällt die Wahl von Karriere oder Beruf in den Bereich der Freiheit - als eine Wahl, die auf der Grundlage der Weisheit getroffen werden soll. Denn wenn man die biblischen Abschnitte liest, die direkt mit dem Thema Arbeit in Beziehung stehen, findet man die selben Prinzipien, die auch die Entscheidung über Singlesein und Heirat bestimmen: Die Berufsentscheidung eines Gläubigen wird vom moralischen Willen Gottes *reguliert* und beeinflusst, aber *nicht festgelegt*.

Arbeit als Lob Gottes

Der moralische Wille Gottes bezüglich der Arbeit eines Christen, wie er in den neutestamentlichen Briefen dargelegt wird, lässt sich an Hand der folgenden Prinzipien zusammenfassen:[2]

1. Sofern die Gelegenheit dazu besteht, soll ein Christ erwerbstätig sein (2.Thes.3,10-11). Der Gläubige, der sich weigert zu arbeiten, wird streng zurechtgewiesen.

2. Die Verpflichtung, für seine eigene Familie zu sorgen, ist eine der höchsten Prioritäten, die ein Christ hat (1.Tim.5,8).

3. Der Beruf eines Christen muss rechtmäßig sein (Eph.4,28).

4. Die Arbeit eines Christen soll gekennzeichnet sein durch:
   a) eine von Herzen kommende Aufrichtigkeit (Eph.6,5; Kol.3,22-23)
   b) Begeisterung und Fleiß (Eph.6,6; Kol.3,23; 2Thes.3,8; vgl. Pred.9,10)
   c) Ehrfurcht und Hingabe an Christus (Eph.6,5-6; Kol.3,22-23)
   d) guten Willen (Eph.6,7)
   e) Disziplin (2 Thes.3,11)
   f) Stille (2 Thes.3,12)
   g) Bereitschaft zur Zusammenarbeit (Tit.2,9)
   h) Ehrlichkeit (Tit.2,10)
   i) Integrität (Eph.6,6)
   j) Effizienz (Eph.5,16)
   k) Dankbarkeit (Kol.3,17)
   l) Großzügigkeit (Eph.4,28).

5. In der Ausübung seines Berufs sollte es das Ziel eines Christen sein:
   a) sich sein Brot zu verdienen (2.Thes.3,10)
   b) die Mitglieder seiner eigenen Familie angemessen zu versorgen (1.Tim 5,8)
   c) sich ehrbar gegenüber Menschen außerhalb der Gemeinde zu verhalten und auf niemanden angewiesen zu sein (1.Thes.4,11-12)
   d) zu vermeiden, anderen zur Last zu fallen (2.Thes.3,8)
   e) genug zu verdienen, um sich selbst versorgen zu können und noch etwas übrig zu haben, um anderen in Not zu helfen (Eph.4,28)
   f) anderen ein gutes Beispiel zu geben (2.Thes 3,9)
   g) dem Ansehen Gottes Ehre zu machen (1.Tim 6,1)
   h) die Lehre Gottes in jeder Hinsicht zu zieren (Tit.2,10) - d.h. so zu leben, dass das Bekenntnis mit der Lebenspraxis übereinstimmt.

6. In seiner Beziehung zu seinem Arbeitgeber soll ein Christ:
   a) sich unterordnen können und um des Herrn willen gehorsam sein (Eph.6,5; Kol.3,22; Tit.2,9; 1.Petr.2,18)

b) in seiner Arbeit fleißig sein mit dem Hintergedanken, dass sein eigentlicher Vorgesetzter der Herr ist (Eph.6,6-8; Kol.3,23)
c) genauso hart arbeiten, wenn niemand zuschaut, wie unter einer direkten Oberaufsicht (Eph.6,6)
d) seinen Arbeitgeber aller Ehre würdig erachten (1.Tim 6,1) und selbst solchen Vorgesetzten Respekt entgegenbringen, die unvernünftig sind (1.Petr 2,18)
e) einen Arbeitgeber, der gläubig ist, nicht ausnutzen, sondern ihm vielmehr aus Liebe um so mehr dienen (1.Tim 6,2).

7. In seiner Beziehung zu seinen Arbeitnehmern soll ein christlicher Chef:
a) seine Arbeiter nicht missbrauchen (Eph.6,9)
b) seine Beschäftigten mit Gerechtigkeit und Fairness behandeln (Kol.4,1)
c) die Goldene Regel zur Anwendung bringen und seine Arbeiter so behandeln, wie er selbst behandelt werden möchte (Eph.6,9)
d) fair und pünktlich in seiner Bezahlung sein (Jak.5,4)
e) daran denken, dass er Gott gegenüber, dem Vorgesetzten von allen, für seine Behandlung seiner Arbeiter verantwortlich ist (Kol.4,1).

8. Wenn es nicht anderweitig gegen den moralischen Willen Gottes verstößt, darf die Möglichkeit zu einer beruflichen Veränderung oder Beförderung genutzt werden (1.Kor 7,21).[3]

Die Berufsentscheidung wird demnach auf derselben Grundlage getroffen wie jede andere Entscheidung innerhalb des moralischen Willens Gottes: auf der Grundlage der Weisheit und der geistlichen Zweckmäßigkeit. Die Frage, die sich ein Christ stellen sollte, wenn er sich von Gott leiten lassen möchte, ist: Welcher Beruf bietet angesichts meiner Begabungen, Gaben und Fähigkeiten, meiner Wünsche und Möglichkeiten das größte Potential für meinen Dienst für den Herrn und für meinen Gehorsam gegenüber seinem moralischen Willen?[4]

Geistesgaben

Die Geistesgabe eines Gläubigen macht einen Teil seiner Fähigkeiten und Begabungen aus und beeinflusst so die Entscheidungsfindung.

Die beste Beschreibung einer Geistesgabe stammt aus einem Brief von Paulus, wo er sie eine „Gabe", einen „Dienst", eine „Wirkung" und eine „Offenbarung des Geistes" nennt (1.Kor.12,4-7). Gott gibt die *Gabe* einer geistlichen Befähigung, die sich in einem konkreten *Dienst* zeigt, der eine *Wirkung* zum Wohl aller hat. Gläubige sind unterschiedlich begabt (1.Kor.12,8-11.29-30), und das beeinflusst auch das Treffen von Entscheidungen unterschiedlich.

Der moralische Wille Gottes legt fest, dass jeder Gläubige seine Gabe zum Wohl aller gebrauchen soll.

„Dient einander, ein jeder mit der Gabe, die er empfangen hat, als die guten Haushalter der mancherlei Gnade Gottes" (1.Petr.4,10; vgl. 1.Kor.12,7; Röm.12,6-8).

Der Lebensstil eines Gläubigen muss also den Gebrauch der eigenen Geistesgabe einschließen. Somit legt der moralische Wille Gottes fest, dass eine Gabe gebraucht werden soll, er diktiert aber nicht, *wann* und *wo* sie gebraucht werden soll.

Die Gabe des Lehrens zum Beispiel kann eine „vollzeitliche" Lehrposition bedeuten oder aber ein wöchentliches Bibelstudium. Der Ort, wo die Gabe ausgeübt wird, kann eine Gruppe von Teenagern oder von College-Studenten, die Sonntagsschule oder der persönliche Kontakt mit einem Einzelnen im Rahmen einer Jüngerschaftsschulung, eine örtliche Gemeinde oder eine Bibelschule sein. Diese Entscheidungen werden jeweils durch die geistliche Zweckmäßigkeit bestimmt. Wo kann meine Gabe am besten gebraucht werden, um Gott wirkungsvoll zu dienen?

Weisheit wird auch die Menge an Zeit und Energie bestimmen, die man zum Gebrauch seiner Gabe einsetzt. Der moralische Wille Gottes verbietet es, so ausschließlich seine Gabe zu gebrauchen, dass dabei andere Tätigkeiten vernachlässigt werden, die in der Heiligen Schrift auch geboten werden. Zum Beispiel sollen Väter ihre Kinder lehren (Eph.6,4), ob sie nun die Lehrgabe haben oder nicht (Röm.12,7), alle Gläubigen sollen spenden (1.Kor.16,2), obwohl nicht alle diese Gabe haben (Röm.12,8), und alle Gläubigen sollen barmherzig sein (Mt.5,7; Eph.4,32), aber nur einige haben eine solche Gabe (Röm.12,8). Auf der anderen Seite ist es weise, dort mehr Zeit und Energie einzusetzen, wo man eine spezielle Befähigung von Gott hat. Ganz sicher soll Billy Graham als Christ barmherzig sein, aber die Weisheit legt ihm nahe, einige Besuche im Altersheim zugunsten einer Großstadtevangelisation auszulassen. Durch Weisheit wird eine größere Menge an Zeit und Anstrengung in die Bereiche geleitet, in denen Gott besonders begabt hat und wo er die größte geistliche Wirkung schenkt.

Wir haben in den Kapiteln 19 und 20 bereits gezeigt, dass jeder Christ die Verpflichtung hat, über die Option eines "vollzeitlichen christlichen Dienstes" gründlich nachzudenken. Aufgrund aller damit verbundenen Faktoren wird die Mehrheit der Gläubigen, die diese Möglichkeit ernsthaft prüfen, wahrscheinlich zu dem Schluss kommen, dass sie Gott wirksamer in einer sogenannten säkularen Position dienen können. Eine gute Arbeitsstelle bietet eine natürliche Basis, von der aus jemand seine Familie versorgen, für Christus Zeugnis ablegen und zu der Verkündigung von Gottes Wort durch seine Gemeinde am Ort und durch die Weltmission beitragen kann.

Ein Student, der mit dieser Art Entscheidung kämpfte, teilte mir einmal sein Dilemma mit. „Vor einigen Jahren hatte ich eine Arbeitsstelle, die mir gut gefiel. Ich legte Wert darauf, meinen Mitarbeitern Christus weiterzugeben, und mit der Zeit bekam ich die Gelegenheit, ein regelmäßiges Treffen zum Bibellesen für Leute unserer Firma zu leiten. Dieses Bibelstudium wurde vom Herrn so sehr im Leben dieser Menschen gebraucht, dass ich anfing zu glauben, ich sollte die Bibel vollzeitlich lehren. Ich wurde von der Idee so gefesselt, dass ich meiner Familie und meiner Gemeinde sagte, ich hätte den Eindruck, dass Gott mich in den christlichen Dienst berief.

Jetzt, nach mehreren Jahren als Pastor, bin ich zu dem Schluss gekommen, dass ich tatsächlich als Diener Christi effektiver in meiner weltlichen Arbeit war, als ich es in der Gemeindearbeit bin. Ich würde gerne zu dem zurückkehren, was ich vorher getan habe und was mir gut gefiel. Das Problem ist, dass ich mich nicht einfach aus dem vollzeitlichen Dienst zurückziehen und zu meinem früheren Beruf zurückgehen kann."

Obwohl ich mir ziemlich sicher über den Grund dafür war, fragte ich: „Warum nicht?"

„Nun," entgegnete er, „weil ich jedem erzählt habe, dass ich zur Arbeit als Pastor berufen bin, würden die Leute denken, ich bin dem

Herrn ungehorsam, wenn ich zu meiner alten Arbeit zurückkehrte. Es wäre außerdem eine große Demütigung für mich zuzugeben, dass ich mich über meine Berufung getäuscht habe."

Was dieser Student zuallererst verstehen musste, war, dass kein inneres Gefühl seine Entscheidungen letztlich bestimmen durfte. Von dieser subjektiven Autorität befreit, konnte er sich auf die eigentliche Frage konzentrieren: „Wie kann ich dem Herrn am besten durch meine Lebensarbeit dienen?" Gewiss, er hatte sich gegenüber seiner Familie und seinen Freunden in eine Ecke begeben, als er bekannt machte, was er für eine Berufung Gottes hielt. Diese frühere Erklärung würde es schwieriger machen, seinen Berufsweg wieder umzukehren, obwohl es das war, was die Weisheit ihm nahelegte. Aber was Gott betraf, war er dadurch nicht für den Rest seines Lebens in einer weniger fruchtbaren Arbeitsstelle eingesperrt.

Häufiger im Vergleich dazu treffe ich in meinen Unterrichtsklassen an der Multnomah-Bibelschule auf Männer und Frauen, die sich in die umgekehrte Richtung bewegen. Obgleich erfolgreich als Geschäftsleute oder in einem anderen säkularen Beruf, stellten viele dieser Studierenden fest, dass der Herr sie mehr außerhalb ihrer Arbeitsstelle gebrauchte als in ihr. Jetzt studieren sie die Bibel, um besser ausgerüstet zu sein, die Aufgaben vollzeitlich auszuüben, die der Herr segnete, als sie sie in ihrer Freizeit taten. Wenn sie ihren gegenwärtigen Kurs weiter verfolgen, werden sie schließlich zu Bibellehrern, Pastoren, vollzeitlichen Mitarbeitern für die Jugendarbeit oder Missionaren. Die Veränderung in ihrer beruflichen Richtung wurde von derselben Frage hervorgerufen: „Wie kann ich dem Herrn mit meinen Gaben und Fähigkeiten am besten dienen?"

Die Berufsentscheidung treffen: Eine Fallstudie

Selbes Lied, zweite Strophe

Es ist eine Sache, abstrakte Prinzipien zu erfassen; es ist eine andere, fähig zu sein, sie auf die konkreten Lebenssituationen anzuwenden. Deshalb habe ich in Seminaren, die ich zum Thema Entscheidungen durchgeführt habe, eine persönliche Illustration gebraucht, die helfen soll, die Grundsätze in die Praxis zu übersetzen.

Die Ironie der Illustration ist, dass sie so stark der Entscheidung ähnelt, die ich in der Einleitung dieses Buch beschrieb. Denn beide Entscheidungen verlangten eine Wahl zwischen zwei Schulen. Im ersten Fall musste ich entscheiden, wo ich mich als Student einschreiben sollte; im zweiten musste ich wählen, wo ich als Lehrer arbeiten wollte. Im ersten Fall erlebte ich große Frustration, weil ich versuchte, konsequent die traditionelle Sicht vom Treffen von Entscheidungen anzuwenden; im zweiten Fall - nun, der Unterschied war bemerkenswert!

15 Jahre trennten die zwei Entscheidungen. In der Zwischenzeit hatte ich eine Theologie zum Treffen von Entscheidungen und dem Willen Gottes ausgearbeitet. Ich war durch die biblischen Schriften zu der Überzeugung gelangt, dass meine Verantwortung vor Gott nicht darin bestand, nach einem schwer fassbaren idealen Willen auszuschauen, sondern vielmehr eine klare Führung zu suchen, die sowohl objektiv, als auch erreichbar war.

Als Ergebnis davon freute ich mich aufrichtig auf den Prozess der Entscheidungsfindung, als zwei Bibelschulen mir eine Lehrstelle an ihrer Fakultät anboten. Statt Angst zu bekommen, meinen beruflichen „Punkt“ zu verfehlen, war ich dankbar, dass ich *zwei* ausgezeichnete Möglichkeiten statt nur einer oder gar keiner hatte. Mein Gebet um Leitung war konkret und biblisch: Ich bat um Weisheit - im Glauben, dass Gott sie nach seiner Verheißung schenken würde. Dann begann ich meine Suche nach der Weisheit, von der Gott gesagt hatte, dass man sie finden könne.

Ich muss mich beeilen hinzuzufügen, dass meine neue Sicht diese Entscheidung nicht wundersam in eine einfache Entscheidung verwandelte. Die Wahrheit ist, dass es für beide Schulen starke Argumente gab und die Entscheidung sehr schwierig war. Der Unterschied zu vorher war, dass ich zuversichtlich war, dass die Vorgehensweise, der ich folgte, schriftgemäß und objektiv war. Ich wusste, dass ich keine „falsche“ Entscheidung treffen konnte. So konnte ich mich entspannen und mich über die Herausforderung, eine weise Entscheidung zu treffen, freuen.

Die Entscheidung austesten

In meinen Seminaren gebe ich den Studierenden gerne Gelegenheit, das Weisheitsprinzip auf Entscheidungen anzuwenden. So lasse ich die Gruppe meine eigene Entscheidungsfindung hypothetisch durcharbeiten. Studenten werfen Fragen auf, von denen sie denken, ich hätte sie mir stellen sollen. Dann sage ich ihnen, ob ich diese bestimmten Fragen tatsächlich im Auge hatte, und berichte, falls ja, was ich dabei gelernt habe. Wenn alle Informationen zusammengetragen sind, werden weitere Punkte angesprochen und diskutiert. Und die Gruppe nimmt persönlich an meiner Entscheidungsfindung teil.

Diese Vorgehensweise kann man in einem Buch nicht wiederholen. Ich kann aber eine Unterrichtseinheit rekonstruieren, die ich kürzlich mit einer College-Berufs-Gruppe in einer christlichen Gemeinde hatte. Da meine Erinnerung nicht so genau ist wie eine Kassettenaufnahme, werden wir uns mit einer sinngemäßen Wiedergabe des tatsächlich Gesagten zufriedengeben müssen. Ich hoffe, der Leser fühlt sich durch die Fragen dieser Studierenden gut vertreten.

Student: „Bevor Sie entschieden, wo Sie unterrichten sollten, mussten Sie sich entschließen, *ob* Sie unterrichten sollten. Hatten Sie diesen Punkt schon für sich erledigt?"

Garry: „Zu dieser Zeit war ich bereits aufgrund meines früheren Dienstes zu dem Schluss gekommen, dass Gott mir die Gabe des Lehrens gegeben hatte. Es ist sein moralischer Wille, dass ich eine Gabe, die er mir gibt, auch ausübe (Röm.12,6-8; 1Petr.4,10). An einer Bibelschule zu unterrichten war eine ausgezeichneter Position, diese Gabe zu praktizieren."

Student: „Wo befanden sich die Schulen?"

Garry: „Eine war hier in Portland. Die andere war in meiner Heimatstadt in Michigan."

Student: „Was gibt es da noch zu entscheiden?"

(Man muss dazu sagen, dass diese Studenten aus Oregon intuitiv die Weisheit erkannten, die darin lag, sich im schönen pazifischen Nordwesten niederzulassen.)

Home, sweet home

Garry: „Ehrlich gesagt favorisierte die Örtlichkeit die Schule in Michigan, aus mehreren Gründen. Dort ist meine Heimatgemeinde. Ich kenne das Gebiet gut und habe ein geistliches Anliegen für meine Heimatstadt. Und die Arbeit dort hätte unsere ganze Familie wieder an einem Ort zusammengebracht. Eine Arbeitsstelle in der Nähe meiner Eltern anzunehmen wäre ein Art und Weise, sie zu ehren."

Student: „Was dachten Ihre Eltern wirklich? Haben Sie ihren Rat gesucht?"

Garry: „Ich war ursprünglich besorgt, dass sich meine Leute gekränkt fühlen würden, wenn ich eine Arbeitsstelle zu Hause ablehnen würde, ohne es zu müssen. Ich nahm mir deshalb vor, dass ich, wenn eine Entscheidung für das andere Angebot sie verärgern würde, dies als einen starken Grund betrachten würde, die Arbeit zu Hause anzunehmen. Ich hoffte, dass sie sich nicht verletzt fühlen würden, wenn ich erneut wegzöge. Aber das Leben ist voll von solchen Realitäten, deshalb bereitete ich mich auf diese Möglichkeit vor.

Als wir uns dann tatsächlich zusammensetzten, um meine Optionen zu diskutieren, bewiesen meine Eltern dieselbe Reife, die sie mir immer beizubringen versuchten. Das erste, was sie sagten, war: „Du weißt, dass wir dich lieben und es gerne sähen, wenn du in der Nähe von zu Hause lehren würdest. Aber wir möchten, dass du weißt, dass unser größter Wunsch ist, dass du die bestmögliche Entscheidung triffst - nicht nur die, die dich in unserer Nähe behält." Meine Ratgeber waren erstklassig.

Als wir die vielen Vorteile der Schule weiter weg von zu Hause analysierten, sagte Mom zum Spaß: „Einen Augenblick. Wir versuchen nicht, ihn loszuwerden." Wir konnten lachen, weil wir wussten, dass die Aussage stimmte, und weil wir keine Angst hatten, danach zu suchen, wo die Weisheit uns unter der Leitung Gottes hinführen würde."

Student: „Was für eine Arbeit war es genau, die die beiden Schulen von Ihnen getan haben wollten?"

Garry: „Das ist eine wichtige Frage, denn in dieser Situation waren die frei gewordenen Stellen nicht identisch. Die Schule im Nordwesten bot mir die niedrigste Sprosse der Karriereleiter als Position an. Die Schule im Mittleren Westen wollte von mir nicht nur, dass ich unterrichtete, sondern auch, dass ich die Leitung der Unterabteilung Bibel und Theologie übernahm. In Sachen Entfaltungsmöglichkeit und Verantwortung waren die zwei Positionen eindeutig nicht gleichwertig."

Student: „Aber waren Sie zu diesem Zeitpunkt Ihrer Lehrerlaufbahn der Meinung, Sie könnten mit dem zusätzlichen Druck umgehen, den die Leitung einer Abteilung mit sich bringt?"

Garry: „Das ist ein guter Punkt! Es gibt einen Grundsatz in der Wirtschaft, der besagt, dass Mitarbeiter bis zur Ebene ihrer eigenen Inkompetenz aufzusteigen pflegen. Hätte ich die Position des Abteilungsleiters angenommen, dann wäre das eine ausgezeichnete Gelegenheit gewesen, auf dieser Ebene *einzusteigen*. Es ist richtig, dass ich den Wunsch habe, in einer Administrativfunktion zu dienen, aber das Angebot kam vier oder fünf Jahre zu früh. Deshalb hatte ich zu schließen, dass die Stellenbeschreibung die Schule im Nordwesten favorisierte."

Die Macht des Geldbeutels

Student: „Und die Gehaltsfrage?"

Garry: „Zu der Zeit war es mir eigentlich egal, was sie mir bezahlten. Darum kann ich mich ganz ehrlich heute nicht mehr daran erinnern, was die zu erwartenden Gehälter waren. Ich weiß, dass beide Schulen mehr als genug anboten, um als Einzelperson davon zu leben.

Ich habe später über diesen Aspekt des Entscheidungsprozesses nachgedacht und bin zu dem Schluss gekommen, ich hätte den Gehaltsangeboten mehr Aufmerksamkeit widmen sollen. Es gibt mindestens drei Gründe dafür: Erstens, obwohl beide Gehälter mehr als angemessen für eine Person waren, gab es keine Garantie dafür, dass ich in den kommenden Jahren weiterhin Single sein würde. Zweitens, je mehr ich bei meiner Arbeit verdiene, um so mehr Geld kann ich für das Werk des Herrn geben. Tatsächlich betete ich zu derselben Zeit darum, meine finanzielle Unterstützung für zwei Missionare in Nigeria, Ed und Kay Klotz, und für mein Theologisches Seminar, das Gott für mein Leben so sehr gebraucht hatte, erhöhen zu können. Drittens reflektieren Lehrergehälter oft die relative Stabilität einer Privatschule und die Verbindlichkeit ihrer Geldgeber.

Bei der Entscheidung spielten die Gehaltsaussichten jedoch keine Rolle."

Student: „Hatten Sie Gelegenheit, probeweise einige Unterrichtsstunden an jeder Schule zu geben?"

Garry: „Ja, beide Schulen trafen Vorkehrungen für mich, mehrere Unterrichtseinheiten zu halten. Dann wurde meine Präsentation von Studierenden und von anderen Fakultätsmitgliedern ausgewertet."

Student: „Halfen die verschiedenen Reaktionen Ihnen bei Ihrer Entscheidung?"

Garry: „Ja. Die Anzahl und Art der Fragen, die ich von den Studierenden bekam, zusätzlich zu den unhörbaren Hinweisen, die ein Lehrer aufschnappt, zeigten mir, dass mein Unterricht für die Studenten in der Schule im Nordwesten angemessener und hilfreicher gewesen war."

Wer ist hier der Chef?

Viele andere hervorragende Fragen wurden mir von der Gruppe vorgelegt. Sie warfen die Themen: theologische Ausrichtung und Ruf der Bibelschule sowie Möglichkeiten zu christlichem Engagement außerhalb der Schule auf. Auf diesen Gebieten waren die beiden Schulen gleich stark.

Doch eine Frage, auf die ich wartete, blieb aus: „Wer würde Ihr direkter Vorgesetzter sein? Wem gegenüber wären Sie verantwortlich? Wem müssten Sie sich unterstellen?"

Das ist eine wichtige Frage in den Berufsüberlegungen. Denn Unterordnung unter eine Autorität ist für Gläubige biblisches Gebot. Die Erfahrung lehrt, dass Unterordnung unter eine Autorität dann am leichtesten ist, wenn der Vorgesetzte von seiner Persönlichkeit her vernünftig, kompetent, geduldig, liebevoll und beziehungsfähig ist. Die Weisheit legt nahe, wo immer man sich in der Position befindet, seinen Chef selbst wählen zu können, diese Entscheidung mit viel Bedacht zu fällen. Denn sobald man sich verpflichtet hat, ist der moralische Wille Gottes bindend, der besagt, dass man sich unterordnen soll.

Für einen Bibelschullehrer ist die Autoritätsperson der Studienleiter. Während die beiden Schulen mich einer Musterung unterzogen, studierte ich die beiden Studienleiter. Einer der beiden Männer war vom Temperament her von mir sehr verschieden. Daher verbrachte ich mehr Zeit damit, mit ihm zu diskutieren und Fragen zu erörtern, um zu sehen, wie wir zusammenarbeiten würden. Es wurde bald deutlich, dass ich keine Schwierigkeiten haben würde, mit dem einen oder anderen der beiden Studienleiter zusammenzuarbeiten und mich ihnen unterzuordnen. Diesbezüglich gab es einen Pluspunkt für beide Schulen.

Aber spielt man hier Fußball?

In beiden Schulen fragte ich nach einer Fußballmannschaft. Wenn die Schulen in jeder anderen Hinsicht gleichrangig wären, wollte ich wissen, ob es die Möglichkeit gab, an einem Sportprogramm teilzunehmen. Das rangierte für mich nicht unter den „Top Ten“, aber meine Liebe zum Sport und meine Freude an einem durchtrainierten, voll funktionstüchigen Körper beförderten es bei mir wahrscheinlich unter die „Top 30“ meiner Kriterien.

Obwohl dies nicht nach einer sehr geistlichen Erwägung aussieht, war die Frage nach dem Sport für mich ein Gesichtspunkt meiner Suche nach Weisheit. Denn die Schrift fordert von uns, alles mit Eifer und Enthusiasmus zu tun. Fußball oder Basketball spielen zu können würde mir helfen, diesem Befehl in meiner Lehraufgabe zu gehorchen. Die physische Übung wäre gut für meine körperliche Gesundheit, und der Spaß beim Spielen würde mir helfen, meine emotionale Gesundheit zu bewahren. Das eigene Wohlbefinden ist eine berechtigte Erwägung beim Prozess, eine weise Entscheidung zu treffen (1.Kor.7,40).

Auf diese spezielle Frage hatten die beiden Schulen dieselbe Antwort: „Sie können mit der Schulmannschaft trainieren, wenn Sie möchten.“

Alles, was Sie gerne gewusst hätten, aber...

Viel Weisheit steht für die bereit, die die richtige Frage zu stellen wissen. Durch meine anschließenden Erfahrungen als Lehrer habe ich mehrere Bereiche entdeckt, die eine gründliche Untersuchung verdient gehabt hätten - Bereiche, die ich nicht überprüfte, weil mir die Fragen nicht in den Sinn kamen. Hätte ich alles noch einmal zu machen, dann würde ich jetzt die folgenden zusätzlichen Nachforschungen anstellen:

1. Wie viele verschiedene Klassen werde ich unterrichten?
2. Wie viel Hilfe durch Sekretäre bzw. Sekretärinnen werde ich für Korrekturarbeiten und andere Büroaufgaben zur Verfügung gestellt bekommen?
3. Welche Büroausrüstung und wieviel Platz wird man mir zur Verfügung stellen?
4. Welche Verantwortlichkeiten werde ich in den Bereichen Öffentlichkeitsarbeit und Rekrutierung neuer Mitarbeiter haben?
5. In wie vielen und in welchen Ausschüssen wird man von mir eine Mitarbeit erwarten?
6. Wie wird meine Beziehung zum Leiter der Abteilung aussehen?

7. Welche Art Notensystem wird in der Schule angewandt?
8. Wie oft werden Verträge ausgearbeitet und unterschrieben?

Die Tatsache, dass ich diese Fragen erst nach der Entscheidung bedachte, unterstreicht ein paar Konsequenzen der schon dargelegten Prinzipien. Erstens, wenn wir um Weisheit bitten, schenkt Gott sie uns; er gibt uns aber keine Allwissenheit. Ich erfuhr nicht alles, was ich hätte erfahren können, bevor ich meine Auswahl traf. Aber die Weisheit, die Gott mir schenkte, war völlig ausreichend für eine solide Entscheidung.

Zweitens, das Wissen, das wir uns durch den Entscheidungsprozess aneignen, ebenso wie die Einsichten, die wir *als Folge* unserer Auswahl gewinnen, helfen mit, uns auf zukünftige Entscheidungen vorzubereiten. Jede Entscheidung erfordert nicht nur Weisheit, sondern sie wird auch zu einem Mittel, durch das Gott weitere Weisheit für die Zukunft schenkt. Derselbe Prozess rüstet uns dazu aus, anderen weisen Rat zu geben, die vor ähnlichen Entscheidungen stehen.

Go west, young man

Schlussendlich nahm ich die Position an der Multnomah School of the Bible in Portland, Oregon, an. Die Entscheidung war nie absolut sicher, aber sie hat sich als gut erwiesen. Gott hielt seine Zusagen und zeigte in dieser Entscheidung seine Treue. Er gab Kraft, Weisheit und Motivation, die mich dazu befähigten, eine weise Wahl innerhalb seines moralischen Willens zu treffen.

Meine Arbeit ist während der vergangenen vier Jahre zugleich erfüllend und strapaziös gewesen. Obwohl ich vielen Schwierigkeiten begegnet bin, bin ich nicht versucht gewesen, mich mit der stillen Sorge zu tragen, Gottes vollkommenen Willen verfehlt zu haben. Nein, Gott erwartete von mir, von seinem moralischen Willen geleitet und unter dem Gesichtspunkt der geistlichen Zweckmäßigkeit eine Entscheidung zu treffen. Er gab dafür auch Leitung und Fähigkeiten. Dieses Wissen hat mich dazu befreit, mich ganz darauf zu konzentrieren, Gott zu dienen, wo ich heute bin, mit all der Energie und den Fähigkeiten, die er bereitstellt.

Gottes Wille für Ihre Vorbereitung

Nach Abschluss der Schule beginnt für viele junge Menschen eine Übergangsphase in ihrem Leben, die dem Beginn ihrer Berufslaufbahn vorausgeht. Gewöhnlich wird diese Periode verwendet, um sich auf die völlige Unabhängigkeit von der elterlichen Unterstützung und die volle Mitgliedschaft in der Gemeinschaft der Erwachsenen vorzubereiten. Für viele Menschen in unserer Gesellschaft ist die Richtung, die sie in diesen, für das spätere Leben bestimmenden Jahren einschlagen, die erste große Lebensentscheidung, für die sie selbst die volle Verantwortung tragen.

Wegen der zeitlichen und kulturellen Distanz gibt es nicht viele Stellen der Heiligen Schrift, die sich direkt auf diese spezielle Entscheidung beziehen. Und so muss ein Christ durch Weisheit zu den Entschlüssen gelangen, die er hinsichtlich seiner Ausbildung fasst. Die Grundfrage wird sein: Wie kann ich mich am besten darauf vorbereiten, dem Herrn durch mein Leben und meinen Beruf als Erwachsener zu dienen? Diese Frage artikuliert die zentralen Punkte: 1. Das Endziel ist, dem Herrn in möglichst effektiver Weise zu dienen. 2. Das Zwischenziel ist eine angemessene Vorbereitung; und 3. Diese Vorbereitung sollte den Christen zugleich als Persönlichkeit entfalten und für einen Beruf ausbilden (auch wenn der tatsächliche Prozess in Einzelschritten erfolgen kann).

Optionen, die einem jungen Menschen in unserer Gesellschaft offen stehen, gibt es in Hülle und Fülle: Universität, College, Bibelschule, Militärdienst, Berufsschule und Berufsausbildung usw. Oder man kann sofort arbeiten gehen und wertvolle Fähigkeiten und Einsichten durch die konkrete Arbeitserfahrung sammeln. Die tatsächlichen Möglichkeiten werden durch eine Anzahl von Faktoren begrenzt: Studierfähigkeit, Noten, freie Arbeitsplätze, finanzielle Möglichkeiten, Familienumstände, persönliche Neigungen, Eigeninitiative und politische Verhältnisse in der Welt (Frieden oder Krieg). Wer konkrete Vorstellungen darüber hat, was er mit seinem Leben machen möchte, hat die Möglichkeit, einen maßgeschneiderten Vorbereitungsweg zu entwerfen. Wer noch keine Berufspläne formulieren kann, tut gut daran, Ausbildungswege zu erwägen, die für jede Berufslaufbahn eine Grundlage sein können - eine geisteswissenschaftliche Ausbildung oder vielleicht eine Zeit in der Armee. Ein junger Christ oder eine junge

Christin sollte zusätzlich abwägen, ob es ratsam ist, irgendeine biblische Ausbildung zu machen, die ihn oder sie dazu ausrüstet, dem Herrn im Beruf noch wirksamer zu dienen.

Voraussetzungen einer erfolgreichen Vorbereitung

Diesen allgemeinen Überlegungen würde ich ein paar Beobachtungen hinzufügen. Die erste ist, dass eine Ausbildung *für sich alleine* niemanden für einen geistlichen Dienst oder einen bestimmten Beruf qualifiziert. Sie ist nur ein Teil des Prozesses der Vorbereitung. Zum Beispiel garantiert der Abschluss an einem theologischen Seminar noch nicht unbedingt, dass jemand als Pastor geeignet ist. Das Seminar kann ihn schulen, „geschickt im Lehren" (1.Tim.3,2) zu sein und „die Kraft zu haben, zu ermahnen, mit der heilsamen Lehre und zurechtzuweisen, die widersprechen" (Tit.1,9). Dies sind von Gott verordnete Anforderungen für Älteste, und sie sind darum sehr wichtig. Aber eine theologische Ausbildung kann nicht sicherstellen, dass ein Mann seine eigene Familie gut führen kann oder dass er den geistlichen Charakter besitzt, den ein Gemeindeleiter braucht. Ein „Magister" oder „Doktor der Theologie" mit einem unkontrollierten Temperament ist unfähig, Pastor einer Gemeinde zu sein - obwohl der Titel auf dem Anschlagbrett gut aussieht.

Die zweite Beobachtung ist, dass die Person selbst der am meisten bestimmende Faktor für den Erfolg der Vorbereitung ist. Die beste Universität der Welt kann einem faulen Studenten nicht viel Wissen vermitteln. Auf der anderen Seite kann ein fleißiger Schüler, dem mehr an echtem Lernen als an Noten und dem Abschluss liegt, selbst von einer mittelmäßigen Schule eine gute Ausbildung erhalten. Die Autodidakten vergangener Generationen beweisen, dass ein disziplinierter und motivierter Lernender, der nichts als den Zugang zu einer Bibliothek hat, viel besser ausgebildet sein wird als ein Faulpelz an einer Eliteuniversität.

Die Ausbildungsentscheidung treffen: Eine Fallstudie

Abrahams Reise in ein unbekanntes Land

Lassen Sie uns, um zu sehen, wie man die Prinzipien der Weisheit auf eine Ausbildungsentscheidung anwenden kann, eine wahre Geschichte anschauen.

Ich traf John David Abraham und seine Frau Carol zum ersten Mal im August 1977. Ich war nach Klamath Falls, Oregon, gekommen, um ein Wochenendseminar zum Thema „Menschliche Entscheidung und Gottes Wille“ zu halten. Dave und Carol waren aktiv in der Gemeinde tätig, die die Treffen finanziell unterstützte, und sie waren mit Begeisterung dabei. Wegen der Umstände, die in Gottes Vorsehung dazu führten, dass sich unsere Wege kreuzten und dass sich die darauf folgenden Ereignisse zutrugen, habe ich Dave gefragt, ob wir seine Geschichte in diesem Buch erzählen dürfen. Er erteilte uns freundliche Erlaubnis, und der folgende Bericht basiert auf seinem eigenen Zeugnis.

Der Sommer 1977 war eine Krisenzeit für Carol und Dave. Mit Carols Studienabschluss an der State University in Springfield, Missouri, konnte die lange herausgezögerte Entscheidung, was sie als nächstes tun sollten, nicht mehr verschoben werden. Dave hatte im vorigen Jahr das College beendet und war als Theologiestudent am Grace Theological Seminary in Winona Lake, Indiana, angenommen worden. Fünfzehn Jahre lang hatte er sich darauf gefreut, an einem theologischen Seminar zu studieren. Aber er hatte ein Problem: Er wusste zwar, was er gerne wollte, aber er wusste nicht, was Gott von ihm wollte.

Die Entscheidung, die vor ihnen stand, war ganz offensichtlich sehr wichtig. Carol und Dave suchten gewissenhaft danach, den Willen Gottes für diese Entscheidung zu erfahren. Sie beteten, sprachen alles mit Freunden durch und diskutierten die Situation ausführlich miteinander. Dennoch konnten sie keine eindeutige Führung vom Herrn ausmachen.

Schließlich entschied Dave, dass er nicht aufs Seminar gehen werde, bis er genau wüsste, dass Gott das von ihm wollte. Anstatt nach Indiana zu gehen, zogen sie deshalb nach Klamath Falls, Oregon, wo Dave einige Kurse in Kraftfahrzeugtechnik am Oregon Institute of Technology belegte. Sie zogen nicht nach Klamath Falls, weil sie den Eindruck hatten, das sei Gottes Wille für ihren Wohnort. Sie gingen dorthin, weil sie irgendwo leben mussten und keine bessere Idee hatten. Dave entschied sich dabei mehr oder weniger für eine Warteschleife von vielleicht einem Jahr - bis er herausfinden könnte, was er tun wollte.

Dave erinnert sich, wie er in einer Nacht wach im Bett lag und Tränen der Verzweiflung weinte aus seiner Verwirrung über die Frage, was Gott von ihm wollte. Er war immer gelehrt worden, dass ein Christ, wenn er nicht dort war, wo Gott ihn haben wollte, ein erbärmlicher Christ war. Die Last dieses Drucks wog doppelt schwer auf Dave, weil er nun verheiratet war und Entscheidungen zu treffen hatte, die für seine Frau genauso richtig sein mussten wie für ihn selbst.

Als er über ihre Situation nachdachte, entschied Dave, dass es sicherlich nichts in der Schrift gäbe, das besagte, dass sie nicht nach Oregon ziehen durften. Er hatte niemanden beraubt oder getötet, um dorthin zu kommen. Sie hatten Springfield ohne noch ausstehende Rechnungen und ohne jemandem etwas zu schulden verlassen. So entschied Dave schließlich, wenn er nichts in der Bibel fände, das ausdrücklich besagte, dass das falsch war, dann musste die Entscheidung in Ordnung sein. Aber er war immer noch nicht sicher.

Sobald sie nach Klamath Falls gezogen waren, hielten sie nach einer gemeindlichen Heimat Ausschau. Nach einigen Erkundigungen (inklusive einer Wanderung ihrer Zeigefinger durch die Gelben Seiten) begannen sie, zur Klamath Evangelical Free Church zu gehen. Sie hatten gerade erst ein paar Gottesdienste besucht, als angekündigt wurde, Herr Garry Friesen von der Multnomah School of the Bible würde kommen, um Vorträge zum Thema Entscheidungen und Gottes Wille zu halten. Daves Reaktion auf diese Ankündigung ist noch immer lebhaft in seiner Erinnerung. „Unnötig zu sagen, dass ich wirklich aufgeregt war. Ich konnte nicht glauben, dass ich 2000 Meilen umgezogen war, um jemanden über Gottes Willen sprechen zu hören!“

Seine Reaktion auf das Seminar selbst war ebenso unvergesslich. „Was ich von der Freiheit hörte, die wir in Christus haben, Entscheidungen auf der Grundlage seines Wortes zu treffen, war umwerfend,“ sagt Dave. „Während die Wahrheit von Gottes Wort vor mir entfaltet wurde, fühlte ich mich, als ob mir eine Last von meinem Rücken genommen würde. Was ich da hörte, war fast zu schön, um wahr zu sein!“

Der Weg nach Grace

Mit seinem neuen Verständnis von Gottes Willen war Dave begierig, die Entscheidung bezüglich des Studiums am theologischen Seminar anzugehen. Er hatte schon viele Informationen zusammengetragen; also begann er damit, die Gründe aufzulisten, die dafür sprachen, ans Seminar zu gehen:

1. Es war fast fünfzehn Jahre lang sein Traum gewesen, Theologie zu studieren. Er hatte den Eindruck, dass es zumindest einen Versuch wert wäre, so dass er nicht später im Leben zurückschauen und bedauern müsste, die Gelegenheit nicht genutzt zu haben.
2. Er hatte nach der Bibelschule eine einjährige Pause eingelegt, und sein Interesse für eine Seminarausbildung war immer noch da.
3. Er sah keinen Grund dafür, dass das Studium am Seminar Gott irgendwie verunehren oder missfallen könnte. Wenn überhaupt, dann würde es sein geistliches Wachstum fördern.
4. Er hatte viele Menschen beobachtet, die an gute theologische Seminare gegangen waren, und war beeindruckt von ihrem Leben und ihrer Liebe für den Herrn.
5. Er suchte den Rat seines Pastors und wurde von ihm ermutigt zu gehen.
6. Seine Frau war dafür.
7. Seine Eltern und Schwiegereltern unterstützten die Entscheidung, zum Seminar zu gehen.

Als Dave über Gründe nachdachte, die dafür sprachen *nicht* an ein theologisches Seminar zu gehen, fand er keine. Also war als nächste Frage zu bedenken, zu welchem Seminar er gehen sollte. Grace Theological Seminary schien aus mehreren Gründen eine gute Wahl zu sein:

1. Auf der Grundlage früherer Erkundigungen hatte Dave seine Auswahl auf vier Schulen eingeengt - von denen Grace eine war.
2. Um Zugang zu zwei der anderen in Betracht kommenden Seminare zu erhalten, hätte er zusätzliche geisteswissenschaftliche Vorqualifikationen erwerben müssen.
3. Grace ist in einer kleinen Stadt gelegen, während sich die anderen drei in Großstädten befinden. Bei ehrlicher Selbsteinschät-

zung kam Dave zu dem Entschluss, dass ihm die Kleinstadtumgebung mehr gefallen würde.

4. Er war von Grace bereits zum Studium angenommen worden und musste sich deshalb nicht mehr neu bewerben, wenn er in diesem Herbst anfing.
5. Er hatte die finanziellen Mittel für ein Studienjahr zusammen.
6. Er hatte einen guten Freund, der am Grace Seminary studierte. Dave schätzte seine Ansichten, und er war hochzufrieden mit der Schule. Das vergrößerte Daves Interesse weiter.
7. Daves Frau war dafür, ans Grace Seminary zu gehen.

Auf der negativen Seite kam Dave auf drei Punkte, die gegen das Grace Seminary zu sprechen schienen:

1. Die Kleinstadtumgebung könnte für seine Frau, eine Großstädterin, eine größere Eingewöhnungsschwierigkeit bedeuten.
2. Indiana war weit weg von den beiden Familien.
3. Im Winter ist das Klima dort kalt und feucht. Die beiden machten sich Gedanken, wie schwierig es werden würde, sich darauf einzustellen.

Die positiven Punkte, die dafür sprachen, nach Grace zu gehen, wogen eindeutig stärker als die „Contras" - sowohl quantitativ, als auch qualitativ. Und so entschieden sie, diese Richtung einzuschlagen. Sie wussten, dass Gott, falls ihre Entscheidung seinem souveränem Willen entgegenstand, die Türen in jeder möglichen Weise schließen konnte. (Wenn Sie all Ihr Hab und Gut in einen gemieteten Laster pakken und 2000 Meilen weit transportieren wollen, dann kann so gut wie alles passieren, um ihre Richtung zu ändern.)

Als Dave und Carol noch einmal alle Optionen durchdachten, hatten sie den Eindruck, eine weise Entscheidung getroffen zu haben. Dave sah die Veränderung als einen Schritt an, der sein geistliches Leben weiterbringen konnte. Sie hinterließen keine unbezahlten Schulden in Oregon und würden sich nicht verschulden, um ans Seminar zu gehen. Dave hatte zustimmenden Rat von denen, die ihn am besten kannten - seine Frau, sein Pastor, seine Eltern, Schwiegereltern und engen Freunde. Und er hatte alles getan, was er wusste, um die Entscheidung richtig zu treffen. Dave und Carol wussten auch, dass sie das noch Unbekannte Gott anvertrauen konnten.

Gnade für Grace

Es lohnt sich, einen Blick auf die Fürsorge Gottes für die Abrahams zu werfen, die sie bei der Durchsetzung ihrer Entscheidung erfuhren. Sie verließen Oregon bereits im Frühsommer, um viel Zeit zu haben, einen Ort zum Wohnen und eine Arbeit für Carol zu finden. („Es schien weise zu sein.“) Nach Ankunft in Winona Lake wohnten sie zuerst bei Freunden in einem Mietshaus, während sie ihre Suche nach einer langfristigeren Unterbringung und beruflichen Anstellung in Angriff nahmen.

Carols Erfolg bei der Stellenjagd war bemerkenswert. Ihr erster Schritt war, sich über Arbeitsaussichten beim zuständigen Arbeitsamt zu erkundigen. Am selben Nachmittag rief das Arbeitsamt mit einem guten Stellenangebot zurück. Exakt am darauf folgenden Tag hatte sie ein Vorstellungsgespräch für eine Stelle als Sekretärin - genau das, was sie suchte. Die Firma bat sie, am nächsten Tag wiederzukommen, um ein paar Stunden dort zu arbeiten, damit sie ihre Arbeit einschätzen könnten und damit auch sie entscheiden könnte, ob sie an der Arbeit interessiert war. Nun, Carol wurde eingestellt als persönliche Sekretärin von Ken Anderson, dem Vorsitzenden von Ken Anderson Films. Es ist ein Betrieb, wo christliche Gemeinschaft unter den Beschäftigten tagtägliche Wirklichkeit ist. Carol hat die Arbeitsbedingungen sehr genossen, und als zusätzliche Befriedigung weiß sie, dass ihre Arbeit einen positiven geistlichen Einfluss auf das Leben Hunderter von Menschen haben wird.

Die Tatsache, dass Carol so schnell einen so guten Job bekommen konnte, hätte man als Bestätigung dafür nehmen können, dass die beiden „Gottes Willen gefunden“ hatten. Doch ihre Wohnungssuche hätte zur gegenteiligen Schlussfolgerung geführt. Es war nichts zu finden. Schließlich wohnten sie über einen Monat lang bei Freunden auf ganz engem Raum.

Dann, wenige Tage, bevor der Unterricht beginnen sollte, wurde ein Haus zur Miete frei. Es war ein Backsteinhaus am anderen Ende der Straße, wo sie gewohnt hatten. Dave meint: „Dieses kleine Haus ist der schönste Ort, wo wir je gelebt haben - und wahrscheinlich je leben werden!“

Dave beendet gerade sein zweites Jahr am Grace Seminary. Während der Zeit dort haben sie ein Gemisch aus Anfechtung und Segen erfahren. Während ihres ersten Winters dort fiel die Temperatur dreißig Tage lang unter Null Grad - ein Rekordwinter für diese Region! Sie haben festgestellt, dass einige ihrer Bekannten nicht verstehen können, was sie dort tun, und meinen, dass sie ihre Zeit verschwenden. Und das Seminar hat sich als noch schwieriger erwiesen, als Dave schon erwartete. „Es ist das Schwerste, das ich in meinem Leben je versucht habe zu schaffen," bekennt er.

Auf der anderen Seite hat Gott diese Situationen und Erfahrungen gebraucht, um Dave zu lehren, seine Zeit weise einzusetzen und diszipliniert und in jedem Bereich von ihm abhängig zu sein. Dave ist der Enthusiasmus abzuspüren, wenn er von seiner Seminarerfahrung spricht. „Die Ausbildung, die ich bekomme, ist einfach phantastisch. Manchmal bin ich so begeistert von dem, was ich lerne, dass ich es kaum aushalten kann. Am Grace Seminary zu studieren ist die lohnendste Sache, die ich je gemacht habe."

Dave und Carol haben auch in ihrem Verständnis von Entscheidungen und Gottes Willen an Reife dazugewonnen. „Es hat einige Umstellungen und praktische Erfahrungen gebraucht, um zu lernen, Entscheidungen auf der Grundlage von Gottes Wort und Weisheit zu treffen. Zuerst freute ich mich über die Freiheit, die Gott uns gegeben hat, damit wir weise Entscheidungen treffen - und ich tue es immer noch. Aber ich entdeckte, dass der Prozess sehr bald einseitig wurde. Ich traf Entscheidungen, aber Gott schien daran überhaupt nicht beteiligt zu sein. Ich habe Stück für Stück gelernt, obwohl viele Entscheidungen bei mir belassen sind, von Gott *abhängig* zu bleiben - ihm zu erlauben und von ihm zu erwarten, dass er seine Ziele in meinem Leben verwirklicht. Seine Fürsorge für Carol und mich, seit wir hier sind, ist ein echter Beweis dafür gewesen, wie Gott immer noch in unserem Leben aktiv ist und durch unsere Entscheidungen und auch jenseits unserer Entscheidungen zu seiner Ehre wirkt."

Anmerkungen:

1. Im vorigen Kapitel verzichteten wir darauf, ein allgemeines Prinzip aufzustellen, nach dem eine Berufung Gottes zu einer Arbeit nur für die gilt, die unmittelbar mit dem Dienst am Wort zu tun haben. Unser Zögern kommt daher, dass eine solche Eingrenzung zwar Gottes Berufen zu einem speziellen Dienst im Neuen Testament kennzeichnet,

dass es aber eine Hand voll Ausnahmen im Alten Testament gibt: Adam (Gärtner), Noah (Schiffskonstrukteur und Zoowärter), Bezalel und Oholiab (Künstler), Josua (General) und alle Männer, die in die Armee einberufenen wurden, um in Israels heiligen Kriegen zu kämpfen (vgl. 1.Mo.2,15; 6,14.19-20; 2.Mo.31,1-6; 4.Mo.1,2-3; 27,22-23). Dennoch, weil alle diese Männer direkt damit zu tun hatten, Gottes Erlösungsprogramm voranzutreiben, kann ihre Arbeit nicht im strengen Sinn als „weltlich" bezeichnet werden – nicht mehr als ein Missionspilot der Missionary Aviation Fellowship in diese Kategorie eingeordnet werden könnte. In jedem Fall, ob „geistlich" oder „weltlich-geistlich", wurde jede in der Bibel berichtete göttliche Berufung zu einer beruflichen Tätigkeit den betreffenden Menschen mittels spezieller Offenbarung von Gott mitgeteilt.

2. Die Stellen, von denen diese Prinzipien abgeleitet sind, sind 1.Kor.7,21; Eph.4,28; 5,16; 6,5-9; Kol.3,17-4,1; 1.Thes.4,11-12; 2.Thes.3,7-12; 1.Tim.5,8; 6,1-2; Tit.2,9-10; Jak.5,4; 1.Petr.2,18-25. Eine Reihe von ihnen betreffen die Beziehungen zwischen Sklaven und ihren Herren. Die meisten Kommentare halten diesen gesellschaftlichen Zustand für eine Entsprechung unserer Vereinbarungen zwischen Arbeitnehmern und Arbeitgebern. Und so werden die an christliche Sklaven und Herren gerichteten Ermahnungen als Aufforderungen angesehen, die man unmittelbar auf den heutigen Arbeiter-Management-Kontext anwenden kann.

3. Die Entscheidung, ob man die Arbeitsstelle wechseln soll, ist etwas komplizierter als die Wahl des Berufs. Das liegt daran, dass man durch die Annahme einer Arbeit bestimmte Verpflichtungen gegenüber dem Arbeitgeber eingeht. Um die Arbeitsstelle in einer Weise zu wechseln, die Gottes moralischen Willen nicht verletzt, muss ein Christ dies so tun, dass er dem derzeitigen Arbeitgeber die eingegangenen Verpflichtungen erfüllen kann. Zum Beispiel ist ein christlicher Arbeitnehmer nicht frei, kurzfristig ein besseres Angebot von einer anderen Firma anzunehmen, wenn sein plötzlicher Weggang seinen derzeitigen Arbeitgeber schädigen würde. Christliche Integrität würde erfordern, den Arbeitgeber vorher angemessen zu benachrichtigen, so dass dieser die erforderlichen Schritte zu einer Neubesetzung des Arbeitsplatzes treffen kann.

Ebenso wenig ermutigt die Schrift einen Gläubigen dazu, seine Arbeit zu wechseln, nur weil die Arbeitsbedingungen schwierig sind. (Zu neutestamentlicher Zeit gab es für Sklaven gar nicht die Option auszusteigen!) Vielmehr sollen Christen sich Gottes Gnade noch mehr zu eigen machen, um durch den Druck zu wachsen. Eine Anwendung dieses Prinzips wäre der Grundsatz: Wenn die Entscheidung bei Ihnen liegt, bleiben Sie so lange an Ihrer Arbeitsstelle, bis Sie in Gottes souveräner Führung eine bessere bekommen können.

4. Die selbstverständliche Vorbedingung für eine weise Berufsentscheidung ist ein gutes Verständnis der eigenen Gaben, Fähigkeiten und Wünsche. Solch eine Selbstkenntnis erfordert Zeit, eine Reihe unterschiedlicher Lebenserfahrungen und Fleiß.

Kapitel 22

Weisheit beim Geben

Es war Jesus selbst, der sagte: „Geben ist seliger als nehmen“ (Apg.20,35). Manchen Christen ist allerdings die Freude am Geben für den Herrn vergangen, weil sie unter dem Druck stehen, geben zu müssen - Druck, der von der unübersehbaren Zahl der Bitten um Spenden herrührt. Die Zahl der Adresslisten christlicher Werke, auf denen sich der durchschnittliche Christ wiederfindet, scheint mit jedem Monat zu wachsen. Und so wird er bombardiert mit Spendenaufrufen von Missionaren, Missionsorganisationen, christlichen Schulen, freien christlichen Werken, Seelsorgezentren, Evangelisationsunternehmen und einer Anzahl von Missionen zu Hause. Fügen Sie jetzt noch die finanziellen Bedürfnisse von Radio- und Fernsehdiensten hinzu („Wir müssen diese Woche von Ihnen hören, um auf Sendung zu bleiben ...“) sowie die weniger spektakulären Bedürfnisse der örtlichen Gemeinde, und die Wirkung kann betäubend sein. Die meisten der Aufrufe kommen von Organisationen, die eine berechtigte Arbeit machen und Christus ehren, und von Einzelpersonen, die wirklich finanzielle Unterstützung brauchen, um ihre Arbeit für den Herrn weiterführen zu können. Aber viele Gläubige verlieren die Lust bei so vielem Bitten um so viel Geld - wenn sie selber so wenig haben.

Wenn ein Christ die biblischen Prinzipien des Gebens kennen- und anwenden lernt, kann er einen wichtigen Beitrag zum Werk des Herrn leisten - und sich auch dabei freuen. Indem er seine Praxis des Gebens nach den Richtlinien der Schrift richtet statt nach einer rein gefühlsmäßigen Reaktion auf Spendenaufrufe, kann der Gläubige dabei Freude statt Druck erleben.

Demzufolge ist der Zweck dieses Kapitels, biblische Prinzipien und Prioritäten für Entscheidungen im Bereich des Gebens aufzustellen.

Wir beginnen, indem wir zwei verbreitete Zugänge zum Geben beurteilen: den Zehnten und das Glaubensversprechen.

Der Zehnte

10%, 19% oder 22%?

Mehr als eine Predigt zum Thema Geben ist über den Text von Maleachi 3,8-10 gepredigt worden:

„Ist's recht, dass ein Mensch Gott betrügt [Elberfelder Übers.: beraubt], wie ihr mich betrügt? Ihr aber sprecht: ‚Womit betrügen wir dich?' Mit dem Zehnten und der Opfergabe! Darum seid ihr auch verflucht; denn ihr betrügt mich allesamt. Bringt aber die Zehnten in voller Höhe in mein Vorratshaus, auf dass in meinem Hause Speise sei, und prüft mich hiermit, spricht der HERR Zebaoth, ob ich euch dann nicht des Himmels Fenster auftun werde und Segen herabschütten die Fülle."

Den Zehnten geben, ein System der finanziellen Unterstützung, das zur Zeit des Alten Testaments in Israel verwendet wurde, wird heute von vielen Christen praktiziert. Es hat die Vorzüge der Einfachheit, Konsequenz und Disziplin. Der Gläubige gibt 10% seines Einkommens der Gemeinde, und die Gemeinde trifft alle Entscheidungen darüber, wie das Geld verwendet wird. Der Zehnte folgt einem biblischen Prinzip und resultiert in einem hohen Ertrag für die Gemeinden, in denen ein hoher Prozentsatz der Mitglieder den Zehnten gibt. Sehr wahrscheinlich tun die meisten dieser Leute das in dem Glauben, einem Gebot Gottes zu gehorchen. Und viele glauben, dass das persönliche finanzielle Wohlergehen von der Treue beim Geben des Zehnten abhängt.

Es ist mit Sicherheit nichts Falsches dabei, dem Herrn den Zehnten seines Einkommens zu geben! Ein besseres Verständnis der Rolle, den das Geben des Zehnten in Gottes übergreifendem Plan besaß, wird jedoch helfen, diese Praxis im richtigen Licht zu sehen. Und das wiederum wird dem Einzelnen helfen, noch mehr über Gottes Weisheit zu staunen, die unser Geben leitet.

Der oft verwendete Text aus Maleachi beinhaltet mehrere Punkte, die Aufmerksamkeit und Erläuterung verdienen. Beachten Sie die folgenden Einzelheiten: 1. Das Versäumnis, den befohlenen Zehnten zu bringen, bedeutete Diebstahl an Gott. 2. Das Gebot war, den Zehnten *in voller Höhe* zu bringen. 3. Er sollte zum Tempel gebracht werden. 4. Der Tempel sollte als ein Vorratshaus dienen, nicht nur für Geld, sondern auch für Nahrung. Und 5., so wie Ungehorsam einen Fluch mit sich brachte, so würde Gehorsam materiellen Segen bringen.

Es hätte eigentlich für Maleachi nicht nötig sein sollen, Israel eine solche Botschaft zu bringen. Mose hatte es bereits getan. Es war alles in Israels Gesetz enthalten. Der Tempeldienst sollte durch die Zehnten des Volkes unterhalten werden.

Im mosaischen Gesetz gibt es Anhaltspunkte dafür, dass von den Hebräern verlangt war, nicht nur einen, sondern wahrscheinlich zwei oder sogar drei Zehnte zu bringen. Der erste Zehnt bezog sich auf 10% des gesamten Besitzes (3.Mo.27,30-33). Es wurde als „dem Herrn gehörig" betrachtet und zur Unterstützung der Leviten wie auch des Tempeldienstes verwendet (4.Mo.18,20-21). Ein zweiter Zehnter, der von jedem Erzeugnis genommen wurde, nachdem der erste Zehnte gegeben war, wurde für ein heiliges Mahl in Jerusalem beiseite gelegt (5.Mo.12,17-18). Ein weiterer Zehnter wurde alle drei Jahre zugunsten von den Leviten, Fremden, Waisen und Witwen eingesammelt (5.Mo.14,28-29).Wenn dieser dritte Zehnte unabhängig von dem zweiten war (was möglich, aber nicht sicher ist), dann war jede jüdische Familie verpflichtet, ungefähr 22% ihres Jahreseinkommens für geistliche und soziale Zwecke abzugeben.

Weil sie vorgeschrieben waren, stellten die Zehnten in Israel mehr so etwas wie Steuern als Spenden dar. Das ist der Grund, warum das Versäumnis, den Zehnten „in voller Höhe" zu bringen, als Diebstahl an Gott beschrieben werden kann. Wenn außerdem ein Mitglied des Volkes Gottes sein Gotteslob durch eine freiwillige Gabe ausdrücken wollte, dann musste das zusätzlich zu den 22% des Einkommens gegeben werden, die er schuldig war (5.Mo.12,6.11; 1.Chr.29,6-9.14). Ein Opfer kann nicht freiwillig sein, wenn es befohlen ist.

Geplante Unverschämtheit

Was heutige Gläubige verstehen müssen, ist, dass der Zehnte, der für das Wirtschaftssystem der theokratischen Nation Israel grundlegend war, *nicht* ein Teil des Wirtschaftssystems der christlichen Gemeinde ist. In der Gemeinde gibt es keine Steuern, Abgaben, Mitgliedsbeiträge oder irgendeine andere vorgeschriebene Besteuerung. Das Werk der Gemeinde wird dadurch getragen, dass jeder Gläubige in einer Gemeinde gibt, „wie er's sich im Herzen vorgenommen hat, nicht mit Unwillen oder aus Zwang" (2.Kor.9,7). Darum sind Christen nicht verpflichtet, den Zehnten zu geben.

Das ist aus mehreren Gründen so: 1. Die örtliche Gemeinde hat nicht dieselbe Funktion, die der Tempel besaß - die Gemeinde ist kein „Vorratshaus". 2. Der materielle Segen, der im Alten Testament als Belohnung für Treue versprochen war, ist den Heiligen dieses Zeitalters nicht verheißen. 3. Nach Aussage der Apostel wurde das Gesetz Moses für Christen ausdrücklich außer Kraft gesetzt. Und 4. wird das Gebot, den Zehnten zu geben, nicht im Neuen Testament wiederholt. Wir werden uns nacheinander jede dieser Tatsachen kurz ansehen.

Sobald er in Jerusalem errichtet war, gab es einen Tempel in Israel, zu dem Opfer und die Zehnten gebracht wurden. Dort wurden die Opfer gebracht, die für bestimmte Sünden vorgeschrieben waren. Solche Opfergaben wurden in Vorwegnahme des vollkommenen Opfers von Christus dargebracht - des letztgültigen und abschließenden Schuldopfers (Jes.53,10). Als Christus am Kreuz starb, wurde das gesamte Opfersystem zur Erfüllung gebracht und war damit veraltet (Mt.5,17; 27,51). Der Tempel selbst wurde unter dem Gericht Gottes im Jahre 70 n.Chr. zerstört (Lk.19,41-44) und wird mit Sicherheit bis zur Zeit der Großen Trübsal nicht wieder aufgebaut werden.

In Abwesenheit des Tempels gibt es auch nichts im Neuen Testament, das ein materielles Gegenstück in der Heilszeit der Gemeinde vermuten lassen könnte. Der einzige „Tempel", mit dem Christen zu tun haben, ist geistlich (1.Kor.3,16-17). Man kann heutige Kirchen und Gemeindehäuser nicht als „Mini-Vorratshäuser" bezeichnen, denn das Neue Testament weiß nichts von unseren modernen Gebäuden. Deshalb ist es ohne einen Tempel für Christen schlichtweg unmöglich, die Vorschriften von Maleachi 3 zu befolgen.

Ein zweiter Unterschied zwischen der jetzigen Zeit und der Epoche des Alten Testaments ist, dass die Verheißung des materiellen Segens bei Gehorsam gegen Gott (3.Mo.26,3-5) nicht mehr gültig ist.

Geistlicher Segen (Eph.1,3) und die Versorgung mit dem Lebensnotwendigen (Phil.4,19) sind das, was Gott verspricht. Materiell wohlhabend zu sein, ist kein untrügliches Zeichen für große Frömmigkeit und Treue beim Geben des Zehnten; und umgekehrt ist Armut kein Indikator dafür, außerhalb des Willens Gottes zu sein (vgl. Paulus selbst in Phil.4,12).

Und so gilt der Fluch bei einem Versäumnis, den Zehnten zu geben, und die Verheißung von Prosperität für solche, die sich daran halten, nur für „Jakobs Söhne", an die die Worte Maleachis gerichtet waren (3,6).

Eine neue Ökonomie für eine neue Heilszeit

Selbst wenn der Tempel noch immer in Jerusalem stünde, wären Christen nicht dazu verpflichtet, den Zehnten zu geben. Denn das mosaische Gesetz ist durch das „Gesetz Christi" (1.Kor.9,20-21) ersetzt worden. Im Sprachgebrauch von Jakobus sind Gläubige heute unter dem „Gesetz der Freiheit" (Jak.1,25; 2,12) und dem „königlichen Gesetz" der Liebe (Jak.2,8; vgl. Röm.13,8-10). Im Neuen Bund ist das Gesetz der Gnade auf die Herzen der Gläubigen geschrieben statt auf Steintafeln (2Kor.3,3-6). Und so ist das mosaische Gesetz im Sinne eines Gesetzbuches für die Kinder Gottes nicht mehr bindend (Röm.7,1-6; Gal.3,19-25; Hebr.7,11-12).

Nun wurden die Aspekte des Gesetzes von Israel, die unmittelbar den moralischen Charakter Gottes reflektieren und dem Zeitalter der Gnade angemessen sind (wie das Liebesgebot), im Neuen Testament wiederholt (vgl. 3.Mo.19,18; 1.Jo.4,8-11). Solche Aufforderungen, und solche, die durch apostolische Vollmacht hinzugefügt wurden, machen den moralischen Willen Gottes für dieses Zeitalter aus (Eph.3,2-11). Was das Thema des Gebens anbelangt, so müssen zwei Fragen zur neutestamentlichen Offenbarung gestellt werden. Erstens, führt diese neue Offenbarung die alttestamentliche Praxis des Zehnten fort? Zweitens, wurden der Gemeinde neue Richtlinien gegeben, um die Praxis des Gebens im Zeitalter der Gnade zu regulieren?

Wie wir schon erwähnten, ist die Antwort auf die erste Frage: nein - der Gemeinde ist nicht vorgeschrieben, den Zehnten zu geben. Der Gedanke des Zehnten ist in der apostolischen Lehre nicht enthalten außer im Sinne einer historischen Illustration (Hebr.7,1-10). Die Antwort auf die zweite Frage ist: ja - im Neuen Testament werden neue Richtlinien zum Geben aufgestellt. (Wir werden sie später diskutieren.)

Wenn es für Abraham gut genug war...

Von manchen Studenten der Bibel ist argumentiert worden, dass das Konzept des Zehnten, weil es schon früher als das mosaische Gesetz existierte, ein universales Prinzip sei, das für jede Heilszeit gültig ist. Diese Position basiert auf der korrekten Beobachtung, dass schon Abraham (1.Mo.14,20) und Jakob (1.Mo.28,22) den Zehnten gaben.

Das Argument und die korrekte Antwort darauf werden von Ryrie gut zusammengefasst:

„Enthebt nicht die Tatsache, dass Abraham und Jakob beide den Zehnten gaben und dass ihre Handlungen früher waren als das Gesetz, den Zehnten seiner Bindung an das Gesetz und macht es zu einem gültigen Prinzip für heute? Die Antwort hieße ja, wenn es im Neuen Testament keine anderen Richtlinien für das Geben gäbe. [...] Aber da uns das Neue Testament klare Prinzipien zeigt, die unser Geben bestimmen sollen, besteht nicht die Notwendigkeit, auf zwei Einzelbeispiele im Alten Testament zurückzugehen, um Gottes Führung in diesem Bereich zu erkennen. [...] Nicht einmal der glühendste Verfechter des Zehnten würde sagen, dass der Sabbat heute befolgt werden müsse, weil er schon vor dem Gesetz eingehalten wurde (2.Mo.16,23-36), obwohl das genau die Argumentationsweise ist, mit der man den Zehnten für heute rechtfertigt.“[1]

Um zusammenzufassen: während die Praxis, den Zehnten zu geben, einige Vorteile hat, ist diese Art zu geben für Christen nicht vorgeschrieben. Das Muster, das das Alte Testament vorgibt, ist nicht mehr in Kraft. Gläubige könnten heute Maleachi 3,8-10 selbst dann nicht befolgen, wenn sie es wollten. Im Neuen Testament wurde das Prinzip, den Zehnten zu geben, durch das Prinzip des christlichen Gebens ersetzt.

Der Zehnte: ein ungleiches Joch

Das Verständnis dieser Wahrheit ist wichtig für die praktische Anwendung. Denn manche Christen müssen von der *Last* befreit werden,

den Zehnten zu geben, während andere von der *Begrenzung* frei gemacht werden müssen, „nur einen Zehnten“ geben zu sollen. David Hocking veranschaulicht dies:

„Jede Studie über den Prozentsatz, den man nach dem Neuen Testament geben soll, muss diesem Prinzip ins Auge sehen: Egal wie hoch der Prozentsatz, was einer sät, das wird er ernten! Die traditionellen 10% oder der ‚Zehnte‘ mögen in manchen Fällen heißen, ‚kärglich zu säen‘. In anderen Fällen bedeutet es, ‚im Segen zu säen‘. Stellen Sie sich zur Veranschaulichung zwei Männer vor: der eine verdient • 1,000 im Jahr, der andere • 100,000. Der erste gibt 10%, und er hat noch • 900, um davon zu leben; der zweite Mann gibt 10%, und er hat noch • 90,000, um davon zu leben. Das ist meilenweit von • 900 entfernt! Vielleicht braucht man nur • 900, um davon leben zu können; oder vielleicht sind • 9,000 realistischer. Der erste Mann würde stark leiden, während der zweite keinerlei finanzielle Sorgen hätte.“[2]

Ein konsequentes Anwenden von dem neutestamentlichen Prinzip des proportionalen Gebens würde nicht nur solche Ungleichheiten beseitigen, sondern tatsächlich die Gesamtsumme, die von Christen für das Werk des Herrn gegeben wird, vergrößern.

Das Glaubensversprechen

Ein zweites gegenwärtiges System des Gebens wird das „Glaubensversprechen“ genannt. Während die Einzelheiten dieses Ansatzes unterschiedlich erklärt werden, darf man den folgenden Auszug aus einer Veröffentlichung einer christlichen Schule als repräsentativ ansehen:

„Glaubensversprechen“ ist der volkstümliche Name für einen Plan, der, wie ein Autor schreibt, ‚Christen hilft, durch regelmäßiges Geben viel größeren Segen zu empfangen.‘ Es bedeutet, ‚Gott bei einem Geldbetrag zu vertrauen, den er zu seiner Ehre durch Sie hindurchleiten möchte.’

Ein Glaubensversprechen ist nicht einfach eine finanzielle Gabe, noch ist es einfach das Versprechen zukünftiger Gaben. Es ist ein Versprechen, dass Sie, wenn Gott das Geld dafür schenkt, einen gewissen Betrag *zusätzlich* zu Ihren regelmäßigen Spenden geben werden. Es ist das Versprechen, Geld zu geben, dass Sie noch nicht haben und von dem Sie noch nichts wissen. Aber Sie glauben, dass Gott es bereitstellen wird, damit es für ein bestimmtes Projekt oder eine christliche Arbeit gegeben wird.

Nachdem Sie sich entschlossen haben, den Weg des Glaubensversprechens zu versuchen, ist der nächste Schritt, über den Betrag zu entscheiden. Wie kann man wissen, wie viel man versprechen soll? Indem man Gott fragt, welchen zusätzlichen Betrag er durch einen hindurch an andere weiterleiten möchte. Durch sein Wort und durch inneren Frieden, der durch das Gebet kommt, werden Sie mit Danksagung zu einem Schluss kommen.

Jetzt können Sie darauf warten, dass der Extrabetrag ankommt, gewöhnlich aus einer unerwarteten Quelle. Das zusätzliche Geld, vielleicht unerwartete Vergütung von Überstunden oder ein zurückgezahltes Darlehen, sollte als Gottes Besitz anerkannt werden, den man für sein Werk und nicht für andere Zwecke verwendet."

Wie er auch im Einzelnen erklärt wird, die entscheidenden Merkmale dieses Plans sind die folgenden: 1. Gott beschafft das Geld, der Gläubige hat das Vorrecht, von ihm als Kanal gebraucht zu werden. 2. Das Geld soll „zusätzlich" zu den derzeitigen Spendenverpflichtungen gegeben werden. 3. Der Betrag, der gegeben werden soll, wird von Gott bestimmt und subjektiv als Antwort auf Glaube und Gebet dem Herzen des Gläubigen offenbart. 4. Das Geld wird bereitgestellt, während der Gläubige Gott weiter darüber vertraut. 5. Das Geld wird aus unerwarteter Quelle kommen. Und 6., die Bestimmung des Geldes ist schon festgelegt - von der Organisation, die das Modell erläutert.

Geben nach dem Glaubensversprechen ist eine direkte Anwendung der traditionellen Sicht von Führung. Die Methode setzt voraus, dass Gott bereits einen bestimmten Geldbetrag festgelegt hat, von dem er möchte, dass der Gläubige ihn gibt. Durch Gebet und innere Eindrükke des Heiligen Geistes, erwartet man von Gott, wird dieser bestimmte Betrag dem Gläubigen offenbart. Die Summe, auf die man auf diese Weise kommt, wird als Gottes individueller Wille für das Geben dieses Christen angesehen.

Nichts ist so erfolgreich wie Erfolg

Als System zu geben ist die Methode des Glaubensversprechens ziemlich populär. Denn sie harmoniert nicht nur gut mit der traditionellen Sicht vom Treffen von Entscheidungen, sie funktioniert auch. Gemeinden haben festgestellt, dass ein gut durchgeführtes Programm von Glaubensversprechen das Spendenaufkommen für die Mission erhöht. Missionsorganisationen sind fähig, bemerkenswerte Summen bei einem einzigen Abendessen aufzutreiben, bei dem ihre Arbeit beschrieben und die Methode des Gebens nach dem Glaubensversprechen erläutert wird. Und sie können das tun, ohne Gelder von anderen wichtigen Arbeitszweigen abzuziehen. Eine Bibelschule stellte ihren 700 Schülern Pläne für ein stark benötigtes Gebäudeprojekt vor. Nach dem Modell des Glaubensversprechens versprachen diese Schüler $70,000 - zusätzlich zu ihren derzeitigen Spendenverpflichtungen!

Als ein System ist das Glaubensversprechen kein biblisches Modell. Aber es funktioniert in großem Stil, weil es zwei Prinzipien aufnimmt, die zutiefst biblisch sind.

Erstens ermutigt die Methode stark zum *Gebet.* Malen Sie sich den College-Studenten aus, der „im Glauben" entscheidet, Gott will von ihm, dass er $300 zusätzlich zu seinen regelmäßigen Spenden für das Missionsprojekt gibt. Das ist ein Student, der eine Motivation hat zu beten! Er weiß, dass das Geld nicht aus Quellen kommen kann, die ihm bereits bekannt sind. Die hat er schon alle angezapft! So betet er inbrünstig um „Extra"-Geld, das er für die Mission geben kann. Die Motivation ist ausgezeichnet, und das Gebet entspricht dem moralischen Willen Gottes. Viele, die sich zu einem Glaubensversprechen verpflichten, beginnen zum ersten Mal mit großer Ernsthaftigkeit zu beten. Gott reagiert auf solch ein Gebet, ob es nun Teil eines Glaubensversprechens ist oder nicht.

Zweitens ermutigt die Methode zu *Großzügigkeit* im Geben. Auch das ist biblisch. Stellen Sie sich noch einmal diesen Studenten mit einem $300-Glaubensversprechen vor. Er betet nun regelmäßig, dass Gott einen aus seiner Sicht enormen Geldbetrag bereitstellt. Die staatliche Legislatur beschließt eine steuerliche Rückvergütung, und er erhält mit der Post einen Scheck von $34,70. Früher hätte er vielleicht im Gottesdienst $3,47 in den Kollektenbeutel geworfen und den Rest für sich selbst ausgegeben. Aber jetzt nicht mehr. Jetzt geht der ganze

Scheck an das Missionsprojekt. Das ist die Haltung der Freigebigkeit in Aktion. Dieser Umgang mit seinem Geld mag für diesen wachsenden Gläubigen neu sein. Solche Freigebigkeit erfreut das Herz Gottes, ob sie nun Teil eines Glaubensversprechens ist oder nicht.

Überlegen Sie sich eine Zahl

Man zögert fast dabei, etwas zu kritisieren, das durch so viele gute Eigenschaften gekennzeichnet ist und das so positive Resultate erzielt. Doch das System des Gebens nach dem Glaubensversprechen hat einige Mängel, die korrigiert werden müssen. Der erste, und wichtigste, ist, dass die Methode keine biblische Grundlage besitzt. Die eben zitierte Veröffentlichung der christlichen Schule ist deswegen typisch, weil die meisten Darstellungen durch einen Mangel an Bezugnahmen auf die Bibel gekennzeichnet sind.[3] Das gesamte System ist auf dem traditionellen Modell von Führung aufgebaut. Der Grund dafür, dass die Methode so viele geistliche Ergebnisse hervorbringt, ist nicht, dass das System als ganzes berechtigt ist, sondern dass es Leute herausfordert, zu beten und großzügig zu geben. Es ist der Gehorsam gegen diese biblischen Prinzipien, die Gott ehrt - so, wie er allen Gehorsam gegenüber seinem Wort segnet.

Tatsache ist, dass die Methode theologische Irrtümer enthält. Das erste Problem betrifft den gesamten Prozess, mit dem man festlegt, welcher Betrag versprochen werden soll. Wie wir in Kapitel 8 sehr detailliert erläuterten, sind Eindrücke nur Eindrücke. Gott offenbart seinen individuellen Willen für unsere Entscheidungen nicht durch innere Eindrücke unseres Herzens. Alle Probleme der Subjektivität, die in diesem Kapitel untersucht werden, gelten auch für die Frage, wie man einen Spendenbetrag festlegen soll. Es ist nicht überraschend, dass manchen Menschen ein Wirrwarr von Zahlen in den Sinn kommt, während andere verständnislos dreinschauen und von überhaupt keinem Betrag „beeindruckt“ sind.

Die Bibelverse, die dieses Thema ansprechen, entsprechen genau den Entscheidungsprinzipien, die in diesem Buch dargelegt sind.

„Ein jeder [gebe], wie er’s sich im Herzen vorgenommen hat, nicht mit Unwillen oder aus Zwang; denn einen fröhlichen Geber hat Gott lieb“ (2.Kor.9,7).

„Aber unter den Jüngern beschloss ein jeder, nach seinem Vermögen den Brüdern, die in Judäa wohnten, eine Gabe zu senden“ (Apg.11,29).

Sowohl in der Ermahnung (2.Kor.9,7), als auch im Beispiel (Apg.11,29) ist es der einzelne Gläubige, der sich vornimmt oder beschließt, ob und wieviel er in einer speziellen Situation geben möchte. Anstatt auf der Grundlage einiger mystischer innerer Eindrücke zu entscheiden, soll der Gläubige solche Entscheidungen auf der Grundlage spezieller Richtlinien in Übereinstimmung mit den vorgegebenen Prioritäten treffen. Diese werden in der Heiligen Schrift dargelegt und werden von uns später noch eingehender diskutiert werden.

Versprechen und Verheißungen

Ein zweites Missverständnis der Schrift, das durch die Methode des Glaubensversprechens gefördert wird, betrifft das Wesen des Glaubens. In der zitierten Erläuterung werden Christen dazu ermutigt, Gott zu vertrauen, etwas zu tun, das er nicht versprochen hat - nämlich einen bestimmten Geldbetrag für ein bestimmtes Projekt innerhalb einer bestimmten Zeit zu besorgen. Es gibt keinen Vers der Bibel, in dem gesagt wird, dass Gott einem Gläubigen einen Betrag offenbaren wird, den er geben soll. Es gibt auch keinen Vers, der ihn verpflichten würde, einen Betrag zu beschaffen, den wir uns entschlossen haben zu geben. Wenn es solche Texte gäbe, dann stünde Gottes Treue bei der Erfüllung seiner Verheißungen auf dem Spiel. Aber Gott bei einem Wort zu nehmen, das er nicht gegeben hat, ist nicht Glaube - es ist Anmaßung. Echter Glaube muss in nachprüfbaren Verheißungen verankert sein. Das ist es, was Abraham kennzeichnete, von dem berichtet wird, er „wusste aufs allergewisseste: was Gott *verheißt*, das kann er auch tun“ (Röm.4,21). Wenn Gott nicht verheißt, können wir nicht versprechen. Und ein innerer Eindruck ist keine Verheißung.

Wegen dieser biblischen Mängel werden Menschen, die im Rahmen einer gemeinsamen Aktion ein Glaubensversprechen abgeben, basierend auf den Resultaten zu falschen Schlussfolgerungen verleitet. Die, die in der Lage sind, ihre Versprechen zu erfüllen, geben Gott die Ehre und folgern, dass das System berechtigt ist. Gott die Ehre zu geben ist vollkommen angemessen, denn er ist der, der alles Geben erst möglich macht (2Kor.9,8-10). Aber der Erfolg des Programms beweist nicht seine Richtigkeit. Nur die Schrift kann das tun. Und wenn unser Verständnis des Wortes Gottes richtig ist, dann haben wir eben gezeigt, dass einige Aspekte der Glaubensversprechen nicht richtig sind.

Auf der anderen Seite landen viele, die ihr Pensum nicht schaffen, obwohl sie genauso viel beten und genauso freigebig sind wie andere, bei der Frage, ob ihr Glaube zu schwach ist. Das ist nicht nur eine unangemessene Reaktion, es stiehlt dem Spender auch die Freude am Geben von dem, was Gott tatsächlich zur Verfügung gestellt hat, und ersetzt diese Freude durch ein falsches Schuldgefühl.

Die vorhin erwähnten Bibelschüler sind ein treffendes Beispiel. Die $70,000, die sie versprachen, stellten einen sehr ehrgeizigen „Glaubensschritt" dar. Von Beginn an war die Begeisterung für das Projekt groß. Studenten trugen Anstecker, die sie daran erinnern sollten, für einen erfolgreichen Abschluss des Projektes zu beten. Doch als das Datum näher rückte, wurde zunehmend klar, dass das Ziel, wenn kein Wunder geschah, in aussichtsloser Ferne lag.

Die Summe, die tatsächlich für das Projekt gegeben wurde, betrug ungefähr $12,000 - ein enormer Beitrag für finanzschwache Studenten. Viele hatten aufopferungsvoll gegeben, über ihre Möglichkeiten hinaus, wie der Herr gegeben hatte. Ich hatte als Student an ähnlichen Spendenprogrammen an einem christlichen College und einem theologischen Seminar teilgenommen. Ich weiß, was wir an diesen beiden Schulen gegeben hatten, und diese Studenten hatten die Gesamtsumme von beiden Spendenaktionen übertroffen. Doch anstelle davon, sich über die $12,000 zu freuen, die großzügig bereitgestellt worden waren, beunruhigte die Studenten die Differenz zwischen der Gabe und dem Ziel. Und ich bin sicher, dass über drei Viertel dieser Studenten wegen dieser Erfahrung ihren eigenen Glauben in Frage stellten.

Interessanterweise gibt es zwei andere Erklärungsmöglichkeiten für das Problem, ein Glaubensversprechen nicht einlösen zu können: entweder Gott kam nicht durch, oder etwas an dem System stimmt nicht. Wir sind zu dem Schluss gekommen, dass letzterer Grund zutrifft. Aber die meisten Menschen lehnen beide Alternativen ab und gehen davon aus, dass das Problem bei ihnen liegt.

Was benötigt wird, ist eine Modifikation des Prinzips der Glaubensversprechen, um es ganz auf die Linie der Heiligen Schrift zu bringen. Vielleicht ist hier eine persönliche Illustration hilfreich.

Als ich am College war, nahm ich an einem auf der Grundlage von Glaubensversprechen durchgeführten Projekt teil. Als der Spendenaufruf kam, war die einzige Zahl, die mir in den Sinn kam, $1,000. Das war viel Geld. Ich hatte auch nicht annähernd so viel. Hätte ich alles verkauft, was ich besaß (und ich versuchte wirklich, ein paar Dinge zu verkaufen, von denen ich meinte, dass ich sie nicht wirklich brauchte), hätte ich keine $1,000 zusammenbekommen. Also betete und arbeitete ich.

Was ich schließlich beitragen konnte, als der anvisierte Termin kam, waren $300. Das war phantastisch! Ich hatte nie in meinem Leben so viel gegeben. Doch ich war eher frustriert als fröhlich, weil ich $700 zu wenig Glauben hatte.

Also begann ich, Gott zu bitten, mir einen Weg zu zeigen, wie ich den Rest meines Versprechens einlösen könnte. Was mir einfiel, war ein Arbeitstag für die ganze Schule. Ich organisierte ihn, und viele Studenten nahmen teil. Am Ende des Tages hatten wir $700 zusammengebracht.

Dadurch fühlte ich mich besser. Aber als ich darüber nachdachte, wurde mir bewusst, dass ich das Geld nicht als Erfüllung meines Glaubensversprechens reklamieren konnte. Ich konnte sagen, dass Gott mein Gebet um die $1,000 erhört hatte. Doch Geld, das durch die Arbeit anderer verdient worden war, war *ihr* Beitrag, vielleicht als Teil ihres eigenen Glaubensversprechens.

Was ich zu lernen hatte, war, dass Gott nicht verheißen hatte, mir $1,000 zu geben. Diese Zahl war das Produkt meiner eigenen Phantasie. Was der Herr tatsächlich von mir verlangte, war, von Herzen zu beten, dankbar anzunehmen, was er zur Verfügung stellen wollte, und großzügig zu geben.

Als ich ans Seminar ging, versuchte ich, einige der Lektionen anzuwenden, die ich über Glaube, Gebet und Geben gelernt hatte. Ich wünschte mir, in einer bestimmten Gemeindearbeit mitzuwirken, für die die Leute dort mich nicht bezahlen konnten. Um das tun zu können, würde ich $2,000 pro Semester aus anderer Quelle benötigen.

Ich hatte keine Zeit dazu, eine andere (bezahlte) Arbeit zu tun und gleichzeitig diesen Dienst zu verrichten. Also betete ich und bat Gott darum, die $2,000 für mich zu beschaffen.

Es gab keinen Vers in der Bibel, der besagte, Gott müsse mir $2,000 geben. Es gab keinen Text, der mich von der Pflicht befreite, mir meinen Lebensunterhalt selbst zu verdienen. Die meisten meiner Mitstudenten am Seminar mussten sich in einem oder mehreren Nebenjobs Geld verdienen, und es wäre nichts Schlechtes dabei gewesen, irgendwo für Geld zu arbeiten. Ich war bereit, das zu tun, und wäre dem Herrn dankbar gewesen, wenn er es gewählt hätte, um für meine Bedürfnisse in dieser Weise zu sorgen. Ich hätte ihn darum gebeten, mich durch diese Arbeit Disziplin und Geduld zu lehren und dass ich ihn glaubwürdig vor den anderen Arbeitern vertreten könnte.

Doch der Herr entschied, mein Gebet positiv zu beantworten. Er stellte die $2,000 pro Semester durch die Gaben von anderen Gläubigen bereit, und so war ich fähig, in dieser Gemeinde zu arbeiten, ohne diesen Menschen zur Last zu fallen. Gott stellte das benötigte Geld nicht so bereit, weil ich ein narrensicheres System besaß, nicht weil ich mehr Glauben als irgend jemand anderes hatte, nicht weil er verpflichtet war, den Betrag zu beschaffen, der mir in den Sinn gekommen war - sondern weil er gnädig ist und weil er Gebet erhört.

Die zwei Situationen, die ich beschrieben habe, sind in mehrerer Hinsicht voneinander verschieden. Aber sie haben etwas ganz Wichtiges gemeinsam: Geld musste irgendwie beschafft werden, wenn eine christliche Arbeit getan werden sollte. Und was ich aus der ersten Erfahrung lernte, half mir, besser an die zweite heranzugehen. Im zweiten Fall vermied ich den Fehler, Gott in eine von mir selbst gezimmerte Kiste einzusperren. Ich bat ihn, mir auf irgendeine Art ein Einkommen zu beschaffen, das mich dazu freistellen würde, ohne Bezahlung für ihn zu arbeiten. Dann überließ ich ihm den Ausgang. Die Summe, um die ich bat, war nicht einfach aus der Luft gegriffen, sondern basierte auf konkreten, voraussehbaren Bedürfnissen. Weil Gott weiser ist als wir, wird auch die Art und Weise, in der er uns versorgt, weiser sein. Und indem wir ihn handeln lassen, ohne Bedingungen zu stellen, bekommt er unabhängig davon, wie die Sache ausgeht, die Ehre.

Biblische Prinzipien des Gebens

Entschlossenes proportionales Geben

Wiederholt haben wir in diesem Kapitel auf „Biblische Prinzipien des Gebens" angespielt. Wir haben genug darüber gesagt, was sie nicht sind. Jetzt müssen wir uns ansehen, was sie sind. Die ausführlichste Behandlung des Gebens im Neuen Testament ist die Darstellung in 2.Korinther 8 und 9. Es wäre eine gute Idee, diese Kapitel vor dem Weiterlesen sorgfältig durchzulesen.

Die Entscheidungen, die jeder Gläubige hinsichtlich des Gebens treffen muss, sind zahlreich. Darunter sind die Fragen, wieviel seines Einkommens man spenden soll und wie das, was gegeben wurde, am besten verteilt wird. Da wir mehrere Wege besprochen haben, auf denen man ermittelt, wie viel man geben soll, werden wir zuerst die Stellen anschauen, die diese Frage speziell anschneiden.

In 2.Korinther 8 und 9 sind die Ausdrücke sehr aufschlussreich, die die Wahl des Betrages beschreiben, der gegeben werden:

„nach Kräften" (8,3)
„willig" (8,3)
„nach dem Maß dessen, was ihr habt" (8,11)
„nach dem, was einer hat, nicht nach dem, was er nicht hat" (8,12)

Alle diese Ausdrücke stimmen mit der zusammenfassenden Ermahnung von 2.Korinther 9,7 überein: *„Ein jeder [gebe], wie er's sich im Herzen vorgenommen hat, nicht mit Unwillen oder aus Zwang; denn einen fröhlichen Geber hat Gott lieb."* Dieser Vers schließt den „Zwang" eines geforderten Zehnten aus. Er spricht auch gegen die Praxis, Geld bei anderen locker zu machen, indem man Druck ausübt, Schuldgefühle weckt oder Menschen emotional manipuliert. Die Verantwortung wird auf die Schultern des Einzelnen gelegt, der geben soll, „wie er's sich im Herzen vorgenommen hat". Ein innerer Eindruck wird nicht erwähnt, und es gibt keine Empfehlungen, wie man nach Hinweisen für den Willen Gottes suchen könnte. 2.Korinther 9,7 *ist* Gottes Wille für unser Geben.

Dasselbe wird mit anderen Worten in 1.Korinther 16,2 ausgesagt:

„An jedem ersten Tag der Woche lege ein jeder von euch bei sich etwas zurück und sammle an, so viel ihm möglich ist, damit die Sammlung nicht erst dann geschieht, wenn ich komme." Im Zeitalter der Gnade ist der Zehnte durch das Prinzip proportionalen Gebens ersetzt worden.

Es ist nicht schwierig, 10% seines Einkommens zu errechnen; aber wie viel ist *„so viel ihm möglich ist"*? Es ist weder ein spezieller Betrag noch ein bestimmter Prozentsatz. Die Reichen sollen *„reich werden an guten Werken"* (1.Tim.6,17-18). Von denen, die nichts haben, wird nicht erwartet zu spenden (2.Kor.8,12). Die, die weniger als genug haben, sollen von denen etwas erhalten, die mehr als genug haben (2.Kor.8,13-14). Die, die wenig haben, geben das Wenige, das sie können (2.Kor.8,2-3). Mit zunehmendem Wohlstand sollte nicht nur der gegebene Betrag, sondern auch der gegebene Prozentsatz zunehmen. Viele Amerikaner sollten in den Kategorien von 15, 20, 40 oder 60 % ihres Einkommens denken. Ihr „Überfluss" (8,14) sollte sie zu überfließenden Gebern machen.

Dieses Prinzip wird gut mit einer Begebenheit veranschaulicht, die sich in den ersten Jahren der Gemeinde zutrug:

„In diesen Tagen kamen Propheten von Jerusalem nach Antiochia. Und einer von ihnen mit Namen Agabus trat auf und sagte durch den Geist eine große Hungersnot voraus, die über den ganzen Erdkreis kommen sollte; dies geschah unter dem Kaiser Klaudius. Aber ***unter den Jüngern beschloss ein jeder, nach seinem Vermögen*** *den Brüdern, die in Judäa wohnten,* ***eine Gabe zu senden****"* (Apg.11,27-29).

Ein reicher Jüngling

Als ich Pastor war, kam ein junger Mann der Gemeinde zu mir, um mit mir über das Geben zu sprechen. Er sagte: „Ich dachte einmal, der Grund dafür, warum ich nicht viel gab, war, dass ich nicht viel hatte. Aber jetzt, wo ich eine ganze Menge Geld habe, stelle ich fest, dass ich immer noch nicht viel für das Werk des Herrn gebe. Wie soll ich geben?"

Ich erklärte ihm die Prinzipien des freiwilligen Gebens. Dann schlug ich ihm vor, einen Prozentsatz seines Einkommens auszuwählen, von dem er denke, er passe zu dem Maß, mit dem der Herr ihn finanziell gesegnet hatte. Ich versprach, eine Woche später auf unser Gespräch zurückzukommen und ihn zu fragen, ob er sich für einen bestimmten Prozentsatz entschieden hatte, den er dem Herrn geben wollte.

Eine Woche später sprach ich ihn an. „Ja," antwortete er, „ich denke, 40% ist in etwa richtig." Ich schluckte. Von so gut wie nichts auf 40% ist ein ziemlicher Sprung. Trotzdem ermutigte ich ihn, seinen Plan einen Monat lang auszuführen und dann die Erfahrung auszuwerten. Wenn er den Eindruck habe, dass er seinen Vorsatz nach der Probezeit noch etwas verändern müsse (und ich war mir sicher, dass er noch etwas realistischer werden müsste), könnte er den Betrag noch ändern, wenn er wollte.

Am Ende des Monats besprachen wir sein Geben. Er war voller Freude und sagte, es sei eine großartige Zeit in seinem Leben als Christ gewesen. Er hatte beträchtlich in das Werk des Herrn investiert und hatte bei seinem Dienst des Gebens eine große innere Befriedigung erfahren. Außerdem, so berichtete er, verlangte sein neuer Einsatz beim Geben, sorgfältiger zu überwachen, wo der Rest seines Geldes hinging. Er war erstaunt darüber, wie viel Geld er früher für Dinge verschwendet hatte, die er nicht wirklich brauchte.

Als ich ihm vorschlug, den Prozentsatz seines Einkommens, den er im nächsten Monat geben wollte, noch einmal zu überdenken, stimmte er bereitwillig zu. „Ich bin zu dem Schluss gekommen, dass 40% in Anbetracht dessen, was Gott mir an Wohlstand geschenkt hat, zu wenig sind," erklärte er, „Ich glaube, 60% wäre diesen Monat angemessener."

Etwas später bekam ich zufällig mit, wie einer der jungen Leute über diesen Bruder sprach. „Weißt du, er geht samstags nicht mehr aus und verschleudert sein Geld, wie er das früher machte. Ich frage mich, was in ihn gefahren ist." Ich kannte die Antwort darauf. Er war am Lernen, zu geben statt zu verschwenden. Großzügiges Geben und vorsichtiges Ausgeben waren seine neue Antwort auf den Wohlstand, den Gott ihm geschenkt hatte.

Prinzipien des christlichen Gebens

Bis jetzt haben wir das Prinzip des proportionalen Gebens als ein notwendiges Korrektiv für andere, weniger biblische Ansätze, zu dem Werk des Herrn beizutragen, betont. Aber dieses Prinzip wird nicht angemessen verstanden und missbraucht werden, wenn es nicht im Zusammenhang anderer neutestamentlicher Prinzipien gesehen wird, die die christliche Praxis des Gebens bestimmen sollen.

Ein einziges Kapitel ist zu kurz, um alle diese Prinzipien voll zu entfalten. Doch die folgende Zusammenstellung von Richtlinien, die v.a. auf 2.Korinther 8 und 9 basiert, dürfte als Grundlage für weitergehende Untersuchungen eine hilfreiche Übersicht geben:[4]

1. Gott selbst ist das Vorbild, motiviert und stattet für alles Geben aus! (2Kor.8,9; 9,8-10.15).
2. Dem Herrn sein Geld zu geben ist eine konsequente Fortsetzung der Hingabe des eigenen Lebens (2.Kor.8,5; Röm.12,1-2). Die Gabe von einem Teil seines Wohlstandes geschieht in dem Wissen, dass *alles*, was der Gläubige hat, Gott gehört (1.Kor.4,7; 6,19-20; Lk.19,11ff; 1.Chr.29,14).
3. Die Fähigkeit und Motivation, für den Herrn zu geben, sind eine Wirkung der Gnade (2.Kor.8,1.3.6.7; 9,8-10). Gnade ist das Werk Gottes in dem Gläubigen, das sowohl den Wunsch als auch die Kraft gibt, Gottes Willen zu erfüllen.
4. In Gottes Augen ist die *Haltung* des Gebers wichtiger als der *Betrag*, den er gibt (2.Kor.9,7). Entsprechend ist christliches Geben gekennzeichnet durch:

a) Freude (2.Kor.8,2)
b) Fröhlichkeit (2.Kor.9,7)
c) Großzügigkeit (2.Kor.8,2)
d) Opfer (2.Kor.8,2-3)
e) Eifer (2.Kor.8,4.7-8)
f) Bereitwilligkeit (2.Kor.8,12; 9,2)
g) Ausdauer (2.Kor.8,10-12)
h) Integrität (2.Kor.8,20-21)

1. Das Geben ist eine geistliche Übung, an der *alle* Gläubigen teilhaben dürfen - selbst die Armen unter ihnen (2.Kor.8,2; Lk.21,1-4).
2. Der Wert einer Gabe hängt nicht von ihrem Betrag, sondern von ihrem Preis ab (2.Kor.8,2; Lk.21,1-4). Die Frage sollte nicht sein: „Wie viel kann ich erübrigen?", sondern vielmehr: „Wie viel kann ich opfern?". Nicht „Wie viel kann ich geben?", sondern „Wie viel kann ich aufgeben?"

3. Von einem Gläubigen wird nicht erwartet, mehr zu geben, als er kann. Oft stellen Christen allerdings fest, dass sie mehr geben können, als sie dachten! (2.Kor.8,3.12).
4. Der geistliche „Schatz" bzw. die geistliche „Frucht" wird durch den Umfang der Gabe entweder verkleinert oder vergrößert (2.Kor.9,6; Mt.6,19-21).
5. Die Fähigkeit zum Geben wird von Gott geschenkt, der denen, die mehr geben wollen, mehr gibt (2.Kor.9,9-11; Lk.6,38).
6. Die Gelegenheit zu geben soll als ein Vorrecht betrachtet werden, nicht als ein Zwang (2.Kor.8,4; 9,7).
7. Die größte Gefahr für großzügiges Geben ist nicht Armut, sondern Begierde (2.Kor.9,5; Lk.12,13-34; Apg.5,1-10).
8. Wenn eine Zusage finanzieller Unterstützung gegeben wurde, muss jede Anstrengung unternommen werden, sie auch zu erfüllen (2.Kor.8,10-12; 9,5).
9. Ein Christ sollte gewöhnlich regelmäßig, für sich selbst, systematisch und proportional geben (1.Kor.16,1-2).
10. Die Ergebnisse christlichen Gebens sind u.a.:

a) das Ernten von Gerechtigkeit (2.Kor.9,10; Phil.4,17)
b) mehr Besitz, so dass noch mehr gegeben werden kann (2.Kor.9,11)
c) Dank an Gott (2.Kor.9,11-12)
d) Befriedigung von Bedürfnissen (2.Kor.9,12)
e) die Verherrlichung Gottes (2.Kor.9,13)
f) eine Bestätigung der Botschaft des Evangeliums (2.Kor.9,13; Joh.13,35)
g) gegenseitige Fürbitte (2.Kor.9,14)
h) eine Stärkung der Gemeinschaft unter Gläubigen (2.Kor.9,14)

Biblische Prioritäten beim Geben

Wohltätigkeit beginnt zu Hause

Sobald man entschieden hat, wieviel von seinem Einkommen man dem Herrn geben möchte, bleibt es ihm überlassen zu bestimmen, wie das Geld verteilt werden soll. Leitung für diese Entscheidung gibt das

Neue Testament, wo Prioritäten für den Gebrauch unseres Geldes dargestellt werden.

Ganz oben auf der Prioritätenliste steht die *eigene Familie*. Paulus schrieb: *„Wenn aber jemand die Seinen, besonders seine Hausgenossen, nicht versorgt, hat er den Glauben verleugnet und ist schlimmer als ein Heide“* (1.Tim.5,8). Das sind harte Worte - selbst für Paulus! Der engsten Familie wird die höchste Priorität in Fragen der finanziellen Versorgung eingeräumt, wie es das Wort „besonders“ anzeigt.

Der zweite Verantwortungsbereich umfasst den weiteren Familienkreis, die *Verwandten*. In 1.Timotheus dreht sich ein großer Teil der Diskussion um die richtige Versorgung von Witwen. Paulus betont, dass die erste Verantwortung für eine solche Versorgung der unmittelbaren Familie zufällt, nicht der Gemeinde: *„Wenn aber eine Witwe Kinder oder Enkel hat, so sollen diese lernen, zuerst im eigenen Hause fromm zu leben und sich den Eltern dankbar zu erweisen; denn das ist wohlgefällig vor Gott“* (1.Tim.5,4; vgl. 5,16).

Dem Ochsen nicht das Maul verbinden - oder dem Prediger

Ein Gläubiger hat auch eine finanzielle Verantwortung für die, die ihm das Wort Gottes weitergeben. *„Wer aber unterrichtet wird im Wort, der gebe dem, der ihn unterrichtet, Anteil an allem Guten“* (Gal.6,6). Wenn diejenigen, die Nutznießer eines geistlichen Dienstes sind, nicht für das physische Auskommen des Lehrenden sorgen, wird er seine Lehre kürzen müssen und andere Wege suchen, sich und seine Familie zu ernähren. Das würde zur geistlichen Verarmung der Gemeinde führen. Um das klarzustellen: niemand soll Pastor werden, um zu Wohlstand zu kommen (1.Petr.5,2). Aber wer das Evangelium predigt, ist berechtigt, davon seinen Lebensunterhalt zu bestreiten (1.Kor 9,11.14; 1.Tim.5,17-18).

Es gibt jedoch Situationen, in denen es für einen Mann einfach nicht möglich ist, seinen Lebensunterhalt direkt von denen zu erhalten, denen er dient. Eine neue Arbeit, die um ihr Überleben kämpft, kann einen Pastor oft nicht voll unterstützen. Ein Evangelist oder Missionar, der in einem bislang noch nicht evangelisierten Gebiet arbeitet, kann nicht von Ungläubigen dort erwarten, dass sie eine Sammlung für ihn durchführen. Deshalb besteht die Gelegenheit und Notwendigkeit, denen finanzielle Unterstützung zu geben, die anderen Menschen in fremden Ländern dienen.

Mazedonien berauben, um Korinth zu ernähren

Ein solcher finanzieller Beitrag war wahrscheinlich in der Rolle enthalten, die die Gemeinde bei der Aussendung der ersten zwei Missionare Barnabas und Saulus spielte (Apg.13,2-3). Die Gläubigen in der ganz jungen Gemeinde von Philippi begannen kurz nachdem sie gerettet waren, Geld zu geben, um Paulus in seiner Gemeindegründungsarbeit zu helfen (Phil.4,15-16). Die Unreife der Christen in Korinth zwang Paulus dazu, von den Gaben anderer Gemeinden zu leben, um seine Arbeit dort zu finanzieren. Paulus schrieb später an die Korinther:

„Andere Gemeinden habe ich beraubt und Geld von ihnen genommen, um euch dienen zu können. [...] Denn meinem Mangel halfen die Brüder ab, die aus Mazedonien kamen. So bin ich euch in keiner Weise zur Last gefallen und will es auch weiterhin so halten" (2.Kor.11,8-9).

Nach dem Verständnis von Paulus lag die Verantwortung für seinen Unterhalt bei den Christen, denen er gerade diente - den Korinthern. Weil sie es versäumten, ihn zu versorgen, *„beraubte"* er andere Gemeinden für sein Auskommen. Auf der anderen Seite lobte er die Gläubigen von Mazedonien sehr dafür, dass sie sich um seine Bedürfnisse kümmerten, obwohl er nicht direkt unter ihnen arbeitete.

Von den ersten Anfängen der Missionstätigkeit der Gemeinde an haben örtliche Gemeinden die finanzielle Unterstützung von Missionaren als ein Mittel angesehen, sich unmittelbar an der Erfüllung des Missionsbefehls zu beteiligen. Somit wird von einer Gemeinde und ihren Mitgliedern erwartet, zuerst den Dienst, von dem sie selbst profitieren, zu unterstützen und sich dann finanziell am Werk der Verbreitung des Evangeliums zu beteiligen, das durch andere Christen an anderen Orten geschieht (vgl. Apg.1,8).

Soziale Aufgaben

Geben, um physische Nöte zu beheben, ist eine weitere Verantwortung, die von Christus und seinen Aposteln betont wird (Gal.6,10; 1Jo.3,17). Tatsächlich wurde die lange Ermahnung in 2.Korinther 8-9, von der die Gemeinde viele ihrer Prinzipien des Gebens ableitet, von Paulus im Hinblick auf die Sammlung zur materiellen Unterstützung der verarmten Heiligen in Judäa formuliert.

Die Prioritäten, die für die Armenhilfe aufgestellt wurden, sind: zuerst Gläubige, dann Ungläubige. Die Bedürftigen in seiner geistlichen Familie haben Vorrang vor denen in der Welt. Wir dürfen nicht die Bedürfnisse von Ungläubigen vernachlässigen und nur für unsere eigenen sorgen. Es ist nicht ein Fall von entweder-oder, sondern von sowohl-als-auch. Paulus sagte: *„Darum, solange wir noch Zeit haben, lasst uns Gutes tun an jedermann, allermeist aber an des Glaubens Genossen“* (Gal.6,10).

Um zusammenzufassen: Wenn ein Christ auf die Gnade Gottes antwortet, indem er ein guter Haushalter seines Geldes ist, entschließt er sich zur Aufteilung seiner Spenden nach biblischen Prioritäten. Im Allgemeinen ist die Ordnung für sein Geben eine Bewegung von innen nach außen, bei der die, die ihm am nächsten stehen, Priorität bei der Versorgung haben: die unmittelbare Familie, die weitere Familie, die Arbeit der örtlichen Gemeinde, die Arbeit der Evangeliumsverkündigung und schließlich die materielle Versorgung bedürftiger Christen und dann Nichtchristen. Eine solche Ordnung des Gebens ist Teil einer gesunden Strategie für Evangelisation und Mission. Denn die langfristige Unterstützung von Missionstätigkeit verlangt es, vorher zu Hause eine solide Operationsbasis zu schaffen.

Gottes Geld ausgeben macht Spaß

In den letzten Jahren habe ich in meiner eigenen Praxis des Gebens folgendes Prinzip angewandt: Ich habe einen Prozentsatz meines Einkommens festgelegt, den ich zu dem Werk des Herrn beitrage. Ein Teil dessen, was ich gebe, geht an meine örtliche Gemeinde, um die Arbeit derer zu unterstützen, die mir das Wort Gottes weitersagen. Ich habe auch festgelegt, dass die Hälfte von dem, was ich gebe, in Arbeiten fließt, wo das Evangelium durch Evangelisation, Gemeindegründung und andere missionarische Unternehmungen verkündigt wird. Ein Teil dieser Gaben kann durch die örtliche Gemeinde hindurchgehen und weitergeleitet werden, und ein Teil kann direkt an die Personen oder Gesellschaften gehen, mit denen ich mich persönlich verbunden fühle.

Beim Geben zur Linderung materieller Not wurde ich früher immer ganz unruhig. Der Grund dafür ist ganz einfach, dass es so viel Not gibt - viel mehr, als ich jemals hoffen könnte zu lindern. Ich fühlte mich jedesmal schuldig, wenn ich eine bewegende Geschichte über das Elend einer Person hörte oder ein Bild von verhungernden Menschen sah. Ich hatte den Eindruck, fast vollständig von meinen Emotionen getrieben zu sein, anstatt die Anordnungen der Schrift zu befolgen.

Also entschloss ich mich, dass etwa 10% des Geldes, das ich dem Herrn gebe, zur Linderung materieller Not eingesetzt werden soll. Dabei habe ich etwas aufgebaut, was ich den „Not-Fonds“ nenne. An jedem Zahltag wird der entsprechende Geldbetrag für diesen Fonds beiseitegelegt. Dieses Geld ist dazu bestimmt, von dem Herrn für Notleidende verwendet zu werden. Wann immer ich von einer Not erfahre und wenn in meinem „Not-Fonds“ Geld zur Verfügung ist, habe ich die Freude, es für diese Sache zu geben. Und wenn nichts in diesem Fonds ist, wenn ich von einer Not erfahre, dann muss ich mich nicht schuldig fühlen, dass ich nichts gebe.

Natürlich muss ich mich nicht unbedingt auf das beschränken, was in dem Fonds ist. Wenn die Situation es rechtfertigt, kann ich Gelder, die für andere Zwecke vorgesehen waren, umleiten, um einer dringenden Notlage abzuhelfen. Manche Umstände verlangen ein aufopferungsvolles Geben. Manchmal, wenn ich von einer besonderen Notlage erfahre, und die Reserven sind erschöpft, bitte ich den Herrn, mir zusätzliches Geld zur Verfügung zu stellen, das ich geben kann. Wenn er entscheidet, meine Bitte zu erfüllen, habe ich die Freude, es weiterzuleiten; und wenn nicht, kann ich ihm vertrauen, dass er in dieser Notlage durch andere Kanäle helfen wird.

Gott hat seinen Kindern das Vorrecht und die Verantwortung anvertraut, die Güter dieser Welt weise einzusetzen, um geistliche Frucht zu erlangen. Die Freiheit, die Christen haben, Entscheidungen über das Geben zu treffen, kann von manchen für ihre eigenen egoistischen Bedürfnisse missbraucht werden. Aber nicht lange. Gott lässt sich nicht verspotten - ein Mensch wird ernten, was er sät (Gal.6,6-10). Und die, die umsonst geben, wie sie umsonst empfangen haben (Mt.10,8), werden als Empfänger von Gottes überströmender Gnade viel Freude und Segen erleben (2.Kor.9,6-12).

„Gott aber sei Dank für seine unaussprechliche Gabe!“ (2.Kor.9,15).

Anmerkungen:

[1] Charles C. Ryrie, *Balancing the Christisn Life*, Chicago: Moody Press, 1969, S. 88.

[2] David L. Hocking, „Biblical Pattern of Giving", First Brethren Church, Long Beach, California, ohne Datum.

[3] Der einzige Vers, den ich je zur Untermauerung der Glaubensversprechen zitiert gehört habe, ist 2.Korinther 9,5: „So habe ich es nun für nötig angesehen, die Brüder zu ermahnen, dass sie voranzögen zu euch, um die von euch angekündigte Segensgabe vorher fertig zu machen, so dass sie bereitliegt als eine Gabe des Segens und nicht des Geizes." Die einzige Verbindung zwischen dem Vers und der Methode der Glaubensversprechen ist „angekündigte Segensgabe". Abgesehen von dieser Ähnlichkeit ist keines der Merkmale der Glaubensversprechen auch nur genannt. Es ist noch nicht einmal klar, ob die „angekündigte" Gabe ein spezieller Betrag sein sollte – nur, dass es eine großzügige *Segens*gabe sein sollte.

[4] Andere relevante Texte, die eine genauere Untersuchung in Bezug aufs Thema Geben verdienen, sind u.a.: Mt.6,19-24; Lk.6,38; 12,13-34; 16,1-13; 19,11-27; 21,1-4; Röm.12,8; 1Kor.16,1-2; Gal.6,6-10; Phil.4,14-19; 1Tim.5,8.17-18; 6,6-19; 2Tim.3,1-2; Tit.1,7; Hebr.13,16; Jak.1,11; 5,1-6; 1Jo.3,17-18.

Kapitel 23

Weisheit, wenn Christen unterschiedlicher Meinung sind

Eine der wichtigsten Prämissen dieses Buches ist, dass ein Christ in den Bereichen, wo die Bibel kein Gebot oder Prinzip vorgibt (d.h. bei moralisch neutralen Entscheidungen), frei und verantwortlich ist, selbst zu entscheiden, was er tun wird. Jede Entscheidung, so haben wir argumentiert, die innerhalb des moralischen Willens Gottes getroffen wird, ist Gott angenehm.

Ironischerweise gibt es manche Entscheidungen, bei denen es leichter ist, Gott zu gefallen, als unseren Mitchristen zu gefallen. Angesichts der Natur des Menschen und der Existenz von Willensfreiheit ist es nicht zu vermeiden, dass Gläubige zu unterschiedlichen Ergebnissen darüber kommen werden, was erlaubt ist und was nicht. Die Tatsache hat in der Kirchengeschichte mehr als genug Schwierigkeiten bereitet. Denn Menschen fühlen sich durch Meinungsverschiedenheiten bedroht. Und weil Christen nicht vollkommen sind, haben sie auf die Differenzen nicht immer mit übermäßiger Nächstenliebe und Weisheit reagiert.

Unsere Überreaktionen pflegen in eine von zwei Extremen zu tendieren. Auf der einen Seite gibt es den Christen, der seine Freiheit genießt und darüber froh ist, Gott direkt verantwortlich zu sein. Er ignoriert mehr oder weniger die Meinungen anderer und lässt es bei seinen Entscheidungen darauf ankommen. Wenn andere sich über seine christliche Freiheit ärgern, ist das deren Problem.

Das andere Extrem wird von dem sensiblen Gläubigen repräsentiert, dem es sehr wichtig ist, zu dem Leib Christi zu gehören. Im Wissen um seine Verantwortung gegenüber den anderen Gliedern des Leibes, lehnt er sich nach hinten zurück, um nicht die Überzeugungen eines anderen zu verletzen. Wenn er sich lange genug und weit genug zurücklehnt, dann stellt er schließlich fest, dass er sich überhaupt nicht mehr bewegen kann.

Die meisten Christen wissen intuitiv, dass keines dieser zwei Extreme angemessen ist. Wir können unsere Unterschiedlichkeiten nicht ignorieren; und sie dürfen uns auch nicht jede Bewegungsfreiheit rauben. Und doch müssen wir eine Grundlage für das Treffen von Entscheidungen haben, die die Meinung anderer berücksichtigt. Wie sollen wir mit Mitchristen umgehen, die bei Entscheidungen in Bereichen der Freiheit anderer Meinung sind als wir? Dieser Frage wollen wir in diesem Kapitel nachgehen.

Kein Fehler im Plan Gottes

Es ist Teil von Gottes Plan für die Gemeinde, dass sie erfolgreich Einheit in Verschiedenheit demonstriert. Es war seine Absicht, dass Menschen mit unterschiedlichen Persönlichkeiten, Nationalitäten, Gaben, Fähigkeiten, Geschmäckern und Hintergründen in Christus vereint sein sollten, ohne dabei ihre unverwechselbaren Merkmale zu verlieren (1.Kor.12,12-27; Kol.3,11).

Dementsprechend sieht Gott Meinungsverschiedenheiten im Bereich der Freiheit nicht als etwas Schlechtes an. Die Unvermeidbarkeit einer solchen Auffassungsvielfalt wird nicht als ein Defekt in einem ansonsten gelungenen Plan betrachtet. Vielmehr gibt sie eine weitere Gelegenheit dazu, die übernatürliche Herkunft der Gemeinde und ihre beobachtbare Unverwechselbarkeit als ein lebendiger Organismus vor der Welt zu demonstrieren (Joh.13,35; 17,20-21).

Was Gott sich wünscht, ist nicht Gleichförmigkeit der Meinungen, sondern Einheit in den Beziehungen (Röm.15,5-7).[1]

Und so hat der Heilige Geist, spezielle Anordnungen gegeben, um unseren Umgang mit Meinungsverschiedenheiten zu leiten, anstatt zu versuchen sie zu beseitigen. Der größte Teil dieser Offenbarung findet sich in Römer 14 und 15 und in 1.Korinther 8-10.

Die Fleischdebatte

Fleischesser, bitte in diese Ecke

Den Anlass für diese Anordnung Gottes bildeten einige spezielle Probleme, die während des ersten Jahrhunderts in der Gemeinde auftauchten. Gläubige bezogen bei Fragen entgegengesetzte Positionen, für die man keine definitive Offenbarung erhalten hatte. Der Testfall, der schließlich eine apostolische Stellungnahme erforderte, betraf die Rechtmäßigkeit, Fleisch zu essen.

Es gab eigentlich zwei Varianten desselben Themas. Dr. F.F. Bruce gibt eine ausgezeichnete Erklärung für das Problem in der Gemeinde von Rom:

„Die Frage, welche Art Fleisch gegessen oder nicht gegessen werden durfte, versetzte die Urgemeinde auf verschiedene Weise in Aufregung. Eine dieser Weisen betraf speziell Judenchristen. Die jüdischen Speisegesetze, die von ihrem Volk seit frühester Zeit befolgt worden waren, gehörten zu den wichtigsten Merkmalen, durch die Juden sich von ihren heidnischen Nachbarn unterschieden. Nicht nur war das Fleisch bestimmter Tiere für den Verzehr nicht freigegeben, sondern das Blut von allen Tieren war streng verboten, und ‚reine' Tiere, die für den Verzehr geschlachtet wurden, mussten so getötet werden, dass ihr Blut ganz ablief. Weil man nie sicher sein konnte, dass Fleisch, das man bei Nicht-Juden aß, in jeder Hinsicht den Anforderungen entsprach, war es für einen orthodoxen Juden unmöglich, mit einem Heiden eine Mahlzeit zu teilen. Tatsächlich war es schwierig genug für einen Juden, mit einem anderen Juden zusammen zu essen, den er einer laxen Haltung auf diesem Gebiet verdächtigte. [...]

In seiner Vision in Joppe, auf dem Dach des Hauses von Simon dem Gerber, lernte Petrus, niemanden für unrein zu halten, den Gott für rein erklärte hatte, und dank dieser Lektion war er fast sofort damit einverstanden, den Heiden Kornelius in Cäsarea zu besuchen und seine Gastfreundschaft anzunehmen. Aber es dauerte noch lange, bis die Mehrheit der Judenchristen daran denken konnte, seinem Beispiel zu folgen."[2]

Das Problem in Rom, wahrscheinlich hervorgerufen durch die Gewissenskonflikte des jüdischen Teils der Gemeinde, betraf die Frage, ob es erlaubt sei, überhaupt Fleisch zu essen. Der Streit in Korinth unterschied sich davon in einem Punkt. Dort wurde heiß diskutiert, welche geistlichen Probleme das Essen von Fleisch mit sich brachte, das *zuvor den Götzen geopfert* worden war.

„Der Einkauf von Fleisch beim Metzger in heidnischen Städten wie Korinth und Rom stellte für einige Christen ein Gewissensproblem dar. Ein guter Teil von dem Fleisch, das auf dem Markt zum Verkauf angeboten wurde, kam von Tieren, die ursprünglich einer heidnischen Gottheit geopfert worden waren. Die heidnische Gottheit empfing ihren symbolischen Anteil; der Rest des Fleisches wurde oft von den Tempelbehörden den Einzelhändlern verkauft, und viele heidnischen Käufer waren bereit, ein wenig mehr für ihr Fleisch zu bezahlen, weil es einer Gottheit ‚geweiht' worden war. Unter den Christen gab es einige mit einem stabilen Gewissen, die wussten, dass das Fleisch nur darum, weil es mit der heidnischen Gottheit in Verbindung gebracht wurde, nicht besser oder schlechter war, und die keine Probleme damit hatten, es zu essen. Andere hatten schon Probleme und meinten, dass das Fleisch durch den Götzendienst irgendwie ‚infiziert' worden war."[3]

Es gab auch noch andere Streitpunkte.[4] Doch Paulus nahm speziell zu den Fragen Stellung, die mit dem Fleischessen zu tun hatten, um Prinzipien aufzustellen, die den Gebrauch der christlichen Freiheit im sozialen Kontext unterschiedlicher Meinungen regeln sollten.

Um unserer Darstellung in diesem und dem nächsten Kapitel einen übersichtlichen Rahmen zu geben, werden wir fünf Prinzipien darlegen. Diese Prinzipien zum Treffen von Entscheidungen, wenn Christen unterschiedlicher Meinung sind, stützen sich auf die Behandlung, die Paulus diesem Thema in Römer 14 und 15 gibt. Die Textgrundlage für diese Richtlinien bieten unsere beiden Schlüsselstellen (Röm.14-15; 1Kor.8-10).

Abb. 33

Entscheidungen treffen, wenn Christen unterschiedlicher Meinung sind (Röm.14,1-15,13)

1. Lernen Sie, zwischen den Christen befohlenen und den Christen freigestellten Dingen zu unterscheiden (14,14.20).
2. Entwickeln Sie bei Fragen, über die man streiten kann, Ihre eigenen Überzeugungen (14,5).
3. Lassen Sie Ihren Geschwistern die Freiheit, ihre Überzeugungen selbst zu bestimmen - selbst wenn diese sich von Ihren Überzeugungen unterscheiden (14,1-12).
4. Wenn es nötig ist, schränken Sie Ihre Freiheit durch die Liebe ein (14,13-15,2).
5. Folgen Sie Christus als dem wahren Vorbild und Urheber des Dienens (15,3-13).

Den Bereich der Freiheit definieren

Prinzip 1: Lernen Sie, zwischen den Christen befohlenen und den Christen freigestellten Dingen zu unterscheiden.

Paulus sprach über das spezielle Thema Fleischessen, aber er ordnete diese Frage in ein größeres Oberthema ein. Er sprach über Entscheidungen, die in den Bereich der Freiheit fallen. Die jeweiligen Alternativen (essen oder nicht essen) waren an sich weder richtig noch verkehrt. Die Heilige Schrift befiehlt nicht, Fleisch zu essen, und sie verbietet nicht, Fleisch zu essen. Und so muss die Frage von Christen auf andere Weise beantwortet werden.

Das Vokabular, das Paulus verwendet, stellt klar, dass er über Dinge sprach, die Christen freigestellt waren. In Römer 14,14.20 wird die Richtigkeit oder Verkehrtheit des Fleischessens zu einer Frage der persönlichen Meinung erklärt. Die Begriffe im 1.Korintherbrief sind sogar noch präziser: *„diese eure **Freiheit**“* (8,9); *„das **Recht**“* (9,4-6); *„Alles ist **erlaubt**“* (10,23); ***„Freiheit“*** (10,29).

Diese Unterscheidung von den Dingen, die befohlen werden, und den Dingen, die der Wahl jedes Gläubigen überlassen bleiben, ist entscheidend. Denn die Prinzipien, die Paulus in diesen Kapiteln aufstellt, regeln nur die Meinungsverschiedenheiten, die im Bereich der Freiheit auftauchen. Wenn ein Gläubiger von einer Glaubenswahrheit des Evangeliums abweicht oder ein ausdrückliches Gebot der Schrift übertritt, dann werden andere Prinzipien wirksam, mit denen die Gemeinde darauf reagieren soll.[5] Was die fundamentalen Aussagen des Glaubens angeht, so gibt es keinen Raum für einen Kompromiss, keine Toleranz völlig verschiedener Standpunkte.

Leider hat die Erfahrung gezeigt, dass es nicht leicht ist sich zu einigen, wo die Linie zwischen Christen freigestellten Dingen und Christen befohlenen Dingen verläuft. Wenn man zurückschaut, kann man feststellen, dass in jeder Kultur und jeder Generation die überlieferten Werte und Traditionen unweigerlich über die ausdrücklichen Vorschriften der Heiligen Schrift hinausgehen.

Fleisch essen oder kein Fleisch essen - das war zur Zeit von Paulus die Frage schlechthin. Und heute? Dr. Richard Seume gibt ein persönliches Beispiel, wo die Frage nicht war, *was* man essen sollte, sondern *wo* und *wann* man aß:

„In meiner ersten Zeit als Pastor in einer bestimmten Gemeinde stellte ich fest, dass mein Los auf eine Gruppe von Gläubigen gefallen war, die zu irgendwelchen Randfragen sehr starke Überzeugungen hatten. Darunter war die Frage, ob man sonntags in einem öffentlichen Restaurant essen dürfe. Bevor ich zu dieser Gemeinde kam, war diese Frage für mich nie ein Problem gewesen; tatsächlich war ich nie auf den Gedanken gekommen, dass sie für jemanden ein Problem sein könnte.

Eines Sonntagabends, auf meinem Weg zum Abendgottesdienst, machte ich im Krankenhaus Halt, um mehrere Patienten zu besuchen, und ging dann noch schnell bei einem Lokal vorbei, um einen Imbiss zu mir zu nehmen. Der Ort war von einem schrecklichen Musiklärm erfüllt, der mich nicht gerade auf die Botschaft einstimmte. Während meiner Predigt erwähnte ich am Rande die Begebenheit, ohne zu ahnen, dass meine Gemeinde darüber ebenso anders dachte wie die Radiohörerschaft des Großstadtgebietes.

Als ich an diesem Abend von dem Gottesdienst heimkehrte, ich war eben erst zur Tür hereingekommen, klingelte bereits das Telefon, und eine rauhe Stimme am anderen Ende sagte: ‚Bruder, ich will dich etwas fragen. Wenn du heute abend in diesem Lokal da gestorben wärst, wo wärst du dann hingekommen?' Ohne zu zögern erwiderte ich: ‚In den Himmel natürlich, mein Freund.' ‚Nichts dergleichen, du wärst direkt in die Hölle gegangen!'"[6]

Die evangelikale Christenheit des zwanzigsten Jahrhundert hat es fertiggebracht, sich über eine ganze Bandbreite von Fragen zu zerstreiten. Die folgende Liste enthält die Themen, die mir selbst begegnet sind. In jedem dieser Fälle gibt es aufrichtige Christen, die die jeweilige Tätigkeit als von Gott verboten ansehen, während ebenso aufrichtige Geschwister die Ansicht vertreten, dass die Sache im Bereich christlicher Freiheit liegt und erlaubt ist:

ins Kino gehen
fernsehen
sonntags bezahlte Arbeit tun
sonntags den Rasen mähen
sonntags angeln gehen
in Maßen Wein trinken

Mahlzeiten mit Wein zubereiten
in eine Theatervorstellung gehen
Sport im Verein treiben
Kontaktsport treiben
im Gemeindehaus essen
gemischtes Schwimmen
in der Lotterie spielen
Karten spielen
zum Vergnügen um Geld spielen
eine Versicherung abschließen
rauchen
tanzen
beim Schwimmen einen Bikini tragen
einen Rock tragen, der kürzer als Knielänge ist
Make-up tragen
kürzere Haare als Schulterlänge haben
Hosen im Gottesdienst tragen (jeweils Frauen)
einen Bart tragen (Männer)
eine andere Bibelübersetzung als die King James Version verwenden
Tabak anbauen
im Gottesdienst Gitarre spielen
Rockmusik hören
sich küssen (unverheiratete Paare)
im Gottesdienst Saxophon spielen
Beruhigungsmittel einnehmen
in Zungen reden
zu einem Psychiater gehen

Leute, die diese Liste lesen, neigen dazu, mit Gelächter und Unglauben zu reagieren. Einerseits kichern sie beim Lesen der Punkte, die „selbstverständlich" im Bereich der Freiheit liegen. Auf der anderen Seite können sie nicht glauben, dass irgendjemand sich vor Gott frei fühlen kann, die Dinge zu tun, die „selbstverständlich" durch Prinzipien der Schrift verboten sind. Und doch: Wenn wir zehn verschiedene Christen unterschiedlichen Alters mit einem unterschiedlichen Hintergrund und aus unterschiedlichen Landesteilen bitten würden, diese Tätigkeiten in die Kategorien „erlaubt" oder „verboten" einzuordnen, dann würden wir mit ziemlicher Wahrscheinlichkeit *zehn verschiedene Listenpaare* erhalten.

Eine wichtige Ursache für diese Situation ist, dass biblische Gebote oft allgemein gehalten sind. Sie verlangen Heiligkeit, Liebe, Trennung von der Welt, einen weisen Umgang mit Geld, persönliche Hingabe usw. In unterschiedlichen Lebenssituationen werden solche Aufforderungen auf unterschiedliche Weise befolgt werden. Ein ernsthafter Konflikt entsteht, wenn persönliche oder kulturelle *Anwendungen* der Vorschriften Gottes zu der Liste *absoluter Normen* hinzugefügt werden.[7]

Solche Übertragungen mögen richtig sein und darum bindend für die, die sie anerkennen. Die Gefahr rührt daher, dass man nicht zwischen dem allgemein gehaltenen Gebot der Schrift und seiner konkreten Befolgung in einer bestimmten Situation unterscheidet. Menschliche Traditionen - die Ansammlung bestimmter Anwendungen - neigen dazu, mit der Zeit immer konkreter zu werden.

Zur Zeit des Paulus wurden die Aufforderungen zu Heiligkeit und Trennung von der Welt von einigen Gläubigen auf das Essen von Fleisch angewandt. Und so betraf in diesem Fall die Meinungsverschiedenheit nicht die Sache selbst, sondern die geistlichen Auswirkungen davon - d.h., ob das Essen von Fleisch zur geistlichen Verunreinigung führen würde.

Der Unterschied zwischen einer Tätigkeit (die an sich neutral ist) und ihren Auswirkungen (die einen moralischen Stellenwert besitzen können) kennzeichnet alle strittigen Fragen. Doch in der Hitze des Gefechts verlieren die meisten Menschen diesen Unterschied aus den Augen. Und allzu oft wird die Tätigkeit in moralischem Sinne als „richtig“ oder „verkehrt“ angesehen. Wenn das passiert, wird die Argumentation höchst emotional, und die Fähigkeit zu einer objektiven Beurteilung ist dahin. Ebenso verloren ist jede Hoffnung, die Einheit zu bewahren.

Dementsprechend war es Teil der Absicht von Paulus im Römer- und im 1.Korintherbrief, dem Leser das Wesen der Meinungsverschiedenheit bewusst zu machen: *„Aber Speise wird uns nicht vor Gottes Gericht bringen. Essen wir nicht, so werden wir darum nicht weniger gelten, essen wir, so werden wir darum nicht besser sein“* (1.Kor.8,8). Fleisch essen ist an sich neutral. Aber wenn eine Person überzeugt ist, dass er durch das Essen von Fleisch Gottes Maßstab von Heiligkeit verletzt, dann wird das Essen von Fleisch für ihn zu einer Sünde (Röm.14,14; 1.Kor.8,7).

In derselben Weise müssen Gläubige heute lernen, zwischen biblischen Prinzipien und ihren speziellen Anwendungen zu differenzieren. Das muss der erste Schritt sein. Dr. John R.W. Stott formuliert richtig:

„Als erstes müssen wir deutlicher zwischen Tradition und Schrift unterscheiden. Die meisten von uns Christen haben eine Reihe lange gehegter Überzeugungen und praktischer Gewohnheiten, die wir wahrscheinlich von unseren Eltern geerbt oder in der Kindheit in unserer Gemeinde gelernt haben. Zu viele von uns haben sie alle zusammen unkritisch übernommen. Und evangelikale Christen sind keineswegs frei von dieser Neigung. Zum Beispiel ist unser ‚Berühre nicht; betaste nicht; koste nicht‘ oft ‚Rauche nicht; trinke nicht; tanze nicht‘ gewesen. Ich gebe hier keine Meinung darüber ab, ob wir diesen Gewohnheiten nachgehen oder nicht nachgehen sollten. Was ich sagen will, ist, dass die Schrift keine ausdrücklichen Aussagen dazu enthält. Diese Verbote gehören deshalb zu den evangelikalen Traditionen; sie sind nicht Teil des Wortes Gottes.“[8]

Persönliche Überzeugungen entwickeln

Prinzip 2: Entwickeln Sie bei Fragen, über die man streiten kann, Ihre eigenen Überzeugungen.

Dieses Prinzip wird mit einem einzigen Satz aufgestellt: *„Ein jeder sei in seiner Meinung gewiss“* (Röm.14,5).

In Bezug auf Fragen, zu denen es kein Gebot Gottes gibt, unterstreicht Paulus die Freiheit und Verantwortlichkeit des Gläubigen. Freiheit gibt es, weil die Sache nicht von Gott auf die eine oder andere Weise diktiert wird. Und Verantwortung gibt es, weil von dem Einzelnen erwartet wird, auf der Grundlage stichhaltiger Gründe zu persönlichen Entscheidungen zu gelangen. Letzten Endes wird sich seine Entscheidung aus seinen persönlichen Anwendungen all der allgemeinen Gebote zusammensetzen, die er zu dieser Frage kennt. Somit wird es eine Entscheidung innerhalb des moralischen Willens Gottes sein.

Die Verse, die Römer 14,5 folgen, geben mehrere Gründe dafür an, warum es wichtig ist, dass jeder Gläubige in den umstrittenen Fragen zu seinen eigenen Überzeugungen kommt. Der erste Grund, der in den Versen 6-8 ausgeführt wird, ist, dass ein Christ ein zielgerichtetes Leben führen soll. Und dieses zentrale Ziel soll dem Herrn gefallen und dienen. Das wird durch die Wiederholung der von uns kursiv gedruckten Ausdrücke in den Versen 6 und 8 betont:

„Wer den Tag achtet, der tut's ***im Blick auf den Herrn****; wer isst, der isst* ***im Blick auf den Herrn****, denn er dankt Gott; und wer nicht isst, der isst* ***im Blick auf den Herrn*** *nicht und dankt Gott auch. [...] Leben wir, so leben wir* ***dem Herrn****; sterben wir, so sterben wir* ***dem Herrn****. Darum: wir leben oder sterben, so sind wir* ***des Herrn****"* (Röm.14,6.8).

Folglich handelt ein zielgerichteter Jünger Jesu nicht einfach für seiner eigenen Zwecke, sondern er möchte etwas tun, weil es dem Herrn dienen wird. Während er zu einer Überzeugung kommt, wird er sich über die einzelnen Vorzüge dieser Überzeugung klar.

Zweitens sollte jeder Mensch von seiner Meinung völlig überzeugt sein, weil „jeder von uns für sich selbst Gott Rechenschaft geben" wird über die Art und Weise, wie wir unsere Freiheit und Verantwortung gebraucht haben (Röm.14,12). Weil die Gründe für unsere Entscheidungen einmal von Gott, dem gerechten Richter, beurteilt werden, sollten es gute Gründe sein!

Ein dritter Wert persönlicher Überzeugungen kommt von der Tatsache, dass der Genuss unserer christlichen Freiheit eine unserer geistlichen Segensgaben ist, für die wir Gott dankbar sind: *„Den Glauben, den du hast, behalte bei dir selbst vor Gott. Selig ist, der sich selbst nicht zu verurteilen braucht, wenn er sich prüft"* (Röm.14,22; vgl. 14,6). Daraus folgt, dass man über seine Freiheit nicht glücklich („selig") sein kann, wenn man sich ihrer nicht sicher ist.

Tatsächlich könnte Unentschlossenheit zur Sünde gegenüber seinem eigenen Gewissen führen: *„Wer aber dabei zweifelt und dennoch isst, der ist gerichtet, denn es kommt nicht aus dem Glauben. Was aber nicht aus dem Glauben kommt, das ist Sünde"* (Röm.14,23).

Schließlich ermöglichen einem echte Überzeugungen, die wirklich die eigenen sind, dass man diese auch wirklich verantwortet - sie bewahren einen davor, von den Ansichten eines anderen abhängig zu sein (1.Kor.10,29-30; Kol.2,16-23).

Überzeugen Sie sich selbst

Überzeugt davon, dass man bei strittigen Fragen seiner eigenen Meinung gewiss sein soll, wirft der wache Leser der Erläuterungen von Paulus eine Frage auf: Wie entwickelt man denn seine eigenen Überzeugungen?

Der größte Teil der Antwort auf diese Frage ist schon an anderer Stelle in diesem Buch dargelegt worden (vgl. Kapitel 11 und 16). Im Römer- und 1.Korintherbrief hebt Paulus zwei weitere Punkte hervor. Erstens benötigt man die richtige Lebensperspektive: *„wir leben **dem Herrn**"* (Röm.14,8). Wenn wir die unterschiedlichen Dinge, die wir tun, als Lob Gottes betrachten, werden bereits viele Streitpunkte geklärt sein.

Zweitens ist es wichtig, die richtige Frage zu stellen. Die Erläuterungen in 1.Korinther 10,23-11,1 legen mehrere gute Fragen nahe:

Ist irgendetwas Falsches an der Tätigkeit? Ist sie rechtmäßig? (10,23)
Ist sie nützlich? (10,23)
Baut sie den anderen auf? (10,23)
Dient sie den eigenen Zwecken auf Kosten eines anderen? (10,33; Röm.15,1-2)
Ist es etwas, für das ich Gott danken kann? (10,30; Röm.14,6)
Ist es etwas, das Gott verherrlicht? (10,31)
Ist die Tätigkeit wert, nachgeahmt zu werden? (11,1)
Folgt sie dem Beispiel von Christus nach? (11,1; Röm.15,7-8)

Annahme und Verantwortlichkeit

Prinzip 3: Lassen Sie Ihren Geschwistern die Freiheit, ihre Überzeugungen selbst zu bestimmen - selbst wenn diese sich von Ihren Überzeugungen unterscheiden.

Dieses Prinzip ist indirekt in der Aussage enthalten: *„Ein jeder sei in seiner Meinung gewiss"* (Röm.14,5). Aber es wird im Detail in den ersten zwölf Versen von Römer 14 entfaltet.

In diesem Abschnitt argumentiert Paulus eigentlich für zwei miteinander verwandte Prinzipien, die zusammengenommen die Grundlage für die oben wiedergegebene Aussage darstellen.

Das erste ist das *Prinzip der Annahme.* Obwohl wir unterschiedliche Meinungen haben, sollen wir Einheit in unseren Beziehungen demonstrieren. Dieser Aspekt der Argumentation von Paulus findet sich in einigen der ersten Aussagen des Kapitels:

„Den Schwachen im Glauben ***nehmt an*** *[...]"* (Röm.14,1; vgl. 15,7). *„Wer isst, der* ***verachte*** *den nicht, der nicht isst; und wer nicht isst, der* ***richte*** *den nicht, der isst; denn Gott hat ihn angenommen"* (Röm.14,3; vgl. 14,10).

Eindeutig sind die Verben für das Verständnis dieser Aussagen bestimmend, und das wichtigste Verb ist *„annehmen"*. Das Wort meint wörtlich „an sich nehmen". W.E. Vine beobachtet, dass dieses Verb im Neuen Testament „stets im Medium auftritt und so ein besonderes Interesse auf Seiten des Annehmenden anzeigt und auf ein Willkommen hindeutet"[9] (vgl. Phim.17). Nach Paulus sollten unterschiedliche Meinungen zu nicht essentiellen Fragen nicht die Gemeinschaft zwischen Gläubigen beeinträchtigen dürfen.

Das positive Konzept der Annahme wird weiterhin durch zwei negative Verben, *„verachten"* und *„richten"*, näher bestimmt. Jemanden zu verachten bedeutet, ihn geringzuschätzen oder auf ihn herabzusehen. Es ist die Haltung geistlicher Überlegenheit, die den selbstgerechten Pharisäer im Gegensatz zu dem demütigen Zöllner im Gleichnis von Jesus charakterisierte (Lk.18,9-14).

Das entsprechende Negativverb *„richten"* hat die Bedeutung von „kritisieren, verurteilen". Warnungen vor dieser Neigung, sich selbst zu erheben, indem man andere herabsetzt, sind im Neuen Testament häufig und beginnen mit der Ermahnung von Jesus: *„Richtet nicht, damit ihr nicht gerichtet werdet"* (Mt.7,1-5; vgl. Röm.2,1-3; Jak.4,11-12).

Die weniger Strengen (mit mehr Freiheit) werden geneigt sein, die anderen mit Verachtung anzusehen und als „gesetzlich" zu bezeichnen. Die Strengeren (mit mehr Hemmungen) werden für die Versuchung anfälliger sein, andere zu richten, und die Starken als „leichtfertig" und „charakterlos" betrachten. Jede der beiden Haltungen ist Evidenz für eine Haltung geistlicher Überlegenheit, d.h. Stolz. Die beiden negativen

Haltungen sollen der positiven Platz machen: *„Darum nehmt einander an, wie Christus euch angenommen hat zu Gottes Lob“* (Röm.15,7).

Den Richter richten lassen

Um das Konzept der Annahme zu stützen, fügt Paulus das Prinzip der *Verantwortlichkeit* hinzu: Alle Gläubigen sind letztlich Gott gegenüber verantwortlich. Deshalb sollten wir der Versuchung widerstehen, andere zu richten, und uns darauf konzentrieren sicherzustellen, dass unsere eigenen Überzeugungen vernünftig sind.

Beginnend mit 14,4 beweist Paulus, wie unangemessen es für einen Gläubigen ist, einen anderen Gläubigen für seine Überzeugungen zu Fragen, bei denen man unterschiedlicher Meinung sein kann, zu richten. Als Diener von Christus wie alle anderen Christen fehlt dem Bruder die Autorität, ein Urteil zu fällen. Zudem konzentriert er sich durch seine Neigung, die Handlungen seines Bruders oder seiner Schwester zu kritisieren, auf die falsche Sache. Denn in umstrittenen Punkten ist die Motivation wichtiger als die Handlung selbst (14,6).

Anstatt sich über die Meinungen eines anders denkenden Bruders den Kopf zu zerbrechen, nimmt ihn ein reifer Christ an und überlässt seine Ansichten Gott. Das ist Gottes Sache. Er hat die Verantwortung für diesen Bruder übernommen. Er ist im Leben dieses Bruders am Wirken (14,4). Und er ist noch nicht fertig damit.

Es ist bedeutsam, dass Gottes Beurteilung von einem Menschenleben am Ende des Bauprojektes steht, während die Mitchristen dazu neigen, es schon währenddessen immer wieder zu kritisieren.

Weil das so ist - sagt Paulus - lasst den Richter das Richten übernehmen! Im Gegensatz zu euch weiß der Bescheid, was er tut.

John R.W. Stott fasst das zweite und dritte Prinzip wieder gut zusammen:

„Kein Christ kann sich der Verantwortung entziehen sich zu bemühen, biblisch zu denken und ethische Fragen wie diese gewissenhaft zu entscheiden. Es steht dann in seinem Ermessen, die umstrittene Sache zu tun oder nicht zu tun. Aber es steht nicht in seinem Ermessen, seine eigenen Traditionen anderen aufzuzwingen oder andere zu richten, wenn sie nicht seiner Meinung sind. Wir müssen uns wieder und wieder sagen lassen, was Christus die Pharisäer lehrte: dass die Schrift verpflichtend ist, die Tradition aber nur freiwillig.“[10]

Von Fleisch und Kinofilmen

In einer Generation von Gläubigen kann die Streitfrage unter den Gläubigen das Essen von Fleisch sein, in einer anderen das Anschauen von Filmen. Doch in jedem der beiden Fälle braucht es Weisheit, Reife und Gnade, damit man von seinen Überzeugungen wirklich überzeugt und darin konsequent ist und dennoch voller Liebe und Annahme für den Bruder ist, der eine andere Meinung hat. Der folgende Dialog hilft, dieses Gleichgewicht zu illustrieren.

„Dad, darf ich heute Abend ins Kino gehen und den Disney-Film sehen, den sie dort zeigen? Ich habe gehört, dass er wirklich gut sein soll."

Dan Jones schaute von der Sportseite der Zeitung auf, die er gerade gelesen hatte. Sein 13-jähriger Sohn Bob saß ihm auf dem Sofa gegenüber.

„Kennst du die Antwort auf diese Frage nicht schon?", erwiderte Dan und widmete sich wieder dem Artikel.

„Ich dachte, vielleicht änderst du diesmal deine Meinung."

Dan legte die Zeitung auf seinen Schoß zurück und schaute Bob an. „Warum dachtest du das, Sohn?"

„Weil Herr Saunders Jerry und Karen hinbringt. Ich dachte, vielleicht erlaubst du es, wenn ich mit ihnen gehe."

„Bob, deine Mutter und ich haben über diese Sache sehr sorgfältig nachgedacht, und wir haben beschlossen, dass unsere Familie nicht ins Kino geht. Wir haben dir die Gründe gesagt, und diese Gründe haben sich nicht geändert."

„Aber das ist nicht gerecht!", schoss es aus Bob heraus, der seine Tränen zurückzuhalten versuchte.

„Du meinst, es ist nicht gerecht, dass sich Jerry und Karen Filme anschauen dürfen und du nicht?"

„Genau!", sagte Bob, der sich mit dem Handrücken das eine Auge abwischte.

Dan legte die Zeitung auf den Boden und setzte sich in seinem Stuhl auf. „Ich kann verstehen, dass es dir nicht gerecht erscheint, jetzt im Moment. Warum sprechen wir nicht eine Weile darüber. Du bist alt genug zu verstehen, warum wir das tun, was wir tun."

Bob nickte. „Okay, schieß los!"

„Das erste, was du verstehen musst, Bob, ist, dass wenn wir dir etwas nicht erlauben, wir es nicht deswegen tun, weil wir nicht möchten, dass du deinen Spaß hast."

„Das weiß ich", gab Bob zu.

„Was wir versuchen, ist, dem treu zu sein, was Gott uns in seinem Wort vorgeschrieben hat." Dan nahm eine Bibel vom Beistelltisch neben seinem Stuhl und öffnete sie. „Erinnerst du dich, was Römer 12,2 sagt?"

Wieder nickte Bob und zitierte dann: „Und stellt euch nicht dieser Welt gleich, sondern ändert euch durch Erneuerung eures Sinnes..."

„Richtig", sagte Dan, „Wir möchten uns nicht dieser Welt gleichstellen - ihren Werten, ihren Zielen, ihrer Art zu denken, ihren Mitteln zum Erfolg und ihrem Verständnis von Glück. Und wir möchten uns in unserem Sinn erneuern lassen, damit wir lernen, das Leben so zu sehen, wie Gott es tut. Wir haben den Eindruck, dass die Filme, die heute produziert werden, diesen Zielen entgegenstehen - selbst die Filme, die für Kleinkinder freigegeben sind. Sie mögen nicht alle Gewalt- oder sinnliche Szenen zeigen, aber sie stellen trotzdem viele der Werte der Welt dar, die Christen nicht übernehmen sollen."

„Aber dass sie diese Sachen zeigen, heißt doch noch nicht, dass ich sie nachher tue", argumentierte Bob.

„Das stimmt, Sohn", antwortete Dan, „Aber das Problem ist, dass wir uns meistens nicht selbst bewusst sind, wie sehr wir beeinflusst werden. Anstatt dass unser Denken erneuert wird, werden wir, während wir uns Filme ansehen, unmerklich beeinflusst und geformt, so zu denken wie die Welt. Wir erhalten eine Gehirnwäsche, ohne es überhaupt zu merken.

Wir wissen natürlich, dass wir nicht jeden Einfluss der Welt von unserem Denken fernhalten können, aber wir können aufpassen, dass wir uns ihm nicht übermäßig aussetzen. Wir glauben einfach nicht, dass es richtig ist, Zeit und Geld für etwas auszugeben, dass uns so sehr schaden kann."

„Wieso lässt Herr Saunders dann seine Kinder Filme sehen?"

„Offensichtlich sieht er die Dinge nicht genauso wie ich."

„Aber er liest dieselbe Bibel und er ist Sonntagschullehrer. Er gehört sogar zum Gemeindeleitungskreis, genau wie du. Woher weißt du, dass du Recht hast und er Unrecht?“, forderte Bob seinen Vater heraus.

„Das habe ich nicht gesagt“, erwiderte Dan, „Ich sagte, dass er einige Dinge nicht genauso sieht wie ich.“

Bob war verdutzt. „Aber heißt das nicht, dass der eine von euch Recht hat und der andere Unrecht?“

„Nicht unbedingt.“ Dan lächelte seinen verwirrten Sohn an. „Bob, sehr wenige Leute verstehen wirklich, was ich dir jetzt erkläre. Wenn du es jetzt begreifen kannst, wo deine Teenagerzeit beginnt, wird dein Leben in den kommenden Jahren viel angenehmer und stressfreier sein.“

Bob war hellwach.

„Lass mich dir zuerst eine Frage stellen“, begann Dan. „Wo in der Bibel steht etwas über Filme?“

„In Römer 12,2“, antwortete Bob, „darüber haben wir ja gerade gesprochen.“

„Ich weiß,“ sagte Dan, „aber sagt dieser Vers irgendetwas Bestimmtes über *Filme*?“

„Hm. Nein, nichts Bestimmtes.“

„Kennst du irgendwelche anderen Verse, die über Filme reden?“

„Nein, natürlich nicht.“ Bob ging ein Licht auf. „Filme waren noch nicht erfunden, als die Bibel geschrieben wurde.“

„Richtig,“, sagte Dan. „Darum haben wir keinen Vers, der sagt: ‚Du sollst nicht ins Kino gehen.‘ Und wir haben auch keinen, der sagt: ‚Du sollst ins Kino gehen‘, oder auch nur einen, der sagt: ‚Es ist erlaubt, in Filme zu gehen, die für Kinder freigegeben sind, aber in andere nicht.‘ Verstehst du, was ich dir sagen will?“

„Ich denke schon“, antwortete Bob. „Die Bibel sagt nichts für und nichts gegen Filme.“

„Richtig. Du siehst, während die Bibel uns eine Anzahl spezieller Gebote zu vielen Bereichen unseres Lebens gibt, versucht sie nicht, uns zu allem, was jemand denken oder tun könnte, Regeln aufzustellen. Stattdessen hat uns Gott eher allgemeine Prinzipien gegeben, die wir auf spezielle Situationen anwenden sollen.“

„Wie Römer 12,2.“

„Genau. Und jeder Gläubige ist verantwortlich vor Gott zu entscheiden, wie diese Prinzipien auf die speziellen Lebenssituationen angewandt werden sollten.“

„Okay, das verstehe ich", sagte Bob nachdenklich, „Aber was passiert, falls zwei Christen zu unterschiedlichen Ergebnissen kommen? Wer entscheidet, welche Meinung richtig und welche falsch ist?"

„Nicht ‚falls', Bob, sondern ‚wenn'. Eines der Dinge, die du, denke ich, zu verstehen beginnst, ist, dass es tatsächlich viele Themen gibt, zu denen Christen nicht einer Meinung sind. Manchmal liegt diese Meinungsverschiedenheit an der Unreife von einem oder mehreren der Beteiligten. Aber ebenso oft kommen gleich reife Christen zu unterschiedlichen Ergebnissen."

„Wie du und Herr Saunders?"

Dan lachte. „Ich weiß ja nicht, wie reif wir sind, aber ich würde sagen, wir haben so ungefähr das gleiche geistliche Alter.

Zum Glück wussten die Verfasser der Bibel, dass es zwischen den Gläubigen Meinungsverschiedenheiten in Bereichen geben würde, wo die Bibel keine speziellen Anordnungen gibt. Damals waren nicht Filme der Streitpunkt - damals stritten die Leute darüber, ob es erlaubt war, Fleisch zu essen."

„Was hatten sie daran auszusetzen Fleisch zu essen?", fragte Bob.

„Manchmal war der Grund, dass das Fleisch vorher im heidnischen Gottesdienst den Götzen geopfert worden war. Zu anderen Zeiten hatte es, glaube ich, mehr mit den alttestamentlichen Speisegesetzen zu tun. Aber in jedem Fall gab es wirklich einige Christen, die meinten, dass es falsch war. In Römer 14 hat Paulus von diesen Dingen geschrieben. Lass mich mal vorlesen, und während du zuhörst, stell dir vor, er würde über Filme reden."

Dan spielte für einen Moment mit seiner Bibel und nahm aus den Seiten alle Sonntagsschulblätter heraus, die er am Vortag nach dem Gottesdienst dort hineingesteckt hatte. Dann begann er zu lesen:

„Den Schwachen im Glauben nehmt an und streitet nicht über Meinungen. Der eine glaubt, er dürfe alles essen; wer aber schwach ist, der isst kein Fleisch. Wer isst, der verachte den nicht, der nicht isst; und wer nicht isst, der richte den nicht, der isst; denn Gott hat ihn angenommen. Wer bist du, dass du einen fremden Knecht richtest? Er steht oder fällt seinem Herrn. Er wird aber stehen bleiben; denn der Herr kann ihn aufrecht halten. Der eine hält einen Tag für höher als den andern; der andere aber hält alle Tage für gleich. Ein jeder sei in seiner Meinung gewiss. [...]

Du aber, was richtest du deinen Bruder? Oder du, was verachtest du deinen Bruder? Wir werden alle vor den Richterstuhl Gottes gestellt werden. Denn es steht geschrieben: ‚So wahr ich lebe, spricht der Herr, mir sollen sich alle Knie beugen, und alle Zungen sollen Gott bekennen.' So wird nun jeder von uns für sich selbst Gott Rechenschaft geben" (Röm.14,1-5.10-12).

Dan schaute zu Bob auf. „Was, sagte Paulus, sollen wir mit solchen Meinungsverschiedenheiten machen?"

„Eine Sache war, dass wir diese andere Person nicht kritisieren oder richten sollen", erwiderte Bob.

„Und warum nicht?", fragte Dan.

„Weil das die Sache des Herrn ist", antwortete Bob, „Jeder von uns muss für sich selbst vor Gott Rechenschaft geben."

„Genau", sagte Dan. In unserem Fall, obwohl Herr Saunders meint, dass es erlaubt sei, seine Kinder mit ins Kino zu nehmen, und ich meine, dass das Gleiche für mich nicht richtig ist, soll er nicht auf meine Maßstäbe herunterschauen, und ich soll ihn nicht für seine andere Auffassung kritisieren. Er ist nicht mir verantwortlich - er ist dem Herrn verantwortlich. Und ich bin auch dem Herrn verantwortlich.

Bob schwieg für einige Momente, um zu verdauen, was sein Vater gesagt hatte. Dann fragte er: „Ist das der Grund, warum du nicht sagen würdest, Herr Saunders hat Unrecht, obwohl du dir so sicher bist, dass du Recht hast?"

„Das ist einer der Gründe. Ein weiterer Grund ist, dass Herr Saunders in seiner Ansicht Recht haben könnte."

Auf Bobs Gesicht erschienen lauter Fragezeichen. „Wie kann das sein?"

„In Vers 5 von Römer 14 sagt Paulus: *‚Ein jeder sei in seiner Meinung gewiss.'* Das bedeutet, dass wir die Argumente sehr sorgfältig gegeneinander abwägen und gute Gründe für unsere Meinungen haben sollten. Wenn ich zu dem Schluss käme, dass es falsch für mich wäre, mit meiner Familie ins Kino zu gehen, und ich würde es trotzdem machen, dann würde ich gegen mein Gewissen sündigen. Deshalb heißt es im letzten Vers von Römer 14: *‚Wer aber dabei zweifelt und dennoch isst, der ist gerichtet, denn es kommt nicht aus dem Glauben. Was aber nicht aus dem Glauben kommt, das ist Sünde.'*

Aber wenn Herr Saunders die Frage sorgfältig im Lichte von biblischen Prinzipien überdenkt und zu dem Schluss kommt, dass es für ihn richtig ist, in bestimmte Filme zu gehen, dann könnte er das tun, ohne sein Gewissen zu verletzen. Er sollte sich auch nicht schuldig fühlen, weil er weiß, dass ich zu einem anderen Schluss gekommen bin - nicht, wenn er in seiner Meinung gewiss ist."

„Willst du damit sagen", wollte Bob wissen, „dass die gleiche Sache für dich falsch und für Herrn Saunders erlaubt sein könnte?"

„Das ist genau, was Paulus meiner Meinung nach in Römer 14 sagt."

„Wow!", rief Bob, „Das wusste ich nicht."

Dan lächelte seinen Sohn an. „Kannst du noch einen Gedanken für Erwachsene vertragen?"

„Ich weiß nicht, aber ich kann's versuchen."

„Gut", fuhr Dan fort, „hier ist er: Es kann nicht nur sein, dass dieselbe Sache für eine Person falsch und für eine andere richtig ist. Sondern die gleiche Sache kann für dieselbe Person zu einer Zeit seines Lebens falsch und zu einer späteren Zeit angemessen sein."

„Da brauch ich ein Beispiel für, Dad."

„Okay. Erinnerst du dich an die alte schwarze Kutsche, auf der wir fahren, wenn wir Grandma und Grandpa auf der Farm besuchen."

„Klar", entgegnete Bob, „letzten Sommer hat Grandpa mich die Zügel halten und das Pferd führen lassen."

„Als ich in deinem Alter war, gingen wir zu einer Gemeinde, wo die Leuten meinten, es sei falsch, ein Auto zu fahren oder auch nur in einem Auto mitzufahren."

„Echt?"

„Ja. Während meiner ganzen Kindheit wuchs ich mit dem Gedanken auf, Autos seinen sündig. Aber als ich ein paar Jahre älter war als du, kaufte sich ein Freund von mir, der Christ war, aber nicht zu meiner Gemeinde gehörte, ein eigenes Auto. Er wusste, was wir darüber dachten, aber er überredete mich trotzdem, mit ihm eine Spazierfahrt zu machen - er war so stolz auf das Auto. Es machte wirklich Spaß. Aber nachher fühlte ich mich ganz schuldig. Ich hatte gegen mein Gewissen gesündigt. Später erzählte ich es meinem Vater, und er bestrafte mich für meinen Ungehorsam. Ich bekannte meine Sünde auch dem Herrn, und das Schuldgefühl ging weg.

Als ich erwachsen wurde und die Bibel mehr für mich selbst zu studieren begann, las ich Römer 14 und ähnliche Stellen. Ich stellte fest, dass die Bibel weder für noch gegen Autos etwas sagt. Allmählich wurde mir klar, dass Autos in vieler Hinsicht bessere Transportfahrzeuge sind als Pferdekutschen. Mir wurde auch klar, dass es nicht sündig war, mit Autos zu fahren."

„Und Grandma und Grandpa?", fragte Bob. „Sie haben doch jetzt auch ein Auto."

„Ja. Sie brauchten länger, ihre Freiheit auf diesem Gebiet zu akzeptieren, weil die Überzeugung bei ihnen so tief verwurzelt war. Es gibt immer noch Christen, die fest davon überzeugt sind, dass es unrecht ist, mit einem Auto zu fahren.

Was ich sagen will, Bob, ist, dass es wegen meiner damaligen Überzeugungen zu dem Zeitpunkt falsch für mich war, mit einem Auto zu fahren. Aber später, als ich feststellte, dass ich die Freiheit hatte auszuwählen, ob ich mit Autos fahren wollte oder nicht, wurde ich in meiner eigenen Meinung gewiss, dass es erlaubt war. Von dem Zeitpunkt an konnte ich ein Auto fahren, ohne zu sündigen."

„Ich glaube, ich verstehe, was du sagen willst", sagte Bob. Er überlegte einen Moment und fragte dann: „Nochmal zu diesem Film, Dad - hast du je mit Herrn Saunders darüber diskutiert?"

„Wir haben nicht persönlich darüber gesprochen", erwiderte Dan, „aber wir haben einmal in der Sonntagsschule darüber diskutiert. Mehrere Leute aus der Gruppe sagten ihren Standpunkt; das haben Herr Saunders und ich auch getan. Warum fragst du?"

Bob zögerte, aber fuhr fort. „Ich habe mich gefragt, ob du mir erklären könntest, warum er denkt, es ist erlaubt, manche Filme zu sehen."

„Hm. Ich erinnere mich nicht mehr an alles, was er sagte", antwortete Dan gedankenverloren, „Ich weiß, dass er meint, dass einige der Filme, in die er mit seiner Familie geht, eine gute Familienunterhaltung gewesen sind. Es ist etwas, von dem er meint, dass seine Familie es zusammen genießen kann. Wenn er nicht mit seinen Kindern geht, erlaubt er auch nicht, dass sie alleine gehen."

„Aber was ist damit, was du eben gesagt hast - sich nicht der Welt gleichzustellen?"

„Herr Saunders glaubt nicht, dass die Filme, in die er geht, so schädlich sind. Ich glaube es ist fair zu sagen, dass seiner Ansicht nach der Wert, in einen Film zu gehen, größer ist als die Gefahren davon. Wie gesagt wählt er sehr stark aus, in welche Filme er geht. Er spricht auch nachher mit seinen Kindern über die Filme. Auf diese Weise kann er, wenn er herausfindet, dass seine Kinder etwas Schädliches aufschnappen, die Gedanken korrigieren und die Situation als Gelegenheit nutzen, das Problem zu erklären."

„Das klingt für mich gut, Dad", sagte Bob hoffnungsvoll. „Was ist verkehrt an Herr Saunders Ansicht? Könntest du nicht dasselbe mit uns machen?"

Dan antwortete: „Ich glaube nicht, dass irgendetwas *verkehrt* ist an Herr Saunders Sichtweise in dem Sinn, dass es sündig wäre. Ich denke, er ist in seiner Meinung gewiss, und das ist in Ordnung für ihn. Aber ich stimme nicht mit ihm überein, dass der Wert von *irgendeinem* Kinofilm größer ist als seine Gefahren, selbst wenn man nachher darüber spricht. Und ich denke, unsere Familie kann dasselbe auf andere Arten lernen, ohne sich freiwillig diesem weltlichen Einfluss auszusetzen."

Die Enttäuschung auf Bobs Gesicht war unverkennbar.

„Beginnst du zu denken, dass du in die verkehrte Familie hineingeboren wurdest?", fragte Dan sanft.

Bob schaute plötzlich bestürzt auf, als ob er mit der Hand in der Keksdose erwischt worden sei. „Oh nein!", platzte er heraus, „Das habe ich nicht gesagt!"

„Ich weiß, dass du das nicht *gesagt* hast", antwortete sein Vater mit einem Lächeln.

„Einen Moment." Bob setzte sich gerade auf; seine Miene drückte wiederkehrende Hoffnung aus. „Sagtest du nicht, dass in Bereichen, zu denen die Bibel nichts sagt, *jeder Gläubige* dafür verantwortlich ist, seine eigene Entscheidung zu treffen?"

„Ich habe mich schon gefragt, wann diese Frage kommen wird", sagte Dan grüblerisch.

Bob schaute für einen Moment verblüfft drein, aber fuhr fort: „Ich habe viel über diese Sache nachgedacht, und ich glaube, ich stimme mit Herrn Saunders überein."

„Du glaubst?"

„Äh, nein - ich bin in meiner Meinung gewiss."

„Tut mir leid, Bob", sagte Dan, „es war ein guter Versuch, aber er funktioniert nicht."

„Warum nicht?“

„Wegen eines anderen Prinzips der Schrift, an das du dich erinnern wirst, sobald ich dir die Bibelstelle sage.“

„Und die wäre?“

„Epheser 6,1.“

Furchen erschienen auf Bobs Stirn, während er im Geiste die Bibelverse durchging, die er kannte. Dann wurde sein Gesicht lang.

„Was sagt dieser Vers, Sohn?“

Zögernd gab Bob den Wortlaut wider: „Ihr Kinder, seid gehorsam euren Eltern in dem Herrn; denn das ist recht.“

„Richtig“, sagte Dan. „Erinnerst du dich an den vierten Vers aus demselben Kapitel?“

Bob dachte kurz nach und zitierte dann: „Und ihr Väter, reizt eure Kinder nicht zum Zorn, sondern erzieht sie in der Zucht und Ermahnung des Herrn.“

Dan fragte: „Hast du das Gefühl, dass ich dich zum Zorn reize?“

„Eigentlich nicht so sehr“, antwortete Bob.

„Gut“, erwiderte Dan, „Das zeigt, dass du lernst, Enttäuschungen in einer reiferen Art und Weise anzunehmen.“

„Ja. Wahrscheinlich“, murmelte Bob wenig begeistert.

Dan wartete einen Augenblick, bevor er weitersprach. „Bob, ich möchte, dass du weißt, dass ich diesen Vers sehr ernst nehme. Das tut Herr Saunders übrigens auch. Wir glauben, dass Gott uns unsere Kinder anvertraut hat. Gott hat uns die Verantwortung dafür gegeben, euch Kinder in der Zucht und Ermahnung des Herrn zu erziehen. Wir mögen das im Einzelnen ein bisschen anders machen, aber das ist, was wir beide so gut wir können versuchen zu tun. Wenn ich dir nicht erlaube, etwas zu tun, dann mache ich das, weil ich wirklich meine, dass diese Handlung nicht gut für dich sein wird. Ich tue das, weil du mir wirklich wichtig bist.“

„Das weiß ich, Dad“, sagte Bob, der sich wieder gefangen hatte.

„Meine Aufgabe ist“, fuhr Dan fort, „dir zu helfen, erwachsen zu werden. In den nächsten paar Jahren, wenn du dir durch die Art und Weise, in der du deine größer werdende Verantwortung gebrauchst, neue Vorrechte verdienst, werden deine Mutter und ich mehr und mehr von diesen Entscheidungen dir überlassen. Und wenn du bei uns ausziehst, wirst du voll verantwortlich sein, alle deine Entscheidungen selber zu treffen. Das ist Gottes Plan für Eltern und Kinder. Solange wir für dich sorgen und dich unterhalten, musst du dich uns unterordnen. Und selbst wenn das manchmal schwierig ist, so wie jetzt gerade, wird es dir für dein Leben als Erwachsener helfen, wo du dich einem Vorarbeiter oder einem Leutnant oder einem Studienleiter oder einem Firmenchef unterordnen musst. Dein Familienleben ist wie ein Labor, wo du lernst, wie du im wirklichen Leben zurechtkommen kannst. So hat es Gott sich ausgedacht."

Bob nickte.

„Okay, nur noch eine Sache und meine Predigt ist zu Ende. Es hängt mit einem weiteren von diesen Prinzipien zusammen, über die wir gesprochen haben. An mehreren Stellen im Neuen Testament werden wir aufgefordert, in allen Situationen zu danken. Eine dankbare Haltung zu entwickeln, selbst angesichts einer persönlichen Enttäuschung, ist eines der wichtigsten Ziele, die ein Mensch haben kann. Man kann sich in seinem Verhalten unterordnen, ohne sich in seinem Herzen unterzuordnen. Weißt du, was ich meine?"

„Natürlich, Dad. Ich sehe es die ganze Zeit in der Schule."

„Gott interessiert sich nicht allein für unser äußeres Verhalten. Er möchte auch, dass wir uns in unserer Haltung unterordnen. Zu lernen, in allen Umständen und Situationen dankbar zu sein, hilft wirklich, die Art Unterordnung zu entwickeln, die dem Herrn gefällt. Sie ist nicht leicht zu bekommen, aber der Herr wird dir helfen, wenn du ihn bittest."

Bob nickte.

„Ende der Predigt."

„Amen!", erklärte Bob mit feierlichem Tonfall. „Wir sind entlassen."

Dan lachte, während Bob aufstand und in Richtung Küche ging. „Ich möchte wissen, was es zu Abend gibt."

„Sag mal, Bob", rief Dan.

Bob hielt inne und drehte sich zu seinem Vater um.

„Hättest du Zeit, mit mir nach dem Abendessen zum Basketballspiel von der High School zu gehen? Sie haben heute ein Heimspiel gegen Central."

Bob runzelte die Stirn mit gespieltem Ernst. "Ich hatte eigentlich geplant, in diesen Film zu gehen. Aber es ist was dazwischengekommen."

Dan lachte noch einmal, während Bob nachdachte. „Ich weiß noch nicht ganz. Bist du sicher, dass es - äh - erlaubt ist?"

„Da bin ich in meiner Meinung gewiss, Sohn, ganz gewiss!"

Dan veranschaulicht, dass es möglich ist, überzeugt und in seinen Überzeugungen konsequent zu sein und doch ganz liebevoll mit dem Bruder, der eine andere Meinung hat, umzugehen und ihn anzunehmen. Dan war weder verletzt noch empört über seinen Mit-Diakon in der Gemeinde, der sich Kinofilme ansah. Doch was passiert, wenn ein Gläubiger, der keine Probleme mit Filmen hat, seinen Bruder oder seine Schwester verletzt oder sie dazu bringt, sich über dessen Kinobesuche aufzuregen und zu ärgern? Das ist das wichtige Thema des nächsten Kapitels.

Anmerkungen:

[1] Es muss natürlich Einmütigkeit über die Grundlagen des Glaubens geben. Der Apostel Paulus war zäh in seinem Widerstand gegen die, die eine Lehre verbreiteten oder praktizierten, welche in der Wahrheit oder Heiligkeit Kompromisse einging, besonders dort, wo sie das Evangelium von der Rechtfertigung aus Gnade durch Glauben berührte (vgl. Gal.1,6-9; 2,1-5.11-16).

[2] F.F. Bruce, *TheEpistle of Paul to the Romans: An Introduction and Commentary*, The Tyndale New Testament Commentaries, Grand Rapids: Eerdmans, 1963, S. 247.

[3] F.F. Bruce, *TheEpistle of Paul to the Romans: An Introduction and Commentary*, S. 249.

[4] Paulus erwähnt die Beachtung bestimmter „heiliger Tage" in Römer 14,5 und das Trinken von Wein in Römer 14,21 als weitere Streitpunkte in der Gemeinde des ersten Jahrhunderts.

[5] Ermahnung, Zurechtweisung und Gemeindezucht sind die von Gott verordneten Schritte, die unternommen werden müssen, wenn sich Mitglieder der Gemeinde von der Wahrheit in Leben oder Lehre entfernen. Solche Reaktionen auf Rebellion in der Gemeinde werden eingehender in Kapitel 24 besprochen.

[6] Richard H. Seume, *Shoes for the Road*, Chicago: Moody Press, 1974, S. 59.

[7] „In christlichen Kreisen begegnen wir Überzeugungen auf vielen Gebieten, etwa der Lehre, dem Verbot bestimmter Tätigkeiten und den Methoden der Gemeindeleitung. In den meisten Fällen nennen wir sie ‚biblische Überzeugungen' – aber sind sie das wirklich? [...] Wir dürfen eine entscheidende Tatsache nicht vergessen – wir sind *doppelt von den Schriften entfernt*, wenn wir biblische Prinzipien auf unser Leben anwenden. Um zu diesen Prinzipien zu gelangen, müssen wir bestimmte Denkvoraussetzungen akzeptieren oder Verallgemeinerungen über das durchführen, was die Bibel sagt. Das entfernt uns einen Schritt. Dann wenden wir die Prinzipien auf konkrete Fälle an, der zweite Schritt. Oft werden wir an diesem Punkt dogmatisch und bestehen sogar darauf, dass diese bestimmte Anwendung für jeden gültig sei. Das mag stimmen, aber wir müssen uns selbst immer daran erinnern, dass wir von der unmittelbaren biblischen Lehre zu Prinzipien und von Prinzipien zur Anwendung übergegangen sind." Jerry White, *Honesty, Morality and Conscience*, Colorado Springs: NavPress, 1979, S. 222-24

[8] John R.W. Stott, *Christ the Controversialist*, Downers Grove, Ill.: InterVarsity Press, 1970, S. 86.

[9] W.E. Vine, Expository Dictionary of New Testament Words, Vol.3, Old Tappan, N.J.: Fleming H. Revell, 1940, S. 255.

[10] John R.W. Stott, *Christ the Controversialist*, S. 86.

Kapitel 24

Schwache Brüder, Pharisäer und Diener

Martin Luther begann seine Abhandlung „Von der Freiheit eines Christenmenschen" mit der bemerkenswerten Aussage: „Der Christ ist völlig freier Herr über alles und niemandem untertan. Der Christ ist ein allen völlig dienstbarer Knecht und jedermann untertan."

Man kann sich kaum eine bessere Zusammenfassung der Gedanken des Apostels in Römer 14,1-15,13 vorstellen. Der erste Satz erfasst das Wesen der Freiheit, die ein Gläubiger in Christus besitzt. Die Auswirkungen dieser Freiheit auf die Beziehungen werden in Röm.14,1-12 entfaltet. Im vorigen Kapitel dieses Buches wurde der Inhalt dieser Verse (und der Parallelstellen aus 1.Korinther 8-10) anhand von drei Prinzipien besprochen.

Luthers zweite Beobachtung: dass der „freie" Christ von Beruf ein „dienstbarer Knecht" ist, erfasst das Wesen von Römer 14,13-15,13. Diese Verse bilden den grundlegenden Bibeltext für dieses Kapitel.

Idealerweise, wenn jeder in der Gemeinde die Anweisungen von Paulus befolgen würde, wie sie in den ersten drei Prinzipien von Römer 14 ausgedrückt werden, gäbe es keine weiteren Probleme. (Und dieses Buch wäre ein wenig kürzer ausgefallen.) Aber die Spieler im Theaterstück des wirklichen Lebens neigen dazu, vom Skript abzuweichen. Deshalb wurden noch weitere Anweisungen für unseren Umgang mit denjenigen gegeben, die nicht beim Skript bleiben.

Sich um schwache Geschwister kümmern

Ein Mensch, der nicht Gottes Sichtweise von unterschiedlichen Meinungen im Bereich der Freiheit einnimmt, reagiert unweigerlich in einer von zwei Weisen. Entweder versucht er, andere zu seiner eigenen Ansicht zu überreden, oder er passt seine Haltung sofort den anderen an, die nicht mit ihm übereinstimmen - und vergewaltigt dabei sein eigenes Urteil.

Beide dieser verkehrten Reaktionen werden in der Heiligen Schrift auf vielfältige Art und Weise veranschaulicht. Die Pharisäer in den Evangelien geben das klassische Beispiel für solche ab, die andere unter Druck setzen, damit diese sich ihren Traditionen anpassen. Aber Paulus war anscheinend noch mehr um das Wohl derer besorgt, die sich zu leicht von den Meinungen anderer beeinflussen lassen. Er nannte sie „die Schwachen", und seine Botschaft an die Gemeinde war: „Vorsicht, zerbrechlich!"

„Darum lasst uns nicht mehr einer den andern richten; sondern richtet vielmehr darauf euren Sinn, dass niemand seinem Bruder einen Anstoß oder Ärgernis bereite. Ich weiß und bin gewiss in dem Herrn Jesus, dass nichts unrein ist an sich selbst; nur für den, der es für unrein hält, ist es unrein. Wenn aber dein Bruder wegen deiner Speise betrübt wird, so handelst du nicht mehr nach der Liebe. Bringe nicht durch deine Speise den ins Verderben, für den Christus gestorben ist. Es soll doch nicht verlästert werden, was ihr Gutes habt. Denn das Reich Gottes ist nicht Essen und Trinken, sondern Gerechtigkeit und Friede und Freude in dem heiligen Geist. Wer darin Christus dient, der ist Gott wohlgefällig und bei den Menschen geachtet. Darum lasst uns dem nachstreben, was zum Frieden dient und zur Erbauung untereinander. Zerstöre nicht um der Speise willen Gottes Werk. Es ist zwar alles rein; aber es ist nicht gut für den, der es mit schlechtem Gewissen isst. Es ist besser, du isst kein Fleisch und trinkst keinen Wein und tust nichts, woran sich dein Bruder stößt. Den Glauben, den du hast, behalte bei dir selbst vor Gott. Selig ist, der sich selbst nicht zu verurteilen braucht, wenn er sich prüft. Wer aber dabei zweifelt und dennoch isst, der ist gerichtet, denn es kommt nicht aus dem Glauben. Was aber nicht aus dem Glauben kommt, das ist Sünde.

Wir aber, die wir stark sind, sollen das Unvermögen der Schwachen tragen und nicht Gefallen an uns selber haben. Jeder von uns lebe so, dass er seinem Nächsten gefalle zum Guten und zur Erbauung" (Röm.14,13-15,2).

Prinzip 4: Wenn es nötig ist, schränken Sie Ihre Freiheit durch die Liebe ein.

Zuvor hatte Paulus in einem Brief an die Gemeinden von Galatien geschrieben:

„Ihr aber, liebe Brüder, seid zur Freiheit berufen. Allein seht zu, dass ihr durch die Freiheit nicht dem Fleisch Raum gebt; sondern durch die Liebe diene einer dem andern" (Gal.5,13).

Manchmal leiden Wörter wie „Liebe" und „dienen" darunter, dass sie so viele Bedeutungen haben können. Doch die Anweisungen von Paulus in Römer 14 bringen uns eilends jenseits des nur theoretischen Bereichs. Denn es ist eine Sache, einem Bruder oder einer Schwester großzügig eine andere Meinung zuzugestehen, und eine ziemlich andere Sache, seine eigene Freiheit wegen deren Meinung einzuschränken! Auf den ersten Blick ist eine solche Forderung unfair. Aber das ist das Wesen der Liebe, die den Wandel eines Christen kennzeichnen soll (Röm.14,1). Denn *agape*-Liebe ist auf den anderen gerichtet, und sie kostet etwas.

Wir sollten allerdings nicht zu schnell den Schluss ziehen, dass dieses Prinzip christliche Freiheit für alle Ziele und Absichten außer Kraft setzt. Das tut es nicht. Die Worte *„wenn es nötig ist"* sind ein wesentlicher Bestandteil des vierten Prinzips. Sie zeigen an, dass die Einschränkung der eigenen Freiheit nicht immer gefordert ist. Aber sie deuten auch an, dass es etwas gibt, das wertvoller ist als der Genuss persönlicher Freiheit. Der Schlüssel dazu, Gottes Willen diesbezüglich zu gehorchen, liegt im Verstehen dessen, was dieses etwas ist.

Deshalb müssen wir mit einigen Definitionen beginnen. Man kann der Handlung nicht folgen, wenn man die Spieler nicht kennt. Und man kann nichts zu den Spielern sagen ohne ein Programm. Insbesondere müssen wir die „Schwachen" und die „Starken" identifizieren. Dann müssen wir bestimmen, was ein „Anstoß" ist. Dadurch werden die Gebote über die Beziehungen in Gottes Familie sehr viel klarer werden.

Christen ohne Stärke

Der schwache Bruder wird auf vier Gebieten seines Lebens an seiner Schwäche erkannt. Erstens ist er schwach im *Glauben* (Röm.14,1.23). Paulus spricht in diesem Fall nicht von dem Glauben, durch den man gerettet wird. Was er meint, ist, dass der Glaube dieses Menschen nicht stark genug ist, ihn zu befähigen, die ganze Freiheit, die er in Christus hat, wahrzunehmen. „Glaube" in diesem Sinne ist eine feste und durchdachte Überzeugung vor Gott, dass man tut, was richtig ist. Es ist das Gegenteil von dem Gefühl der Selbst-Verurteilung. Das beste Synonym dafür ist daher „Überzeugung".

Ein Grund dafür, dass ein schwacher Bruder schwach ist an Überzeugung, ist, dass ihm biblische *Erkenntnis* fehlt: *„Aber nicht jeder hat die Erkenntnis. Denn einige, weil sie bisher an die Götzen gewöhnt waren, essen's als Götzenopfer; dadurch wird ihr Gewissen, weil es schwach ist, befleckt"* (1.Kor.8,7). Die, von denen Paulus in diesem Vers schrieb, waren in mehrerer Hinsicht unwissend. Sie wussten nicht, dass ein Götze ein „Nichts" war (1.Kor.8,4). So wussten sie auch nicht, dass Speise, die einem Nichts geopfert worden war, nicht geistlich verunreinigt sein konnte. Kurz gesagt, ihr Glaube war schwach, weil sie nicht richtig informiert waren.

Der schwache Bruder ist auch schwach in seinem *Gewissen* (1Kor.8,7.10.12). Im Wesentlichen meint das, dass sein Gewissen *übersensibel* ist und ihn für Dinge anklagt, die die Schrift erlaubt.

Schließlich ist dieser Bruder schwach in seinem *Willen*, denn er kann so beeinflusst werden, dass er gegen sein Gewissen handelt.

„Denn wenn jemand dich, der du die Erkenntnis hast, im Götzentempel zu Tisch sitzen sieht, wird dann nicht sein Gewissen, da er doch schwach ist, verleitet, das Götzenopfer zu essen?" (1.Kor.8,10).

Speziell weil er sich nicht sicher ist und wegen seines Respekts vor dem Urteil reiferer Christen kann es geschehen, dass der Schwache dem Beispiel seines starken Bruders folgt und dabei sein eigenes Gewissen verletzt. Er ist anfällig für diese Art Sünde, denn sein Wille ist schwach.

Mit dem Wissen hierum können wir uns einer Definition für einen „schwachen Bruder" nähern, indem wir zuerst einmal festhalten, was er *nicht* ist. Er ist nicht einfach irgendein junger und unreifer Christ. Er ist nicht irgendein Gläubiger, der zu etwas eine andere Meinung hat als ich. Er ist auch nicht einfach ein Bruder, der anders denkt als ich und sich darüber ärgert, weil er glaubt, dass ich falsch liege. Solche Leute mögen Schwächen haben, aber sie passen nicht auf die Beschreibung von den „Schwachen" bei Paulus. Sie sind Gott wichtig, aber sie sind nicht das Thema dieser Passagen.

Ein schwacher Bruder ist ein Christ, der aufgrund der Schwäche seines Glaubens, seiner Erkenntnis, seines Gewissens und seines Willens durch das Beispiel eines starken Bruders mit einer anderen Überzeugung beeinflusst werden kann, so dass er gegen sein Gewissen sündigt.

Die Starken

Es wundert nicht, dass der starke Bruder genau in den Bereichen stark ist, wo der schwache Bruder schwach ist: Glaube (Röm.14,22), Erkenntnis (1.Kor.8,7.10), Gewissen (Röm.14,22) und Wille (1.Kor.10, 29-30).

Zusätzlich werden die Starken immer als solche dargestellt, die die Schwachen beeinflussen - nie andersherum. Folglich wird die Verantwortung für die Qualität dieser Beziehung den Starken gegeben (Röm.15,1). In dem Text wird auch vorausgesetzt, dass die Starken mit ihrer Meinung im Recht sind (Röm.14,14; 1.Kor.8,4-7).

Der starke Bruder ist allerdings nicht unbedingt stark in der Liebe (1.Kor.8,1), obwohl er das sein sollte (Röm.15,1-2).

Der starke Bruder ist ein Christ, der aufgrund seiner Einsicht in die christliche Freiheit und der Stärke seiner Überzeugung von seiner Freiheit mit ruhigem Gewissen Gebrauch macht, ohne sich dabei übermäßig von den Meinungen der anderen beeinflussen zu lassen.

Du sollst deinem Nächsten kein Bein stellen

Der dritte Schlüsselbegriff, der einer sorgfältigen Definition bedarf, ist „Anstoß“ (oder „Stolperstein“, „Fallstrick“ oder „Ärgernis“). Das Substantiv hat eine wichtige Funktion in Römer 14,13.20 und 1.Korinther 8,9. Die Verbform davon findet sich in Römer 14,21 und 1.Korinther 8,13.

Ursprünglich bezeichnete das Substantiv ein Stückchen Holz, durch das eine Falle für Tiere offen gehalten wurde. Später wurde es für die Falle selbst verwendet, und noch später bezeichnete es alles, was einen Menschen zu Fall brachte (vgl. 3.Mo.19,14).

Im Neuen Testament wird „Anstoß“ nur im übertragenen Sinne gebraucht. Es bezieht sich auf das Stolpern eines Menschen im moralischen Sinne; der Einzelne stolpert in eine Sünde oder in Unglauben hinein.

Eine Tatsache, die für unser Verständnis beträchtliche Bedeutung hat, ist, dass das Wort in zwei unterschiedlichen Weisen im Neuen Testament gebraucht wird. Wenn das Verb im *Aktiv* auftritt, meint es „zu Fall oder zum Stolpern bringen“. Zum Beispiel hatte Jesus harte Worte übrig für jeden, der ein kleines Kind, das an ihn glaubte, dazu brachte, in Sünde zu stolpern oder zu fallen (Mt.18,6).[1] In solchen Fällen wird der Fehler dem zugeschrieben, der den Stolperstein in den Weg des anderen legt.

Wenn aber das Verb im Passiv steht, bedeutet es: „an etwas Anstoß nehmen, beleidigt sein über etwas“. In solchen Fällen liegt die Schuld bei dem, der stolpert. Als Jesus beispielsweise in seine Heimatstadt Nazareth zurückkehrte, „ärgerten“ sich die Leute an ihm (Mt.13,57). Wörtlich „stolperten“ sie über ihn. Er war der Stolperstein, aber es war ihre Schuld. Denn sie glaubten nicht an ihn (Mt.13,58).[2]

Geben und Nehmen

Man kann diesen wichtigen Unterschied in der Verwendung des Verbs auch gut erklären, indem man sagt, dass die aktive Form „Anstoß *erregen*“ meint, während das Passiv „Anstoß *nehmen*“ bedeutet.[3]

Diese Unterscheidung gilt auch, wo das Substantiv verwendet wird. Eine der bekanntesten Beispiele eines tadelnswerten Anstoßes findet sich im Bericht von Matthäus über einen kurzen Dialog zwischen Simon Petrus und Jesus:

„Und Petrus nahm ihn beiseite und fuhr ihn an und sprach: Gott bewahre dich, Herr! Das widerfahre dir nur nicht! Er aber wandte sich um und sprach zu Petrus: Geh weg von mir, Satan! Du bist mir ein ***Ärgernis****; denn du meinst nicht, was göttlich, sondern was menschlich ist“* (Mt.16,22-23).[4]

Auf der anderen Seite wird Jesus Christus wiederholt als ein *„Stein des Anstoßes“* bezeichnet, über den Menschen im Unglauben stolpern (Röm.9,33; 1.Petr.2,8).[5]

Nachdem wir uns ausgiebig mit dem Unterschied zwischen Anstoß erregen und Anstoß nehmen beschäftigt haben, ist es an der Zeit, herauszustellen, dass Paulus in Römer 14 und 1.Korinther 8 nur mit denen beschäftigt war, die Anstoß *erregen*.[6] (Die andere mögliche Stoßrichtung des Wortes, Anstoß nehmen, ist aber ebenfalls für diese Diskussion wichtig und wird später noch einmal behandelt.) Er warnte starke Brüder ausdrücklich, schwache Brüder nicht zu Fall zu bringen. Nirgendwo ist dies deutlicher sichtbar als in 1.Korinther 8,12-13:

„Wenn ihr aber so sündigt an den Brüdern und verletzt ihr schwaches Gewissen, so sündigt ihr an Christus. Darum, wenn Speise meinen Bruder zu Fall bringt, will ich nie mehr Fleisch essen damit ich meinen Bruder nicht zu Fall bringe."

Ein Anstoß ist also *eine Handlung eines starken Bruders, die, obwohl sie normalerweise eine erlaubte Tat der Freiheit wäre, einen schwachen Bruder beeinflusst, so dass er gegen sein Gewissen sündigt.* Die Verantwortung für die Sünde liegt bei dem starken Bruder, weil er nicht sensibel dafür ist, wie verwundbar der schwache Bruder ist.

Ein fehlgeleiteter Pfeil

Dieses Konzept wird durch etwas veranschaulicht, das mir als Junge passierte. An einem Abend war ich bereits zu spät zum Abendessen, als ich meinen Weg nach Hause antrat. Um die verlorene Zeit wettzumachen, hatte ich vor, eine Abkürzung über ein offenes Feld zu nehmen. Als ich dort ankam, stellte ich zu meiner Bestürzung fest, dass das Feld nicht mehr „offen" war. Es war von mehreren Leuten mit Pfeil und Bogen belagert, die auf Ziele schossen.

Der Weg, den ich mir überlegt hatte, verlief direkt dort, wo die Pfeile flogen. Aber einen Umweg um die Bogenschützen zu machen, würde wertvolle Minuten kosten. Ich traf den Entschluss, mich an meinen ursprünglichen Fluchtplan zu halten. Als ich eine Pause im Flugverkehr auszumachen glaubte, lief ich los.

Das surrende Geräusch unmittelbar hinter meinem Kopf und der Aufschrei der Zuschauer bestätigten mir, dass meine Entscheidung keine gute gewesen war. Was ich in meinem jugendlichen Leichtsinn tat, war töricht. Aber der Kerl, der diesen Pfeil abschoss, hätte mich fast zu Fall gebracht.

Am Schießen von Pfeilen ist nichts auszusetzen, wenn es innerhalb der rechtmäßigen Grenzen geschieht. So darf jemand auf einem Schießübungsplatz nach Lust und Laune Schießübungen durchführen. Er ist nicht dazu gezwungen, und das Üben ist ihm auch nicht verboten. Er darf seine Pfeile schießen, wann er will.

Wenn sich aber ein kleiner Junge in seiner Unwissenheit auf den Schießübungsplatz verirrt, ändert sich die Situation. Dem Schützen ist nicht mehr freigestellt, seinen Pfeil abzuschießen, selbst wenn er alle Regeln korrekt befolgt. Es ist nicht seine Schuld, dass das Kind über die markierte Linie gelaufen ist. Trotzdem wird von ihm verlangt, mit dem Schießen zu warten, bis keine Gefahr mehr für den Jungen besteht. Das Schießen von Pfeilen ist an sich nicht verkehrt. Aber wenn eine solche Handlung zu einer Verletzung oder zum Tod eines „schwachen" Kindes führt, würde der Bogenschütze zur Verantwortung gezogen. Selbst auf einem Schießübungsplatz muss der Mann mit dem Bogen hinschauen, bevor er schießt. Die Sicherheit anderer ist von größerer Wichtigkeit als die Freiheit, einen Pfeil zu schießen.

Die Logik von Paulus ist ganz ähnlich. Vorhin sagten wir, es gebe etwas, das wichtiger sei als der Genuss der Freiheit als Christ. Jetzt können wir sehen, was dieses etwas ist - das geistliche Wohl eines schwachen Bruders.

Abb. 34

Einige wichtige Definitionen

Schwacher Bruder: ein Christ, der aufgrund der Schwäche seines Glaubens, seiner Erkenntnis, seines Gewissens und seines Willens durch das Beispiel eines starken Bruders mit einer anderen Überzeugung beeinflusst werden kann, so dass er gegen sein Gewissen sündigt.

Starker Bruder: ein Christ, der aufgrund seiner Einsicht in die christliche Freiheit und der Stärke seiner Überzeugung von seiner Freiheit mit ruhigem Gewissen Gebrauch macht, ohne sich dabei übermäßig von den Meinungen der anderen beeinflussen zu lassen.

Anstoß: eine Handlung eines starken Bruders, die, obwohl sie normalerweise eine erlaubte Tat der Freiheit wäre, einen schwachen Bruder beeinflusst, so dass er gegen sein Gewissen sündigt.

Ein Pfund Vorbeugung

Nachdem wir unsere Schlüsselbegriffe definiert haben, können wir uns nun den Verben zuwenden, die das Wesen der Verantwortung des starken Bruders erklären - d.h. was es bedeutet, seine Freiheit durch die Liebe einzuschränken.

Eine Analyse von Römer 14,13-15,2 zeigt ein ausgewogenes Verhältnis von negativen und positiven Aussagen. Weil Paulus diesen Abschnitt mit einer negativen Ermahnung beginnt, werden wir zuerst diese Seite der Beziehung betrachten.

Mittlerweile kennen wir die Bedeutung von „Anstoß". Aber die Schärfe der anderen Begriffe - „ins Verderben bringen", „zerstören" - mag ein bisschen verblüffend sein. Dieser Eindruck wird verstärkt durch ähnliche Ausdrücke in 1.Korinther 8: der Bruder, für den Christus starb, „geht zugrunde" (8,11), an den Brüdern „sündigen" (8,12), „an Christus sündigen" (8,12). Man kommt auf den Gedanken, dass Paulus das Problem der „Anstöße" ziemlich ernst nahm. Die Frage ist: warum?

Die Antwort darauf liegt im Wesen der Verwundbarkeit des schwachen Bruders. Zuerst einmal steht er in der Gefahr, *gegen sein Gewissen zu sündigen* (1.Kor.8,10). Für manche mag sich das nicht so ernst anhören wie das Übertreten von Gottes Gesetz. Aber Gott kennt keinen solchen Unterschied (Röm.14,23)!

Unser System moralischer Leitung

Das Gewissen ist der Teil der Seele eines Menschen, der Gut und Böse unterscheidet. Es sagt ihm, wann er dabei ist, durch einen falschen Gedanken oder eine falsche Handlung von seinem moralischen Kurs abzukommen. Wenn er diese Warnung ignoriert und tut, was er als falsch einschätzt, zerrt ihn das Gewissen vor Gericht und verurteilt ihn für diese Übertretung. Dieser Vorgang wird als Schuld erfahren.

Zu jedem Zeitpunkt ist der Maßstab, mit dem das Gewissen urteilt, absolut. Es mag im Vergleich mit Gottes vollkommener Heiligkeit nicht ganz exakt sein. Aber das Gewissen erklärt seinen Schuld- oder Freispruch auf der Grundlage dessen, was es in diesem Augenblick für richtig oder falsch hält, und zwar unmissverständlich.

Das Wissen hierüber kann einem helfen zu verstehen, warum es eine so ernste Sache ist, gegen sein Gewissen zu sündigen. Denn selbst, wenn der Maßstab, mit dem das Gewissen misst, nicht ebenso vollkommen ist wie Gottes eigenes moralisches Gesetz, reagiert der Einzelne doch, *als ob er das wäre.* Die Warnungen seines Gewissens zu missachten bedeutet deshalb, sich selbst über Gott zu stellen. Und das bedeutet Rebellion - die Sünde, seinen eigenen Weg zugehen (Jes.53,6).

Die Gefahr abzudriften

Das ist schlimm genug. Aber es gibt eine zweite mögliche Bedrohung für das geistliche Leben eines schwachen Bruders. Denn die Sünde gegen sein Gewissen kann ebenso leicht zur *Sünde gegen Gottes Gebote* führen. Jerry White legt im Deutschen eine schöngeistige Tätigkeit nahe, die wahrscheinlich nicht gemeint ist:

„Als der frühere persönliche Berater des Präsidenten, Jeb Stuart Magruder, zur Watergate-Affäre Stellung nahm, sagte er: ‚Wir hatten uns selbst vorgeschwindelt, wir täten nicht wirklich etwas Falsches, und als wir dann illegale Sachen machten, hatten wir die Kontrolle darüber verloren. Wir waren von ethisch fragwürdigem Verhalten in illegale Handlungen hineingeschlittert, ohne es überhaupt zu merken.‘“[7]

Diese Neigung des Fleisches, uns über die Freiheit hinaus in die Zügellosigkeit zu treiben, ist eines der Themen, die Paulus im 1.Korintherbrief behandelt. Darum ist es hilfreich, an dieser Stelle den Gedankengang des Apostels in den Kapiteln 8, 9 und 10 kurz nachzuempfinden.

Er begann in Kapitel 8 seine Antwort auf die Frage, ob es richtig sei, den Götzen geopfertes Fleisch zu essen. Obwohl solches Fleisch frei war von geistlicher Verunreinigung, erklärte Paulus, gab es viele Gläubige, die sich dieser Tatsache nicht bewusst waren (8,1-7). Anstatt diese schwachen Geschwister dazu zu bewegen, gegen ihr Gewissen zu sündigen, sollten die, die die Erkenntnis besaßen, darauf verzichten, dieses Fleisch zu essen (8,8-13).

Kapitel 9 ist ein persönliches Zeugnis von Paulus, bei dem er zuerst erklärt, was seine Rechte als Apostel waren (9,1-14). Dann erläuterte er, wie er sich entschlossen hatte, auf diese Rechte zum geistlichen Nutzen anderer zu verzichten (9,15-27).

Um den Gegensatz zu zeigen, führte er in Kapitel 10 das gegenteilige Beispiel der Kinder Israels ein. Obwohl sie großartige geistliche Privilegien und Ressourcen empfangen hatten (10,1-4), machten sie eine moralische Erosion mit, die von Unzufriedenheit zu Ungehorsam und von Ungehorsam zur Vernichtung führte (10,5-10). Ihr Beispiel sollte als eine Warnung an alle Gläubigen dienen, dass niemand gegen ein solches Versagen immun ist (10,11-13).

Die Versuchung des Götzendienstes

Tatsache war, dass die korinthischen Christen in der Gefahr standen, der alten Sünde Israels anheim zu fallen: Götzendienst (10,14). Wenn sie nicht vorsichtig waren, warnte Paulus, dann konnten sie in den Götzendienst abgleiten, beinahe ohne irgendetwas zu merken. Denn während es kein Problem war, Fleisch zu essen, das vorher den Götzen geopfert worden war, war es ein sehr großes Problem, an den Tempelfesten teilzunehmen, bei denen dieses Fleisch als Opfer dargebracht wurde. In dieser Kultur war die Teilnahme an einer Mahlzeit, die einer Gottheit geweiht war, gleichbedeutend mit der Anbetung dieser Gottheit. Zudem waren die korinthischen „Götter" tatsächlich Dämonen. An einem heidnischen Fest teilzunehmen hieß daher, mit den Erzfeinden von Christus Gemeinschaft zu haben (10,14-22).

Das ist (anscheinend abgesehen von einem offiziellen Fest) der Grund, warum Paulus in 1.Korinther 8,10 unterstrich, dass ein starker Bruder nicht beim Essen in einem heidnischen Tempel gesehen werden sollte. Für einen schwachen Bruder würde die Nachahmung seines Beispiels nicht nur gegen sein Gewissen verstoßen; er würde vielleicht auch die geistliche Einsicht nicht besitzen, irgendeinen bedeutsamen Unterschied zwischen dem Kauf von Fleisch im Tempel und seinem Verzehr im Kontext eines heidnischen Festes zu sehen.[8]

Um zusammenzufassen: Der Grund, warum der starke Bruder darauf achten muss, einen schwachen Bruder nicht durch den Gebrauch seiner Freiheit zu verletzen, ist ein doppelter: 1. Der schwache Bruder könnte dahingehend beeinflusst werden, dass er gegen sein Gewissen sündigt, was bedeutet, dass er gegen Gott sündigt. Und 2. könnte solch eine Handlung der erste Schritt eines Abwärtsweges sein, von Freiheit in die Zügellosigkeit abzurutschen. Wegen der Härte dieser möglichen Folgen ermahnt Paulus uns mit solch scharfen Worten.

Mit Ziegeln soll man bauen, nicht werfen

Bis jetzt haben wir die Anweisungen von Paulus betrachtet, die hauptsächlich verhindernd wirken sollten. Paulus betonte bewusst den notwendigen Verzicht im Gebrauch seiner Freiheit, damit kein anderer Christ verletzt wird. Und dennoch könnte ein reifer Christ seine Freiheit gewissenhaft durch die Liebe einschränken und trotzdem seiner Verpflichtung dem Bruder gegenüber nicht gerecht werden. Der Grund dafür ist selbstverständlich, dass Liebe nicht nur präventiv ist - sie ist konstruktiv.

Diese positive Seite der Liebe ist leicht an dem Rest der Verben zu erkennen, die von Paulus verwendet werden.

Abb. 35

Wie man mit schwachen Brüdern umgehen soll
Römer 14,13-15,2

Negative Aussagen:	Positive Aussagen:
1. Bereite keinen Anstoß (14,3).	1. Handele nach der Liebe (14,15).
2. Bringe nicht durch Speise ins Verderben (14,15).	2. Diene Christus (14,18).
3. Lass nicht verlästert werden, was du Gutes hast (14,16).	3. Diene dem Frieden (14,19).
4. Zerstöre nicht Gottes Werk (14,20).	4. Baue den anderen auf (14,19).
5. Gib keinen Anstoß (14,20).	5. Ertrage das Unvermögen der Schwachen (15,1).
6. Tue nichts, woran sich dein Bruder stößt (14,21).	6. Gefalle deinem Nächsten zum Guten (15,2).
7. Habe nicht Gefallen an dir selber (15,1).	7. Gefalle dem Nächsten zur Erbauung (15,2).

Obwohl dies nicht ausdrücklich gesagt wird, geht der ganze Text davon aus, dass der Mangel an Stärke bei dem schwachen Bruder vorübergehend ist. Um eine gebräuchliche Metapher zu verwenden: er ist im Aufbau begriffen, und Gott ist mit ihm noch nicht zu Ende (Röm.14,19-20). Die Verantwortung des starken Bruders ist eine doppelte: er soll sich zurückhalten, abzureißen, was Gott am Bauen ist; und er soll konstruktiv am Werk Gottes im Leben seines Bruders teilnehmen.

Paulus ist tatsächlich nicht so interessiert daran, „nicht ein Stolperstein zu sein", wie „ein Sprungbrett zu werden". Mit zahllosen Worten beschreibt Paulus, dass es gut ist, kein Stolperstein zu sein, dass es aber noch besser ist, ein Sprungbrett zu sein. Ein Sprungbrett zu sein bedeutet, dass Sie aktiv Wege suchen, anderen zu helfen, Christus näher zu kommen. Ein Sprungbrett zu sein bedeutet, dass man auf Ihnen laufen wird.[9]

Der Schlüssel zu einer richtigen Haltung, so scheint es, ist die richtige Perspektive. Der starke Bruder könnte genau genommen der Ermahnung von Paulus nachkommen, seine Freiheit einschränken und sich dann immer selbst vorsagen, wie viel er „für diesen Schwächling" aufgegeben habe. Aber Paulus sucht nicht nach Märtyrern - er wollte Anleger gewinnen, die in Gottes Arbeit investierten. Die Anfangsinvestition, der unschätzbare Preis des Lebens von Christus, wurde bereits getätigt (Röm.14,15; 1.Kor.8,11). Der starke Bruder ist eingeladen, seine zwei Groschen beizusteuern, um an der Fertigstellung des Projektes mitzuwirken.

Paulus, ein freier Mann

Für Paulus war dieses Ziel, ein Bauarbeiter, ein Sprungbrett, ein Investor zu sein, mehr als nur ein gutes Predigtthema. Es war eine Frage des persönlichen Lebensstils:

„Denn obwohl ich frei bin von jedermann, habe ich doch mich selbst jedermann zum Knecht gemacht, damit ich möglichst viele gewinne. Den Juden bin ich wie ein Jude geworden, damit ich die Juden gewinne. Denen, die unter dem Gesetz sind, bin ich wie einer unter dem Gesetz geworden - obwohl ich selbst nicht unter dem Gesetz bin -, damit ich die, die unter dem Gesetz sind, gewinne. Denen, die ohne Gesetz sind, bin ich wie einer ohne Gesetz geworden - obwohl ich doch nicht ohne Gesetz bin vor Gott, sondern bin in dem Gesetz Christi -, damit ich die, die ohne Gesetz sind, gewinne. Den Schwachen bin ich ein Schwacher geworden, damit ich die Schwachen gewinne. Ich bin allen alles geworden, damit ich auf alle Weise einige rette" (1.Kor.9,19-22).

„Erregt keinen Anstoß, weder bei den Juden noch bei den Griechen noch bei der Gemeinde Gottes, so wie auch ich jedermann in allem zu

Gefallen lebe und suche nicht, was mir, sondern was vielen dient, damit sie gerettet werden" (1.Kor.10,32-33).

F.F. Bruce fasst treffend zusammen:

„Paulus erfreute sich seiner christlichen Freiheit von Herzen. Nie hat es einen Christen gegeben, dem unchristliche Hemmungen und Tabus ferner lagen als Paulus. Er hatte sich von geistlicher Sklaverei so sehr emanzipiert, dass er nicht einmal ein Sklave dieser Emanzipation war. Er passte sich dem jüdischen Lebensstil ebenso fröhlich an, wenn er sich in jüdischer Gesellschaft befand, wie er sich auf den heidnischen Lebensstil einließ, wenn er mit Heiden zusammenlebte. Die Ziele des Evangeliums und das höchste Wohl von Männern und Frauen hatten absoluten Vorrang für ihn, und ihnen ordnete er alles andere unter."[10]

Dementsprechend konnte Paulus schreiben: *„Folgt meinem Beispiel, wie ich dem Beispiel Christi!"* (1.Kor.11,1).

Vorsichtiger Genuss

Um der Anweisung von Paulus über schwache Brüder treu zu sein, müssen wir ein paar verdeutlichende, ganz praktische Fußnoten hinzufügen. Die erste findet sich in 1.Korinther 10,25-27:

„Alles, was auf dem Fleischmarkt verkauft wird, das esst, und forscht nicht nach, damit ihr das Gewissen nicht beschwert. Denn die Erde ist des Herrn und was darinnen ist'. Wenn euch einer von den Ungläubigen einlädt und ihr wollt hingehen, so esst alles, was euch vorgesetzt wird, und forscht nicht nach, damit ihr das Gewissen nicht beschwert."

Im Wesentlichen war die Botschaft von Paulus: „Genieße deine Freiheit." Von dem starken Bruder wird nicht verlangt, herumzulaufen und Nachforschungen anzustellen, ob irgendwo in der Nachbarschaft ein schwacher Bruder sein könnte. Wenn die Luft rein zu sein scheint, darf er weiterhin alles tun, was ihm sein Gewissen erlaubt, ohne sich um potentielle schwache Brüder zu sorgen.[11]

Natürlich, wenn ein schwacher Bruder oder eine schwache Schwester sich zu erkennen gibt, oder wenn spezielle Anzeichen seine oder ihre Gegenwart zu einer ausgesprochenen Möglichkeit machen, dann ist sofortiger Verzicht angesagt - wie die folgenden Verse erläutern (1.Kor.10,28-30).

Der zweite Punkt stellt das notwendige Gegengewicht zum ersten dar - ohne ihn dabei aufzuheben. Er besteht aus zwei Worten: „mit Diskretion". Genieße deine Freiheit mit Diskretion. Negativ formuliert: Stelle deine Freiheit nicht zur Schau.

Diese Weisheit steht hinter der rhetorischen Frage von 1.Korinther 8,10: *„Denn wenn jemand dich, der du die Erkenntnis hast, im Götzentempel zu Tisch sitzen sieht, wird dann nicht sein Gewissen, da er doch schwach ist, verleitet, das Götzenopfer zu essen?"*

Ein Problem bei dem Essen in einem Götzentempel war nach der Meinung von Paulus, dass es wahrscheinlicher war, dort von einem schwachen Bruder gesehen zu werden. Diese Freiheit *mit Diskretion* zu genießen bedeutete, das Fleisch zu Hause oder in der Privatwohnung eines Freundes zu essen (1.Kor.10,25-27). In einer Umgebung, wo es bekanntermaßen Meinungsverschiedenheiten zu einer bestimmten Gewissensfrage gibt, wird der reife Christ sehr viel Vorsicht an den Tag legen, wo und wie er seine Freiheit genießt.

Schwache Brüder erkennen

Als Juden und Heiden in der Gemeinde des ersten Jahrhunderts zusammengebracht wurden, war ein deutlicher Beweis für Gottes Gnade in ihrem Leben, dass Feindseligkeit und Vorurteile durch einen Geist herzlichen Mitgefühls ersetzt wurden. Die heidnischen Gläubigen zeigten sich sensibel gegen ihre jüdischen Geschwister, indem sie Praktiken vermieden, die ihnen wegen ihrer strengen Erziehung Schwierigkeiten bereiteten (Apg.15,28-29). Und die Judenchristen lernten die Abscheu verstehen, die viele Heidenchristen gegenüber einigen Aspekten ihres heidnischen Hintergrundes empfanden (1.Kor.8,7). Kurz gesagt, sie lernten, wo sie besonders auf schwache Brüder Acht geben mussten.

In unserer Zeit gibt es mindestens vier Kategorien von Christen, auf die wir liebevoll Acht geben sollten. Erstens wird ein junger Erwachsener, der sich im Prozess der Ablösung vom elterlichen Nest befindet, einige Zeit benötigen, um sich über seine eigenen Überzeugungen klar zu werden. Zusätzliche Sensibilität wird bei denen erforderlich sein, die in einem strengen, gesetzlichen Umfeld erzogen wurden.

Die zweite Gruppe setzt sich aus erst kürzlich bekehrten Gläubigen zusammen, die aus einem ganz freizügigen Hintergrund stammen. Oft lehnen solche Kleinkinder in Christus sofort fast jeden Aspekt ihres früheren Lebensstils ab - darunter auch einige Dinge, die sich völlig im Bereich der Freiheit eines Gläubigen befinden. Eine solche radikale Reinigung von dem „Alten“ ist wahrscheinlich notwendig als Selbstschutz, bis sie das geistliche Augenmaß haben, den Umfang der eigenen Freiheit richtig einzuschätzen. Es wäre ein Fehler, diese geistlichen Säuglinge zu schnell in die Richtung der Freiheit zu drängen.

Eine dritte Gruppe enthält Gläubige aus einem anderen Land oder einer anderen Kultur. Es ist unmöglich, den Einfluss unseres sozialen Milieus auf unsere Überzeugungen zu verstehen - bis man einige Zeit in einer fremden Kultur zubringt. Während wir keinen Anstoß erregen möchten, wenn wir in einen anderen Teil unseres Landes oder der Welt ziehen oder dorthin reisen, ist es wahrscheinlicher, dass der schwache Bruder, mit dem wir Kontakt haben, der Ausländer ist, der bei uns wohnt. Seine Anpassung an *unsere* Maßstäbe mag einige Zeit brauchen. Und wir werden ihm helfen, wenn wir sensibel sind für die Bereiche, die ihm schwer fallen.

Die vierte Gruppe setzt sich aus noch abhängigen Kindern von überzeugten Geschwistern mit unterschiedlichen Überzeugungen zusammen. Zum Beispiel vertreten zwei Väter unterschiedliche Positionen zu Kinobesuchen und nehmen einander dennoch von Herzen an. Aber jeder der Männer muss wachsam sein, was seinen Einfluss auf die Kinder seines Bruders angeht. Das gilt besonders, wenn Kinder eine externe Rechtfertigung dafür suchen, gegen Maßstäbe und Autorität der Eltern zu rebellieren.

Diese Kategorien möglicher schwacher Brüder und Schwestern sind weder ganz genau abgegrenzt noch erschöpfend. Aber für solche, die Gottes Willen tun und sein Werk im Leben anderer fördern möchten, können sie hilfreich sein.

Mit Pharisäern zurechtkommen

Alles in allem gibt es drei Kategorien von Christen mit einer anderen Meinung, denen gegenüber wir uns richtig verhalten müssen. Der Gläubige, der die biblischen Richtlinien über Entscheidungen auf umstrittenen Gebieten richtig umsetzt, ist ein *überzeugter Bruder mit einer anderen Meinung*. Ich soll ihn annehmen und ihn nicht für seine Meinungen richten, wie er dasselbe auch mir gegenüber tun soll. In der anderen Kategorie, die wir besprochen haben, befindet sich der *schwache Bruder*. Ich soll sensibel sein und die Ausübung meiner Freiheit einschränken, wenn mein Einfluss ihn verführen könnte, gegen sein Gewissen zu sündigen.

Es bleibt eine dritte Art Christ mit einer anderen Meinung, der wir von Zeit zu Zeit begegnen. Er akzeptiert mich nicht mit meinen Überzeugungen. Er setzt mich unter Druck, seinen Standpunkt zu übernehmen. Was Stolpersteine angeht, so *nimmt* er Anstoß, ohne das Anstoß *erregt* wurde. Der Grund seines Anstoßnehmens ist sein eigener Stolz oder Unglaube, nicht falsches Verhalten auf Seiten des anderen. Er wird zwar ärgerlich, aber er wird nicht „zerstört". Er ist kein schwacher Bruder, denn er ist stark in seinen Überzeugungen und wird nicht blindlings einem Beispiel folgen, das seinen Überzeugungen widerspricht. Und er ist auch kein starker Bruder, denn er ist nicht stark in seiner Erkenntnis. Er hat das Wesen und die Wirklichkeit christlicher Freiheit und Verantwortlichkeit nicht völlig erfasst, insbesondere nicht, was diese für die Beziehungen zu anderen Christen bedeuten.

Obwohl er nicht eine ebenso systematische Behandlung im Römer- und 1.Korintherbrief erfährt wie der schwache Bruder, erscheint dieser dritte Typus häufig auf den Seiten des Neuen Testaments. Der Vereinfachung halber werden wir für ihn den Namen des klassischen Vertreters dieser Kategorie verwenden: Pharisäer.

Wir definieren den Pharisäer als *einen Menschen, der sich zum christlichen Glauben bekennt, starke Überzeugungen hat und der aufgrund seines eigenen Stolzes Anstoß an denen nimmt, die seinem Druck widerstehen, sich zu seinem Standpunkt zu bekehren.* Von seiner Natur her hat es der Pharisäer am meisten nötig, die Ermahnungen von Römer 14,1-12 zu hören. Von den drei Typen von Gläubigen mit einer anderen Meinung ist er auch der, mit dem man am schwierigsten auskommen kann.

Weil Definitionen oft durch Vergleich und Gegenüberstellung klarer werden, haben wir dieses Schaubild erstellt, um wichtige Unterschiede und Gemeinsamkeiten aufzuzeigen.

Abb. 35

Kategorien von Geschwistern mit einer anderen Meinung als wir

Schwacher Bruder:	Überzeugter Bruder:	Pharisäer:
Manchmal ist er anderer Meinung als ich. Er ist nicht völlig gewiss. Er ist aufrichtig. Er benötigt Lehre und ist offen für sie. Er wundert sich über meinen Gebrauch der Freiheit. Er glaubt nicht, mich belehren zu können. Er lässt sich durch mein Beispiel beeinflussen. Ich kann ihn dazu verleiten, in Sünde hineinzustolpern. Er wird durch meinen falschen Gebrauch der Freiheit zur Sünde verleitet. Wenn ich ihn zum Stolpern bringe, ist das „Anstoß *erregen*“.	Manchmal ist er anderer Meinung als ich. Er ist völlig gewiss. Er ist überzeugt und aufrichtig. Er ist unterrichtet, ist aber offen für Korrektur. Er nimmt mich mit meiner anderen Meinung an. Er ist bereit zu erklären, warum er anderer Meinung ist. Er lässt sich nicht in unangemessener Weise durch mein Beispiel beeinflussen. Ich kann ihn nicht dazu verleiten, in Sünde hineinzustolpern. Mein Gebrauch der Freiheit verleitet ihn nicht zur Sünde. Da er nicht stolpert, gibt es keinen Anstoß.	Manchmal ist er anderer Meinung als ich. Er ist völlig gewiss. Er ist überzeugt und stolz. Er ist unterrichtet, ist aber nicht offen für Korrektur. Er richtet mich oder lehnt mich wegen meiner anderen Meinung ab. Er versucht mich zu seinem Standpunkt zu bekehren. Er lässt sich nicht durch mein Beispiel beeinflussen. Sein Stolz wird ihn zum Stolpern bringen. Er ärgert sich über meinen Gebrauch der Freiheit. Wenn er über meine Freiheit stolpert, ist das „Anstoß *nehmen*“.

Der Pfahl im Fleisch von Jesus

Wenn es darum geht, auf Pharisäer richtig zu reagieren, tut ein Jünger von Jesus gut daran, das Beispiel seines Herrn anzuschauen. Denn durch seinen Umgang mit den Pharisäern seiner Zeit gab Christus ein praktisches Beispiel ab, welches die Einstellungen seiner Apostel bestimmte.

Eine Übersicht über die Begegnungen von Jesus und den Pharisäern in den Evangelien zeigt eine zunehmende Feindseligkeit. Das bedeutet, als Jesus sich weigerte, das Weltbild und den Lebensstil der Pharisäer anzunehmen, wurde ihre Gegnerschaft zu ihm größer. Ohne dogmatisch darauf zu bestehen, glauben wir, dass man in dieser Entwicklung sieben Ebenen des Widerstands erkennen kann:

Ebene 1 - *Beobachtung*: Als Jesus in der religiösen Landschaft auftauchte, dauerte es nicht lange, bis die Menschenmengen von Pharisäern durchsetzt waren, die mehr über ihn herausfinden wollten. Fast sofort begannen sich Spannungen zu entwickeln, als Pharisäer beobachteten, wie Jesus und/ oder seine Jünger bestimmte Dinge taten (oder unterließen), die ihre Tradition verletzten: mit „Sündern" essen, an vorgeschriebenen Tagen nicht fasten, am Sabbat Ähren auflesen (Mk.2,16.18.23-28). Bei solchen ersten Begegnungen drückten die Pharisäer ihre Verwunderung in Form einer Frage aus: „Warum?" Jedes Mal erklärte Jesus einfach die Gründe seiner Handlungen.

Ebene 2 - *Kritische Untersuchung*: Die Pharisäer begannen, aktiv nach Übertretungen ihrer Tradition Ausschau zu halten, um ihn anklagen zu können (Mk.3,2). Die emotionale Reaktion von Jesus auf ihre verhärteten Herzen war Trauer und Zorn (Mk.3,5). Er rechtfertigte öffentlich eine Heilung am Sabbat und vollbrachte sie dann in ihrer Gegenwart (Mt.12,11-13).

Ebene 3 - *Verschwörung*: Von diesem Zeitpunkt an „hielten die Pharisäer Rat über ihn, wie sie ihn umbrächten" (Mt.12,14). Jesus reagierte darauf, indem er sie mied.

Ebene 4 - *Verleumdung*: Als Jesus einen Dämon aus einem blinden und stummen Menschen austrieb, machten die Pharisäer ihre Ablehnung von Jesus öffentlich und schrieben seine Wunderwerke Satan zu (Mt.12,22-37). Jesus widerlegte ihre fehlerhafte Logik und tadelte sie zum ersten Mal persönlich.

Ebene 5 - *Anklage*: Der Konflikt eskalierte, als Pharisäer die Jünger von Jesus beschuldigten, die Tradition der Ältesten zu brechen (Mt.15,1-2). Jesus reagierte geradeheraus. Zum ersten Mal nannte er sie ins Gesicht „Heuchler" (Mt.15,7). Zum ersten Mal beschuldigte er sie, einen Kardinalfehler zu begehen - das Gebot Gottes um ihrer Tradition willen zu übertreten (Mt.15,3). Und zum ersten Mal sprach er über die Pharisäer direkt zu seinen Jüngern:

„Da traten seine Jünger zu ihm und fragten: Weißt du auch, dass die Pharisäer an dem Wort Anstoß nahmen, als sie es hörten? Aber er

antwortete und sprach: Alle Pflanzen, die mein himmlischer Vater nicht gepflanzt hat, die werden ausgerissen. Lasst sie, sie sind blinde Blindenführer! Wenn aber ein Blinder den andern führt, so fallen sie beide in die Grube" (Mt.15,12-14).

Ebene 6 - *Manipulation*: Danach zielte alles Fragen seitens der Pharisäer darauf ab, Jesus vor den Regierenden zu belasten oder den Volksmengen zu entfremden (Mt.22,15; Mk.10,1-12; 12,13-17). Jesus für seinen Teil parierte geschickt alle Versuche, ihn in eine Zwickmühle zu bringen (Lk.20,26.39-40). Er begann auch, seine Jünger und die Volksmengen vor der Heuchelei und den Irrlehren der Pharisäer zu warnen (Mt.16,6-12; 21,33-46; Mk.8,15; Lk.12,1; 18,9-14).

Ebene 7 - *Zerstörung*: Während die Pharisäer zusammen mit dem Rest des religiösen Establishments den Plan schmiedeten, Jesus umzubringen, prangerte er sie und ihre Form von „Religion" aufs Schärfste an (Mt.23).

Mit Pharisäern die Klinge kreuzen

Während unser Zusammentreffen mit „Pharisäern" höchstwahrscheinlich nie so hart sein wird, wie es Christus erlebte, ist uns die Tatsache nützlich, dass er in jeder Phase mit seinen Opponenten zurechtkommen musste. Mit unserer eigenen Situation im Hinterkopf, scheinen die folgenden Beobachtungen relevant zu sein:

1. Jesus verließ seinen Weg nicht und vermied nichts, von dem er wusste, dass die Pharisäer sich daran stoßen würden.
2. Die Pharisäer hatten immer die Initiative, wenn es zu einer Konfrontation kam.
3. In der frühen Phase beantwortete Jesus einfach ihre Fragen und erläuterte die Gründe für seine Handlungen, wenn er von den Pharisäern gefragt oder angeklagt wurde.
4. Ab dem Zeitpunkt, wo die Pharisäer begannen, Menschen davon abzubringen, ihm nachzufolgen, ging Jesus in seinen Reden härter mit ihnen ins Gericht.
5. Er begann auch zu diesem Zeitpunkt, seine Nachfolger vor ihnen zu warnen und die Volksmengen in Gleichnisform über ihre Lehre zu unterrichten.

6. Die speziellen Anweisungen, die Jesus seinen Jüngern bezüglich der Pharisäer gab, waren: Seht euch vor! und: Lasst sie in Ruhe!
7. Wenn Jesus sich persönlich an die Pharisäer wandte, war das Ziel seiner Angriffe der Inhalt ihrer *Lehre* (als sie ihre eigene Tradition den Geboten Gottes an die Seite stellten), ihre unaufrichtige *Lebenspraxis* (Heuchelei) und ihr zerstörerischer Einfluss im Leben anderer.

Sich nach hinten zurücklehnen

Indem wir nun die Ermahnungen des Apostels zu dem Beispiel von Christus hinzuziehen, können wir einige spezielle Richtlinien aufstellen, wie wir pharisäischen Geschwistern unter uns begegnen können.

1. *Hüten Sie sich* davor, ein Pharisäer zu werden (Mt.16,12; Lk.12,1; Röm.14,3). Grob gesagt ist ein Pharisäer jemand, der nicht zwischen göttlichem Gebot und persönlicher Anwendung unterscheidet. Er setzt die Anwendung absolut - nicht nur für sich selbst, sondern für jeden anderen auch.
2. Wenn Sie von einem Pharisäer zur Rede gestellt werden, *erklären* Sie freundlich die Gründe für Ihre Überzeugungen (Kol.4,6; 2Tim.2,24-25; 1Petr.3,14-16).
3. *Kapitulieren* Sie nicht, wenn er Sie unter Druck setzt, seine Werte und Normen zu übernehmen (Kol.2,8.16-23), insbesondere dann nicht, wenn es um das Evangelium geht (Gal.2,3-5).
4. Bemühen Sie sich um *Frieden* (Röm.12,18; 14,19). Ihr Ziel ist, ihn aufzubauen. Wenn er Ihre Bemühung um ein harmonisches Miteinander zurückweist, lassen Sie ihn in Ruhe und befehlen ihn Gott an (Mt.15,12-14).
5. *Ermahnen* Sie jeden in der Gemeinde, sich vor den Gefahren des Pharisäertums zu hüten (Röm.15,14). Unterweisen und ermahnen Sie den Pharisäer im Kontext der öffentlichen Gemeindearbeit.[12]

Den Pfahl im Fleisch herausziehen

Die ersten fünf Richtlinien gelten für Beziehungen zu „passiven Pharisäern" - das heißt, zu denen, die an der Freiheit anderer Anstoß nehmen, aber sonst keine Spaltung in der Gemeinde verursachen. Die letzten zwei Schritte gelten für den „aggressiven Pharisäer".

1. Zu dem Zeitpunkt, wenn der Pharisäer beginnt, anderen, der Gemeinde und/ oder dem Ansehen des Herrn geistlichen Schaden zuzufügen, *konfrontieren* Sie ihn auf privater Ebene mit dem Problem und versuchen Sie, ihm zu helfen, seinen Kurs zu ändern (Mt.18,15; Gal.6,1; 1Thes.5,14; 2.Thes.3,14-15).

2. Wenn ein privater Tadel den Bruder nicht auf den rechten Weg zurückbringt, dann werden die Schritte der *Gemeindezucht* erforderlich, wie Christus sie beschrieb (Mt.18,15-20). Der letzte Schritt, der Ausschluss, entspricht dem öffentlichen Tadel, den Christus an die richtete, die ihm so nachhaltig widerstanden (Mt.23).

Als Brüder und Schwestern in Gottes Familie und gemeinsame Glieder am Leib Christi haben wir alle eine Verantwortung füreinander. Die meisten der Beziehungsimperative im Neuen Testament sind in ihrem Wesen konstruktiv, wollen aufbauen. Aber einige wollen auch korrigieren. Wenn Korrektur angesagt ist, wird der irrende Bruder bereitwilliger mit Umkehr reagieren, wenn er von jemandem angesprochen wird, der sich durch einen konsequenten Dienst beim Aufbau anderer den Ruf eines Dieners erworben hat. Ebenso wie jeder andere in der Gemeinde benötigt der Pharisäer die aufbauende Liebe einer fürsorglichen Familie. Um diesen Teil unserer Untersuchung zum Abschluss zu bringen, kehren wir zu einem Vergleich der drei Kategorien von Geschwistern mit einer anderen Meinung zurück. Diesmal liegt unser Hauptinteresse auf der Art und Weise, mit der ein reifer Gläubiger mit jedem dieser drei umgehen soll.

Abb. 37

Mit Geschwistern umgehen, die anderer Meinung sind

Schwacher Bruder:	Überzeugter Bruder:	Pharisäer:
Ich soll nie Anstoß erregen.	Ich kann keinen Anstoß erregen.	Ich werde nicht verhindern können, dass er Anstoß nimmt.
Ich werde ein williger Sklave seines Gewissens.	Ich darf von meiner Freiheit Gebrauch machen.	Ich erlaube ihm nicht, mich unter das Joch seiner Maßstäbe zu zwingen.
Ich muss meine Freiheit einschränken, um zu vermeiden, dass ich gegen ihn sündige.	Ich muss meine Freiheit nicht seinetwegen einschränken.	Ich kann mich entschließen, meine Freiheit gegebenenfalls einzuschränken, damit er sich nicht über mich ärgert.

Das Schützengrabenprinzip

Eine letzte Frage: Was soll ich tun, wenn ich nicht weiß, ob der, mit dem ich uneins bin, ein schwacher Bruder oder ein Pharisäer ist? Wenden Sie das Schützengrabenprinzip an: Schießen Sie nicht, bevor Sie nicht das Weiße im Auge des Feindes erkennen können. D.h. gehen Sie davon aus, dass er ein schwacher Bruder ist, und verzichten Sie auf den Gebrauch Ihrer Freiheit, bis die Person in der Schusslinie richtig identifiziert oder aus der Gefahrenzone entfernt worden ist. Selbst wenn man bei ihr pharisäische Tendenzen ausmacht, könnte es zweckmäßig sein, Ihre Freiheit zu opfern, um Hindernisse für sein geistliches Wachstum zu beseitigen (vgl. Apg.15,28-29).

Sich auf Christus konzentrieren

Prinzip 5: Folgen Sie Christus als dem wahren Vorbild und Urheber des Dienens.

Während nahezu jeder zugibt, dass die Gesellschaft eine wundervolle Verwandlung erleben würde, wenn alle Menschen nach den Prinzipien von Paulus leben wollten, ist vielleicht das Bemerkenswerteste an seinen Anweisungen, wie sehr sie der menschlichen Natur entgegenstehen. Menschen nehmen von Natur nicht solche Rücksicht auf andere, wie er es beschrieben hat. Tatsächlich muss man sagen, dass die Ermahnung von Paulus hoffnungslos unrealistisch ist, wenn Menschen nicht eine Mentalität des Dienens annehmen. Menschen wollen Herrscher sein, nicht Diener.

Aber hier liegt das übernatürliche Wesen des Christentums. Wenn ein menschliches Leben von der Gegenwart Gottes erfüllt wird, wird der Drang zu herrschen von einem Drang zu dienen abgelöst. Je mehr die Heiligen wie der Heiland werden (das ist der ganze Sinn von Gottes Bauprojekt), um so mehr werden sie in ihrer Haltung zu Dienern - weshalb die Apostel so häufig mitten in ihren Ausführungen innehielten, um auf das Vorbild zu verweisen. Und Römer 15 ist keine Ausnahme:

„Jeder von uns lebe so, dass er seinem Nächsten gefalle zum Guten und zur Erbauung. Denn auch Christus hatte nicht an sich selbst Ge-

fallen, sondern wie geschrieben steht: ‚Die Schmähungen derer, die dich schmähen, sind auf mich gefallen.' Denn was zuvor geschrieben ist, das ist uns zur Lehre geschrieben, damit wir durch Geduld und den Trost der Schrift Hoffnung haben. Der Gott aber der Geduld und des Trostes gebe euch, dass ihr einträchtig gesinnt seid untereinander, Christus Jesus gemäß, damit ihr einmütig mit einem Munde Gott lobt, den Vater unseres Herrn Jesus Christus. Darum nehmt einander an, wie Christus euch angenommen hat zu Gottes Lob. Denn ich sage: Christus ist ein Diener der Juden geworden um der Wahrhaftigkeit Gottes willen, um die Verheißungen zu bestätigen, die den Vätern gegeben sind; die Heiden aber sollen Gott loben um der Barmherzigkeit willen" (Röm.15,2-9).

Christus und seine Schule für Diener

Es gibt eine Anzahl von Gründen für diese Gewohnheit der Apostel, ein Argument zum Abschluss zu bringen, indem sie auf Christus als das große Beispiel schauten. Der erste Grund hat mit der Blickrichtung zu tun und wird in Everett F. Harrisons Kommentar zu den Versen 5-6 gut beschrieben:

„Deshalb betet Paulus um einen Geist der Einheit (Eintracht), der individuelle Differenzen minimieren soll, während alle ihr Augenmerk auf Christus als das Muster für ihr eigenes Leben richten (vgl. 15,3). Das bedeutet nicht, dass von Gläubigen verlangt wird, über alles einer Meinung zu sein, sondern dass der Zusammenhalt der Gemeinde um so größer ist, je mehr Christus ihre geistliche Sicht erfüllt. Die zentripetale Magnetkraft des Herrn kann den Zentrifugalkräften der individuellen Beurteilungen und Meinungen effektiv entgegenwirken."[13]

Der zweite Grund dafür, auf Jesus zu verweisen, betrifft die Motivation. Die Nutznießer der Liebe des Dieners sollten dadurch getrieben sein, andere anzunehmen und ihnen zu dienen (Röm.15,7).

Der wichtigste Nutzen davon, das Scheinwerferlicht auf das große Vorbild zu richten, ist der Unterricht, den wir dadurch erhalten. Er sagt uns nicht nur, dass wir Diener sein sollen. Er zeigt uns auch, wie. Wenn Paulus sagt: *„Christus ist ein Diener geworden"* (Röm.15,8), dann werden wir an das Wesen und die Tiefe dieser Selbsterniedrigung erinnert, wie sie Philipper 2,5-11 beschreibt. Und das wiederum ruft den Appell von Paulus an diese Gläubigen in Erinnerung, diese selbe Haltung des Dienens in ihren Beziehungen untereinander einzunehmen:

„Macht meine Freude dadurch vollkommen, dass ihr eines Sinnes seid, gleiche Liebe habt, einmütig und einträchtig seid. Tut nichts aus Eigennutz oder um eitler Ehre willen, sondern in Demut achte einer den andern höher als sich selbst. [...] Habt diese Gesinnung in euch, die auch in Christus Jesus war“ (Phil.2,2-3.5; V. 5 Elberf.).

Was der Apostel diesen Leuten sagt, ist, dass sie das nächste Mal, wenn sie bemerken, dass sie in Kampfstellung gehen, auf die Haltung eines Dieners umschalten sollen. Denn das ist, was dem Denken von Christus mehr als irgendetwas anderes entspricht: eine Körperhaltung - sich hinknien und den anderen die Füße waschen. Es bedeutet zu lieben und zu geben, wie wir geliebt wurden und empfangen haben.[14]

Nur die Starken dienen

Der letzte Punkt mag der wichtigste sein: Die Fähigkeit - die Befähigung -, anderen zu dienen, wie Christus dient, kommt von Gott selbst.

„Der Gott aber der Geduld und des Trostes gebe euch, dass ihr einträchtig gesinnt seid untereinander, Christus Jesus gemäß“ (Röm.15,5).

Darum verweist das fünfte Prinzip nicht nur auf Jesus als das Vorbild, sondern auch als den Urheber unseres Gehorsams. Denn alle Anweisungen wären für uns blanker Hohn, wenn die Befähigung durch ihn fehlen würde.

Ein großer Teil der Begeisterung, die daher kommt, diese Wahrheiten zu verstehen und auf sie einzugehen, rührt von der Erkenntnis her, dass Gottes Bauprojekte sich nicht auf schwache Brüder beschränken. Während wir Christus als dem Vorbild des Dienens nachfolgen, wird er die Ausdauer und die Ermutigung geben, die wir brauchen. Ist das nicht echte Motivation?

Anmerkungen:

[1] Andere Verse, in denen *skandalizo* im Aktiv mit der Bedeutung von „zum Stolpern bringen“ auftritt, sind u.a. Matthäus 5,29-30 und die Parallelstellen in Markus und Lukas.

[2] Andere Verse, in denen *skandalizomai* im Passiv mit der Bedeutung von „über etwas stolpern“ auftritt, sind u.a. Matthäus 11,6; 15,12; 26,31.33 und andere Parallelstellen in Markus und Lukas.

[3] Colin Brown (Hrg.), *The New International Dictionary of New Testament Theology*, „Offense, Scandal, Stumbling Block“, Grand Rapids: Zondervan, 1976.

[4] Andere Verse, in denen *skandalon* etwas bezeichnet, über das andere stolpern, sind u.a. Matthäus 18,7; Römer 16,17; Offenbarung 2,14 und Parallelstellen.

[5] Andere Verse, in denen *skandalon* etwas bezeichnet, an dem andere Anstoß nehmen, sind u.a. 1.Korinther 1,23 und Galater 5,11.

[6] In Römer 14,13 ist das Synonym von „Anstoß“ das griechische Wort *proskomma*, das man u.a. mit „Hindernis“ übersetzen kann. Wörtlich bezeichnet es etwas, an dem man seinen Fuß stößt. Das zugehörige Verb *proskopto* findet sich in 1.Korinther 10,32 und wird mit „Anstoß erregen“ übersetzt. Paulus verwendete diese Wörter in derselben Weise wie ihre Synonyme *skandalon* und *skandalizo.*

[7] Jerry White, Honesty, Morality and Conscience, Colorado Springs: Navpress, 1979, S. 83.

[8] Diese Passage bietet eine mögliche Lösung, 1.Korinther 8,10 und 10,19-22 zu harmonisieren. In 1.Korinther 8,10 wird das Essen in einem Götzentempel als eine Sünde betrachtet, weil es die Schwachen zu Fall bringt. In 10,19-22 dagegen wird das Essen von Götzen geopfertem Fleisch im Kontext des Tempels als Götzendienst angesehen und als in jedem Fall verwerflich. Die in diesem Buch vertretene Ansicht betrachtet 8,10 als das Essen im Tempel außerhalb eines heidnischen Festes, so dass es sich nicht um eine Anbetung von Dämonen handelt (1.Kor.10,20). Man kann die Stellen auch harmonisieren, indem man sagt, dass das Essen bei einem Fest kein heidnischer Götzendienst war, wenn der Gläubige nicht selbst am Opfer beteiligt war. Noch besser ist die von Hodge vorgeschlagene Lösung, dass das Essen im Götzentempel in 8,10 aus zwei Gründen falsch ist (die Schwachen verletzen und Götzendienst treiben), dass Paulus aber nur den Schaden

für die Schwachen erwähnt, bis er in Kapitel 10 zu dem zweiten Problem Götzendienst kommt. „Hier betrachtet er das Problem nur unter dem Aspekt *eines Anstoßes* oder in Bezug auf seine Wirkung auf die schwachen Geschwister und sagt deshalb nichts über die Sündigkeit der Handlung an sich." Charles Hodge, An Exposition of the First Epistle to the Corinthians, Grand Rapids: Eerdmans, kein Datum, S. 147-48.

[9] Fritz Ridenour, *How to Be a Christian in an Unchristian World*, Glendale: Regal, 1967, S. 136.

[10] F.F. Bruce, *TheEpistle of Paul to the Romans: An Introduction and Commentary*, The Tyndale New Testament Commentaries, Grand Rapids: Eerdmans, 1963, S. 243.

[11] Dies wird von C.K. Barretts Beobachtungen zu Römer 14,21 gestützt: „Das soll nicht heißen, dass alle Christen Abstinenz geloben müssen. Die Infinitive ‚essen' und ‚trinken' sind Aoriste (griech. Zeitform), und die Bedeutung scheint zu sein, dass, wenn es bei einer bestimmten Gelegenheit wahrscheinlich ist, dass das Essen von Fleisch und das Trinken von Wein einen Bruder zum Stolpern führen wird, dann ist es in der Situation richtig, darauf zu verzichten. Essen und trinken sind nicht an sich etwas Falsches, und bei anderen Gelegenheiten mag die Gefahr gar nicht aufkommen." C.K. Barrett, A Commentary on the Epistle to the Romans, New York: Harper and Row, 1957, S. 266.

[12] In den neutestamentlichen Briefen beinhalt eine Ermahnung oft den Gedanken einer Warnung. Meistens bezieht sie sich auf eine vorsorgliche Warnung und nur seltener auf die direkte Konfrontation angesichts eines bestimmten Problems. Jedes Mal, mit einer einzigen Ausnahme (2.Thess.3,15, wo „ermahnen" im Sinne von „zurechtweisen" verwendet ist), richtet sich die Ermahnung an eine *Gruppe* von Menschen. Von größter Wichtigkeit bei der Ermahnung ist die Haltung dessen, der ermahnt. Schlüsselverse zu diesem Dienst sind Röm.15,14; Apg.20,31; 1Kor.4,14; Kol.1,28-29; 3,16.

[13] Everett F. Harrison, *The Expositor's Bible Commentary, Vol. 10: Romans*, Grand Rapids: Zondervan, 1976, S. 152-53.

[14] Ben Patterson, „A Small Pump at the Edge of the Swamp?," *Leadership: A Practical Journal for Church Leaders* 1, Frühling 1980: 45.

Zusammenfassung

Wir haben auf den Seiten dieses Buches ein weites Gelände durchquert. Es dürfte hilfreich sein, uns noch einmal kurz vor Augen zu führen, wo wir alles gewesen sind.

Teil 1 war ein ehrlicher Versuch, die wichtigsten Überzeugungen der traditionellen Sicht von Gottes Führung zu präsentieren. Die Auffassung wurde in Erzählform dargestellt, um das Interesse zu wecken und um zu vermeiden, sich direkt gegen einzelne Gläubige zu wenden, die diese Ansicht vertreten. Das fiktive Seminar zu Gottes Willen ließ eine klare Präsentation der traditionellen Sicht zu, was für eine spätere Auswertung und Diskussion notwendig war.

Teil 2 war eine Bewertung der Stärken und Schwächen der traditionellen Sicht. Es wurde gezeigt, dass Gott nicht einen vollkommenen individuellen Willen hat, wie ihn die traditionelle Sicht lehrt. Ein solcher „individueller Wille Gottes" kann nicht durch Vernunft, Erfahrung, biblisches Vorbild oder biblische Lehre begründet werden (Kapitel 5 und 6). Wir sahen, dass die Praxis, nach einem „Punkt" im Zentrum des Willens Gottes zu suchen (einem Punkt, der nicht existiert), bei vielen Menschen unnötige Frustration beim Treffen von Entscheidungen hervorgerufen hat.

Wir sahen weiterhin, dass die traditionelle Sicht mehrere Probleme bei ihrer Anwendung verursacht (Kapitel 7 und 8). Erstens muss die traditionelle Sicht in den „kleinen" Entscheidungen des Lebens aufgegeben werden. Zweitens besitzt sie keine angemessenen Mittel, mit gleichwertigen Möglichkeiten umzugehen. Drittens neigt sie dazu, eine unreife Haltung beim Treffen von Entscheidungen zu fördern. Schließlich kann sich die traditionelle Sicht nur auf subjektive Erkenntnisquellen stützen; deshalb besitzt sie keine Möglichkeit, bei der Suche nach Gottes individuellem Willen objektive Gewissheit zu erlangen.

Teil 3 hatte die Absicht, eine Alternative zur traditionellen Sicht vorzuschlagen, die wir den „Weg der Weisheit" genannt haben und der durch das folgende Schaubild zusammengefasst wird:

Abb.38

Der Weg der Weisheit

1. In allen Bereichen, die von der Bibel angesprochen werden, sind Gottes Gebote und Richtlinien (sein ethischer Wille) zu befolgen.
2. Dort, wo die Bibel schweigt und keine Gebote gibt (nicht-ethische Entscheidungen), hat der Christ sowohl die Freiheit, als auch die Verantwortung zur eigenen Entscheidung. Jede Entscheidung, die die Grenzen des ethischen Willens Gottes nicht verletzt, ist statthaft.
3. In nicht-ethischen Fragen trifft der Christ seine Entscheidungen aufgrund geistlicher Zweckdienlichkeit und mit Hilfe der ihm von Gott gegebenen Weisheit.
4. In allen Entscheidungen beugt sich der Christ demütig vor dem souveränen Willen Gottes.

Der Weg der Weisheit hat die Schwächen der traditionellen Sicht vermeiden und gleichzeitig auf dessen Stärken aufbauen können. Der Vorrang des moralischen Willens Gottes und die Wirklichkeit des souveränen Willens Gottes sind beibehalten worden. Die Auffassung, Gott habe einen vollkommenen individuellen Willen für jeden Gläubigen, den dieser herausfinden müsse, um richtige Entscheidungen zu treffen, wurde mitsamt den Schwierigkeiten, die daraus entstehen, aufgegeben. Wir haben vielmehr als biblisch erkannt, dass Menschen eine von Gott gegebene moralische Freiheit auf bestimmten Gebieten besitzen. Und der Gebrauch dieser Freiheit wird von Gottes moralischem Willen und Weisheit reguliert.

Teil 4 schließlich führte uns vom stillen Studium der Führungsprinzipien Gottes in die lärmende Wirklichkeit der Alltagsentscheidungen. Der Weg der Weisheit wurde auf die ganz konkreten und oft schwierigen Lebensentscheidungen angewandt. Darunter waren: Heiratsentscheidungen, die Beteiligung an Mission, Berufswahlen, Prioritäten beim Geben und Meinungsverschiedenheiten bei strittigen Fragen. Teil 4 verlieh den Prinzipien von Teil 3 nicht nur konkretere Gestalt, er lieferte auch zusätzliche biblische Argumente für den Weg der Weisheit.

Ein Leser dieses Buches kann drei mögliche Haltungen zu der hier dargestellte Sicht einnehmen. Er kann einverstanden sein. Er kann nicht einverstanden sein. Oder er kann noch weiter darüber nachdenken, bevor er sich entscheidet.

Wer mit uns übereinstimmt, sollte daran denken, dass er jeden Gläubigen, der die traditionelle Sicht vertritt, lieben und uneingeschränkt annehmen soll. Er sollte den, der eine andere Meinung hat, nicht verurteilen, kritisieren oder auf ihn herabsehen (Röm.14,4). Vielmehr sollte man gemeinsam über die Schriften diskutieren und dabei immer daran denken, dass das Ziel einer solchen Diskussion ist, die Schriften zu ehren und zu verstehen, nicht, die Diskussion für sich zu entscheiden.

Wer mit dem, was dieses Buch über die Führung Gottes lehrt, nicht einverstanden ist, sollte daran denken, dass auch er den Bruder, der es schrieb, lieben und annehmen soll. Und er soll die lieben und annehmen, die dem Buch zustimmen, selbst wenn er glaubt, dass sie die Schrift missverstehen.

Für denjenigen, der noch nicht sicher ist, ob er mit uns übereinstimmt oder nicht, ist die richtige Reaktion von entscheidender Bedeutung. Erstens sollte er es zu seinem Ziel machen, in den Schriften zu forschen, bis er zum Thema Führung zu einer vollen Überzeugung vor dem Herrn gekommen ist. Zweitens sollte er nicht beginnen, der neuen Darstellung von Führung zu folgen, bis er *wirklich* überzeugt ist. Er sollte weiter seiner früheren Überzeugung folgen, damit seine Handlungen aus Glauben und nicht aus Zweifel heraus geschehen (Röm.14,23). Wenn er nicht sicher ist und sich doch daran macht, dem Weg der Weisheit zu folgen, dann werden sehr wahrscheinlich Zweifel und Selbstverurteilung die Folge sein (Röm.14,22-23). Er sollte der traditionellen Sicht folgen, bis er von einer anderen Sicht überzeugt ist.

Als Evangelikale haben wir gute Gründe, die biblischen Schriften zu lieben, und diese Liebe sollte bestärkt werden. Wir haben allerdings auch eine Neigung, nicht nur die Schrift zu lieben, sondern auch unsere eigene Interpretation dieser Schrift. Wenn unsere eigene Auffassung in Frage gestellt wird, sind wir versucht, uns zu ärgern, in die Defensive zu gehen, mit unseren Worten unvorsichtig zu sein und mehr Interesse daran zu haben, die Diskussion für uns zu entscheiden, als die Bibel zu ehren und besser zu verstehen. Diskussionen ähneln dann in einem erstaunlichen Maße Streitereien. In seiner Meinung gewiss zu sein (Röm.14,5) verlangt nicht, in die Defensive zu gehen, zu streiten oder sich von anderen Meinungen abzuschotten. Wer wirklich nach der Wahrheit der Schrift sucht, wird die besten Argumente gegen seine Auffassung hören wollen, damit er die Schwachpunkte in seiner Position stärken, die Meinungen anderer angemessen verstehen und, falls die Wahrheit dies vorschreibt, seine Ansicht ändern kann.

Meine Beziehung zu Jack, einem Pastor und einem Bruder, der mir geistlich sehr nahe steht, erinnert mich beständig daran, dass Liebe und Einigkeit zwischen Gläubigen, die unterschiedlicher Meinung sind, notwendig und möglich sind. Wir stimmen nicht völlig über Führung und Gottes Willen überein, aber Gott hat unsere gemeinsame Arbeit und unsere Einheit gesegnet. Ich arbeite so gerne mit Jack zusammen, dass mir, wenn er mich fragt, ob ich als Redner auf ein Gemeindewochenende mitfahren könnte, das Wort „nein" gar nicht in den Sinn kommt. Einige aus seiner Gemeinde haben uns gegenüber geäußert, wir sollten doch für immer gemeinsam Gemeindearbeit machen wegen unserer Freude und Einigkeit.

Auf einem solchen Wochenende bekam eine Frau von Jacks Gemeinde mit, wie wir miteinander sprachen und in gutmütigem Tonfall die unterschiedlichen Ansichten des anderen kritisierten. Ganz überrascht darüber, dass wir zu dem Thema unterschiedliche Meinungen hatten, sagte sie: „Ich hätte mir nicht träumen lassen, dass Sie beide über irgendetwas unterschiedlicher Meinung sind, wo Sie doch so gut miteinander zusammenarbeiten." Zum Spaß erwiderte ich: „Ihr Pastor irrt sich leider in dieser Frage." Dann legte ich meinen Arm um Jack und fügte hinzu: „Aber Römer 14 sagt, dass wir uns lieben und annehmen sollen." Wir lachten - aber Jack und ich meinten es so. Liebe und gegenseitiges Annehmen von Gläubigen mit unterschiedlichen Ansichten sind keine freiwilligen Zusatzleistungen, sondern lebenswichtig dafür, dass die Einheit des Geistes durch das Band des Friedens bewahrt werden kann. Die Welt wird echte Gläubige nicht an ihrer Sicht von Führung erkennen, sondern an ihrer gegenseitigen Liebe (Joh.13,35).

Ein Student, der meine Sicht von Führung kannte, kam einmal mit einem sehr besorgen Gesicht zu mir. Nicht ohne Schwierigkeit sagte er: „Sie wissen, dass sie eine Menge Leute verletzen werden, wenn Sie wirklich ein Buch mit dieser falschen Sicht von Gottes Willen schreiben." Ich hatte die Geistesgegenwart, selber wenig zu entgegnen und diesem Bruder viel zuzuhören. Aber seine Aussage blieb mir im Gedächtnis und beunruhigte mich. Würde ich tatsächlich einige Leute mit diesem Buch verletzen? Wenn ja, wie könnte ich meine Bemühungen darum rechtfertigen, es zu veröffentlichen. Ich war nicht fähig, ihm auf der Stelle eine gute Antwort zu geben, aber seither habe ich Antworten auf diese Fragen gefunden.

Erstens erkennt Römer 14 an, dass wir Meinungsverschiedenheiten haben werden, die keinen Schaden verursachen müssen, wenn wir einander lieben und annehmen und darin fortfahren, in den Schriften zu forschen, um in unserer eigenen Meinung gewiss zu werden.

Zweitens gibt dieses Buch nicht vor, mit der Autorität der Heiligen Schrift zu sprechen, sondern nur, die Auffassung eines ernsthaften Gläubigen widerzugeben, der davon überzeugt ist, dass der Weg der Weisheit das ist, was die Bibel lehrt.

Und schließlich, falls der Weg der Weisheit verkehrt und die traditionelle Sicht richtig ist, wird dieses Buch der traditionellen Sicht helfen, indem es Fragen aufwirft, die die traditionelle Sicht beantworten muss, um ihre eigene Position zu stärken.

Zu diesem Zweck - um die Wahrheit der Schrift klarzustellen, damit das Volk Gottes den moralischen Willen Gottes besser erfüllen kann - habe ich dieses Buch geschrieben. Es ist meine Hoffnung, dass der Weg der Weisheit für viele zu einem Weg des Lebens wird - zur Ehre Gottes.